Direct Banking im Vertriebssystem von Kreditgenossenschaften

Europäische Hochschulschriften

Publications Universitaires Européennes
European University Studies

Reihe V
Volks- und Betriebswirtschaft

Série V Series V
Sciences économiques, gestion d'entreprise
Economics and Management

Bd./Vol. 2666

PETER LANG
Frankfurt am Main · Berlin · Bern · Bruxelles · New York · Oxford · Wien

Christian Heigl

Direct Banking im Vertriebssystem von Kreditgenossenschaften

PETER LANG
Europäischer Verlag der Wissenschaften

Die Deutsche Bibliothek - CIP-Einheitsaufnahme

Heigl, Christian:

Direct Banking im Vertriebssystem von Kreditgenossenschaften / Christian Heigl. - Frankfurt am Main ; Berlin ; Bern ; Bruxelles ; New York ; Oxford ; Wien : Lang, 2000
(Europäische Hochschulschriften : Reihe 5, Volks- und Betriebswirtschaft ; Bd. 2666)
Zugl: Darmstadt, Techn. Univ., Diss., 2000
ISBN 3-631-37075-X

D 17
ISSN 0531-7339
ISBN 3-631-37075-X

Meinen Eltern

Geleitwort

Vor dem Hintergrund permanent steigenden Wettbewerbs, wachsender Komplexität und Dynamik der Finanzdienstleistungsmärkte und schneller Internationalisierung des Finanzdienstleistungsgeschäfts nehmen die Anforderungen an das Bankmanagement ständig zu. Im Mittelpunkt dieses dramatischen Veränderungsprozesses steht die Kundenorientierung. Dabei wird der Vertriebsbereich für die künftige Wettbewerbspositionierung des einzelnen Finanzdienstleistungsanbieters eine dominante Stellung einnehmen.

Die Entscheidung für eine bestimmte Vertriebsorganisation ist ein geschäftspolitischer Grundsatzbeschluß, der in der Regel nicht kurzfristig revidierbar ist. Die Vertriebsorganisation ist einerseits entscheidend für die Ausschöpfung des Absatzpotentials und andererseits gehen von ihr wesentliche Einflüsse auf die Kosten- und Erlösstruktur, den quantitativen und qualitativen Einsatz des Mitarbeiterpotentials und das Image eines Anbieters aus.

In der vorliegenden Abhandlung diskutiert Christian Heigl die Möglichkeiten des Einsatzes des Direct Banking durch Kreditgenossenschaften im Bereich des Privatkundengeschäfts. Nach einer fundierten Status-quo-Analyse werden unterschiedliche Modelle des Direct Banking als strategischer Ansatz im Vertriebssystem von Kreditgenossenschaften entwickelt, dargestellt und bewertet. Im Vordergrund der Überlegungen stehen dabei die Kundenpräferenzen sowie die Kosten der einzelnen Vertriebswege. Eine Fokussierung auf einen begrenzten regionalen Markt, wie es bei Kreditgenossenschaften der Fall ist, muß sich auch in einer Vertriebsstrategie der Kreditgenossenschaften wiederfinden, um den geänderten Kundenpräferenzen entgegenzukommen, um die Zufriedenheit der Kunden zu erhöhen und sie an die jeweilige Kreditgenossenschaft zu binden.

Der Verfasser kommt zu dem Ergebnis, daß bei Kreditgenossenschaften auch in Zukunft der strategische Fokus auf einem regionalen Markt liegen muß und für diese Bankengruppe die Integration des Direct Banking in ein Multiple-Channel-Vertriebsmodell die zukunftsträchtigste Option darstellt.

Die Arbeit ist in mehrfacher Hinsicht lesenswert. Zum einen bietet sie eine Bestandsaufnahme der derzeitigen Situation der Kreditgenossenschaften. Ferner werden die Vor- und Nachteile unterschiedlichster Vertriebsmodelle für diese Bankengruppe diskutiert und schließlich eine theoretisch fundierte und in der Praxis umsetzbare Vertriebsstrategie für Kreditgenossenschaften aufgezeigt.

Ich wünsche der an der Technischen Universität Darmstadt als Dissertation vorgelegten Schrift ein reges Interesse und eine weite Verbreitung in Wissenschaft und Praxis.

Darmstadt, im Juni 2000 Oskar Betsch

Vorwort

Der Gründungsboom der Direktbanken Mitte der neunziger Jahre führt für die Kreditgenossenschaften mit ihren besonderen strukturellen Merkmalen zu einer völlig veränderten Wettbewerbssituation. Die Bedeutung des traditionellen Filialnetzes, welches bis dahin als stabile Markteintrittsbarriere diente, wird durch das Direct Banking zunehmend erodiert. Davon ausgehend wird in dieser Arbeit eine Vertriebsstrategie für die Kreditgenossenschaften mit dem Ziel entwickelt, das Direct Banking unter Wahrung ihrer Kernkompetenzen in ein neu zu strukturierendes Vertriebssystem zu integrieren.

Die vorliegende Abhandlung entstand im Rahmen meiner Forschung als wissenschaftlicher Mitarbeiter am Institut für Betriebswirtschaftslehre, Finanzierung und Bankbetriebslehre an der Technischen Universität Darmstadt und wurde im Mai 2000 als Dissertation vom Fachbereich Rechts- und Wirtschaftswissenschaften angenommen.

Das Entstehen einer derartigen Arbeit hängt neben der eigenen wissenschaftlichen Auseinandersetzung mit dem Themenkomplex von vielen Faktoren ab, die auf unterschiedliche Weise Einfluß auf den Entstehungsprozeß nehmen. In dieser Hinsicht bedanke ich mich vor allem bei meinem akademischen Lehrer und Doktorvater Herrn Professor Dr. Dr. Oskar Betsch, der stets diskussionsbereit war und mir reichhaltige Anregungen und Hinweise gegeben hat. Herrn Professor Dr. Dr. h. c. Hans-Jürgen Wurl danke ich sehr herzlich für die Übernahme des Zweitgutachtens.

Mein besonderer Dank gehört Jutta, die durch ihre kritischen Anregungen und durch ihr häufiges Korrekturlesen zum Gelingen dieser Arbeit in ausserordentlicher Weise beigetragen hat.

Widmen möchte ich diese Arbeit meinen Eltern, ohne deren stete Unterstützung diese Arbeit nicht möglich gewesen wäre.

Darmstadt, im Juni 2000 — Christian Heigl

INHALTSÜBERSICHT

INHALTSVERZEICHNIS

ABBILDUNGSVERZEICHNIS

TABELLENVERZEICHNIS

ABKÜRZUNGSVERZEICHNIS

AG	Aktiengesellschaft
AOL	America Online
ARPA	Advanced Projects Agency
BdB	Bundesverband deutscher Banken
BIK	Betriebswirtschaftliches Institut für Kreditwirtschaft
BSV	Bank für Sparanlagen und Vermögensbildung
Btx	Bildschirmtext
BVR	Bundesverband der Deutschen Volksbanken und Raiffeisenbanken
CD	Compact Disk
CD-ROM	Compact Disk - Read Only Memory
CERN	Conseil Européen pour la Recherche Nucléaire
d. h.	das heißt
Datex-J	Datennetz für Jedermann
DDR	Deutsche Demokratische Republik
DES	Data Encryption Standard
DEVIF	Deutsche Gesellschaft für Investment-Fond GmbH
DFN	Deutscher Forschungsnetz Verein
DG	Deutsche Genossenschaft
DIFA	Deutsche Immobilien Fonds AG
DIN	Deutsche Industrie Norm
DM	Deutsche Mark
DSGV	Deutscher Sparkassen- und Giroverband
e. V.	eingetragener Verein
e-cash	Electronic-cash
EDV	Elektronische Datenverarbeitung
eG	eingetragene Genossenschaft
E-Mail	Electronic Mail
f.	folgende
ff.	fortfolgende

FTP	File Transfer Protocol
GAD	Gesellschaft für automatische Datenverarbeitung
GenG	Genossenschaftsgesetz
GfK	Gesellschaft für Konsumforschung
GGB	Gesellschaft für genossenschaftliches Bankenmarketing
GmbH	Gesellschaft mit beschränkter Haftung
GRK	Genossenschaftliches Rechenzentrum Kassel GmbH
GRZ	Genossenschaftszentrale Norddeutschland GmbH
GSC	Genossenschafts Service Center
GZ	Genossenschaftliche Zentralbank
HBCI	Homebanking Computer Interface
HGB	Handelsgesetzbuch
HMD	Handbuch der modernen Datenverarbeitung
Hrsg.	Herausgeber
HTML	Hypertext Markup Language
IP	Internet Protocol
ISDN	Integrated Services Digital Network
ISO	International Organization for Standardization
IT	Informationstechnologie
IVS	Interactive Voice Services
KWG	Gesetz über das Kreditwesen
Mio.	Millionen
Mrd.	Milliarden
MSN	Microsoft Network
NCSA	National Center for Supercomputing Applications
Nr.	Nummer
O. S.	Ohne Seite
O. V.	Ohne Verfasser
OFX	Open Financial Exchange
PIN	Persönliche Identifikationsnummer
R+V	Raiffeisenbanken + Volksbanken
RBG	Rechenzentrale Bayerischer Genossenschaften
RSA	Rivest Shamir Adlemann

RWG	Rechenzentrale Württembergischer Genossenschaften
S.	Seite
SDT	Service Direkt Telemarketing
SMTP	Simple Mail Transfer Protocol
Sp.	Spalte
TAN	Transaktionsnummer
TCP	Transfer Control Protocol
Telnet	Teletype Network
UmwG	Umwandlungsgesetz
US$	United States Dollar
USA	United States of America
UWG	Gesetz gegen den unlauteren Wettbewerb
Vgl.	Vergleiche
VR	Volksbanken Raiffeisenbanken
VRU	Voice Response Unit
VW	Volkswagen
WAN	Wide Area Network
WIN	Wissenschaftsnetz
WWW	World Wide Web
ZKA	Zentraler Kreditausschuß
ZV	Zahlungsverkehr

I EINFÜHRUNG

Die Kreditgenossenschaften sehen sich im ausgehenden 20. Jahrhundert einer Vielzahl von strukturellen Veränderungen gegenüber. Vor allem das Privatkundengeschäft befindet sich in einer Phase des Umbruchs,[1] der auf verschiedenen Ursachen basiert.

- Die Anbieterseite ist geprägt durch eine Vielzahl neuer Wettbewerber auf einem gesättigten Markt.[2]
- Die demographische Entwicklung und der Wertewandel in der Gesellschaft führen zu einer Veränderung der Nachfragestrukturen im Privatkundengeschäft.[3]
- Die Informationstechnologie, vor allem das Internet, bestimmen in zunehmenden Maße die globale Finanzindustrie.[4]

Daneben sind als weitere Einflußfaktoren für den strukturellen Wandel die Globalisierung, Deregulierung, Sekuritisierung und Desintermediation[5] sowie die Harmonisierung und Liberalisierung in Rahmen der Europäischen Wirtschafts- und Währungsunion zu nennen.[6]

Mitte der neunziger Jahre kam es zu einer verstärkten Neugründung von Direktbanken, die über den Einsatz der Informationstechnologie vor allem Kunden der Kreditgenossenschaften und Sparkassen akquirierten. Die Kreditgenossenschaften mit ihrem traditionell stark ausgeprägten stationären Vertrieb[7] und ihrer Fokussierung auf den regionalen Markt sind da-

---

[1] Vgl. Betsch, Oskar (1995c), S. 4 ff.; Schmid, Peter (1995), S. 72; Unter Strukturwandel im Bankenwesen sind längerfristige Änderungen der Geschäftsstruktur, der Geschäftspolitik und der Marktanteile einzelner Institutsgruppen zu verstehen. Vgl. Mülhaupt, Ludwig (1971), S. 1

[2] Vgl. Bernet, Beat (1995), S. 26

[3] Vgl. Schmid, Peter (1995), S. 72 ff.; Priesemann, Johannes (1998), S. 871 ff.

[4] Vgl. Betsch, Oskar (1995c), S. 4 ff.; Schmid, Peter (1995), S. 72; Bernet, Beat (1995), S. 28; Hufeld, Felix/Wassiluk, Michael (1997), S. 3 ff.; Priesemann, Johannes (1998), S. 871 ff.

[5] Hinsichtlich der Deregulierung spricht *Schuster* auch bereits von einer Reregulierung. Vgl. Schuster, Leo (1995), S. 918; Ost, Friedhelm (1996), S. B1

[6] Vgl. Priesemann, Johannes (1998), S. 871 ff.

[7] Die Kreditgenossenschaften weisen das dichteste Bankstellennetz in Europa auf. Vgl. Grüger, Wolfgang (1998a), S. 992

her gezwungen, die bestehende Vertriebsstruktur neu zu überdenken[8] und sich mit dem Direct Banking[9] auseinanderzusetzen.

1 Stand der wissenschaftlichen Diskussion

Das Direct Banking findet seit Beginn der neunziger Jahre verstärkte Aufmerksamkeit in der Literatur. Dabei standen anfänglich vor allem das Telefon Banking,[10] in zunehmendem Maße auch das Online Banking[11] als Instrumente des Direct Banking im Zentrum der Betrachtung.

Die Gründungswelle der Direktbanken in den Jahren 1994 bis 1996 führte dazu, daß in der wissenschaftlichen Auseinandersetzung die Direktbank als Institution in den Vordergrund der Diskussion rückte. Eine terminologische Einordnung und Differenzierung der Direktbanken nach unterschiedlichen Ansätzen wird von *Pischulti*, von *Prätsch* und *Sievers* sowie von *Burr* vorgenommen. [12] Des weiteren diskutiert *Veil* die Direktbank als Institution ausführlich. Dabei werden vor allem das Anwendungspotential der Informationstechnologie sowie wettbewerbsstrategische Ansätze und institutionenökonomische Theorien für die Direktbanken betrachtet.[13] *Göttgens* entwickelt ein Konzept für die marktpolitische Positionierung von Direktbanken sowohl auf strategischer Ebene als auch für die einzelnen Instrumente des Marketing-Mix.[14] Einen umfassenden Überblick über das gesamte Direktbankgeschäft in Deutschland liefern *Pischulti*[15] und *Krause*.[16] Im *Handbuch s-direkt* werden die geschäftspolitische Vorgehenswei-

---

[8] Nach *Schuster* bildet die Wahl des richtigen Vertriebswegemixes eines der wichtigsten genossenschaftlichen Zukunftsprojekte. Vgl. Schuster, Leo (1997), S. 249

[9] Die häufige Verwendung von Anglizismen in dieser Arbeit ergibt sich aus der Orientierung an den in Theorie und Praxis verwendeten und als Standard akzeptierten Begriffen.

[10] Vgl. zum Beispiel Grundmann, Wolfgang (1993), S. 17 ff.; Pischulti, Helmut (1993), S. 22 ff.; Seyda, Klaus/Stöcker, Thomas (1993), S. 120 ff.; Jung, Natalie (1994), S. 1 ff.; Effert,Detlef (1994), S. 1 ff.; Steiner, Jürgen (1994), S. 40

[11] Vgl. zum Beispiel Betsch, Oskar (1989), S. 21 f.; Bartmann, Dieter (1995), S. 86 ff.; Iannace, Giorgio (1995), S. 340 ff.; Birkelbach, Jörg (1997), S. 44; Mahler, Alwin/Theileis, Ulrich (1995), S. 5 ff.; Kuckelkorn, Dieter (1995), S. 10 ff.; Dietz, Volker (1995), S. 267 ff.; Raudszus, Frank (1995), S. 45 ff.; Reuker, Jens (1995), S. 558 ff.; Schneider, Günter (1995),S. 571 ff.

[12] Vgl. Pischulti, Helmut (1995), S. 4 ff.; Prätsch, Joachim/Sievers, Rainer (1997), S. 24 ff.; Burr, Wolfgang (1996), S. 38 ff.

[13] Vgl. Veil, Michael (1997), S. 1 ff.

[14] Vgl. Göttgens, Sabine (1999), S. 1 ff.

[15] Vgl. Pischulti, Helmut (1997), S. 1 ff.

[16] Vgl. Krause, Ralf (1998), S. 1 ff.

se sowie vor allem Rechtsfragen für das Direct Banking der Sparkassen betrachtet.[17]

In der Literatur über das genossenschaftliche Bankwesen erschienen zum Thema Direct Banking vorwiegend Publikationen mit einer weitgehend praxisorientierten Dominanz, die sich mit einzelnen Teilaspekten[18] und Erfahrungsobjekten[19] auseinandersetzen. Ein umfassendes betriebswirtschaftliches Konzept, welches das Direct Banking als Vertriebsstrategie für die Kreditgenossenschaften behandelt, wurde bisher nicht entwickelt. Diese Lücke soll mit der vorliegenden Arbeit geschlossen werden.

[17] Vgl. Busatta, Jörg et altera (1997), S. 1 ff.

[18] Diese Teilaspekte betreffen die verschiedenen Vertriebsinstrumente wie das Telefon Banking, T-Online Banking und Internet Banking Vgl. zum Beispiel Steinhaus, Bernhard (1996), S. 26 ff.; Folz, Willibald/Bacher, Urban (1995), S. 22 ff.; Bacher, Urban (1996), S. 8 ff.; Siegers, Michael (1997), S. 22 ff.; Kehl, Axel/Sahl, Peter (1997), S. 8 ff.; Heigl, Christian/Tsanopoulos, Konstantin (1999b), S. 59 ff.; Rodewald, Bernd (1995), S. 8 ff.; Döller, Ralph (1997), S. 25 f.

[19] Vgl. zum Beispiel Bartmann, Dieter (1996), S. 18 ff.; Inkmann, Franz (1997), S. 32 ff.; Meyer, Lambert/Janssen, Frank (1998), S. 17 ff.; Vgl. Basler, Manfred (1998), S. 71 ff.

2 ZIEL UND METHODIK DER UNTERSUCHUNG

Das Ziel dieser Untersuchung besteht in einer Konzeption des Direct Banking als Vertriebsstrategie für die Kreditgenossenschaften. Die komplexe Zielsetzung wird für die Diskussion in verschiedene Einzelzielsetzungen untergliedert:

- Die erste Zielsetzung der Arbeit besteht in der Ableitung einer allgemeinen Strategie für die Kreditgenossenschaften im Privatkundengeschäft als Ausgangspunkt für die weitere Diskussion.
- Darauf aufbauend bildet das zweite Ziel die Klärung der Frage, ob das Direct Banking eine geeignete Vertriebsform für die Kreditgenossenschaften darstellt.
- Für das Direct Banking existieren verschiedene Modelle. Das dritte Ziel der Arbeit besteht daher in der Bestimmung eines geeigneten Modells für die Kreditgenossenschaften.
- Das vierte Ziel bildet die Diskussion der strategischen und operativen Umsetzung des Direct Banking für die Kreditgenossenschaften.

Für die Untersuchung wird eine *empirisch-deduktive* Methodik gewählt. Die Deduktion stellt ein Verfahren dar, bei der mittels Regeln aus Prämissen Konklusionen abgeleitet werden.[20] Dadurch werden auf formallogischer Ebene Deduktionsketten für das Erkenntnisobjekt „Kreditgenossenschaft" gebildet.[21] Innerhalb der Ableitung von Konklusionen wird in dieser Arbeit auf empirische Daten zurückgegriffen. Hingegen wird keine empirisch-induktive Methode[22] verwendet, da nicht primär und ausschließlich aus den empirischen Beobachtungen, die in dieser Arbeit angeführt werden, induktiv Aussagen geschlossen werden.

[20] Vgl. Schanz, Günther (1988), S. 44; Ulrich, Peter/Hill, Wilhelm (1976), S. 347; Raffée, Hans (1993); S. 16; Das Wort „Deduktion" hat seinen Ursprung in dem lateinischen Wort „deducere" (ableiten).

[21] Vgl. Chmielewicz, Klaus (1994), S. 93; *Popper* führt hierzu aus: "Die Methode der kritischen Nachprüfung, der Auslese der Theorien, ist nach unserer Auffassung immer die folgende: Aus der vorläufig unbegründeten Antizipation, dem Einfall, der Hypothese, dem theoretischen System, werden auf logisch-deduktivem Weg Folgerungen abgeleitet; diese werden untereinander und mit anderen Sätzen verglichen, indem man feststellt, welche logischen Beziehungen (zum Beispiel Äquivalenz, Ableitbarkeit, Vereinbarkeit, Widerspruch) zwischen ihnen bestehen." Popper, Karl R. (1966), S. 7

[22] Vgl. zum Beispiel Schanz, Günther (1988), S. 40; Chmielewicz, Klaus (1994), S. 88 ff.; Popper, Karl R. (1966), S. 208 ff.

3 Aufbau und Gang der Untersuchung

Der Aufbau und Gang der Untersuchung wird durch die Aufgliederung der Zielsetzung in Einzelzielsetzungen bestimmt.

Für die Ableitung einer Strategie für die Kreditgenossenschaften werden im zweiten Kapitel zunächst die Struktur und Wesensmerkmale der Kreditgenossenschaften anhand ihres Ursprungs, der historischen Entwicklung, der genossenschaftlichen Prinzipien sowie ihrer Position und Rolle im genossenschaftlichen Verbund betrachtet. Die Analyse des Privatkundengeschäfts sowie der Aufwands- und Ertragsentwicklung dient der Einordnung der Kreditgenossenschaften gegenüber ihren Wettbewerbern und in bezug auf ihre Kunden. Davon ausgehend werden anschließend die Kernkompetenzen bestimmt und eine Strategie für die Kreditgenossenschaften abgeleitet.

Das dritte Kapitel setzt sich mit der Fragestellung auseinander, ob das Direct Banking eine geeignete Vertriebsstrategie für die Kreditgenossenschaften darstellt. Für eine Beantwortung erfolgt zunächst eine Systematisierung und Einordnung des Direct Banking in das Vertriebssystem der Kreditinstitute. Anschließend wird eine Eignung des Direct Banking für die Kreditgenossenschaften anhand unterschiedlicher Kriterien diskutiert.

Für die Umsetzung des Direct Banking als kreditgenossenschaftliche Vertriebsstrategie stehen verschiedene Modelle zur Verfügung. Diese Modelle werden im vierten Kapitel theoretisch und in ihrer praktischen Umsetzung diskutiert sowie ein adäquates Direct Banking-Modell für die Kreditgenossenschaften bestimmt. Darauf aufbauend wird ein Modell für den Gesamtvertrieb der Kreditgenossenschaften abgeleitet und seine Implikationen für den bestehenden Vertrieb betrachtet.

Im fünften Kapitel werden die strategische und operative Umsetzung des Direct Banking hinsichtlich der unterschiedlichen Zielsetzungen des Direct Banking differenziert. Dabei werden die einzelnen Instrumente des Direct Banking sowie deren Kombination in bezug auf ein Gesamtvertriebsmodell diskutiert.

Das sechste Kapitel dient der abschließenden Zusammenfassung der Ergebnisse dieser Untersuchung.

II GESCHÄFTSPOLITISCHE STRATEGIE FÜR DIE KREDITGENOSSENSCHAFTEN IM PRIVATKUNDENGESCHÄFT

Die Bestimmung einer allgemeinen Strategie für die Kreditgenossenschaften bildet das erste Ziel dieser Arbeit. Aus diesem Grunde werden die Ursprünge und die Entwicklung sowie das Wesen und die Merkmale der Kreditgenossenschaften betrachtet und diskutiert. Anschließend wird ihre Situation am Bankenmarkt analysiert, um daraus eine für die Kreditgenossenschaften adäquate Strategie abzuleiten.

1 BEGRIFF, URSPRUNG UND ENTWICKLUNG DER KREDITGENOSSENSCHAFTEN

Die Kreditgenossenschaften sind hinsichtlich ihrer Rechtsform und des strukturellen Aufbaus dem Terminus „Genossenschaft" zu subsumieren. Aus diesem Grunde wird dieser vorab betrachtet.

1.1 Begriff der Genossenschaft

Der Begriff der Genossenschaft wird juristisch und ökonomisch differenziert.[23] Juristisch sind *Genossenschaften* „Gesellschaften von nicht geschlossener Mitgliederzahl, welche die Förderung des Erwerbs oder der Wirtschaft ihrer Mitglieder mittels gemeinschaftlichen Geschäftsbetriebes bezwecken (Genossenschaften), (...)".[24] „Die Firma muß die Bezeichnung „eingetragene Genossenschaft" oder die Abkürzung „eG" enthalten."[25] Unter ökonomischen Blickwinkel stellen *Genossenschaften* Selbsthilfeeinrichtungen ihrer Mitglieder (Kapitaleigner) dar, welche partiell mit den Geschäftspartnern (Lieferanten und/oder Abnehmer oder Arbeitnehmer) identisch sind. Die Begriffsnotwendigkeit der offenen Mitgliedschaft sowie deren Freiwilligkeit und das demokratische Prinzip gelten als umstrittene

---

[23] Vgl. Hahn, Oswald (1981), S. 167

[24] § 1 Absatz 1 Genossenschaftsgesetz; Der Förderungsauftrag als grundlegendes Kennzeichen wird verschiedentlich bezweifelt. Vgl. zum Beispiel Botteri, Tullio (1985), S. 152 ff.

[25] § 3 Absatz 2 Satz 1 Genossenschaftsgesetz in Verbindung mit § 17 Absatz 1 Handelsgesetzbuch; Daneben existieren aber auch Kreditgenossenschaften mit anderen Rechtsformen, zum Beispiel die Stuttgarter Bank AG.

Merkmale.[26] Des weiteren wird zwischen Förderungsgenossenschaften und Produktivgenossenschaften unterschieden. Während Förderungsgenossenschaften (auch Genossenschaften im engeren Wortsinn) Teilfunktionen aus den Mitgliederwirtschaften im Rahmen des „Förderungsauftrags" übernehmen, bilden die Produktivgenossenschaften die Grundlage für die wirtschaftliche Existenz der Mitglieder und werden daher als „Vollgenossenschaften" bezeichnet. Genossenschaften mit finanzwirtschaftlicher Aufgabenstellung sind regelmäßig Förderungsgenossenschaften.[27]

1.2 Begriff der Kreditgenossenschaft

Kreditgenossenschaften haben einschließlich der Institute, die neben dem Bankgeschäft auch das Warengeschäft betreiben,[28] stets eine finanzwirtschaftliche Aufgabenstellung. Deshalb handelt es sich bei ihnen um sogenannte Förderungsgenossenschaften.[29]

Der Begriff der Kreditgenossenschaft wird in der Literatur und im Rahmen von statistischen Erhebungen meist synonym mit dem Terminus der Volksbanken und Raiffeisenbanken verwendet.[30] Daneben existieren diverse Sonderformen, die jeweils eine Spezialisierung aufweisen. Die überwiegende Zahl dieser Sonderformen wurde für einen Mitgliederkreis mit speziellen sozialen Merkmalen geschaffen. An erster Stelle sind die genossenschaftlichen Kreditinstitute für Beschäftigte des öffentlichen Dienstes zu nennen (Beamtenbanken, Sparda-Banken [bis 1978 Eisenbahner-, Spar- und Darlehenskassen], Post-, Spar- und Darlehensvereine), des weiteren die Branchebanken für einzelne Berufe des selbständigen Mittelstandes (beispielsweise Apotheker- und Ärzte-Bank) sowie in kleinerem Umfang kirchliche und jüdische genossenschaftliche Kreditin-

[26] Vgl. Hahn, Oswald (1981), S. 167; Zu den genossenschaftlichen Prinzipien siehe Kapitel II2 Prinzipien der Kreditgenossenschaften, S. 13 ff.
[27] Vgl. Hahn, Oswald (1981), S. 167 f.; Schär, Johann Friedrich (1920), S. 11
[28] Im Jahr 1998 waren dies insgesamt 571 Institute in Deutschland. Vgl. BVR (Hrsg.) (1998), S. 41
[29] Vgl. Hahn, Oswald (1981), S. 168; Siehe hierzu Kapitel II1.1 Begriff der Genossenschaft, S. 7 f.
[30] Vgl. zum Beispiel Grüger, Wolfgang (1995), Sp. 874; Wülker, Hans Detlef (1992), S. 390; BVR (Hrsg.) (1996a), S. 45

stitute, Institute nationaler Minderheiten und alternative genossenschaftliche Kreditinstitute (beispielsweise die Umweltbank).[31]

In dieser Arbeit werden dem Begriff *Kreditgenossenschaft* ausschließlich die Volksbanken und Raiffeisenbanken subsumiert.[32] Die Kreditgenossenschaften stellen Kreditinstitute gemäß § 1 Absatz 1 Kreditwesengesetz dar.

1.3 Ursprung und historische Entwicklung der Kreditgenossenschaften

Die Kreditgenossenschaften verdanken ihren Ursprung der Nachfrage von Handwerkern, Kleinbauern und Einzelhändlern[33] nach Bankleistungen, vor allem dem Bedarf nach kleinen, kurz- und mittelfristigen und nicht hypothekarisch gesicherten Krediten. Dieser Nachfrage stand kein adäquates Angebot von Seiten des privaten Bankgewerbes und der Sparkassen gegenüber.[34]

Der Kreisrichter *Hermann Schulze-Delitzsch* (1808-1883), benannt nach seinem Geburtsort Delitzsch,[35] übertrug als erster die genossenschaftliche Idee auf den Kreditsektor. Er verfolgte damit die Absicht, mittelständischen Handwerkern und Kleingewerbetreibenden, die durch die Industrialisierung in finanzielle Bedrängnis geraten waren, die Möglichkeit der Kreditaufnahme zu gewähren.[36] Die Hauptaufgabe der Kreditgenossenschaften lag in der Kreditversorgung der mittelständischen Wirtschaftskreise. Dadurch unterschieden sich die Kreditgenossenschaften grundlegend von den bereits vorhandenen Sparkassen, deren Haupttätigkeit im Sammeln von Spareinlagen der „kleinen Leute" bestand.[37] Der am 10. Mai 1850[38] gegründete „Vorschußverein", der auf die Bedürfnisse des gewerblichen Mittelstandes zugeschnitten war, ist der Vorläufer der heutigen

[31] Vgl. Kluge, Arnd Holger (1991), S. 369 ff.; Hahn, Oswald (1988), S. 176 ff.; BVR (Hrsg.) (1997a), S. 131

[32] Die übrigen angeführten Institute werden dem Begriff der Kreditgenossenschaften nicht subsumiert, bei der Betrachtung eines oder mehrerer dieser Institute wird im Rahmen dieser Arbeit explizit darauf hingewiesen.

[33] Vgl. Hahn, Oswald (1981), S. 168

[34] Vgl. Kluge, Arnd Holger (1991), S. 124; Hahn, Oswald (1981), S. 168

[35] Vgl. Baumann, Horst (1964), S. 24

[36] Vgl. Pohl, Manfred (1993), S. 230 f.; Dülfer, Eberhard (1989), S. 93 ff.; Boettcher, Erik (1983), S. 91 ff.

[37] Vgl. Faust, Helmut (1969), S. 19

[38] Vgl. Kluge, Arnd Holger (1991), S. 46

Volksbanken.[39] Da jedoch die Wirksamkeit des von Schulze-Delitzsch gegründeten Vereins gering blieb, wurde 1851 der Darlehnskassenverein zu Eilenburg, Sachsen, initiiert. Dieser wird als die erste Genossenschaftsbank angesehen, weil er keine wohltätigen Zwecke mehr verfolgte.[40] Die Einführung der unbeschränkten Haftpflicht bildete die Grundlage, die Vereine kreditfähig zu machen. Die Anlaufkredite verschiedener Kreditinstitute ermöglichten ihnen in der Folge die Aufnahme eines wirksamen Kreditgeschäfts.[41]

Unabhängig von Schulze-Delitzsch gründete der Bürgermeister *Friedrich Wilhelm Raiffeisen* (1818-1888)[42] mit dem Darlehnskassenverein Anhausen 1862 und dem Heddesdorfer Darlehnskassenverein 1864[43] die ersten Kreditgenossenschaften, die sich der Landbevölkerung und dem Agrarkredit widmeten. Sie bildeten die Vorläufer der heutigen Raiffeisenbanken.[44] Die Landwirtschaft befand sich nach den Stein-Hardenbergschen Reformen in einem Strukturwandel. Immer mehr landwirtschaftliche Betriebe waren gezwungen, ihre Erzeugung auf den Markt auszurichten. Der damit verbundene hohe Kapitalbedarf konnte aufgrund des Fehlens von geordneten Krediteinrichtungen für den bäuerlichen Kleinbesitz nicht befriedigt werden. Da der Personalkredit von bestehenden Banken nur selten vergeben wurde, waren die Bauern von nahezu jedem Kleinkredit ausgeschlossen. Die einzigen Geldquellen blieben „wucherische" Geldmakler oder Viehhändler.[45]

Die gemeinsame Grundlage der genossenschaftlichen Unternehmensgründungen bildeten

- die genossenschaftlichen Prinzipien der Selbsthilfe, Selbstverantwortung (Schulze-Delitzsch-Prinzipien)[46] und Selbstverwaltung,[47]
- die Ausrichtung auf Zielgruppen und

[39] Vgl. Dieckhöner, Bruno (1992d), S. 702 f.; Kluge, Arnd Holger (1991), S. 46; Baumann, Horst (1964), S. 24
[40] Vgl. Kluge, Arnd Holger (1991), S. 47; Grüger, Wolfgang (1995), Sp. 873
[41] Vgl. Baumann, Horst (1964), S. 25
[42] Vgl. Weishaupt, Jürgen (1992), S. 532
[43] Vgl. Weishaupt, Jürgen (1992), S. 532; Faust, Helmut (1977), S. 335 ff.; Grüger, Wolfgang (1995), Sp. 874
[44] Vgl. Weishaupt, Jürgen (1992), S. 532
[45] Vgl. Faust, Helmut (1969), S. 21
[46] Vgl. Dieckhöner, Bruno (1992d), S. 703

- die eigenständige Funktion der Vorschuß- und Darlehnskassenvereine neben den Sparkassen und entstehenden Aktienbanken im Kreditsektor des 19. Jahrhunderts.[48]

Die Initiative von Schulze-Delitzsch hatte nachhaltige Wirkung in Deutschland; bis zum Jahre 1859 existierten bereits 111 Vorschußvereine.[49] Ebenso wuchs die Zahl der Raiffeisenbanken stark an.[50] Dieser Anstieg setzte sich bis in die dreißiger Jahre des zwanzigsten Jahrhunderts fort (siehe Abbildung 1).[51]

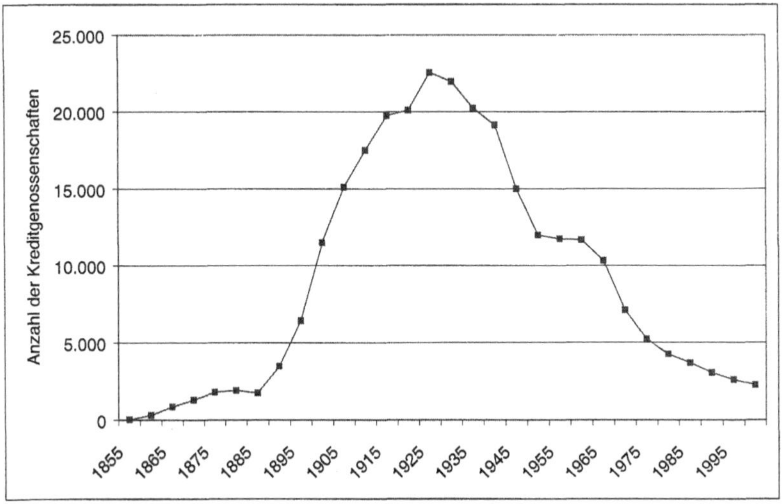

Abbildung 1: Entwicklung der Anzahl der Kreditgenossenschaften (1855 bis 1998)

Quelle: Eigene Darstellung, Daten entnommen aus Kluge, Arnd Holger (1991), S. 72; BVR (Hrsg.) (1991), S. 136; BVR (Hrsg.) (1998), S. 132

Nach dem zweiten Weltkrieg waren in kaum einem anderen Bereich der deutschen Kreditwirtschaft die Strukturveränderungen so nachhaltig wie

47 Vgl. Noelle, Thomas/Noelle, Birgit (1986), S. 16; Oellerking, Claus/Holzgrabe, Manfred (1990), S. 80; Rodewald, Bernd (1998), S. 27

48 Vgl. Oellerking, Claus/Holzgrabe, Manfred (1990), S. 80

49 Vgl. Dieckhöner, Bruno (1992d), S. 703; Ludwig, Karl-Hartmann (1992), S. 126

50 Vgl. Klusak, Gustav (1964), S. 14

51 Vgl. Wiedemann, Arnd (1992), S. 8; Eine ausführliche Darstellung der historischen Entwicklung der Kreditgenossenschaften in der ersten Hälfte des 20. Jahrhunderts zeigt *Faust* auf. Vgl. Faust, Helmut (1969), S. 19 ff.

bei den Kreditgenossenschaften. Die genossenschaftliche Bankengruppe konnte die zunehmende wirtschaftliche Verflechtung der Märkte, die steigenden Leistungsanforderungen der Kunden sowie den Rationalisierungsdruck nur durch Kooperationen im genossenschaftlichen Verbund und durch die Realisation von größeren Betriebseinheiten ausgleichen. Vor allem der enorme Strukturwandel der Landwirtschaft in den sechziger Jahren bedingte für die Raiffeisenbanken eine Entwicklung hin zur Universalbank, die auf alle Wirtschafts- und Bevölkerungskreise ausgerichtet ist. Der damit verbundene Anpassungsprozeß erforderte eine annähernde Halbierung der Zahl der Raiffeisenbanken.[52]

Zum Jahresbeginn 1972 schlossen sich die Volksbanken- und Raiffeisenbanken-Organisationen bei gleichzeitiger Ausgliederung der Warengenossenschaften zusammen. Damit kam es erstmalig zu örtlichen Zusammenschlüssen zwischen den Volksbanken und Raiffeisenbanken, nachdem sich bis zu diesem Zeitpunkt Fusionsbewegungen nur innerhalb der beiden Verbandsgruppen abgespielt hatten.[53]

Die KWG-Novelle im Jahr 1976 machte die Anstellung von zwei haupt- oder nebenamtlichen Geschäftsführern aufgrund des *Vier-Augen-Prinzips* zum Ende der Übergangsfrist im Jahr 1981 zur Pflicht. Für viele kleine, vor allem ländliche Kreditgenossenschaften, für die ein zweiter Geschäftsführer nicht rentabel war, führte diese Bestimmung aufgrund der notwendigen Fusionen zum Verlust ihrer Selbständigkeit.[54]

Im Jahre 1990 gliederten sich die Volksbanken und Raiffeisenbanken in den neuen Bundesländern, die ehemaligen „Genossenschaftskassen für Handwerk und Gewerbe" und die „Bäuerlichen Handelsgenossenschaften" der Deutschen Demokratischen Republik,[55] in die genossenschaftliche Bankengruppe ein.[56] Die Bäuerlichen Handelsgenossenschaften entstanden ursprünglich aus den Raiffeisen-Genossenschaften, die Genossenschaftskasse für Handwerk und Gewerbe war eine sozialistische Umformung der 1945 aufgelösten Volksbanken.[57]

[52] Vgl. Weishaupt, Jürgen (1992), S. 533; Siehe auch Abbildung 1, S. 11
[53] Vgl. Wolf, Herbert (1993), S. 529
[54] Vgl. Kluge, Arnd Holger (1991), S. 67
[55] Vgl. Wülker, Hans Detlef (1992), S. 390; Manger, Richard (1997), S. 24
[56] Vgl. Dieckhöner, Bruno (1992c), S. 390
[57] Vgl. Wülker, Hans Detlef (1992), S. 390

2 Prinzipien der Kreditgenossenschaften

Für die Bestimmung einer Strategie für die Kreditgenossenschaften ist die Betrachtung der genossenschaftlichen Prinzipien notwendig. Diese müssen sich in einer relevanten Strategie widerspiegeln.

2.1 Förderungsprinzip

Das Förderungsprinzip als dominierendes Prinzip der Genossenschaften leitet sich aus der Legaldefintion gemäß § 1 Absatz 1 Genossenschaftsgesetz ab. Danach besteht die Zielsetzung der Genossenschaft in der Förderung des Erwerbs oder der Wirtschaft ihrer Mitglieder mittels eines gemeinschaftlichen Geschäftsbetriebs.[58] Aus dem Förderungsauftrag wird die Pflege des Mitgliedergeschäfts abgeleitet, wobei der Begriff des Mitgliedergeschäfts nicht einheitlich abgegrenzt wird, sondern sich auf alle Geschäftstätigkeiten zwischen der Genossenschaft und ihren Mitgliedern beziehen kann. Die Grundlage bildet das Identitätsprinzip, wonach jedes Mitglied auch Kunde der Genossenschaft ist.[59]

Die Kreditgenossenschaften führten traditionell auch Geschäfte mit Nicht-Mitgliedern durch. Allerdings prägte die Auffassung von Schultze-Delitzsch die Haltung des Genossenschaftswesens zum Nicht-Mitgliedergeschäft bis in die Gegenwart. Danach sollte das Nicht-Mitgliedergeschäft ein Ergänzungsgeschäft bleiben, das nicht gegen das Selbsthilfeprinzip verstoßen dürfe.[60] Die Nicht-Mitglieder waren vom Zweckgeschäft der Kreditgenossenschaften, der Gewährung von Krediten, ausgeschlossen. „Genossenschaften, bei welchen die Gewährung von Darlehen Zweck des Unternehmens ist, dürfen ihren Geschäftsbetrieb, soweit er in einer diesen Zweck verfolgenden Darlehnsgewährung besteht, nicht auf andere Personen außer den Mitgliedern ausdehnen. Darlehnsgewährungen, welche nur die Anlegung von Geldbeträgen bezwecken, fallen nicht unter dieses Verbot. Als Ausdehnung des Geschäftsbetriebes gilt nicht der Abschluß von Geschäften mit Personen,

[58] Vgl. Fleischer, Klaus (1992a), S. 450; In § 1 Genossenschaftsgesetz ist weder ein Gebot zur Förderung enthalten noch eine bestimmte Art und Weise vorgeschrieben. Vielmehr setzt das Genossenschaftsgesetz es als selbstverständlich voraus, daß die gedachten Vereinigungen Vorteile anstreben und nicht auf die Erringung von Nachteilen abzielen. Vgl. Baumgartl, Gerhard (1979), S. 204

[59] Vgl. Fleischer, Klaus (1992a), S. 450 f.

[60] Vgl. Kluge, Arnd Holger (1991), S. 146 f.

welche bereits die Erklärung des Beitritts zur Genossenschaft unterzeichnet haben und von derselben zugelassen sind."[61] Dieses gesetzlich fixierte Verbot war bis 1973 gültig.

Die Aufhebung des Verbots der Kreditierung von Nicht-Mitgliedern von Kreditgenossenschaften im Jahre 1974 durch die Zulässigkeit von Nicht-Mitgliedergeschäften mittels Satzung gemäß § 8 Absatz 1 Ziffer 5 Genossenschaftsgesetz[62] sowie die nachfolgenden steuerlichen Anpassungen im Jahr 1977 haben Nicht-Mitglieder und Mitglieder zu gleichwertigen Geschäftspartnern für die Kreditgenossenschaften gemacht.[63]

2.1.1 Traditioneller Förderungsauftrag

Die *traditionelle Genossenschaft*[64] wird aufgrund einer Mangelsituation der Mitglieder gegründet. Der hieraus abgeleitete *traditionelle* oder *klassische Förderungsauftrag* hat die Beseitigung dieser Mangelsituation zum Ziel. Durch den Zusammenschluß in der Form der Genossenschaft gelingt es den betroffenen Personen, diese Mangellage zu beseitigen. Damit wird der klassische Förderungsauftrag beendet.[65]

Nach *Hahn* kann der traditionelle Förderungsauftrag einer Genossenschaft drei Ausrichtungen aufweisen. Die Genossenschaft kann zum Ziel haben, ihren Mitgliedern Leistungen anzubieten, die sie anderweitig nicht bekommen können. Die Genossenschaft kann zudem Leistungen erstellen und ihren Mitgliedern zur Verfügung stellen, die qualitativ dem Angebot anderer Produzenten überlegen sind. Die dritte Variante der Mitgliederförderung besteht in dem Angebot von Preisvorteilen gegenüber der Konkurrenz. Die Erfüllung des Förderungsauftrags kann sich hierbei auf einen oder mehrere der angeführten Tatbestände beziehen. Damit wird auch der klassische Förderungsauftrag der Genossenschaftsbanken, der traditionell kreditnehmerorientiert war, umschrieben. Die Mitglieder der

[61] § 8 Genossenschaftsgesetz, bis 1972
[62] Vgl. Mändle, Eduard (1992), S. 475; § 8 Absatz 1 Ziffer 5 Genossenschaftsgesetz: „Der Aufnahme in das Statut bedürfen Bestimmungen, nach welchen (...) die Ausdehnung des Geschäftsbetriebes auf Personen, welche nicht Mitglieder der Genossenschaft sind, zugelassen wird."
[63] Vgl. Kuhn, Wolfgang (1984), S. 34 ff.
[64] Vgl. Dülfer, Eberhard (1984), S. 89 ff.
[65] Vgl. Hahn, Oswald (1990a), S. 87 ff.

ersten Kreditgenossenschaften haben auf allen drei Ebenen eine echte Förderungsleistung erhalten.[66]

Aufgrund der historischen Veränderungen gilt der klassische Förderungsauftrag heute für die Kreditgenossenschaften nicht mehr. Diese Entwicklung basiert auf drei wesentlichen Ursachen. Die Mangelsituation Mitte des 19. Jahrhunderts[67] fiel aufgrund der Annäherung der verschiedenen Bankengruppen weg. Des weiteren nahmen die Unterschiede zwischen Mitgliedern und Nicht-Mitgliedern ab. Schließlich kam es aufgrund des Wachstums der Kreditgenossenschaften zu einer zunehmenden Entfremdung zwischen den Mitgliedern und der Unternehmensführung.[68]

2.1.2 Moderner Förderungsauftrag

Die gegenwärtigen Gründe für einen Beitritt zu einer Kreditgenossenschaft bilden die Erwartung nach günstigen Geschäftskonditionen, einer persönlichen Beratung sowie einer hohen Kapitalrendite. Zwar werden auch weiterhin außerökonomische Ziele in Kreditgenossenschaften verfolgt, ihr Stellenwert ist aber im Vergleich zu den ökonomischen Zielsetzungen auf eine marginale Größe gesunken.[69]

Für die heutigen Kreditgenossenschaften, die durch den Wettbewerb mit erwerbswirtschaftlichen Anbietern charakterisiert sind, stellt sich daher die Frage nach einer Neuformulierung des Förderungsauftrags.[70] In der Literatur wurde diese Neuinterpretation des Förderungsauftrags umfangreich, aber nicht abschließend diskutiert.[71]

---

66 Vgl. Hahn, Oswald (1980), S. 19

67 Vgl. Hahn, Oswald (1981), S. 168; Hahn, Oswald (1980), S. 19 f.

68 Vgl. Hahn, Oswald (1980), S. 21 ff.

69 Eine Mitgliederbefragung belegte bereits im Jahr 1956, daß neben ökonomischen Gründen lediglich noch die Familientradition für den Beitritt zu einer Kreditgenossenschaft maßgeblich sei. Vgl. Kluge, Arnd Holger (1991), S. 135

70 Vgl. Hahn, Oswald (1990a), S. 87 ff.

71 Vgl. zum Beispiel Hahn, Oswald (1980), S. 21 ff.; Viehoff, Felix (1979), S. 86 ff.; Seuster, Horst (1980), S. 100 ff.; Leffson, Ulrich (1980), S. 70 ff.; Blomeyer, Wolfgang (1980), S. 22 ff.; Wagner, Helmut (1980), S. 295 ff.; Croll, Willi (1981), S. 195 ff.; Seuster, Horst (1982), S. 92 ff.; Botteri, Tullio (1985), S. 153 ff.; Lipfert, Helmut (1987), S. 87 ff.

Eine Systematisierung von möglichen Förderleistungen der „modernen" Kreditgenossenschaften zeigt *Großkopf* auf (siehe Tabelle 1).[72]

	Förderungsansätze ökonomisch-rechnungsmäßiger Art		**Förderungsansätze ökonomisch-betreuerischer Art**	
	(eher) unmittelbar wirksam	**(eher) mittelbar wirksam**	**(eher) unmittelbar wirksam**	**(eher) mittelbar wirksam**
(primär) mit einer Leistungsinanspruchnahme verbunden (leistungsbezogen)	Preisvorteile bei den (klassischen) traditionellen Bankhauptleistungen, Gebühren- und Provisionsvorteile Sonderkonditionen bei Leistungen von Verbundunternehmen	Betriebsbeteiligungsdividende/Genossenschaftliche Rückvergütung	Umfassende und individuelle Beratung und Betreuung der Mitglieder in allen Bereichen der Geschäftsbeziehung	Demokratische Mitwirkungsmöglichkeiten der Mitglieder zum Aufbau von Systemvertrauen mit transaktionskostensenkendem Effekt
Nicht (primär) mit einer Leistungsinanspruchnahme verbunden (nicht leistungsbezogen)	Mitgliederausweis, Gutscheinheft Mitgliederpräsente, Treueprämien Ausgaben aus Anlaß der General- beziehungsweise Vertreterversammlung	Kapitalbeteiligungsdividende Verzinsung der Geschäftsguthaben	Mitgliederexklusive Informationen, Aus- und Fortbildungsveranstaltungen für Mitglieder	

Tabelle 1: Systematisierung denkbarer Förderungsleistungen moderner Genossenschaftsbanken

Quelle: Großkopf, Werner (1990), S. 72

Aufgrund des bestehenden Beratungsbedarfs bei vielen Kunden im Privatkundengeschäft bildet nach *Betsch* ein ganzheitlicher Beratungsansatz

[72] Vgl. Großkopf, Werner (1990), S. 72

in Form einer privaten Finanzplanung für die Mitglieder der Kreditgenossenschaften einen Ansatz für eine moderne und zeitgemäße Interpretation des Förderungsauftrags.[73] Eine private Finanzplanung durch die Kreditgenossenschaften bildet ein Leistungsangebot, das

- für die Mitglieder als Zielgruppe bislang anderweitig nicht erhältlich ist und
- gleichzeitig qualitativ den Leistungen anderer Anbieter, die lediglich Produktverkauf betreiben oder mittels eines Teilbedarfsansatzes operieren, überlegen ist.[74]

Neben dem Förderungsprinzip existieren eine weitere Zahl von Grundsätzen und Prinzipien, die primär aus dem Förderungsauftrag abgeleitet werden. Für das Verständnis des Wesens der Kreditgenossenschaften werden einige ausgewählte Prinzipien erläutert.[75]

2.2 Identitätsprinzip

Das Identitätsprinzip leitet sich aus dem Auftrag der Förderung der Mitglieder gemäß § 1 Absatz 1 Genossenschaftsgesetz ab und ergibt sich dadurch, daß die Genossenschaft eine von Mitgliedern organisierte Personenvereinigung ist.[76] Es existiert keine Gesellschaftsform, in der eine derart weitgehende Identifikation zwischen Gesellschaften beziehungsweise Mitgliedern und Kunden des Unternehmens besteht.[77] Die Unternehmensform Genossenschaft ist als Organisationstyp durch eine Identität zwischen den Entscheidungsträgern und Leistungsabnehmern charakterisiert.[78]

2.3 Demokratieprinzip

Das Demokratieprinzip zeigt sich in dem Grundsatz der Gleichberechtigung der Mitglieder. Diese Gleichberechtigung wird vor allem durch die gesetzliche Bestimmung gemäß § 43 Absatz 3 Satz 1 Genossenschaftsgesetz verankert, wonach jedes Mitglied unabhängig von der Zahl der

[73] Vgl. Betsch, Oskar (1995a), S. 13
[74] Vgl. Betsch, Oskar (1995a), S. 16
[75] Zur Übersicht vgl. zum Beispiel Faust, Helmut (1969), S. 36 ff.; Münkner, Hans-H. (1992), S. 509 ff.
[76] Vgl. Weber, Wilhelm/Brazda, Johann (1992), S. 348
[77] Vgl. Dieckhöner, Bruno (1992c), S. 389
[78] Vgl. Weber, Wilhelm/Brazda, Johann (1992), S. 348

Geschäftsanteile und der Höhe des eingezahlten Geschäftsguthabens in der Generalversammlung nur eine Stimme hat. Dieses „Ein Mann - eine Stimme-Prinzip" ist der Genossenschaft in besonderem Maße wesenseigentümlich.[79] Das Statut der Genossenschaft kann jedoch gemäß § 43 Absatz 3 Satz 2 Genossenschaftsgesetz die Gewährung von Mehrstimmrechten vorsehen. Kein Mitglied kann jedoch mehr als drei Stimmen gemäß § 43 Absatz 3 Satz 4 Genossenschaftsgesetz inne haben.[80]

2.4 Subsidiaritätsprinzip

Für das Verständnis des genossenschaftlichen Verbundes besitzt das Subsidiaritätsprinzip große Bedeutung.[81] Das Subsidiaritätsprinzip besagt, daß stets das kleinste Kollektiv, das die jeweiligen Aufgaben bewältigen kann, vorrangig zuständig sein soll. Die übergeordnete größere Einheit soll nur insoweit Aufgaben übernehmen, als sie von dem kleineren Kollektiv nicht mehr befriedigend bewältigt werden können. Die Realisierung des Subsidiaritätsprinzips entspricht der Grundausrichtung der Genossenschaften im originären Sinne. Die Genossenschaftsunternehmen übernehmen die Aufgaben, welche die kleineren Einheiten wegen unzureichender Kapazität nicht oder nicht ausreichend wahrnehmen können.[82]

2.5 Regionalprinzip

Das Regionalprinzip besagt, daß die Ressourcen einer Genossenschaft vorrangig für die eigenen Mitglieder und Mitgliederwirtschaften vor Ort einzusetzen sind. Den regional angrenzenden beziehungsweise sich überschneidenden genossenschaftlichen Wirtschaftseinheiten sind keine Erschwernisse hinzuzufügen, etwa durch ein gezieltes Eindringen und Übergreifen in deren Geschäftsbereiche. Die Genossenschaften fühlen sich dem Regionalprinzip verpflichtet, eine inhaltliche Präzisierung oder rechtliche Verankerung existiert nicht. Vielmehr ergibt sie sich aus der

[79] Vgl. Faust, Helmut (1969), S. 40 f.
[80] Hinsichtlich der Voraussetzungen und Einschränkungen des Mehrstimmenrechts vgl. im einzelnen § 43 Absatz 3 Genossenschaftsgesetz.
[81] Siehe hierzu Kapitel II3 Genossenschaftlicher FinanzVerbund, S. 20 ff.
[82] Vgl. Großkopf, Werner (1995), S. 56 ff.

Mitgliederbezogenheit der genossenschaftlichen Geschäftstätigkeit vor Ort.[83]

Durch das Regionalprinzip wird der Einzugsbereich der Kreditgenossenschaften geographisch abgegrenzt, eine Erweiterung des Geschäftsgebiets oder gar eine Standortverlagerung ist nicht möglich. Die Geschäftsgebietsvergrößerung wird durch § 19 Absatz 2 des am 1. Januar 1986 in Kraft getretenen Statuts der Sicherungseinrichtung des Bundesverbandes der Deutschen Volksbanken und Raiffeisenbanken reglementiert.[84]

Aufgrund aufsehenerregender Insolvenzen einiger Kreditgenossenschaften, die unter anderem mit ortsfremder Geschäftstätigkeit verbunden waren, achten die genossenschaftlichen Prüfungsverbände sehr genau darauf, daß dieser Grundsatz eingehalten wird.[85] Falls Kreditgenossenschaften Mittel aus dem Sicherungsfond benötigen, werden die von dem zuständigen regionalen Prüfungsverband treuhänderisch verwalteten Sicherungsfondmittel verwendet. Reichen die Mittel des Prüfungsverbandes und ein bei dessen Mitgliedsbanken erhobener „zumutbarer" Sonderbeitrag nicht aus, wird auf die vom Bundesverband der Deutschen Volksbanken und Raiffeisenbanken verwalteten Sicherungsfondmittel und auf die treuhänderisch verwalteten Sicherungsfondmittel der Prüfungsverbände, denen die zu sanierende Kreditgenossenschaft nicht angehört, zurückgegriffen. Soweit auch bei diesen die Mittel nicht ausreichen, wird bei den Mitgliedsbanken dieser Prüfungsverbände ein „zumutbarer" Sonderbeitrag erhoben.[86]

---

[83] Vgl. Fleischer, Klaus (1992b), S. 545 f.; Für die Sparkassen stellt das Regionalprinzip eine streng ausgelegte Wettbewerbseingrenzung dar und gehört zu den wichtigsten Ordnungsprinzipien der Sparkassen. Im Grundsatz besagt das Regionalprinzip, daß sich der Geschäftsbereich einer Sparkasse und das Gebiet des Gewährträgers decken müssen. Vgl. § 1 Absatz 1 und 3 Mustersatzung der Sparkassen; Die Konsequenz dieses Regionalprinzips besteht in der Beschränkung von Zweigstelleneröffnungen auf das Gebiet des Gewährträgers einer Sparkasse durch den Gesetzgeber gemäß § 1 Absatz 3 Hessisches Sparkassen Gesetz. Vgl. Güde, Udo (1995), S. 41

[84] Vgl. BVR (Hrsg.) (1987), S. 88; Kollbach, Walter (1992), S. 580 f.; Genossenschaftsverband Bayern (Hrsg.) (1997), S. 50 f.

[85] Vgl. Betsch, Oskar (1988b), S. 117; Oellerking, Claus/Holzgrabe, Manfred (1990), S. 134

[86] Vgl. Zeyer, Fred (1999), S. 32; Kollbach, Walter (1992), S. 580 f.

3 Genossenschaftlicher FinanzVerbund

Die Kreditgenossenschaften bilden einen wichtigen Bestandteil des genossenschaftlichen FinanzVerbundes. Die Ableitung einer Wettbewerbsstrategie für die Kreditgenossenschaften erfordert deshalb eine Analyse der Position und Interdependenzen der Kreditgenossenschaften innerhalb des genossenschaftlichen FinanzVerbundes. Der Begriff „genossenschaftlicher FinanzVerbund" wurde für den werblichen Auftritt geschaffen, um den Allfinanzcharakter[87] zu dokumentieren. Zudem sollte damit unterstrichen werden, daß es sich um die erste Allfinanzverbundsform dieser Art in Deutschland handelte.[88]

3.1 Aufbau des genossenschaftlichen FinanzVerbundes

Die genossenschaftliche Bankengruppe besitzt eine teils zweistufige, teils dreistufige Aufbauorganisation (siehe Abbildung 2).[89]

Die erste Stufe bilden die selbständig arbeitenden Kreditgenossenschaften, die auf lokaler Ebene als Primärbanken agieren.[90] Der zweiten Stufe gehören auf regionaler Ebene die genossenschaftlichen Zentralbanken an. Die DG Bank Deutsche Genossenschaftsbank stellt das Spitzeninstitut der genossenschaftlichen Bankengruppe dar.[91]

---

87 Die *Allfinanzpolitik* umfaßt die Bündelung von Bank-, Versicherungs- und Bausparprodukten sowie den Vertrieb dieser Produkte auf den unterschiedlichen Vertriebswegen. Vgl. Krupp, Georg (1995), S. 58; Dem Kunden sollen an seine Bedürfnisse angepaßte Finanzdienstleistungen für sämtliche Geld- und Vermögensangelegenheiten und deren Absicherung angeboten werden. Die Entwicklung des „Sparplans mit Versicherungsschutz" im Jahre 1984 durch die Deutsche Bank wird als Beginn der Allfinanzpolitik angesehen. Vgl. Betsch, Oskar (1992a), S. 16

88 Vgl. Gundlach, Werner (1992), S. 675

89 Vgl. Grüger, Wolfgang (1995), Sp. 875 f.; Scheidl, Karl (1993), S. 235; Hahn, Oswald (1977), S. 150; Eine umfassende Diskussion der Problematik einer Mehrstufigkeit im kreditgenossenschaftlichen Verbund findet sich bei *Konold*. Vgl. Konold, Rolf (1978), S. 197 ff.

90 Vgl. Grüger, Wolfgang (1995), Sp. 875

91 Vgl. Scheidl, Karl (1993), S. 235; Grüger, Wolfgang (1995), Sp. 876; Die stetige Diskussion über die endgültige Abschaffung der Dreistufigkeit im Genossenschaftssektor ist vor allem an den Finanzproblemen der DG Bank sowie dem sich daraus ergebenden massiven Widerstand der genossenschaftlichen Zentralbanken gescheitert. Vgl. o. V. (1998j), S. 22; Nach Auffassung von *Hahn* ist faktisch die Zweistufigkeit gegeben: nicht durch die Aufnahme der drei regionalen Zentralbanken [bis zum 31.12.1999, Anmerkung des Verfassers] in das Spitzeninstitut DG Bank, sondern durch die eigenständig operierenden Regionalbanken neben dem Bundesinstitut. Es existieren gegenwärtig die vier Zentralbankregionen Württemberg, Süd-

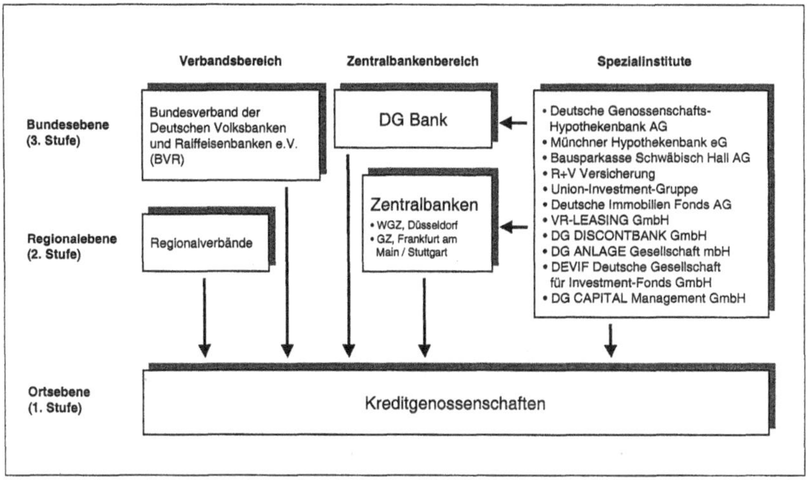

Abbildung 2: Aufbau des genossenschaftlichen FinanzVerbundes

Quelle: Eigene Darstellung, in Anlehnung an Tebroke, Hermann-Josef (1993b), S. 18; Daten entnommen aus BVR (Hrsg.) (1997a), S. 37 ff.; O. V. (2000), S. 22

Neben den angeführten Kreditinstituten zählen weitere Spezialinstitute zum genossenschaftlichen FinanzVerbund.[92]

3.2 Kreditgenossenschaften

Die Kreditgenossenschaften als Primärbanken der ersten Stufe im genossenschaftlichen FinanzVerbund unterscheiden sich gegenüber ihren Wettbewerbern durch verschiedene strukturelle Merkmale.

3.2.1 Anzahl und Fusionen der Kreditgenossenschaften

Die Kreditgenossenschaften bildeten mit 2.256 Instituten im Jahr 1998[93] gemessen an der Anzahl die größte Gruppe (70%) im deutschen Kredit-

westdeutschland (Baden, Rheinland-Pfalz, Hessen und Saarland) sowie Nordrhein-Westfalen mit drei regionalen Zentralbanken und das restliche Bundesgebiet (Bayern, Nord- und Ostdeutschland) mit der DG Bank als Spitzeninstitut. Vgl. Hahn, Oswald (1996), S. 166; Die DG Bank ist daher mit mehr als der Hälfte der Kreditgenossenschaften unmittelbar verbunden.

[92] Vgl. Grüger, Wolfgang (1995), Sp. 876

[93] Vgl. Deutsche Bundesbank (Hrsg.) (1999a), S. 104

gewerbe. Die zweitgrößte Gruppe stellen die Sparkassen mit insgesamt 594 Instituten und einem Anteil von 18% dar (siehe Abbildung 3).[94]

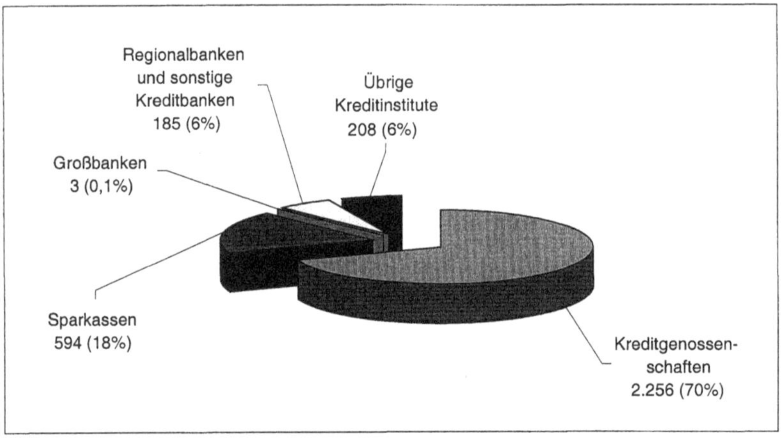

Abbildung 3: Anzahl der Kreditinstitute in Deutschland (Ende 1998)

Quelle: Eigene Darstellung, Daten entnommen aus Deutsche Bundesbank (Hrsg.) (1999a), S. 104

Die Zahl der Kreditgenossenschaften ist in den neunziger Jahren, wie in den Jahrzehnten zuvor, weiter gesunken.[95] Während 1990 noch 3.392 Kreditgenossenschaften existierten, hat sich deren Anzahl um 1.136 oder 34% auf 2.256 reduziert. Die Ursache für die abnehmende Zahl der Kreditgenossenschaften ist in der Vielzahl der Fusionen zwischen den Instituten zu sehen. Die Anzahl der Zusammenschlüsse hat von 1990 bis 1992 stetig zugenommen, um sich anschließend in dem Zeitraum von 1993 bis 1997 auf annähernd gleichbleibendem Niveau zu stabilisieren (siehe Abbildung 4).[96]

[94] Die Zahl der Großbanken hat sich seit Anfang 1999 von drei auf vier erhöht. Neben der Deutschen Bank, der Dresdner Bank und der Commerzbank wird die Bayerische Hypo- und Vereinsbank als vierte Großbank von der Deutschen Bundesbank statistisch erfaßt. Vgl. Deutsche Bundesbank (Hrsg.) (1999a), S. 104

[95] Siehe hierzu auch Abbildung 1, S. 11

[96] Vgl. BVR (Hrsg.) (1997a), S. 39; Zum Verfahren und den rechtlichen Rahmenbedingungen für den Zusammenschluß von Kreditgenossenschaften vgl. App, Michael (1996), S. 870 ff.

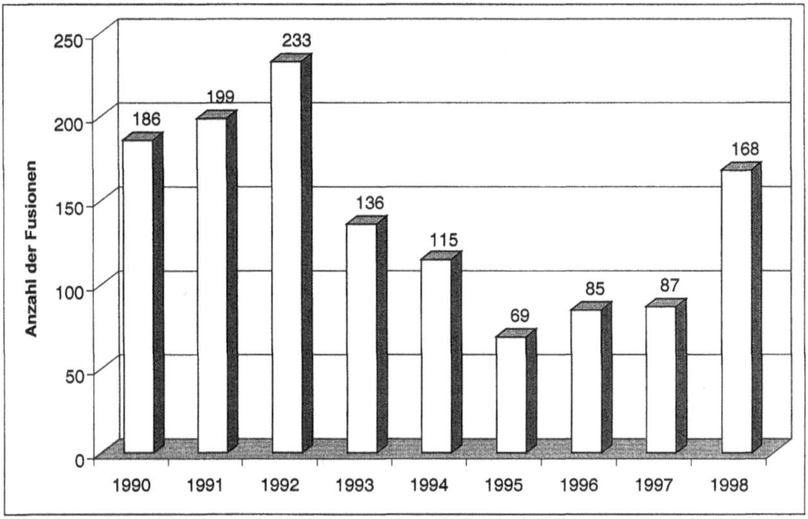

Abbildung 4: Fusionen der Kreditgenossenschaften (1990-1998)

Quelle: Eigene Darstellung, Daten entnommen aus BVR (Hrsg.) (1990), S. 31 bis BVR (Hrsg.) (1998), S. 39

Aufgrund der Fusionen ist die Zahl der Kreditgenossenschaften trotz der durch die Wiedervereinigung hinzugekommenen Institute[97] stetig gesunken.[98]

3.2.2 Betriebsgrößen der Kreditgenossenschaften

Die Kreditgenossenschaften sind gekennzeichnet durch ihre kleinen Betriebsgrößen. Die durchschnittliche Bilanzsumme betrug DM 454 Millionen im Jahr 1998[99] und ist in den letzten zehn Jahren kontinuierlich gewachsen. Im Jahre 1989 lag die durchschnittliche Bilanzsumme zum Vergleich noch bei DM 160 Millionen.[100] Die durchschnittliche Bilanzsumme der Sparkassen im Jahr 1998 war mit durchschnittlich DM 2.997 Millionen vergleichsweise sechsmal höher als bei den Kreditgenossenschaften.[101]

97 Vgl. Dieckhöner, Bruno (1992c), S. 390
98 Vgl. Deutsche Bundesbank (Hrsg.) (1998b), S. 37
99 Vgl. Dieckhöner, Bruno/Dominik, Dieter G. (1999), S. 52
100 Vgl. BVR (Hrsg.) (1989), S. 32
101 Vgl. DSGV (Hrsg.) (1998), S. 4

Ein wesentliches Charakteristikum der Kreditgenossenschaften bildet die heterogene Struktur der Betriebsgrößen. Während beispielsweise die Berliner Volksbank als größte Kreditgenossenschaft eine Bilanzsumme von DM 28,6 Milliarden besitzt,[102] weist die Raiffeisenbank Gammesfeld als kleinste Kreditgenossenschaft eine Bilanzsumme von DM 10,4 Millionen auf (siehe Abbildung 5).[103]

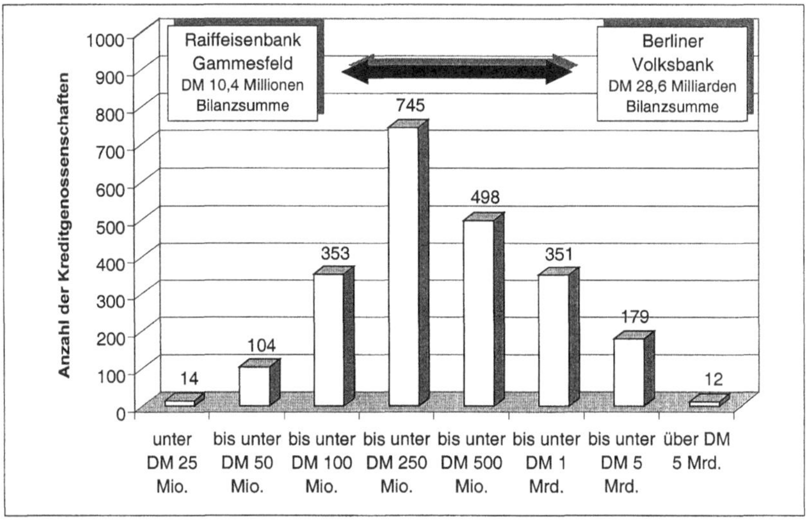

Abbildung 5: Größenklassen der Kreditgenossenschaften auf der Basis der Bilanzsumme (Ende 1998)

Quelle: Eigene Darstellung, Daten entnommen aus BVR (Hrsg.) (1998), S. 134

Die Fusionen in den neunziger Jahren führen zu einer stetigen strukturellen Verschiebung der Größenklassen der Kreditgenossenschaften hin zu höheren Bilanzsummen (siehe Abbildung 6).

[102] Vgl. Berliner Volksbank (Hrsg.) (1999), S. 1
[103] Vgl. BVR (Hrsg.) (1999b), S. 59

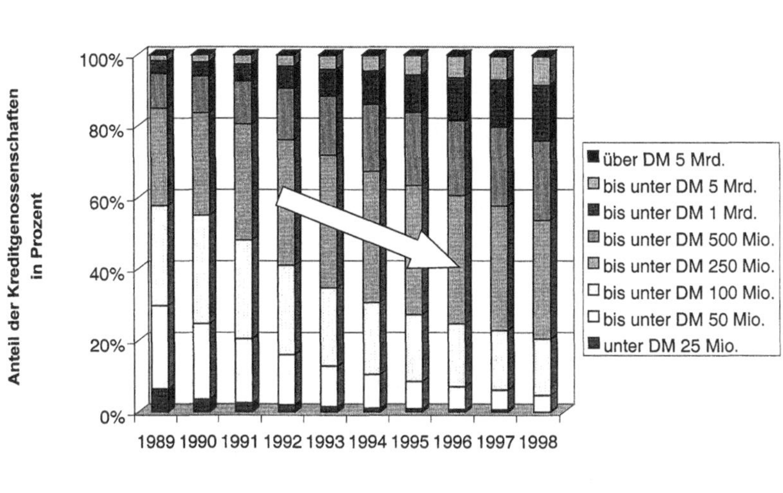

Abbildung 6: Gliederung der Kreditgenossenschaften nach Anzahl und Bilanzsumme (1990-1998)

Quelle: Eigene Darstellung, Daten entnommen aus BVR (Hrsg.) (1990), S. 120 bis BVR (Hrsg.) (1998), S. 134

Aufgrund der heterogenen Struktur der Betriebsgrößen der Kreditgenossenschaften werden für die weiteren Betrachtungen in dieser Arbeit Größenklassen gebildet. Neben der Bilanzsumme wird die durchschnittliche Anzahl der Mitarbeiter als zusätzliches Merkmal herangezogen (siehe Abbildung 7).

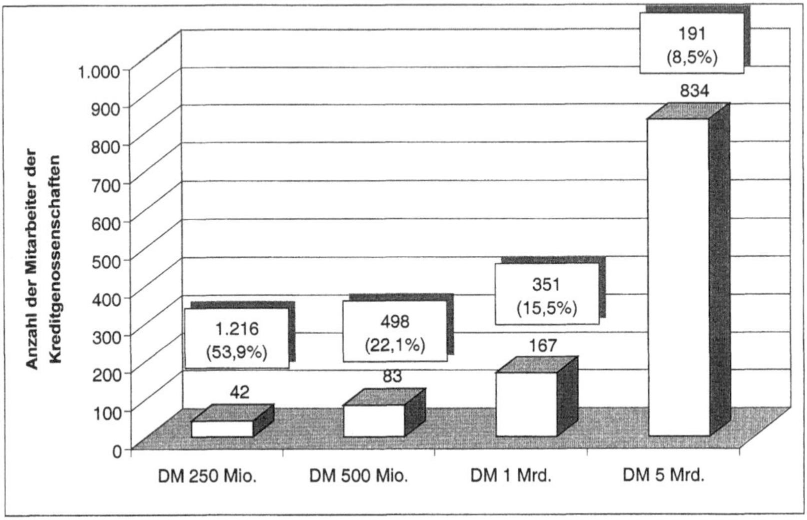

Abbildung 7: Durchschnittliche Anzahl der Mitarbeiter der Kreditgenossenschaften nach Bilanzsumme

Quelle: Eigene Darstellung, berechnet mit Daten aus BVR (Hrsg.) (1998), S. 134; BVR (Hrsg.) (1999a), S. 10

Die Kreditgenossenschaften mit einer Bilanzsumme von DM 250 Millionen beschäftigen durchschnittlich 42 Mitarbeiter. Der Anteil der Kreditgenossenschaften bis einschließlich DM 250 Millionen umfaßt 53,9% der Institute. Für die Größenklassen bis zu DM 500 Millionen, bis zu DM 1 Milliarde und bis zu DM 5 Milliarden und darüberliegende Bilanzsummen reduziert sich die Zahl der Kreditgenossenschaften kontinuierlich bei gleichzeitigem Anstieg der Mitarbeiterzahlen.[104]

3.2.3 Mitglieder der Kreditgenossenschaften

Für die Gründung und Aufrechterhaltung einer Genossenschaft sind mindestens sieben Mitglieder erforderlich, weil mit einer geringeren Zahl an Mitgliedern die vorgeschriebene Organisationsstruktur personell nicht er-

[104] Die Zahlen ergeben sich aus eigenen Berechnungen auf der Grundlage der Beschäftigtenzahlen und der Bilanzsummen der Kreditgenossenschaften. Dabei wurde die Gesamtzahl der Beschäftigen der Kreditgenossenschaften in Relation zu der Gesamtbilanzsumme gesetzt. Vgl. Deutsche Bundesbank (Hrsg.) (1998a), S. 6 ff.; BVR (Hrsg.) (1999a), S. 10

füllt werden kann.[105] Das Genossenschaftsgesetz enthält allerdings keine Aussage über eine maximale Höhe der Mitgliederzahl, die Aufnahmekapazität der Genossenschaft nach oben ist - theoretisch - unbegrenzt.[106]

Von den Mitgliedern der Kreditgenossenschaften sind etwa 90% Privatkunden.[107] Ihre Zahl belief sich im Jahre 1998 auf 14,6 Millionen[108] und ist seit den fünfziger Jahren kontinuierlich gestiegen (siehe Abbildung 8).[109]

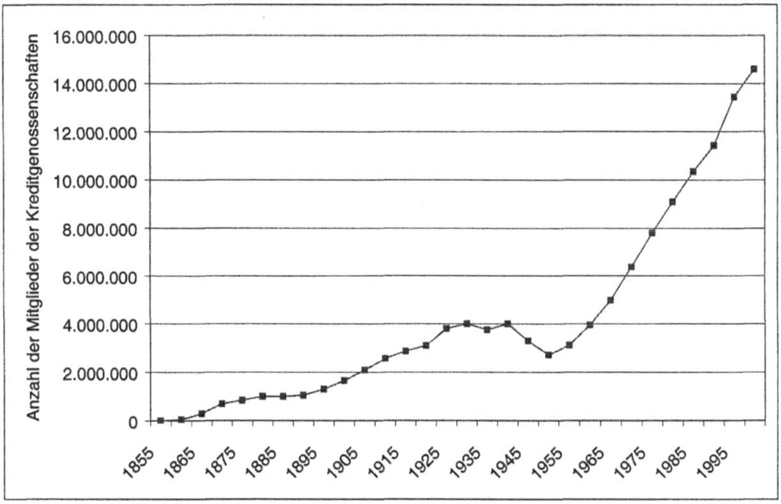

Abbildung 8: Entwicklung der Mitgliederzahlen der Kreditgenossenschaften (1855-1998)

Quelle: Eigene Darstellung, Daten entnommen aus Kluge, Arnd Holger (1991), S. 481 ff.; BVR (Hrsg.) (1989), S. 43 bis BVR (Hrsg.) (1997a), S. 51; BVR (Hrsg.) (1998), S. 38

Zu Beginn der neunziger Jahre lag die durchschnittliche Mitgliederzahl je Kreditgenossenschaft bei rund 3.750 Mitgliedern. Zum Ende des Jahres 1998 war die durchschnittliche Zahl bei rund 6.500 Mitgliedern und hat sich damit annähernd verdoppelt.[110] Die Ursachen bilden vor allem die

[105] § 4 Genossenschaftsgesetz
[106] Vgl. Kluge, Arnd Holger (1991), S. 87
[107] Vgl. Grüger, Wolfgang (1998b), S. 43
[108] Vgl. Dieckhöner, Bruno/Dominik, Dieter G. (1999), S. 53
[109] Ein Rekordergebnis mit über 500.000 neuen Mitgliedern wurde im Jahre 1993 erreicht. Vgl. BVR (Hrsg.) (1996a), S. 58
[110] Vgl. BVR (Hrsg.) (1989), S. 43 f.; BVR (Hrsg.) (1998), S. 38 f.

dargelegten Fusionen[111] sowie die Marktausweitung und die notwendigen Eigenkapitalbeschaffung in den neuen Bundesländern. In Deutschland ist jeder fünfte Erwachsene Mitglied einer Kreditgenossenschaft. Dies stellt den breitesten Anteilsbesitz einer Unternehmensgruppe weltweit dar.[112]

Die berufliche Zusammensetzung der Mitglieder der Kreditgenossenschaften hat sich seit den fünfziger Jahren grundlegend geändert. Dieser Wandel ist zum einen ein Resultat der Konzentrationsbewegungen im selbständigen Mittelstand, beispielsweise der Verringerung der Zahl der selbständigen Landwirte und der Verdrängung selbständiger Einzelhändler durch Filialketten. Zum anderen hat er seinen Grund im massenhaften Mitgliederbeitritt von Arbeitnehmern in die Kreditgenossenschaften seit Mitte der fünfziger Jahre. In überwiegend landwirtschaftlich geprägten Regionen und bei Kreditgenossenschaften mit Warenverkehr blieben aber die Landwirte bis in die siebziger Jahre die stärkste Mitgliedergruppe. In den siebziger, achtziger und neunziger Jahren setzte sich der Trend der Verringerung des Anteils des selbständigen Mittelstandes an der Mitgliedschaft der Kreditgenossenschaften fort.[113] Einen Überblick über den Anteil der Mitglieder der Kreditgenossenschaften, geordnet nach Berufsgruppen, gibt Abbildung 9.

[111] Siehe hierzu Kapitel II3.2.1 Anzahl und Fusionen der Kreditgenossenschaften, S. 21 ff.

[112] Vgl. BVR (Hrsg.) (1997a), S. 51

[113] Vgl. Kluge, Arnd Holger (1991), S. 115 ff.

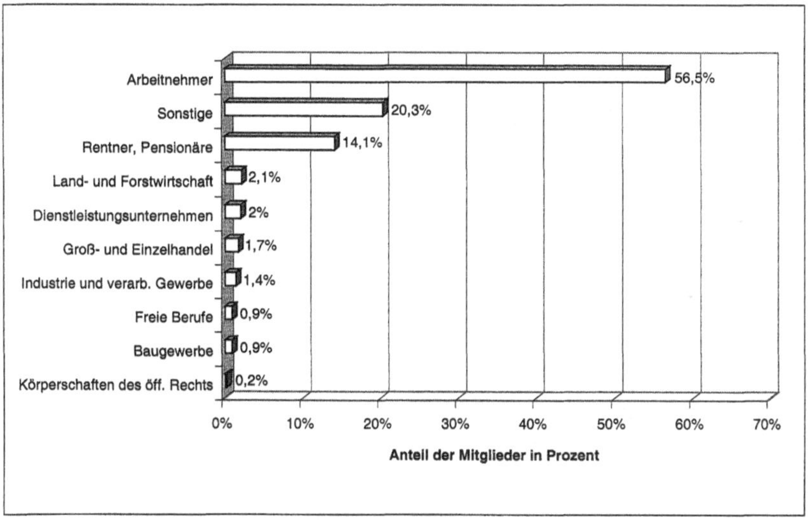

Abbildung 9: Mitglieder der Kreditgenossenschaften nach Berufsgruppen (Ende 1998)

Quelle: Eigene Darstellung, Daten entnommen aus BVR (Hrsg.) (1998), S. 52

Im Jahr 1998 waren mehr als 90% der Mitglieder von Kreditgenossenschaften Arbeitnehmer, sonstige Privatpersonen (zum Beispiel Hausfrauen, Studenten) sowie Rentner und Pensionäre.

3.3 Genossenschaftliche Zentralbanken

Die zweite Ebene des dreistufigen Aufbaus des genossenschaftlichen Bankensystems bilden in Nordrhein-Westfalen, Hessen, Rheinland-Pfalz und Baden-Württemberg die zwei regionalen Zentralbanken[114]

- WGZ-Bank Westdeutsche Genossenschafts-Zentralbank eG, Düsseldorf
- GZ-Bank Genossenschaftliche Zentralbank AG, Frankfurt am Main/ Stuttgart.[115]

[114] Vgl. o. V. (2000), S. 22; Dieckhöner, Bruno (1992a), S. 49; BVR (Hrsg.) (1996a), S. 63; Grüger, Wolfgang (1995), Sp. 875 f.

[115] Die GZB Genossenschaftliche Zentralbank AG (GZB Bank), Stuttgart, und die SGZ Südwestdeutsche Genossenschafts-Zentralbank AG, Frankfurt am Main/Karlsruhe, haben sich rückwirckend zum 31.12.1999 gleichberechtigt zur GZ-Bank AG, Frankfurt am Main/Stuttgart, zusammengeschlossen. Vgl. o. V. (2000), S. 22; Die

Die DG Bank Deutsche Genossenschaftsbank übernimmt in den übrigen Bundesländern einschließlich den neuen Bundesländern die Funktion einer regionalen Zentralbank.[116] Die Koexistenz eines zweistufigen und dreistufigen Aufbaus im genossenschaftlichen Kreditwesen wird durch die Verbund-Konvention von 1989 geregelt.[117]

Die Funktion der Zentralbanken besteht vor allem in der wirtschaftlichen Förderung der vor Ort tätigen Kreditgenossenschaften, die gleichzeitig Mitglieder und Aktionäre der Zentralbanken sind. Die Existenz der Zentralbanken wird durch diesen subsidiären Auftrag legitimiert, gleichzeitig werden aber auch ihre Betätigungsfelder dadurch begrenzt. Geschäfte, die Primärgenossenschaften mit niedrigeren Kosten und aufgrund der lokalen Marktkenntnisse qualitativ besser ausführen können, sollen gemäß dem Subsidiaritätsprinzip keine Aufgabenfelder für die Zentralbanken bilden.[118]

3.4 Deutsche Genossenschaftsbank

Die Deutsche Genossenschaftsbank[119] bildet das Spitzeninstitut der genossenschaftlichen Bankengruppe in Deutschland. Ihr obliegt der gesetzliche Auftrag, das deutsche Genossenschaftswesen zu fördern, und sie betreibt als universell agierende Geschäftsbank Bankgeschäfte aller Art, die unmittelbar oder mittelbar der Erfüllung dieses Zwecks dienen.[120] Die DG Bank erhielt im Jahre 1975 mit dem "Gesetz über die Deutsche Genossenschaftsbank" die Rechtsform einer Körperschaft des öffentlichen

Primärbanken des jeweiligen Geschäftsgebiets stellen zum größten Teil das Eigenkapital der Zentralbanken in Form von Geschäftsguthaben (eG) und Grundkapital (AG) zur Verfügung. Dadurch wird gewährleistet, daß die Zentralbanken mit der Rechtsform der Aktiengesellschaft genossenschaftliche Unternehmen bleiben. Vgl. Heinke, Eberhard (1992), S. 748; Insgesamt sind die Zentralbanken für mehr als 1.100 Kreditgenossenschaften zuständig. Vgl. o. V. (1998j), S. 22

[116] Vgl. Hahn, Oswald (1996), S. 166

[117] Vgl. Heinke, Eberhard (1992), S. 748

[118] Vgl. Heinke, Eberhard (1992), S. 748 f.; Zum Subsidiaritätsprinzip siehe Kapitel II2.4 Subsidiaritätsprinzip, S. 18

[119] Zur historischen Entwicklung der DG Bank vgl. Pleister, Christopher (1992), S. 132

[120] Vgl. Pleister, Christopher (1992), S. 132; Zur aktuellen Ertragslage DG Bank vgl. o. V. (1998f), S. 1048 ff.; BVR (Hrsg.) (1997a), S. 55

Rechts.[121] Rückwirkend zum 1. Januar wechselte sie im Jahr 1998 ihre Rechtsform in eine Aktiengesellschaft.[122]

Die Anteilseigner der DG Bank sind die Kreditgenossenschaften, die sich in sechs Holdinggesellschaften organisiert haben und zusammen 52,4% des Kapitals halten. Die zweitstärkste Aktionärsgruppe bilden die Zentralbanken mit einem Anteil von insgesamt 30,1%, wodurch sie über die Sperrminorität verfügen.[123]

Die Aufgaben und Geschäfte der DG Bank bestimmen sich aus dem Zweck der Förderung des Genossenschaftswesens. Die Förderung der Kreditgenossenschaften durch die DG Bank als Spitzeninstitut im genossenschaftlichen FinanzVerbund, zusammen mit den Zentralbanken und den anderen Verbundunternehmen, besteht primär darin, ein wettbewerbsfähiges Allfinanzangebot zur Verfügung zu stellen. Des weiteren sorgt die DG Bank für den Liquiditätsausgleich im Verbund und erbringt weitere subsidiäre Leistungen.[124] Neben dem Fördergeschäft betreibt sie Eigengeschäfte mit anderen Banken, großen Industrie- und Handelsunternehmen, der öffentlichen Hand sowie institutionellen Kunden im In- und Ausland.[125]

3.5 Verbundunternehmen des genossenschaftlichen Bankensektors

Die Kreditgenossenschaften werden neben den regionalen Zentralbanken und der DG Bank im Rahmen des genossenschaftlichen FinanzVerbundes durch eine Reihe von Spezialinstituten und banknahen Instituten unterstützt,[126] die ihnen subsidiär zur Seite stehen. Diese Institute werden als kreditgenossenschaftliche Verbundunternehmen bezeichnet.[127] Im einzelnen zählen hierzu die nachfolgenden überregional tätigen Spezialinstitute:

---

[121] Vgl. Pleister, Christopher (1992), S. 132

[122] Vgl. Thiemann, Bernd (1998), S. 18. Zur Diskussion der Rechtsformänderung vgl. Körnert, Jan/Sitz, Christian (1997), S. 94 ff.

[123] Vgl. o. V. (1998j), S. 22

[124] Subsidiäre Leistungen erfolgen zum Beispiel im Wertpapiergeschäft, dem Konsortialkreditgeschäft, der Liquiditätsplanung oder in der Aus- und Weiterbildung. Vgl. Pleister, Christopher (1992), S. 132 f.

[125] Vgl. Pleister, Christopher (1992), S. 133

[126] Vgl. Dieckhöner, Bruno (1992a), S. 49

[127] Vgl. Gundlach, Werner (1992), S. 675

- Deutsche Genossenschafts-Hypothekenbank AG
- Münchener Hypothekenbank eG
- Bausparkasse Schwäbisch Hall
- R+V Versicherung
- Union-Investment-Gruppe
- DIFA Deutsche Immobilien Fonds AG
- VR-LEASING GmbH
- DG Diskontbank GmbH
- DG ANLAGE Gesellschaft mbH
- DEVIF Deutsche Gesellschaft für Investment-Fonds GmbH und
- DG CAPITAL Management GmbH[128]

Daneben führte der Bedarf der Kreditgenossenschaften an subsidiären Dienstleistungen zur Einrichtung von sogenannten „Verbundhilfsinstitutionen“ auf regionaler[129] und überregionaler Ebene[130]. Die einzelnen genossenschaftlichen Verbundinstitute sind durch Gesellschaftsstrukturen und Kooperationsvereinbarungen dergestalt miteinander verbunden, daß eine gemeinschaftliche Zielsetzung verwirklicht werden kann.[131]

Innerhalb der genossenschaftlichen Verbundinstitute besitzen die fünf genossenschaftlichen Rechenzentralen[132] eine große Bedeutung für die informationstechnische Durchführung und Abwicklung der Bankgeschäfte bei den Kreditgenossenschaften. Die genossenschaftlichen Rechenzentralen sind die Träger der genossenschaftlichen Gemeinschaftsdatenverarbeitung und entsprechend dem Subsidiaritätsprinzip werden die infor-

[128] Vgl. BVR (Hrsg.) (1997a), S. 58 ff.; Gundlach, Werner (1992), S. 675

[129] Dabei handelt es sich zum Beispiel um die Beratungs-, Verlags-, Werbe- oder Treuhandgesellschaften sowie um die regionalen Rechenzentralen.

[130] Dazu gehören zum Beispiel der DG-Verlag oder das Betriebswirtschaftliche Institut für Kreditwirtschaft (BIK).

[131] Vgl. Gundlach, Werner (1992), S. 676

[132] Dabei handelt es sich im einzelnen um folgende Institute: FIDUCIA Informationszentrale AG, GAD Gesellschaft für automatische Datenverarbeitung eG, GRZ Genossenschaftsrechenzentrale Norddeutschland GmbH, RBG Rechenzentrale Bayerischer Genossenschaften eG, RWG GmbH Datenverarbeitungsgesellschaft. Vgl. BIK (Hrsg.) (1997), S. 8; Dembach, Hilmar/Feder, Irenme (1998), S. 1045

mationstechnischen Funktionen von den Kreditgenossenschaften ausgelagert.[133]

3.6 Verbandswesen

Den Spitzenverband der genossenschaftlichen Bankengruppe bildet der Bundesverband der Deutschen Volksbanken und Raiffeisenbanken e.V. (BVR). Dieser wurde im Rahmen einer Neuordnung des gesamten genossenschaftlichen Verbandswesens am 1. Januar 1972 gegründet.[134] Der Zweck des Verbandes besteht in der Förderung, Betreuung und Vertretung der fachlichen, wirtschaftlichen und insbesondere wirtschaftspolitischen Interessen seiner Mitglieder und der diesen angeschlossenen Einrichtungen. Die Mitglieder des Bundesverbandes der Deutschen Volksbanken und Raiffeisenbanken sind die den einzelnen regionalen Prüfungsverbänden angeschlossenen Kreditgenossenschaften, die regionalen Prüfungsverbände, die regionalen Zentralbanken sowie die DG Bank und weitere Verbundunternehmen.[135]

[133] Im Jahre 1960 wurde als erste Rechenzentrale die FIDUCIA Datenverarbeitung AG in Karlsruhe gegründet. Vgl. Dube, Jürgen (1992), S. 540; Dembach, Hilmar/Feder, Irene (1998), S. 1045; Eine ausführliche Darstellung der Entwicklung und Aufgaben gibt *Dube*. Vgl. Dube, Jürgen (1993), S. 19 ff.

[134] Vgl. Dieckhöner, Bruno (1992b), S. 93; Aschhoff, Gunther/Henningsen, Eckart (1995), S. 79; Hahn, Oswald (1996), S. 165

[135] Vgl. Dieckhöner, Bruno (1992b), S. 93; Aschhoff, Gunther/Henningsen, Eckart (1995), S. 79

4 PRIVATKUNDENGESCHÄFT DER KREDITGENOSSENSCHAFTEN

Die Bestimmung einer Wettbewerbsstrategie für die Kreditgenossenschaften erfordert eine begriffliche Fixierung des Privatkundengeschäfts sowie eine detaillierte Betrachtung der Wettbewerber, der Nachfrager und der Informationstechnologie als marktbestimmende Faktoren.

Der Begriff „Privatkundengeschäft" findet in Literatur und Praxis unterschiedliche Verwendung.[136] Deshalb wird zunächst der Begriff vor einer detaillierten Betrachtung des Privatkundengeschäfts der Kreditgenossenschaften abgegrenzt und bestimmt.

Im angelsächsischen Sprachgebrauch wird das Privatkundengeschäft unterschieden in Retail Banking, Personal Banking und Private Banking. Unter *Retail Banking* wird das relativ breit ausgerichtete Bankgeschäft mit Privatkunden, Selbständigen und Kleinunternehmen verstanden, das vorwiegend mit standardisierten, einheitlichen und wenig erklärungsbedürftigen Produkten rationell bearbeitet wird.[137] Das *Personal Banking* beinhaltet das Geschäft mit den vermögenden Privatkunden, die eine persönliche Beratung erwarten. Das darüber hinausgehende Top-Segment umfaßt vor allem vermögende Privatkunden mit einem entsprechend anspruchsvollen Finanzdienstleistungsbedarf und wird dem Terminus *Private Banking* subsumiert.[138] Das Private Banking steht für die Verfügbarkeit von speziellen Finanzdienstleistungen, dabei bildet die Vermögensverwaltung einen wesentlichen Aspekt der Leistung.[139] Häufig erfolgt keine Differenzierung zwischen den Begriffen Personal Banking und Private Banking. Statt dessen wird lediglich zwischen *Retail Banking* und *Private Banking* unterschieden.[140] Abbildung 10 liefert einen Überblick über die unterschiedlichen Segmente im Privatkundengeschäft.

---

[136] Vgl. zum Beispiel Achenbach, Horst (1992), S. 2; Deutz, Julian (1997), S. 18

[137] Vgl. Adrion, Elisabeth (1997), S. 11; Klöppelt, Henning (1996), S. 207; Steinig, Richard (1998), S. 289

[138] Vgl. Klöppelt, Henning (1996), S. 202

[139] Vgl. Pechlaner, Harald (1994), S. 448; Als *vermögende Privatkunden* werden Personen mit einem disponiblen Vermögen von mehr als US$ 1 Million angesehen. Vgl. Klöppelt, Henning (1996), S. 202; Diese Größe stellt jedoch kein Absolutum dar, sondern soll als Richtwert angesehen werden. Zum aktuellen Stand des Private Banking vgl. zum Beispiel von Maltzan, Bernd-Albrecht (1998), S. 905 ff.

[140] Vgl. Klöppelt, Henning (1996), S. 207

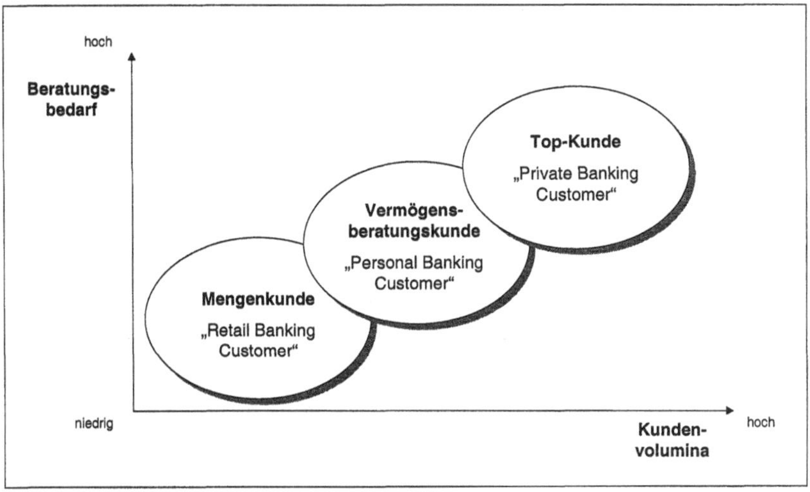

Abbildung 10: Segmentierung des Privatkundenmarktes im deutschen und angelsächsischen Sprachgebrauch

Quelle: Eigene Darstellung, in Anlehnung an Klöppelt, Henning (1996), S. 203

Der Begriff „Privatkunde" wird im deutschen Sprachgebrauch unterschiedlich verwendet.[141] Die Deutsche Bundesbank unterscheidet Privatpersonen in wirtschaftlich Selbständige (zum Beispiel Gewerbetreibende, freiberuflich Tätige, Landwirte, Rentiers), wirtschaftlich Unselbständige (Arbeiter, Angestellte, Beamte, Rentner und Pensionäre sowie Arbeitslose) und sonstige Privatpersonen (Hausfrauen, Kinder, Schüler, Studenten sowie Personen ohne Berufsangabe) und grenzt diese gegenüber inländischen Unternehmen, Organisationen ohne Erwerbszweck und öffentlichen Haushalten ab.[142] Diese Zuordnung ist für die Bestimmung der Zielgruppe Privatkunde nur bedingt geeignet. Die Ermittlung des Produkt- und Beratungsbedarfs eines Privatkunden erfordert detailliertere und feiner gegliederte Zielgruppenmerkmale.[143] In dieser Arbeit werden die Begriffe Privatkunde und Privatkundengeschäft wie folgt definiert.

[141] Insbesondere existiert kein gemeinsames Begriffsverständnis zwischen der Deutschen Bundesbank auf der einen und den privaten und öffentlich-rechtlichen Kreditinstituten auf der anderen Seite. Vgl. Deutz, Julian (1997), S. 18

[142] Vgl. Deutsche Bundesbank (Hrsg.) (1998a), S. 112

[143] Vgl. Achenbach, Horst (1992), S. 3

Unter *Privatkunde* wird eine natürliche Person verstanden, die eine Geschäftsbeziehung mit einem Kreditinstitut unterhält, ohne daß diese ausschließlich erwerbsmäßigen Zwecken dient.[144] Privatkunden sind dem entsprechend solche Personen, die nicht als Unternehmen und Institutionen bezeichnet werden.[145] Differenziert nach der Bedeutung für das Kreditinstitut werden die vermögenden Kunden als Individualkunden, alle anderen Kunden als Standard- oder Mengenkunden bezeichnet.[146] Das *Privatkundengeschäft* beinhaltet das Geschäft der Kreditinstitute mit den Privatkunden. Hierbei wird unterschieden zwischen dem breiten Mengengeschäft (Retail Banking) und dem gehobenen Privatkundengeschäft (Private Banking).[147]

Einen Überblick über das Leistungsangebot der Kreditgenossenschaften als traditionelle Universalbank im Privatkundengeschäft gibt Tabelle 2.

	Leistungen im Privatkundengeschäft
Standardgeschäft	Zahlungsverkehr Spar-/Einlagengeschäft Konsumentenkredite Standard-Hypothekenfinanzierung Standardisierte Anlageberatung Vermittlung von Versicherungen und Bausparverträgen
Individualgeschäft	Vermögensanlageberatung

Tabelle 2: Leistungsangebot im Privatkundengeschäft der Kreditgenossenschaften

Quelle: Eigene Darstellung, in Anlehnung an BVR (Hrsg.) (1999b), S. 72

Im Standardgeschäft bilden der Zahlungsverkehr, das Spar- und das Konsumentenkreditgeschäft die wesentlichen Bestandteile im Privatkundengeschäft der Kreditgenossenschaften. Daneben nimmt die standardi-

144 *Rottenbacher* setzt eine Kontobeziehung als Grundlage voraus. Vgl. Rottenbacher, Arndt (1994), S. 14

145 Vgl. Achenbach, Horst (1992), S. 3; Nach *Büschgen* sind die Angehörigen der Zielgruppe Privatkunden, die nicht Unternehmen sind. Vgl. Büschgen, Hans E. (1997), S. 1042

146 Vgl. Rottenbacher, Arndt (1994), S. 14; Büschgen, Hans E. (1997), S. 1042

147 Vgl. Büschgen, Hans E. (1997), S. 1042; Hinsichtlich der Fokussierung der gehobenen Privatenkunden bei Kreditgenossenschaften vgl. Betsch, Oskar (1995a), S. 6

sierte Anlageberatung und die Baufinanzierung sowie die Vermittlung von Versicherungen und Bausparverträgen eine wichtige Rolle ein. Das Individualkundengeschäft beinhaltet neben den Standardleistungen vor allem die Vermögensanlageberatung.[148]

4.1 Wettbewerb und Marktanteile

Für die Ableitung einer Strategie für die Kreditgenossenschaften werden die Wettbewerber sowie die Marktanteile der Kreditgenossenschaften im Privatkundengeschäft betrachtet.

4.1.1 Wettbewerber der Kreditgenossenschaften

Die Kreditgenossenschaften stehen im Privatkundengeschäft in einem starken Wettbewerb, der sowohl von den traditionellen Finanzintermediären als auch von neuen Konkurrenten ausgeht.

4.1.1.1 Traditionelle Wettbewerber

Die traditionellen Wettbewerber der Kreditgenossenschaften bilden auf dem regionalen Markt die Sparkassen. Zudem besteht teilweise ein interner Wettbewerb zwischen den Kreditgenossenschaften. In 243 Städten und Gemeinden waren 1997 jeweils mindestens zwei Kreditgenossenschaften mit ihrem Hauptsitz vertreten. Von diesen Doppel- oder Mehrfachbesetzungen waren 580 Kreditgenossenschaften (24%) betroffen.[149]

Seit dem Beginn der achtziger Jahre hat die Wettbewerbsintensität im Privatkundengeschäft stetig zugenommen. Dieser wachsende Konkurrenzdruck beruht auf unterschiedlichen Entwicklungen. Die privaten Geschäftsbanken sind in die traditionell von den Kreditgenossenschaften betreuten Marktsegmente eingedrungen.[150] Das Allfinanzgeschäft, das bei den Kreditgenossenschaften und Sparkassen bereits eine lange Tradition besitzt, wurde für die privaten Geschäftsbanken ebenfalls zukunftsweisend. Aus diesem Grunde gingen die privaten Geschäftsbanken dazu über, ihr Finanzangebot um Versicherungs- und Bausparkassen und das Immobilienangebot zu erweitern.[151] Des weiteren drangen international,

[148] Vgl. BVR (Hrsg.) (1999b), S. 72
[149] Vgl. BVR (Hrsg.) (1999b), S. 75
[150] Vgl. Grüger, Wolfgang (1998b), S. 50
[151] Vgl. Heumann, Dieter W. (1998), S. 394

teilweise auch global agierende Retailbanken wie beispielsweise die Citibank in den Markt.[152] Zudem kam es zu einer Verwischung der traditionellen Strukturen im Gruppenwettbewerb der Kreditinstitute. Dieser Universalisierungprozeß hatte zur Folge, daß die angebotenen Leistungen immer ähnlicher und erfolgreiche Produktinnovationen immer schneller und zu niedrigeren Kosten imitiert wurden.[153]

4.1.1.2 Neue Wettbewerber

Obwohl der Privatkundenmarkt ein gesättigtes Marktsegment darstellt, in dem Marktanteile nur auf dem Wege des Verdrängungswettbewerbs gewonnen werden können,[154] treten zunehmend neue Wettbewerber auf diesen Markt.[155] Insbesondere die durch die Deregulierung und Technologisierung fallenden Markteintrittsbarrieren haben zur Folge, daß seit Mitte der neunziger Jahre immer mehr Anbieter aus dem Non- und Near Bank-Bereich[156] im Finanzmarkt auftreten. Durch die Sättigung im Privatkundenmarkt kommt es zu einem intensiven Preiswettbewerb und damit verbunden in allen Produktbereichen zu tendenziell sinkenden Margen.[157] Des weiteren erfolgte seit dem Jahre 1994 die Gründung von insgesamt

---

[152] Vgl. Bernet, Beat (1995), S. 33; Schmid, Peter (1995), S. 74

[153] Vgl. Grüger, Wolfgang (1998b), S. 50

[154] Vgl. Schuster, Leo (1998), S. 69; Bernet, Beat (1998a), S. 370

[155] Vgl. Schwarz, Hans (1997), S. 92; Diese sogenannten *Newcomer* unterteilt *Schuster* nach Institutionen, Sortiment und Methoden. Ein Newcomer kann demnach auch ein etabliertes Kreditinstitut sein, daß über eine Tochtergesellschaft ein neues Produkt oder Sortiment einführt beziehungsweise eine neue Methode des Absatzes dafür wählt. Vgl. Schuster, Leo (1998), S. 67

[156] *Near Banks* sind Unternehmen und Institutionen, die nicht direkt dem Bankensektor zuzurechnen sind, die jedoch den Bankgeschäften ähnliche, komplementäre oder substitutive Geschäfte betreiben. Vgl. Büschgen, Hans E. (1997), S. 935; Zu den Near Banks zählen zum Beispiel Versicherungen und Kreditkartengesellschaften. Vgl. Singer, Jürgen (1993), S. 890 ff.; Betge, Peter (1996), S. 3; Süchting, Joachim/Paul, Stephan (1998), S. 9; Büschgen, Hans E. (1998), S. 119 ff.; *Non Banks* sind Unternehmen des Nichtbankensektors, die in unterschiedlichem Umfang Bankgeschäfte betreiben, um den Absatz ihrer eigentlichen Hauptleistung zu fördern oder eine zusätzlich Ertragsquelle zu schaffen. Vgl. Singer, Jürgen (1993), S. 890 ff.; Büschgen, Hans E. (1997), S. 950; In die Kategorie der Non Banks fallen zum Beispiel Warenhäuser oder Automobilhersteller, die Finanzdienstleistungen aus allen Elementarfunktionen anbieten. Vgl. Betge, Peter (1996), S. 3; Hartmann-Wendels, Thomas/Pfingsten, Andreas/Weber, Martin (1998), S. 57; Süchting, Joachim/Paul, Stephan (1998), S. 9; Büschgen, Hans E. (1998), S. 130 ff.

[157] Vgl. Bernet, Beat (1998a), S. 370; Bernet, Beat (1995), S. 33 f.; Düren, Harald (1996), S. 42 ff.; Grüger, Wolfgang (1998b), S. 50

zehn eigenständigen Direktbanken vorwiegend durch die großen privaten Geschäftsbanken,[158] nachdem diese das Wachstumspotential von Direct Banking-Leistungen erkannt haben.[159] Die Hauptzielrichtung dieser Vertriebsstrategie besteht in der Neukundenakquisition zu Lasten filialintensiver Wettbewerber,[160] die sich einem verstärkten Konditionen- und Servicedruck ausgesetzt sehen. Die Zahl der Kunden, die bei einem oder mehreren dieser Institute eine Bankverbindung unterhalten, ist bis Ende 1998 auf rund 2,5 Millionen gestiegen.[161] Das Potential an Direktbankkunden wird in Deutschland auf insgesamt 15 Millionen geschätzt.[162] Die Erfolge der Direktbanken belegen, daß ein nicht unerheblicher Anteil dieser Kunden von den Kreditgenossenschaften und den Sparkassen rekrutiert wurde.[163]

4.1.2 Marktanteile der Kreditgenossenschaften

Für eine Analyse der Situation der Kreditgenossenschaften im Privatkundengeschäft erweist sich eine Betrachtung der Marktanteile im bilanziellen und außerbilanziellen Geschäft als sinnvoll. Neben dem Einlagen-, dem Kredit- und dem Wertpapiergeschäft werden zusätzlich die Kontoverbindungen bei den Kreditgenossenschaften und ihren Wettbewerbern betrachtet.

Gemessen an der Bilanzsumme besaßen die Kreditgenossenschaften im Jahr 1998 einen Marktanteil von 10% (DM 1.016 Milliarden), die Großbanken von 11% (DM 1.099 Milliarden) und die Sparkassen von 18% (DM 1.780 Milliarden) (siehe Abbildung 11).[164]

[158] Vgl. Eichwald, Berthold (1997), S. 16; Schwarz, Hans (1997), S. 92

[159] Vgl. Michalk, Claus/Dilling, Holger (1998), S. 81; Eichwald, Berthold (1997), S. 16; Schwarz, Hans (1997), S. 92

[160] Vgl. Ströbele, Erwin (1996), S. 8; Eichwald, Berthold (1997), S. 16

[161] Vgl. Hessler, Andrea (1998), S. 40; Ende 1997 belief sich die Zahl der Kunden noch auf circa 1,6 Millionen. Vgl. Michalk, Claus/Dilling, Holger (1998), S. 81; Siehe hierzu ausführlich Kapitel IV1.2.2 Marktanteil und Kunden der Direktbanken, S. 136 ff.

[162] Vgl. o. V. (1998i), S. 20; Siehe hierzu ausführlich Kapitel IV1.2 Direktbanken, S. 133 ff.

[163] Vgl. Eichwald, Berthold (1997), S. 16 f.

[164] Vgl. Deutsche Bundesbank (Hrsg.) (1999a), S. 6 ff.

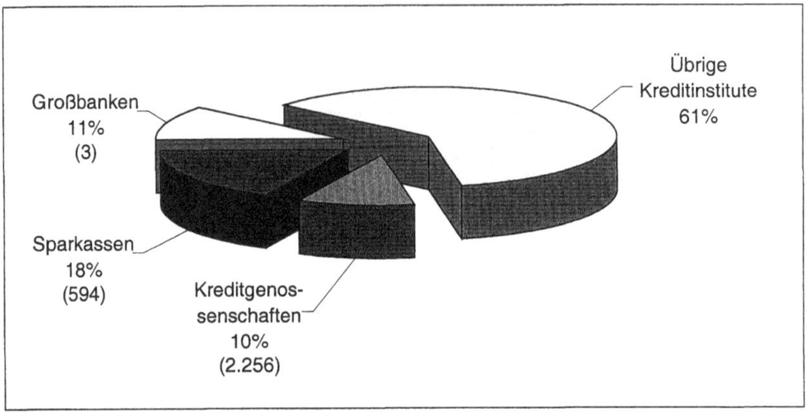

Abbildung 11: Bilanzsummen der Kreditinstitute (Ende 1998)

Quelle: Eigene Darstellung, Daten entnommen aus Deutsche Bundesbank (Hrsg.) (1999a), S. 6 ff.

Die große Zahl von 2.256 Kreditgenossenschaften reduzierte die durchschnittliche Bilanzsumme allerdings deutlich auf DM 454 Millionen je Institut.[165]

4.1.2.1 Einlagengeschäft

Die Kreditgenossenschaften besaßen im Jahr 1998 einen Marktanteil von 29% im Einlagengeschäft mit dem privaten Kunden. Damit nehmen sie die zweite Position nach den Sparkassen (47%) ein. Die Großbanken, Regionalbanken und übrigen Kreditbanken verfügen über einen vergleichsweise geringen Marktanteil von 16% (siehe Abbildung 12).[166] Allerdings besitzen vor allem die Großbanken im gehobenen Privatkundengeschäft einen höheren Marktanteil.

[165] Siehe hierzu Kapitel II3.2.2 Betriebsgrößen der Kreditgenossenschaften, S. 23 f.
[166] Vgl. Deutsche Bundesbank (Hrsg.) (1999a), S. 74 ff.

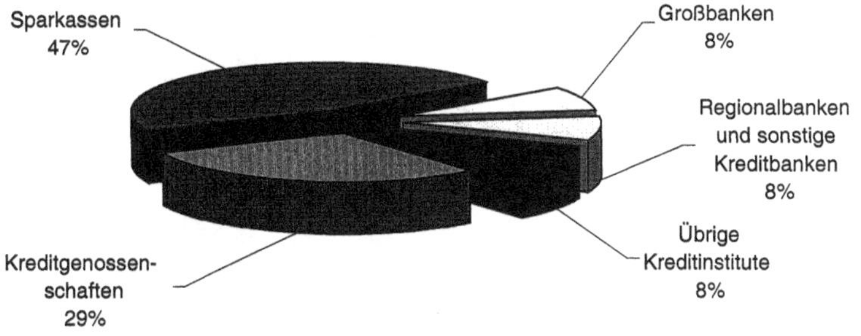

Abbildung 12: Einlagen von privaten inländischen Kunden (Ende 1998)
Quelle: Eigene Darstellung, Daten entnommen aus Deutsche Bundesbank (Hrsg.) (1999a), S. 74 ff.

Das gestiegene Renditebewußtsein der Anleger sowie die verbesserte Transparenz und der schärfere Wettbewerb zwischen den Kredit- und Finanzinstituten führte in den neunziger Jahren zu einer anhaltenden Veränderung im Passivgeschäft. Dadurch wurde die Mittelbeschaffung der Kreditinstitute strukturell verteuert.[167] Diese Veränderung belegt die Geldvermögensentwicklung der privaten Haushalte (siehe Abbildung 13).

Der Anteil der Ersparnis am verfügbaren Einkommen nimmt seit Anfang der neunziger Jahre kontinuierlich ab, die Sparquote ist von 13,2% im Jahr 1991 auf 10,9% im Jahr 1997 gesunken. Die insgesamt schwächere Geldvermögensbildung ging vor allem zu Lasten der Geldanlagen bei Kreditinstituten. Seit 1991 konnten die Kreditinstitute nur noch ein Drittel der finanziellen privaten Ersparnis in Form von Einlagen an sich binden.[168]

---

[167] Vgl. Deutsche Bundesbank (Hrsg.) (1998c), S. 43 f.; Hinsichtlich der Strukturverschiebungen auf der Einlagenseite der Kreditgenossenschaften vgl. BVR (Hrsg.) (1998), S. 49

[168] Vgl. Deutsche Bundesbank (Hrsg.) (1999c), S. 34; O. V. (1999i), S. 12 ff.; Szallies, Rüdiger (1998), S. 279

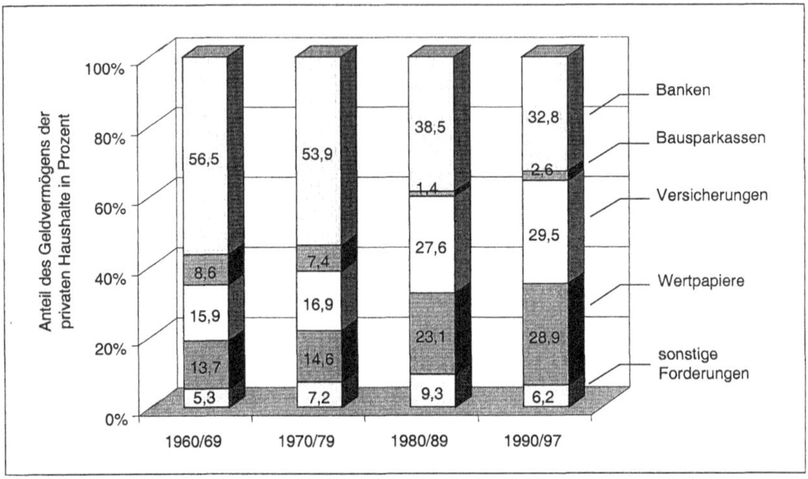

Abbildung 13: Struktur der Geldvermögensbildung der privaten Haushalte (1960-1997)

Quelle: Eigene Darstellung, Daten entnommen aus Deutsche Bundesbank (Hrsg.) (1999c), S. 40

Im Jahr 1997 betrug die private finanzielle Ersparnis bei Kreditinstituten nur noch 32,8%. Die privaten Haushalte präferierten 1997 in ihrer Geldvermögensbildung mit 29,5% Anlagen in Versicherungen und mit 28,9% Anlagen in Wertpapiere. Dieser Trend, der in den achtziger Jahren begann, setzt sich nachhaltig fort.[169]

4.1.2.2 Kreditgeschäft

Der Marktanteil der Kreditgenossenschaften im Kreditgeschäft mit den privaten Kunden umfaßte 21% im Jahr 1998 (siehe Abbildung 14).

[169] Des weiteren flossen insgesamt 2,6% der Geldvermögensbildung zu Bausparkassen und 6,2% betrugen sonstige Forderungen, die im wesentlichen Ansprüche aus betrieblichen Pensionszusagen umfassen. Vgl. Deutsche Bundesbank (Hrsg.) (1999c), S. 40

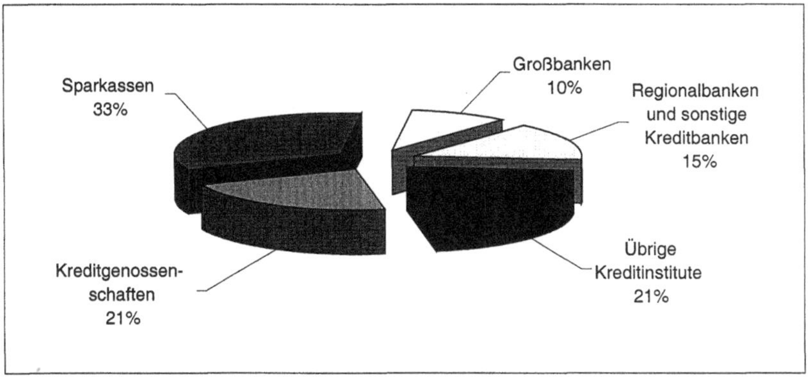

Abbildung 14: Kredite an inländische private Kunden (Ende 1998)

Quelle: Eigene Darstellung, Daten entnommen aus Deutsche Bundesbank (Hrsg.) (1999a), S. 34 ff.

Die Sparkassen hatten einen Marktanteil von 33%. Der Marktanteil der Großbanken, Regionalbanken und sonstigen Kreditbanken umfaßte 25%.[170] Damit liegen die Kreditgenossenschaften neben dem Einlagengeschäft auch im Kreditgeschäft mit den privaten Kunden in Deutschland an zweiter Position.

4.1.2.3 Wertpapiergeschäft

Im Wertpapiergeschäft wird die starke Position der privaten Geschäftsbanken deutlich (siehe Abbildung 15). Die Großbanken hatten im Jahr 1997 einen Marktanteil im Wertpapiergeschäft, gemessen an der Höhe der Depotbestände, von 48,86% (DM 2.577 Milliarden).

Der Marktanteil der Kreditgenossenschaften lag im Wertpapiergeschäft lediglich bei 3,41% (DM 179,85 Milliarden). Die Sparkassen besaßen einen Marktanteil von 5,08%, die Regionalbanken und sonstigen Kreditbanken von 26,75% und die übrigen Kreditinstitute von 15,90%.

[170] Vgl. Deutsche Bundesbank (Hrsg.) (1999a), S. 34 ff.

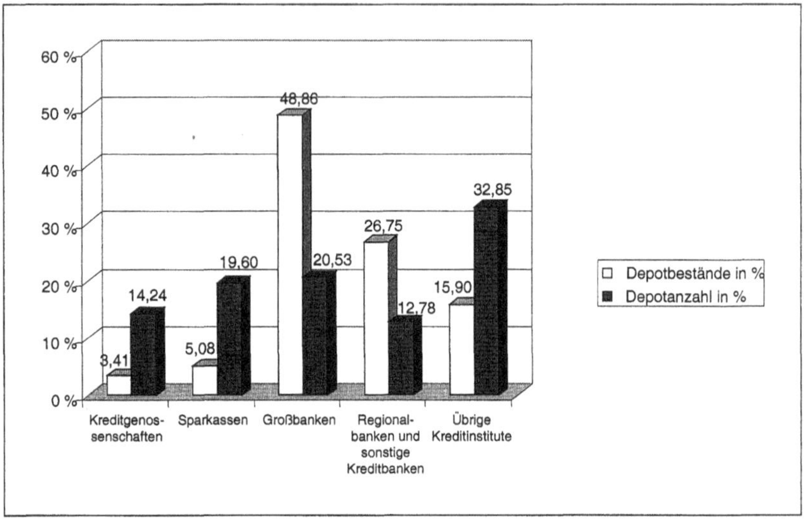

Abbildung 15: Depotbestände im Privatkundengeschäft in Prozent (Ende 1997)

Quelle: Eigene Darstellung, Daten entnommen aus BVR (Hrsg.) (1999a), S. 13

Die Anzahl der Depots von 14,24% bei den Kreditgenossenschaften in bezug auf die Depotbestände von 3,41% belegte die relativ geringe durchschnittliche Depotgröße von DM 73.817. Die durchschnittliche Depotgröße bei den Großbanken lag zum Vergleich bei DM 733.634.[171]

4.1.2.4 Kontoverbindungen

Nach einer Untersuchung der *Gesellschaft für Konsumforschung* im Dezember 1998 verfügen die Bankkunden ab 16 Jahren in Deutschland im Durchschnitt über 1,4 Bankverbindungen. Einen Überblick, wie sich die Kontoverbindungen auf die einzelnen Banken und Bankengruppen verteilen, gibt Abbildung 16.[172]

[171] Eigene Berechnungen. Vgl. BVR (Hrsg.) (1999a), S. 13
[172] Vgl. GfK (Hrsg.) (1998), S. 5

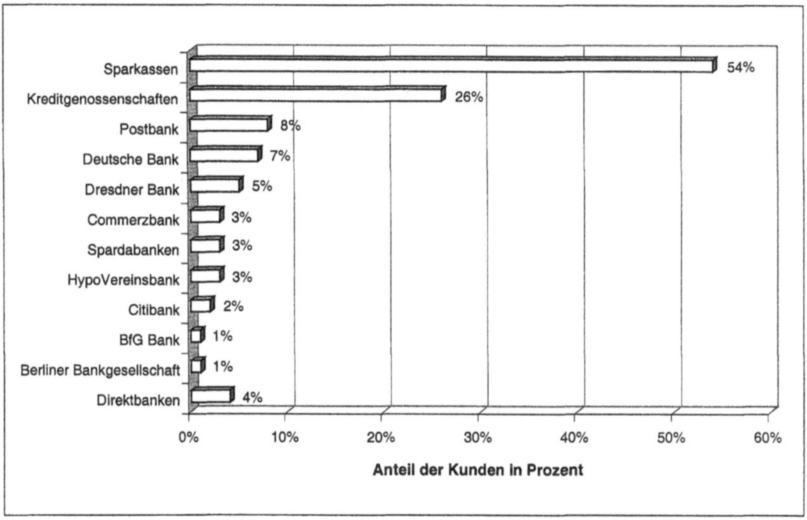

Abbildung 16: Bankverbindungen in Deutschland (Ende 1998)
Quelle: Eigene Darstellung, Daten entnommen aus GfK (Hrsg.) (1998), S. 5

Danach besitzen 26% der Bevölkerung ab 16 Jahren ein Konto bei einer Kreditgenossenschaft, die Sparkassen haben mit 56% die Marktführerschaft inne. Die privaten Geschäftsbanken folgen mit deutlichem Abstand.

4.2 Veränderung der Nachfrage

Neben den starken Veränderungen im Wettbewerb der Kreditgenossenschaften wird das Privatkundengeschäft nachhaltig durch die demographische Entwicklung und die sich wandelnden Kundenpräferenzen beeinflußt.

4.2.1 Demographische Entwicklung

Die wesentlichen demographischen Veränderungen bilden die Entwicklung der Altersstruktur, der Haushaltszahl und -größe, der Bildungs- und Berufsstruktur und der Einkommensverhältnisse.[173]

[173] Vgl. Köcher, Renate (1998), S. 250; Nachfolgende Ausführungen basieren auf empirischen Untersuchungen des *Instituts für Demoskopie Allensbach.* Vgl. Köcher, Renate (1998), S. 250 ff.

Die Gesellschaft altert mit einer bisher nicht bekannten Geschwindigkeit. Während die Altersgruppe der Sechzigjährigen und Älteren 1980 noch 20% der deutschen Bevölkerung bildete, stellt diese Altersgruppe im Jahr 2000 bereits 26% der Bevölkerung. Der wachsende Anteil dieser Kunden beeinflußt auch die Erwartungen an die Kreditinstitute. Diese Kundengruppe legt überdurchschnittlich hohen Wert auf eine persönliche Betreuung, ist unterdurchschnittlich risikofreudig und innovationsoffen. Die technologischen Veränderungen im Kreditsektor werden von den sechzigjährigen und älteren Kunden nur eingeschränkt und mit Verzögerung akzeptiert. Auch das Interesse am Telefon Banking und Online Banking ist weit unterdurchschnittlich ausgeprägt.

Neben der raschen Alterung der Gesellschaft werden die Haushalte zunehmend kleiner. Der Anteil der Vier-und-mehr-Personen-Haushalte hat sich gegenüber dem Jahr 1950 nahezu halbiert. Während damals in jedem dritten Haushalt vier und mehr Personen lebten, triff dies gegenwärtig lediglich auf 17% der Haushalte zu.

Die Bildungsstruktur ist gekennzeichnet durch einen zunehmenden Trend zu höheren Bildungsabschlüssen. Im Jahre 1960 beendeten rund 70% der Schulabgänger ihre Schulbildung mit der Hauptschule, Mitte der neunziger Jahre lediglich 30%. Im selben Zeitraum stieg der Anteil der Abiturienten von 10% auf 31%. Die Berufsstruktur befindet sich ebenso in einem tiefgreifenden Wandel. Der Anteil der Arbeiter an der erwerbstätigen Bevölkerung ist von 50% auf 34% gesunken, der Anteil der Angestellten von 22% auf 47% gestiegen.

Die Einkommen haben in den neunziger Jahren deutlich zugenommen. Das Bruttoeinkommen der Arbeiter stieg seit 1991 um 27%, von durchschnittlich DM 3.300 auf DM 4.200, das Nettoeinkommen um 20% von DM 2.260 auf DM 2.710. Der Anteil der privaten Haushalte mit monatlichem Nettoeinkommen von DM 4.000 und mehr nimmt kontinuierlich zu.[174]

[174] Der Anteil der privaten Haushalte mit einem monatlichen Nettoeinkommen von DM 4.000 und mehr stieg von 27,9% im 1992 auf 41,1% im Jahre 1997.

4.2.2 Kundenverhalten

Das Kundenverhalten hat sich im Vergleich zu früheren Jahren gewandelt.[175] Eine nachhaltige Veränderung ist in dem gewachsenen Selbstbewußtsein, den Erwartungen und dem Kostenbewußtsein der Kunden festzustellen.

Die Kunden sind selbstbewußter, anspruchsvoller, kritischer und auch kritikfähiger, flexibler, weniger bindungsbereit, innovationsoffener und risikofreudiger.[176] Dieser Wandel des Kundenverhaltens basiert auf den besseren Informationen, die den Kunden aufgrund der höheren Transparenz durch die Medien und durch neue Formen der Telekommunikation und Informationstechnologie zur Verfügung stehen.[177] Die aufgeklärten und informierten Kunden erwarten eine deutlich erkennbare Kundenorientierung, die Zufriedenheit vermittelt und zur Sicherung und zum Ausbau der partnerschaftlichen Beziehung führt. Wird die Zufriedenheit nicht erfüllt, nimmt die Treue gegenüber dem Kreditinstitut rapide ab.[178]

Die Kundenerwartung hinsichtlich der Art und Weise der Leistungserbringung, des Preises sowie der Qualität der Dienstleistung und der verfügbaren Informationen sind gestiegen. Die Kunden sind durch die zahlreichen Medienberichte gut informiert und erwarten eine umfassende Beratung durch ihre Kontaktperson in dem Kreditinstitut.[179] Dabei treten vor allem auch Fragen zu den Themen Steuern, Versicherungen und Erbschaften in den Vordergrund. Die Qualität in der Tiefe spielt eine wesentliche Rolle, um Wettbewerbern wie Versicherungsgesellschaften, Kreditkartengesellschaften oder Warenhäuser erfolgreich entgegenzutreten.[180] Die Kreditinstitute sehen sich mit steigenden Anforderungen konfrontiert.[181]

[175] Vgl. Betsch, Oskar (1995b), S. 14; Szallies, Rüdiger (1998), S. 280

[176] Vgl. von Boehm-Bezing, Carl L. (1994), S. 8; Köcher, Renate (1998), S. 245; Szallies, Rüdiger (1998), S. 280; Bacher, Urban (1998), S. 1088; Bartels, Günther/Breitschuh, Axel (1997), S. 36; Rolfes, Bernd (1997), S. 3; Schmid, Peter (1995), S. 74; Lange, Hans J. (1998), S. 968; Szallies, Rüdiger (1998), S. 280

[177] Vgl. Rolfes, Bernd (1997), S. 2

[178] Vgl. Bartels, Günther/Breitschuh, Axel (1997), S. 36; Eine ausführliche Darstellung der Theorie der Bankloyalität wurde von *Süchting* entwickelt. Vgl. Süchting, Joachim (1972), S. 267 ff.

[179] Vgl. Schmid, Peter (1995), S. 74; Die Qualität der Beratung im Privatkundengeschäft ist Inhalt von regelmäßigen Untersuchungen in Fachzeitschriften wie etwa *Finanztest*. Vgl. o. V. (1997o), S. 12 ff.; O. V. (1997j), S. 19 f.

[180] Vgl. Schmid, Peter (1995), S. 74

[181] Vgl. von Boehm-Bezing, Carl L. (1994), S. 8; Köcher, Renate (1998), S. 245

Der Privatkunde wird zunehmend kostenbewußt. Er beginnt, die Kosten und Leistungen seines Institutes kritisch mit denjenigen der Konkurrenz zu vergleichen.[182] Die gesamte Finanzdienstleistungsumwelt erzieht die Kunden systematisch zum „Rosinenpicker“ in eigener Sache. Dabei sehen sich die Anbieter nicht einer einheitlichen, sondern einer gespaltenen Kundenmentalität gegenüber.[183] In der Regel unterhält der private Haushalt Beziehungen zu drei Versicherungsgesellschaften, bei denen er insgesamt sieben Verträge besitzt, zu zwei Kreditinstituten, bei denen er sechs Bankleistungen nutzt, zu einer Bausparkasse, bei der er einen Bausparvertrag abgeschlossen hat sowie zu einer Kreditkartengesellschaft.[184]

4.2.3 Kunden und Technik

In dem Erwartungsprofil der Kunden hat in den letzten Jahren nichts vergleichbar an Bedeutung gewonnen wie die technische Ausstattung der Kreditinstitute. Während vor zehn Jahren lediglich 22% der westdeutschen Bankkunden besonderen Wert auf eine technisch gut ausgestattete Bank legten, sind dies heute 52%. In den letzten fünf Jahren hat allein der Wunsch nach der Verfügbarkeit von Selbstbedienungseinrichtungen von 45% auf 60% zugenommen. Ihre Entscheidung für eine bestimmte Bank machen inzwischen 80% der unter-dreißigjährigen Kunden von der Ausstattung mit Selbstbedienungsautomaten abhängig. Jeder dritte junge Kunde legt besonderen Wert darauf, daß Automaten-Filialen zur Verfügung gestellt werden, in denen rund um die Uhr alle Routinegeschäfte durchgeführt werden können.[185]

4.2.4 Abnehmende Kundenbindung

Die technologische Entwicklung bildet einen wichtigen Faktor für das Sinken der Kundenbindung. Der Wechsel ihrer Bankverbindung wird von rund 8% aller Kunden in Erwägung gezogen. Überdurchschnittlich offen

---

[182] Vgl. Schmid, Peter (1995), S. 75

[183] Vgl. Betsch, Oskar (1995b), S. 19; Benölken, Heinz/Wings, Heinz (1994), S. 17; Rolfes, Bernd (1997), S. 3

[184] Vgl. Szallies, Rüdiger (1998), S. 280

[185] Vgl. Köcher, Renate (1998), S. 245; Nach einer Untersuchung des *Instituts für praxisorientierte Sozialforschung* im Juli 1998 finden 77,1% der Bankkunden den Einsatz von Technik im Bankgeschäft gut. Die Technikakzeptanz lag zum Vergleich 1995 noch bei 65,9%. Vgl. o. V. (1998n), S. 570 f.

für diesen Wechsel sind die zwanzig- bis vierzigjährigen Bankkunden sowie die Kunden, die nur selten persönlichen Kontakt mit ihrem Kreditinstitut haben.[186] Die sinkende Kontaktfrequenz zwischen Bank und Kunde bildet daher eine wichtige Ursache der abnehmenden Kundenbindung. Nach einer Untersuchung des *Instituts für Demoskopie Allensbach* haben 20% aller Bankkunden lediglich alle drei Monate oder seltener persönlichen Kontakt mit ihrem Kreditinstitut, weitere 29% nur einmal im Monat. Zwischen der zunehmenden Akzeptanz der Selbstbedienungseinrichtungen und der rückläufigen Kontaktfrequenz besteht eine enge Korrelation und ist vor allem bei jungen Kunden und Beziehern überdurchschnittlicher Einkommen weit verbreitet.[187] Dabei wird die Abnahme der Kundenbindung durch die Ausrichtung der Vertriebswege nach dem Selbstbedienungsprinzip von den Kreditinstituten selbst initiiert.[188]

Diese Entwicklung stellt eine völlige Veränderung in der Beziehung zwischen dem Kreditinstitut und ihren Kunden dar. Die detaillierte Kenntnis der Lebenssituation und Mentalität der Kunden und damit auch die Möglichkeit, Veränderungen der Lebenssituation frühzeitig zu erkennen, nehmen aufgrund der fehlenden Kontakte zunehmend ab. Insbesondere ihre jüngeren Kunden lernen die Kreditinstitute nicht mehr in dem Maße kennen, wie dies noch vor wenigen Jahren der Fall war.[189]

4.3 Entwicklung der Informationstechnologie

Die technologische Entwicklung hat maßgeblichen Einfluß auf das Privatkundengeschäft.[190] *Bernet* spricht von der Technologieentwicklung als *dem* dominierenden Faktor für die Veränderungen im Retail Banking.[191] Als Beispiel für die technologischen Entwicklungen können angeführt werden:

[186] Vgl. Köcher, Renate (1998), S. 246; Die abnehmende Kundenbindung muß unter anderem auch aus gesellschaftspolitischer Perspektive betrachtet werden. Generell nimmt die Bereitschaft, sich zu binden, sei es etwa an Parteien oder die Kirche, ab. Vgl. Szallies, Rüdiger (1998), S. 280

[187] Vgl. Köcher, Renate (1998), S. 246 f.

[188] Durch die *Selbst*bedienung wird auch das *Selbst*bewußtsein des Kunden gefördert. Vgl. Szallies, Rüdiger (1998), S. 280

[189] Vgl. Köcher, Renate (1998), S. 247

[190] Vgl. Rolfes, Bernd (1997), S. 2

[191] *Bernet* differenziert zwischen Kommunikationstechnologie, Smart Cards, Netzwerktechnologie und Datenbanktechnologie. Vgl. Bernet, Beat (1995), S. 28 ff.

- Internet
- Online Dienste
- Interaktive Television
- Smartcard
- Cybermoney
- Fax on Demand
- Videokonferenz
- Handy Banking
- Virtual Banking
- Online Shopping
- Electronic Commerce[192]

Die neuen Informationstechnologien führen zu einem durchgreifenderen Strukturwandel als die großen technologischen Erfindungen früherer Jahre. Die Voraussetzungen hierfür sind durch den schnellen technologischen Fortschritt in den Bereichen Telekommunikation und Computertechnik geschaffen worden.[193] Die Etablierung neuer Wirtschaftszweige wie zum Beispiel Netzbetreiber erzwingt deshalb eine Neustrukturierung im Privatkundengeschäft[194] und der Einsatz der Informationstechnologie erlangt höchste Bedeutung als Wettbewerbsfaktor für alle Finanzdienstleister.[195] Die stärksten Veränderungen werden sich aus der Entwicklung und zunehmenden Kommerzialisierung des Internet ergeben. Für die Kreditgenossenschaften erwachsen hieraus vielfältige Aufgabenbereiche.

[192] Die Aufzählung dieser technologischen Entwicklungen ist nicht abschließend, sondern führt lediglich einige Beispiele an. Vgl. Fink, Dietmar (1997), S. 18 ff.; Birkelbach, Jörg/Spetsmann, Hartwig (1994), S. 13 ff.; Ambros, Hans (1995), S. 112 ff.; Heigl, Christian (2000), S. 299 ff.; Mertens, Peter (1998), S. 5; Barthelmeß, Wilhelm K. (1998), S. 18 ff.; Birkelbach, Jörg (1997), S. 117 ff.; Reif, Holger (1996), S. 144 ff.; Schuster, Rolf/Färber, Johannes/Eberl, Markus (1997), S. 44 ff.; Sietmann, Richard (1997), S. 15 ff.; Bachem, Achim/Heesen, Rainer/Pfenning, Jörg-Thomas (1996), S. 705 ff.; Polysius, Kai Uwe (1998), S. 33 f.; Leischner, Sven (1999), S. 2 ff.; Thießen, Friedrich (1999), S. 26 ff.; Hake, Andrea/Keck, Markus (1999), S. 84 ff.

[193] Vgl. Weber, Manfred (1998a), S. 74; Betsch, Oskar (1998a), S. 1277

[194] Vgl. Betsch, Oskar (1998a), S. 1277

[195] Vgl. Kohlhausen, Martin (1998), S. 256

5 Aufwands- und Ertragsentwicklung der Kreditgenossenschaften

Die Aufwands- und Ertragsentwicklung zeigt Stärken und Schwächen der Kreditgenossenschaften auf, die als Grundlage für die Entwicklung einer Strategie dienen. Die Kennzahlen werden jeweils im Verhältnis zu den Sparkassen und Großbanken als Wettbewerber sowie innerhalb der unterschiedlichen Größenklassen der Kreditgenossenschaften betrachtet.

5.1 Zinsspanne

Die Entwicklung der Zinsspanne[196] zeigt auf, daß sich die Margen im zinstragenden Geschäft seit Mitte der neunziger Jahre deutlich verringert haben (siehe Abbildung 17).

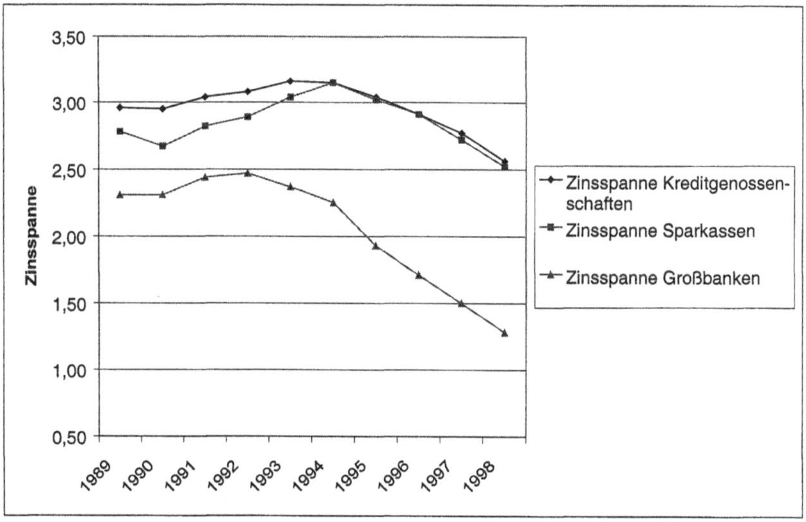

Abbildung 17: Zinsspanne der Kreditgenossenschaften, Sparkassen und Großbanken (1989-1998)

Quelle: Eigene Darstellung, Daten entnommen aus Deutsche Bundesbank (Hrsg.) (1993), S. 29 ff.; Deutsche Bundesbank (Hrsg.) (1995b), S. 19 ff.; Deutsche Bundesbank (Hrsg.) (1998b), S. 29 ff.; Deutsche Bundesbank (Hrsg.) (1999b), S. 27 ff.

[196] Die Zinsspanne bestimmt sich aus dem Zinsüberschuß (Zinserträge abzüglich Zinsaufwendungen) in Relation zum durchschnittlichen Geschäftsvolumen. Vgl. Deutsche Bundesbank (Hrsg.) (1998b), S. 35

Die Gründe für diese Entwicklung sind unterschiedlich:

- Die Zinsen sind auf einem anhaltend niedrigen Niveau.
- Der Markt ist weitgehend ausgeschöpft.
- Die Zinselastizität der Aktiva ist deutlich höher als die Zinselastizität der Passiva.
- Die Mittelbeschaffung im Passivgeschäft hat sich strukturell verteuert.
- Die Erhöhung des Wettbewerbs durch den Markteintritt von Direktbanken sowie neue Passivprodukte wie zum Beispiel Geldmarktfonds haben den Druck auf die Zinsmarge zusätzlich verstärkt.[197]

Die Ursache für die höhere Zinsspanne der Verbünde gegenüber den Großbanken ergibt sich aus der Kunden- beziehungsweise Standortstruktur. Insbesondere die Kreditgenossenschaften sind in ländlichen Regionen vertreten, wo die Zinselastizität der Kunden aufgrund räumlicher Präferenzen deutlich niedriger liegt. Die Großbanken besitzen hingegen im allgemeinen an wettbewerbsintensiven Standorten Niederlassungen und sehen sich dort mit einem stärkeren Preiswettbewerb konfrontiert.

Innerhalb der Kreditgenossenschaften nimmt die Zinsspanne mit steigender Betriebsgröße kontinuierlich ab. Die größenbedingten Einflußfaktoren auf die Zinsmarge liegen vor allem in der sozio-ökonomischen Struktur des Geschäftsgebiets und der geschäftspolitischen Ausrichtung der Institute. Kleinere Kreditgenossenschaften agieren überwiegend in ländlichen Regionen. Dort sind aufgrund fehlender Konkurrenten und einer relativ hohen Kundenbindung höhere Margen durchsetzbar.[198]

5.2 Provisionsspanne

Die Entwicklung der Provisionsspanne[199] belegt die zunehmende Bedeutung des zinsunabhängigen Geschäfts für die deutsche Kreditwirtschaft (siehe Abbildung 18).

---

[197] Vgl. BVR (Hrsg.) (1999a), S. 21; Deutsche Bundesbank (Hrsg.) (1999b), S. 31

[198] Vgl. BVR (Hrsg.) (1999b), S. 62

[199] Die Provisionsspanne bestimmt sich aus dem Provisionsüberschuß (Provisionserträge abzüglich Provisionsaufwendungen) in Relation zum durchschnittlichen Geschäftsvolumen. Vgl. Deutsche Bundesbank (Hrsg.) (1998b), S. 35

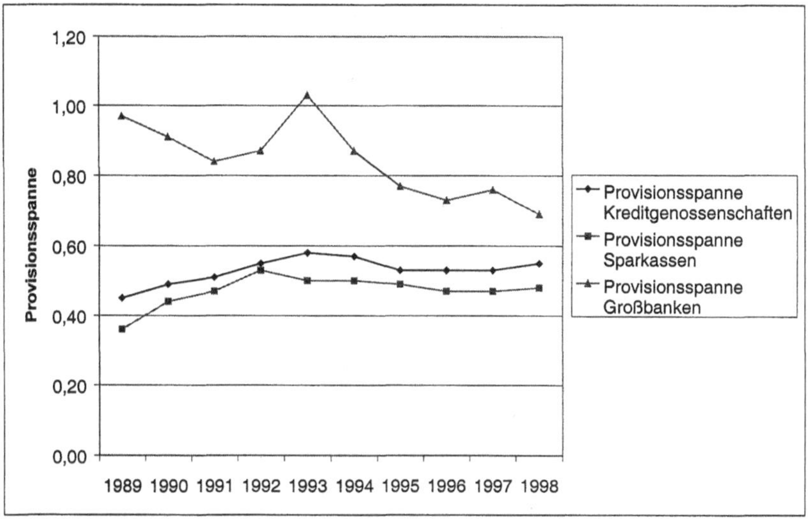

Abbildung 18: Provisionsspanne der Kreditgenossenschaften, Sparkassen und Großbanken (1989-1998)

Quelle: Eigene Darstellung, Daten entnommen aus Deutsche Bundesbank (Hrsg.) (1993), S. 29 ff.; Deutsche Bundesbank (Hrsg.) (1995b), S. 19 ff.; Deutsche Bundesbank (Hrsg.) (1998b), S. 29 ff.; Deutsche Bundesbank (Hrsg.) (1999b), S. 27 ff.

Der steigende Ergebnisbeitrag aus dem Provisionsgeschäft kompensiert allerdings nicht die sinkenden Zinsmargen.[200] Die unterschiedliche Bedeutung des Provisionsgeschäfts für die einzelnen Bankengruppen ergibt sich aus dem Verhältnis der Provisionsspanne zur Zinsspanne. Während diese Relation im Jahr 1998 bei den Kreditgenossenschaften bei 21,5% und bei den Sparkassen bei 19,0% lag, erreichte sie bei den Großbanken 53,9%.[201]

Die Hauptquellen des Provisionsgeschäfts der Kreditgenossenschaften bilden mit rund 50% der Zahlungsverkehr und mit rund 20% das Vermittlungsgeschäft im genossenschaftlichen FinanzVerbund. Allerdings zeichnet sich vor allem im Zahlungsverkehr, aber auch im Wertpapier- und Depotgeschäft im gesamten Kreditgewerbe eine Trendwende ab. Durch den

200 Vgl. BVR (Hrsg.) (1999a), S. 22

201 Eigene Berechnungen auf der Grundlage der Daten der Deutschen Bundesbank. Vgl. Deutsche Bundesbank (Hrsg.) (1999b), S. 27 ff.

Preiswettbewerb der Direktbanken und die zunehmende Bedeutung des Online Banking machen viele Kreditinstitute Zugeständnisse in ihrer Gebührenpolitik.[202] Da rund 50% der Provisionserträge der Kreditgenossenschaften aus dem Zahlungsverkehr resultieren, führt dieser zunehmende Druck auf die Provisionserträge und das kontinuierliche Sinken der Zinsspanne[203] zu einer Reduktion der gesamten Erträge bei den Kreditgenossenschaften.

Die Provisionsspanne nimmt mit steigender Betriebsgröße bei den Kreditgenossenschaften zu und erreicht den höchsten Wert bei Kreditgenossenschaften in der Größenklasse DM 500 bis 1.000 Millionen Bilanzsumme. Die Provisionserträge aus dem Zahlungsverkehr sind bei Instituten mit einer Bilanzsumme von DM 250 bis 500 Millionen besonders hoch. Die Erträge aus dem Vermittlungsgeschäft zeigen sich in den verschiedenen Größenklassen als relativ konstant. Bei den übrigen Ertragskomponenten, vor allem im Wertpapier- und Depot sowie dem Außenhandelsgeschäft, nehmen die relativen Erträge mit steigender Unternehmensgröße kontinuierlich zu.[204]

5.3 Allgemeiner Verwaltungsaufwand

Der allgemeine Verwaltungsaufwand im Verhältnis zum durchschnittlichen Geschäftsvolumen konnte in den letzten Jahren im gesamten deutschen Kreditgewerbe kontinuierlich gesenkt werden (siehe Abbildung 19).

Die Reduzierung des allgemeinen Verwaltungsaufwands führte zu einer deutlichen Entlastung der Ertragsrechnung und hat die Einbußen bei der Zins- und Provisionspanne teilweise ausgeglichen. Die Verminderung des allgemeinen Verwaltungsaufwands beruht auf dem unterproportionalen Anstieg sowohl der Personal- als auch der Sachaufwendungen. Ursächlich für die im Vergleich zu den Wettbewerbern höheren Verwaltungsaufwendungen der Kreditgenossenschaften ist das dichte Zweigstellennetz bei deutlich kleineren Betriebsgrößen.[205] Die Kreditgenossenschaften unterhielten 1998 in Deutschland ein Netz von 16.139 Zweigstellen.[206] Mit

[202] Vgl. BVR (Hrsg.) (1999a), S. 23
[203] Siehe hierzu Kapitel II5.1 Zinsspanne, S. 51 f.
[204] Vgl. BVR (Hrsg.) (1999b), S. 62
[205] Vgl. BVR (Hrsg.) (1999a), S. 24
[206] Vgl. Deutsche Bundesbank (Hrsg.) (1999a), S. 104

insgesamt 18.388 Bankstellen[207] verfügen sie über das dichteste Bankstellennetz nicht nur in Deutschland, sondern in Europa.[208]

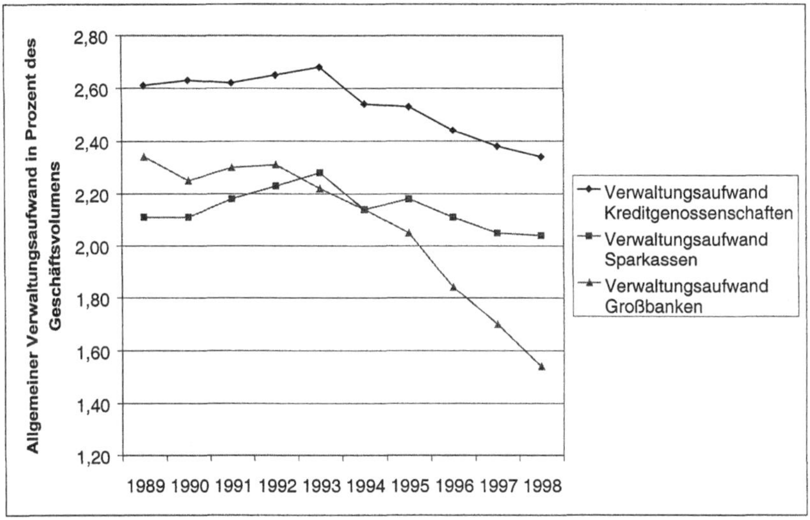

Abbildung 19: Allgemeiner Verwaltungsaufwand der Kreditgenossenschaften, Sparkassen und Großbanken (1989-1998)

Quelle: Eigene Darstellung, Daten entnommen aus Deutsche Bundesbank (Hrsg.) (1993), S. 29 ff.; Deutsche Bundesbank (Hrsg.) (1995b), S. 19 ff.; Deutsche Bundesbank (Hrsg.) (1998b), S. 29 ff.; Deutsche Bundesbank (Hrsg.) (1999b), S. 27 ff.

Mit zunehmender Unternehmensgröße sinkt der allgemeine Verwaltungsaufwand bei den Kreditgenossenschaften. Dies trifft sowohl auf Personal- wie auch auf Sachaufwendungen gleichermaßen zu. Die größeren Institute können durch die geringeren allgemeinen Verwaltungsaufwendungen und die Provisionsüberschüsse den Nachteil der engeren Zinsmargen ausgleichen.[209]

[207] Die Bankstellen ergeben sich aus der Summe der Kreditgenossenschaften und deren Zweigstellen. Vgl. Deutsche Bundesbank (Hrsg.) (1999a), S. 104

[208] Vgl. Grüger, Wolfgang (1998a), S. 992; Neben den personenbesetzten Zweigstellen verfügen die Kreditgenossenschaften über rund 13.000 Geldausgabeautomaten. Vgl. o. V. (1997n), S. 19

[209] Vgl. BVR (Hrsg.) (1999b), S. 62

5.4 Teilbetriebsergebnis

Das Teilbetriebsergebnis[210] als Überschuß aus der ordentlichen Geschäftstätigkeit ist seit 1994 bei allen Bankengruppen rückläufig (siehe Abbildung 20).

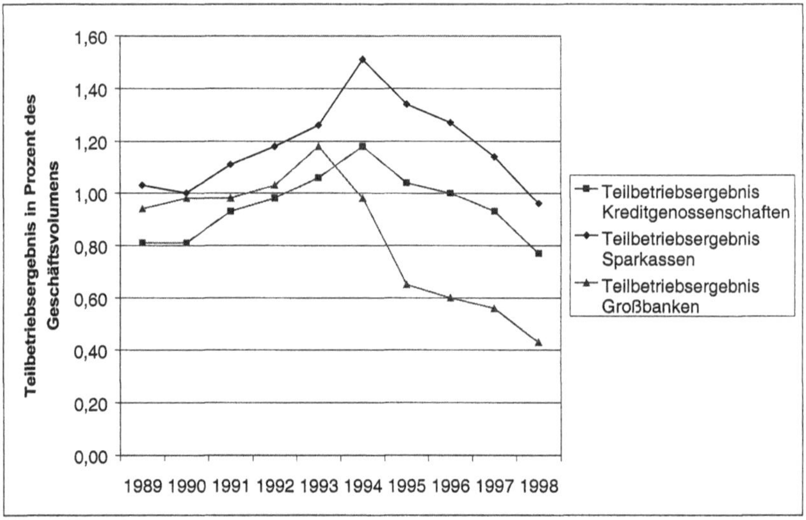

Abbildung 20: Teilbetriebsergebnis der Kreditgenossenschaften, Sparkassen und Großbanken (1989-1998)

Quelle: Eigene Darstellung, Daten entnommen aus Deutsche Bundesbank (Hrsg.) (1993), S. 29 ff.; Deutsche Bundesbank (Hrsg.) (1995b), S. 19 ff.; Deutsche Bundesbank (Hrsg.) (1998b), S. 29 ff.; Deutsche Bundesbank (Hrsg.) (1999b), S. 27 ff.

Die Einbußen in der Zins- und Provisionsspanne im deutschen Kreditgewerbe konnten nur teilweise durch eine Entlastung bei den allgemeinen Verwaltungsaufwendungen ausgeglichen werden.[211]

Der Vorteil der niedrigeren Verwaltungsaufwendungen und der überdurchschnittliche Provisionsertrag bei den größeren Kreditgenossenschaften kann den Nachteil der engeren Zinsmargen mehr als ausgleichen. Das Teilbetriebsergebnis in Relation zum Geschäftsvolumen zeigt

[210] Das Teilbetriebsergebnis ergibt sich aus der Summe des Zins- und Provisionsüberschusses abzüglich des allgemeinen Verwaltungsaufwands. Vgl. Deutsche Bundesbank (Hrsg.) (1999b), S. 44

[211] Vgl. BVR (Hrsg.) (1999a), S. 25

eine deutliche Zweiteilung der Kreditgenossenschaften nach Größenklassen. Das Teilbetriebsergebnis der Kreditgenossenschaften mit einer Bilanzsumme von über DM 250 Millionen liegt deutlich über dem Ergebnis der Kreditgenossenschaften mit kleineren Bilanzsummen.[212]

5.5 Betriebsergebnis

Das Betriebsergebnis nach Bewertung[213] ist in der deutschen Kreditwirtschaft in den letzten Jahren deutlich zurückgegangen (siehe Abbildung 21).

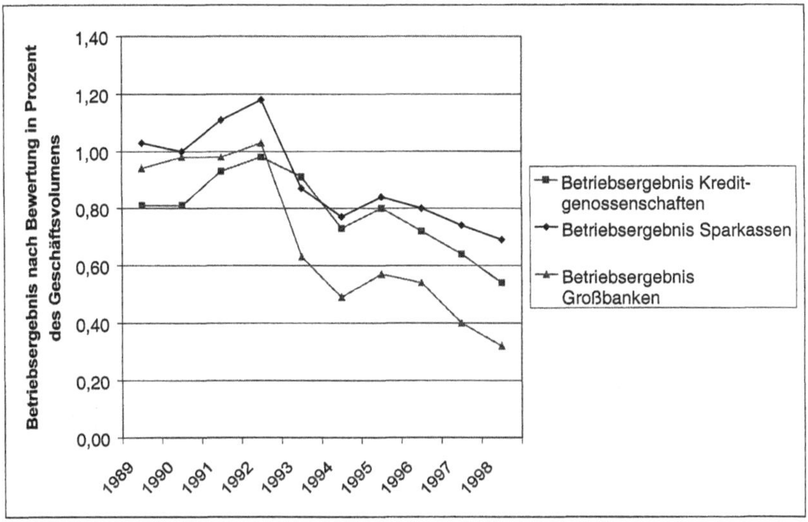

Abbildung 21: Betriebsergebnis nach Bewertung der Kreditgenossenschaften, Sparkassen und Großbanken (1989-1998)

Quelle: Eigene Darstellung, Daten entnommen aus Deutsche Bundesbank (Hrsg.) (1993), S. 29 ff.; Deutsche Bundesbank (Hrsg.) (1995b), S. 19 ff.; Deutsche Bundesbank (Hrsg.) (1998b), S. 29 ff.; Deutsche Bundesbank (Hrsg.) (1999b), S. 27 ff.

---

[212] Vgl. BVR (Hrsg.) (1999b), S. 62

[213] Das Betriebsergebnis vor Bewertung ergibt sich aus dem Teilbetriebsergebnis zuzüglich des Netto-Ergebnisses aus Finanzgeschäften sowie dem Saldo der sonstigen betrieblichen Erträge und Aufwendungen. Das Betriebsergebnis nach Bewertung beinhaltet zusätzlich das Bewertungsergebnis und wird aus diesem Grunde für die Betrachtung herangezogen. Das Bewertungsergebnis umfaßt dabei die Bewertung von Krediten, Forderungen und Wertpapieren der Liquiditätsreserve in Form

Die Risikolage im Kreditgeschäft hat sich aufgrund der verhaltenen Konjunktur und den wirtschaftlichen Schwierigkeiten in den neuen Bundesländern in den letzten Jahren tendenziell verschlechtert. Hiervon waren die Kreditgenossenschaften in besonderer Weise betroffen.[214] Im Jahr 1998 hat sich die Risikovorsorge der deutschen Kreditinstitute erneut ausgeweitet. Dabei entfiel der größte Teil des Bewertungsaufwandes auf das inländische Kreditgeschäft.[215] Bei den Kreditgenossenschaften war in den letzten Jahren eine zunehmende Zahl von Instituten nicht in der Lage, die notwendige Risikovorsorge aus eigenen Mitteln aufzubringen und mußte die Hilfe der Sicherungseinrichtungen in Anspruch nehmen.[216]

Das Betriebsergebnis beinhaltet bei den Kreditgenossenschaften auch die Ergebnisse aus dem Warenverkehr. Vorwiegend kleinere Kreditgenossenschaften betreiben zusätzlich das Warengeschäft und erzielen daraus ein bedeutendes Rohergebnis. Die relativen Ertragsvorteile der größeren Kreditgenossenschaften aus dem Teilbetriebsergebnis werden durch diesen gegenläufigen Effekt aus dem Warengeschäft kompensiert. Dadurch stellt sich das Betriebsergebnis vor Bewertung für die Kreditgenossenschaften aller Größenklassen nahezu gleich dar. Die Ertragsvorteile der größeren Kreditgenossenschaften auf der Ebene des Teilbetriebsergebnisses werden durch die mit der Bilanzsumme drastisch zunehmenden Belastungen aus der Risikovorsorge aufgehoben. Daher nimmt das Betriebsergebnis nach Bewertung mit steigender Unternehmensgröße ab.[217]

von Zu- und Abschreibungen sowie Wertberichtigungen. Vgl. Deutsche Bundesbank (1999b), S. 43

[214] Vgl. BVR (Hrsg.) (1999a), S. 26

[215] Vgl. Deutsche Bundesbank (1999b), S. 40 f.

[216] Vgl. BVR (Hrsg.) (1999a), S. 26

[217] Vgl. BVR (Hrsg.) (1999b), S. 63

6 Strategische Alternativen im Privatkundengeschäft

Die strategischen Alternativen für die Kreditgenossenschaften werden anhand unterschiedlicher strategischer Ansätze und unter Einbeziehung der aktuellen Situation der Kreditgenossenschaften betrachtet und diskutiert. Auf dieser Grundlage wird eine Strategie für die Kreditgenossenschaften abgeleitet.

6.1 Strategie und strategische Ansätze

Der Begriff der Strategie entstammt ursprünglich dem militärischen Bereich. *Von Clausewitz* definierte Strategie in seinem klassischen Werk "Vom Kriege" im Jahre 1832 wie folgt.

„Die Strategie ist der Gebrauch des Gefechts zum Zwecke des Krieges; sie muß also dem ganzen kriegerischen Akt ein Ziel setzen, welches dem Zweck desselben entspricht, d. h. sie entwirft den Kriegsplan, und an dieses Ziel knüpft sie die Reihe der Handlungen an, welche zu demselben führen sollen, d. h. sie macht die Entwürfe zu den einzelnen Feldzügen und ordnet in diesen die einzelnen Gefechte an."[218]

Der Strategiebegriff wird in den Wirtschaftswissenschaften vielfach bestimmt und abgegrenzt.[219] In dieser Arbeit wird *Henderson* gefolgt und Strategie wie folgt definiert. „Strategy is a deliberate search for a plan of action that will develop a business's competitive advantage and compound it."[220] In den achtziger Jahren entwickelten sich für den Aufbau von strategischen Wettbewerbsvorteilen zwei herausragende Ansätze.[221]

Der erste Ansatz geht auf die Arbeiten von *Prahalad* und *Hamel* zurück und basiert auf der These, daß der strategische Erfolg eines Unternehmens primär von seinen Ressourcen und dem Ressourcenmanagement abhängt.[222] Dieser Ansatz wird auch als *Resource-based-view* bezeichnet. Aus der Einzigartigkeit der Ressourcen leiten sich die Kernkompe-

[218] von Clausewitz, Carl (1832), S. 77

[219] Vgl. zum Beispiel Hinterhuber, Hans H. (1992), S. 7; Porter, Michael E. (1991), S. 21; Porter Michael E. (1996), S. 62; Cannon, J. Thomas (1968), S. 9; Klingen, Johannes S. (1975), S. 31 ff.; Durstberger, Herbert/Most, Susanne (1996), S. 14; MacCarthy, Daniel J./Minichiello, Robert J./Curran, Joseph R. (1979), S. 3; Bates, Donald L./Eldredge, David L. (1980), S. 10; Day, George S./Reibstein David J./ Gunther, Robert E. (1997), S. 3

[220] Henderson, Bruce D. (1991), S. 5

[221] Vgl. Rühli, Edwin (1995), S. 93

tenzen eines Unternehmens ab. Kernkompetenzen sind einzigartige, bei der Konkurrenz nicht vorhandene Ressourcenbündel.[223] Kernkompetenzen sind daher kein einzelnes Produkt, sondern vielmehr eine Menge von produkt- und funktionsübergreifenden Fähigkeiten und Kenntnissen.[224]

Der zweite Ansatz für den Aufbau von strategischen Wettbewerbsvorteilen, der auch als Harvard-Ansatz bezeichnet wird, basiert insbesondere auf den industrieökonomischen Arbeiten von *Porter*. Der strategische Erfolg ergibt sich zum einen durch die Struktur der Branche, in welcher das Unternehmen agiert,[225] zum anderen durch die gewählten Wettbewerbsstrategien für die einzelnen Geschäftsbereiche. Die Wettbewerbsstrategien sind im einzelnen die Kostenführerschaft, die Differenzierung und die Konzentration auf Schwerpunkte als Kombination aus den beiden ersten Strategien.[226] Der Ansatz ist stark absatzmarktorientiert und wird deshalb als *Market-based-view* bezeichnet.[227]

6.2 Situationsanalyse für die Kreditgenossenschaften

Die Ableitung einer Strategie für die Kreditgenossenschaften auf der Grundlage der angeführten strategischen Ansätze erfordert eine detaillierte Situationsanalyse. Aus diesem Grunde werden die dargelegten wesentlichen Merkmale sowie die aktuelle Situation der Kreditgenossenschaften zusammenfassend betrachtet. Dem folgt eine Analyse der Stärken und Schwächen der Kreditgenossenschaften.

6.2.1 Merkmale und aktuelle Situation der Kreditgenossenschaften

Die Kreditgenossenschaften besitzen eine lange Tradition als Kreditinstitute. Im Laufe der letzten 150 Jahre haben sie sich dabei vielfältigen strukturellen Veränderungen gestellt. Ihre Wesensmerkmale leiten sich

---

[222] Vgl. Prahalad, C. K./Hamel, Gary (1990), S. 79 ff.
[223] Vgl. Rühli, Edwin (1995), S. 94 f.
[224] Vgl. Quinn, James B./Hilmer, Frederick G. (1995), S. 52; Im Rahmen des Kernkompetenzen-Konzepts standen anfänglich primär technische Fähigkeiten im Vordergrund. Vgl. Prahalad, C. K./Hamel, Gary (1990), S.79 ff.; Grundsätzlich lassen sich aber alle materiellen und immateriellen Fähigkeitspotentiale zu Kernkompetenzen entwickeln. Die intangiblen Kernkompetenzen wie beispielsweise die loyale Marktbeziehung, die Einzigartigkeit der Unternehmenskultur sowie seiner Produkte und Mitarbeiter besitzen besondere Bedeutung. Vgl. Rühli, Edwin (1995), S. 96 f.
[225] Vgl. Porter, Michael E. (1980), S. 3 ff.
[226] Vgl. Porter, Michael E. (1980), S. 35 ff.
[227] Vgl. Rühli, Edwin (1995), S. 93

aus den historischen Wurzeln ab. Der Förderungsauftrag bestimmt als dominierendes genossenschaftliches Prinzip auch in der Gegenwart die Situation der Kreditgenossenschaften. Denn aus der Förderung der Mitglieder als wirtschaftlicher Zweck der Genossenschaften gemäß § 1 Absatz 1 Genossenschaftsgesetz resultiert die regionale Ausrichtung der Kreditgenossenschaften.

Die Kreditgenossenschaften bilden als Primärbanken die erste Stufe im genossenschaftlichen FinanzVerbund. Der genossenschaftlichen FinanzVerbund ist dezentral organisiert und basiert auf dem Subsidiaritätsprinzip. Dadurch wird gewährleistet, daß die Kreditgenossenschaften vor Ort ihren Kunden ein umfassendes Leistungsangebot anbieten können.

Gemessen an ihrer Zahl stellen die Kreditgenossenschaften die größte Gruppe der Kreditinstitute in Deutschland dar. Allerdings besitzen sie im Vergleich zu ihren Wettbewerbern im Durchschnitt eine relativ geringe Betriebsgröße. Die durchschnittliche Bilanzsumme der Sparkassen liegt beispielsweise mehr als sechsmal höher. Innerhalb der Kreditgenossenschaften besteht eine starke Heterogenität hinsichtlich der Betriebsgröße. Daraus folgt die Erkenntnis, daß es *die* Kreditgenossenschaft nicht gibt. Die Mitglieder der Kreditgenossenschaften sind für die Kreditgenossenschaften als Kapitalgeber essentiell, daneben besitzen sie als Kunden aufgrund der engen Verbundenheit mit dem Institut einen hohen Wert.

Die traditionellen Wettbewerber der Kreditgenossenschaften sind im regionalen Markt vor allem die Sparkassen und teilweise Kreditgenossenschaften durch Doppel- oder Mehrfachbesetzungen, in städtischen Marktlagen auch die privaten Geschäftsbanken. Daneben traten und treten neue Wettbewerber auf den Privatkundenmarkt, beispielsweise aus dem Non- und Near-Bank-Bereich sowie die Direktbanken.

Die Kreditgenossenschaften haben im Privatkundengeschäft einen hohen Marktanteil im Einlagen- und Kreditgeschäft sowie bei den Kontoverbindungen und nehmen nach den Sparkassen jeweils die zweite Position ein. Im Wertpapiergeschäft dominieren hingegen die privaten Geschäftsbanken, allen voran die Großbanken. Die Kreditgenossenschaften bilden gemessen an den Depotzahlen und vor allem den Depotbeständen das Schlußlicht.

Auf der Nachfrageseite hat sich das Kundenverhalten im Privatkundengeschäft in den neunziger Jahren stark verändert und wird geprägt durch die demographische Entwicklung und ein gewachsenes Kosten- und Selbstbewußtsein der Kunden. Die zunehmende Vertrautheit der Kunden mit und der Wunsch nach der Technik ist mit einer abnehmenden Bindung zum Kreditinstitut verknüpft.

Die Entwicklung der Informationstechnologie führt zu einem durchgreifenden Strukturwandel und wird zunehmend zu *dem* Wettbewerbsfaktor in der Finanzdienstleistungsindustrie.

Die Aufwands- und Ertragsentwicklung zeigt, daß die Kreditgenossenschaften im Zinsgeschäft an erster Stelle liegen, die Ertragsentwicklung aber insgesamt sinkt. Im Provisionsgeschäft haben die Großbanken die führende Position inne. Die Entwicklung des allgemeinen Verwaltungsaufwands belegt die Wettbewerbsnachteile der Kreditgenossenschaften gegenüber den Sparkassen und Großbanken. Sowohl das Teilbetriebsergebnis als auch das Betriebsergebnis nehmen kontinuierlich ab.

6.2.2 Stärken und Schwächen der Kreditgenossenschaften

Die Stärken und Schwächen der Kreditgenossenschaften werden unter den Aspekten Kunden und Mitglieder, Betriebsgröße und Bankstellen, Geschäftsfelder und Leistungsangebot sowie Personal und Technik betrachtet.

6.2.2.1 Kunden und Mitglieder

Die Kunden der Kreditgenossenschaften besitzen eine starke persönliche Bindung zu „ihrer" Kreditgenossenschaft, die vor allem aus der lokalen und regionalen Verankerung der Kreditgenossenschaften und ihrer Mitarbeiter resultiert. Eine Ausprägung der Verbundenheit stellt beispielsweise die hohe Zinsunelastizität der Kunden vor allem in ländlichen Regionen dar.[228] Die enge Beziehung mit dem regionalen Markt hat für die Kreditgenossenschaft wiederum eine umfassende Kenntnis der örtlichen Besonderheiten und Erfordernisse zur Folge.

Die Mitglieder der Kreditgenossenschaften bilden als Kapitalgeber die Voraussetzung für die Existenz der jeweiligen Kreditgenossenschaft. Aufgrund ihrer engen Verbundenheit mit dem jeweiligen Institut sind sie zugleich besonders aktive und ökonomisch wertvolle Kunden. Die Bereit-

[228] Vgl. BVR (Hrsg.) (1999b), S. 62

schaft der Mitglieder zum Wechsel der Bankverbindung ist deutlich geringer als bei Nicht-Mitgliedern. Allerdings nimmt diese Stärke der Kreditgenossenschaften mit zunehmender Betriebsgröße durch den abnehmenden Kontakt zwischen der Unternehmensführung und den Mitgliedern ab.[229]

6.2.2.2 Betriebsgröße und Bankstellen

Die rechtliche und wirtschaftliche Selbständigkeit und die vielfach überschaubaren Größenordnungen der Kreditgenossenschaften ermöglichen eine hohe Flexibilität bei der Geschäftsabwicklung sowie eine Vermeidung von langen Entscheidungswegen. Das dichte Zweigstellennetz vereinfacht den Kunden den Kontakt zu ihrer Kreditgenossenschaft, gleichzeitig wird eine intensive persönliche Betreuung ermöglicht.

Die häufig relativ kleinen Betriebsgrößen führen aber zu einer Beschränkung der Geschäftsmöglichkeiten der Kreditgenossenschaften, die Vermögensberatung beispielsweise wird erst ab einer Bilanzsummengröße von DM 500 Millionen als rentabel angesehen.[230] Das dichte Zweigstellennetz stellt für die Kreditgenossenschaften einen hohen Fixkostenblock dar, die regulatorischen Anforderungen verursachen bei kleineren Kreditgenossenschaften überdurchschnittlich hohe Kosten.

6.2.2.3 Leistungsangebot und Geschäftsfelder

Die Einbindung in den genossenschaftlichen FinanzVerbund ermöglicht den Kreditgenossenschaften, ihren Kunden eine breites Allfinanzangebot zu bieten. Dadurch können breite Kundenschichten angesprochen werden. Allerdings wird im Vergleich zu den Wettbewerbern eine zu geringe Zahl an innovativen Produkten angeboten. Die Zinserträge, die aus dem relativ großen Spareinlagenanteil bei den Kreditgenossenschaften resultieren, führen zu einer vergleichsweise hohen Zinsspanne gegenüber den Wettbewerbern. Allerdings schwächt sich dieser Einlagenzufluß zunehmend ab.

Im Mengengeschäft haben die Kreditgenossenschaften eine starke Marktposition inne, hingegen weisen sie im gehobenen Privatkundenge-

---

[229] Vgl. Genossenschaftsverband Bayern (Hrsg.) (1997), S. 22

[230] Vgl. BVR (Hrsg.) (1999b), S. 72

schäft teilweise starke Wettbewerbsnachteile auf. Vor allem im provisionsstarken Wertpapiergeschäft besitzen die Kreditgenossenschaften hohe (Image-) Defizite, die durch die geringen Marktanteile dokumentiert werden.[231] Ebenso bestehen hinsichtlich der regionalen Situation Unterschiede in der Marktposition der Kreditgenossenschaften. Während die Kreditgenossenschaften vor allem in ländlichen Regionen eine starke Marktposition im Privatkundengeschäft besitzen, ist diese in städtischen Gebieten aufgrund des starken Wettbewerbs mit den privaten Kreditinstituten wesentlich geringer.[232]

6.2.2.4 Personal und Technik

Die große Zahl an eigenverantwortlich agierenden Vorständen gewährleistet ein hohes Engagement und vielfältige Aktivitäten, woraus eine starke persönliche Verankerung des Managements mit dem örtlichen Wirtschafts- und Sozialleben resultiert. Allerdings führen die Vielzahl an Führungskräften für die Kreditgenossenschaften im Vergleich zu den Wettbewerbern zu enormen Kosten. Daneben ist die Akademikerquote in der ersten und zweiten Führungsebene der Kreditgenossenschaften extrem gering und eine systematische Personalentwicklung wird lediglich von einem Teil der Kreditgenossenschaften durchgeführt.[233]

Die Mitarbeiter der Kreditgenossenschaften zeichnen sich durch ihren persönlichen und zuvorkommenden Umgang mit den Kunden aus. Im Vergleich zu den Wettbewerbern besteht ein wesentlich stärkeres persönliches Verhältnis zwischen den Mitarbeitern und Kunden der Kreditgenossenschaften. Die Kunden werden beispielsweise in der überwiegenden Mehrzahl mit Namen angesprochen und kennen auch leitende Angestellte persönlich.[234] Allerdings bestehen teilweise erhebliche Defizite bei der Anlageberatung von anspruchsvollen Kunden. Zudem weisen die Mitarbeiter häufig bei der Kundenbetreuung eine geringe Verkaufs- und Ertragsorientierung auf.

Durch die Vielzahl an Geldausgabeautomaten gewährleisten die Kreditgenossenschaften ihren Kunden einen hohen Service durch eine umfas-

[231] Siehe hierzu Kapitel II4.1.2.3 Wertpapiergeschäft, S. 43 f.
[232] Vgl. Genossenschaftsverband Bayern (Hrsg.) (1997), S. 25 f.
[233] Vgl. Genossenschaftsverband Bayern (Hrsg.) (1997), S. 24
[234] Vgl. Institut für Demoskopie Allensbach (Hrsg.) (1996), o. S.

sende Möglichkeit der Bargeldversorgung.[235] Im Online Banking bestehen aber deutliche Wettbewerbsnachteile der Kreditgenossenschaften, die durch die geringe Präsenz der Institute im Internet als auch durch die geringe Zahl der Online-Konten dokumentiert wird.[236] Nicht zuletzt aus diesem Grund weisen die Kreditgenossenschaften im Technikbereich hohe Imagedefizite auf.

Die Anbindung der Mehrzahl der Kreditgenossenschaften an die jeweiligen Rechenzentralen führt zu relativ einheitlichen EDV-Lösungen. Gleichzeitig resultiert daraus aber eine starke Abhängigkeit der Kreditgenossenschaften. Alternativ dazu übersteigt die eigenständige Entwicklung von EDV-Lösungen und der Technikeinsatz aufgrund der vielfach hohen Investitions- und Folgekosten die betriebswirtschaftlichen Möglichkeiten der meisten Kreditgenossenschaften.

6.3 Kernkompetenzen der Kreditgenossenschaften

Die dezentrale Position im Rahmen des genossenschaftlichen Finanz-Verbundes und die Fokussierung auf einen engen regionalen Markt und einer damit verbundenen Kundennähe bilden die besonderen Wesensmerkmale der Kreditgenossenschaften. Unter Kundennähe wird dabei die besonders enge Verbindung der Kunden, die vielfach auch Mitglieder der Kreditgenossenschaften sind, mit dem Institut und den Mitarbeitern verstanden.[237]

Inwieweit diese Merkmale Kernkompetenzen für die Kreditgenossenschaften bilden, wird anhand der Kriterien analysiert, die von *Prahalad* und *Hamel* entwickelt wurden. Danach zeichnen sich Kernkompetenzen durch folgende drei Merkmale aus: „First, a core competence provides potential access to a wide variety of markets. (...) Second, a core competence should make a significant contribution to the percieved customer benefits of the end product. (...) Finally, a core competence should be difficult for competitors to imitate."[238]

[235] Vgl. Genossenschaftsverband Bayern (Hrsg.) (1997), S. 26
[236] Siehe hierzu ausführlich Kapitel V2.2.3 Kreditgenossenschaften im Internet, S. 211 f.
[237] Siehe hierzu Kapitel II6.2.2.1 Kunden und Mitglieder, S. 62
[238] Prahalad, C. K./Hamel, Gary (1990), S. 83 f.

Die Kernkompetenz eines Unternehmens eröffnet den Zugang zu einem weiten Spektrum an Märkten.[239] Der Begriff „weites Spektrum an Märkten" muß differenziert werden hinsichtlich geographischer Märkte, Produkte oder Kunden. Die gezielte Fokussierung der Kreditgenossenschaften auf einen engen regionalen Markt stellt den bewußten Verzicht auf den Zugang zu einem weiten Spektrum an geographischen (nationalen oder internationalen) Märkten dar. Die Integration im genossenschaftlichen Verbund eröffnet den Kreditgenossenschaften als Universalbanken aber die Möglichkeit, durch ein Allfinanzangebot ihren Kunden ein breites Spektrum an Leistungen zur Verfügung zu stellen. Innerhalb des regionalen Marktes machen die Kreditgenossenschaften durch ihre hohe Präsenz aufgrund des dichten Bankstellennetzes eine Vielzahl von Finanzdienstleistungen einem breiten Kundenkreis zugänglich.

Die Kernkompetenz des Unternehmens trägt zu den von den Kunden wahrgenommenen Vorzügen des Endprodukts erheblich bei. Die Einbindung in die dezentrale Struktur des genossenschaftlichen FinanzVerbundes erlaubt den Kreditgenossenschaften, ihren Kunden vor Ort ein universelles Leistungsangebot zu offerieren. Im technischen Bereich können die Kreditgenossenschaften aufgrund der Anbindung an die genossenschaftlichen Rechenzentralen alle universalbanktypischen Leistungen anbieten. Durch die Integration in den genossenschaftlichen FinanzVerbund wird die Wettbewerbsfähigkeit auch von Kreditgenossenschaften mit relativ kleinen Betriebsgrößen gewahrt. Gleichzeitig wird durch die regionale Präsenz der Kreditgenossenschaft eine starke Kundennähe geschaffen, die in persönlichen Beziehungen zwischen den einzelnen Kreditgenossenschaften und deren Kunden sowie einer hohen Marktkenntnis resultieren. Die Kreditgenossenschaften können dadurch individuell und flexibel auf die Kundenwünsche eingehen. Die Mitglieder als Kunden der Kreditgenossenschaften besitzen eine besonders hohe Bindung, die vor allem auf der vom Förderungsauftrag abgeleiteten regionalen Präsenz basiert.

Die Kernkompetenz kann von den Wettbewerbern nur schwer imitiert werden. Daraus resultiert eine nachhaltige Verteidigungsfähigkeit der Wettbewerbsvorteile.[240] Die Sparkassen als traditionelle Wettbewerber

[239] Dieses Kriterium leitet sich aus dem Ursprung des Ansatzes ab, bei dem die technischen Fähigkeiten im Vordergrund standen.

[240] Eine umfassende Diskussion der Verteidigungsfähigkeit von Kernkompetenzen führt *Barney* durch. Vgl. Barney, Jay (1991), S. 105 ff.

der Kreditgenossenschaften weisen ebenfalls die Merkmale regionale Präsenz und dezentrale Struktur auf. Ein Teil der Kunden der Kreditgenossenschaften stellen aber gleichzeitig Mitglieder der Kreditgenossenschaften dar, die eine besonders enge Bindung zu ihrer Kreditgenossenschaft besitzen. Die privaten Geschäftsbanken und vor allem die Direktbanken sind regional nur bedingt beziehungsweise überhaupt nicht vertreten. Die regionale Fokussierung und Präsenz bildet daher gegenwärtig ein kausales Element für die enge Bindung der Kunden zu ihrer jeweiligen Kreditgenossenschaft, die beispielsweise durch eine hohe Zinsunelastizität dokumentiert wird.[241] Denn dieses Merkmal kann von den privaten Geschäftsbanken und insbesondere den Direktbanken als Wettbewerbern nicht imitiert werden. In Zukunft wird die regionale Präsenz als wesentliches Element der engen Kundenbindung für die Kreditgenossenschaften aber voraussichtlich in den Hintergrund treten. Der Einsatz von neuen Medien wie beispielsweise das Internet sowie eine neue Kundengeneration, die mit diesen Medien vertraut ist, können dazu führen, daß dieser Wettbewerbsvorteil zukünftig an Bedeutung verliert.

Die dezentrale Position im genossenschaftlichen FinanzVerbund sowie die Fokussierung auf einen engen regionalen Markt bilden auf der Grundlage der Kriterien von *Prahalad* und *Hamel* die Kernkompetenzen für die Kreditgenossenschaften.

6.4 Wettbewerbsstrategien für die Kreditgenossenschaften

Aus Sicht des Market-based-Ansatzes werden die strategischen Optionen der Kreditgenossenschaften anhand der drei Typen von Wettbewerbsstrategien, der Kostenführerschaft, der Differenzierung und der Konzentration auf Schwerpunkte, analysiert.[242] Die Strategietypen bilden Ansätze, um Branchekonkurrenten zu überbieten (siehe Abbildung 22).[243]

---

[241] Vgl. BVR (Hrsg.) (1999b), S. 63

[242] Ursprünglich wurden diese Strategien für Industrieunternehmen entwickelt. Vgl. Porter, Michael E. (1980), S. 35 ff.; Betsch, Oskar (1992a), S. 16; Betsch, Oskar (1993), S. 12

[243] Vgl. Porter, Michael E. (1980), S.35

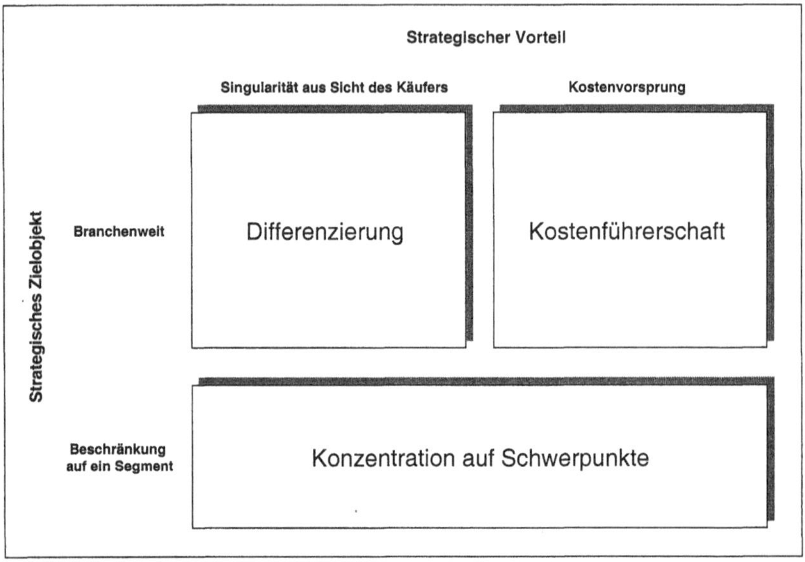

Abbildung 22: Typen von Wettbewerbsstrategien

Quelle: Eigene Darstellung, in Anlehnung an Porter, Michael E. (1980), S. 39

Die Strategie der *Kostenführerschaft* besteht in der Schaffung eines umfassenden Kostenvorsprungs innerhalb einer Branche. Die niedrigeren Kosten im Verhältnis zu den Wettbewerbern werden zum zentralen Element der gesamten Unternehmensstrategie.

Die Wettbewerbsstrategie der *Differenzierung* besteht darin, daß sich das Unternehmen durch das Produkt oder die Dienstleistung gegenüber den Wettbewerbern unterscheidet und dieses Angebot als einzigartig in der Branche angesehen wird. Die Ansätze der Differenzierung können viele Formen annehmen: Design oder Markenname, Technologie, Kundenservice, das Händler- oder Vertriebsnetz oder andere Dimensionen. Im Idealfall gelingt dem Unternehmen eine Differenzierung in mehreren Dimensionen.

Die Wettbewerbsstrategie der *Konzentration auf Schwerpunkte* besteht in einer Fokussierung auf Marktnischen, das heißt auf eine bestimmte Abnehmergruppe, einen bestimmten Teil des Produktprogramms oder einen abgegrenzten geographischen Markt. Während die Kostenführerschafts- und Differenzierungsstrategie die branchenweite Umsetzung ihrer Ziele anstrebt, wird bei der Konzentrationsstrategie ein bestimmtes Zielsegment bedient und jedes Instrument daraufhin ausgerichtet. Die Prämisse dieser Strategie besteht darin, daß ein Unternehmen ein eng begrenztes strategisches Ziel wirkungsvoller erreichen kann als die Wettbewerber, die sich in einem breiten Wettbewerb befinden. Das Unternehmen verfolgt im Ergebnis eine Differenzierungsstrategie, eine Kostenführerschaftsstrategie oder kombiniert beide Strategien.[244]

Aufgrund der Fokussierung der Kreditgenossenschaften auf einen abgegrenzten regionalen Markt erweist sich die Konzentration auf Schwerpunkte als die geeignete Wettbewerbsstrategie für die Kreditgenossenschaften. Die Kreditgenossenschaften bedienen ihren regionalen Markt als Zielsegment und sollen alle Instrumente darauf ausrichten. Dadurch können sie dieses Marktsegment effizienter bearbeiten als ihre Wettbewerber. Innerhalb der Konzentration auf Schwerpunkte stehen die Wettbewerbsstrategie der Kostenführerschaft und der Differenzierung für die Kreditgenossenschaften zur Wahl.

6.4.1 Kostenführerschaft im Rahmen der Konzentration auf Schwerpunkte

Für die Kreditgenossenschaft bedeutet die Wettbewerbsstrategie der Kostenführerschaft, daß sie ihre Leistungen mit niedrigeren Kosten produzieren als ihre Wettbewerber. Die strategischen Ansatzpunkte können eine größenbedingte Kostendegression oder der differenzierte Einsatz des Produktionsfaktors Informationstechnologie bilden.[245] Daneben sind die Organisationsstruktur und die rationelle Gestaltung des Produktionsprozesses für das Anstreben der Kostenführerschaft wesentlich. Der Erfolg der Kostenführerschaft am Markt erfordert aber gleichzeitig, daß die Qualität der Marktleistungen, wie zum Beispiel Schnelligkeit, Fehlerquote, Sicherheit oder Interaktionsfreundlichkeit sowie die in Ansatz gebrachten Preise gegenüber den Wettbewerbern keine wesentlichen Unterschiede aufweisen. Die niedrigere Qualität und/oder die günstigeren Konditionen könnten ansonsten die durch die Produktion erlangten Vorteile ganz oder zum Teil kompensieren.[246]

---

[244] Vgl. Porter, Michael E. (1980), S. 35 ff.
[245] Vgl. Wiedemann, Arnd (1992), S. 112
[246] Vgl. Porter, Michael E. (1980), S. 35; Betsch, Oskar (1992a), S. 16 f; Betsch, Oskar (1993), S. 12 f.; Wiedemann, Arnd (1992), S. 112

Die Strategie der Kostenführerschaft weist für die Kreditgenossenschaften nur geringe Erfolgsaussichten auf. Die Kreditgenossenschaften müßten vorab ihren bestehenden Kostennachteil gegenüber den anderen Bankengruppen ausgleichen, bevor sie Kostenvorteile aufbauen können.[247] Die Ursache hierfür liegt vor allem in den geringen Betriebsgrößen der Kreditgenossenschaften, wodurch eine Ausnutzung der Fixkostendegressionseffekte erschwert wird.[248] Die strategische Option der Kostenführerschaft scheidet für die Kreditgenossenschaften deshalb weitgehend aus. Jedoch schließt dies nicht aus, daß einige Kreditgenossenschaften über geringere Kosten als ihre Wettbewerber verfügen und somit lokal Kostenführer sind beziehungsweise Kostenführerschaft anstreben können.

6.4.2 Differenzierung im Rahmen der Konzentration auf Schwerpunkte

Aufgrund der inhomogenen Bedürfnisstruktur am Bankenmarkt[249] eignet sich für die Kreditgenossenschaften eine Differenzierung mit einer Zielgruppenorientierung als Wettbewerbsstrategie.[250] Dadurch können sie ihre Kernkompetenz der regionalen Präsenz und Kundennähe in besonderer Weise zur Geltung bringen.

Eine Strategie der Differenzierung bedeutet aber gleichzeitig für eine Vielzahl von Kreditgenossenschaften gegenwärtiger Größenordnung, auf das Angebot von bestimmten Finanzdienstleistungen zu verzichten und die größenbedingten Restriktionen im Kreditgeschäft zu akzeptieren. Diese zum Teil vom Markt erzwungene Zielgruppenstrategie erfordert, daß das verbleibende Geschäft so rationell und gleichzeitig so gut und individuell wie möglich gestaltet werden muß.[251] Die Zielgruppenbildung nach soziodemographischen und kaufverhaltenswissenschaftlichen Kriterien wird in Zukunft für ein erfolgversprechendes und beratungsorientiertes Auftreten

---

247 Vgl. Wiedemann, Arnd (1992), S. 112; Klein-Heßling, Reinhild (1992), S. 106; Betsch, Oskar (1992a), S. 17; Betsch, Oskar (1993), S. 13

248 Vgl. Klein-Heßling, Reinhild (1992), S. 106; Wiedemann, Arnd (1992), S. 113

249 Vgl. Büschgen, Hans E. (1998), S. 664; Siehe hierzu auch Kapitel II4.2.2 Kundenverhalten, S. 47 ff.

250 *Porter* schlägt die Fokussierung auf einzelne Käufergruppen, ein Segment der Produktlinie oder einen bestimmten geographischen Markt vor. Vgl. Porter, Michael E. (1980), S. 38 f.; Betsch, Oskar (1992a), S. 18; Betsch, Oskar (1993), S. 14

251 Vgl. Betsch, Oskar (1992a), S. 18; Betsch, Oskar (1993), S. 14; Büschgen, Hans E. (1998), S. 664

im Privatkundenmarkt nicht mehr ausreichen.[252] Vielmehr bedarf es der Segmentierung nach lebensweltorientierten Ansätzen[253] und Milieuansätzen[254]. Das Ziel der Kreditgenossenschaften sollte darin bestehen, zum einen Präferenzvorteile beim Kunden zu erhalten und aufzubauen, zum anderen die Kostenstruktur in einer mit der Konkurrenz vergleichbaren Situation zu gestalten.[255]

6.5 Ableitung einer Strategie für die Kreditgenossenschaften

Die Kernkompetenzen der Kreditgenossenschaften bilden zum einen die Fokussierung auf einen regionalen Markt und zum anderen die Einbindung in die dezentrale Struktur des genossenschaftlichen FinanzVerbundes. Durch die Wettbewerbsstrategie der Konzentration auf diesen regionalen Schwerpunkt verbunden mit einer zielgruppenorientierten Differenzierung können die Kreditgenossenschaften Wettbewerbsvorteile gegenüber ihren Konkurrenten erlangen (siehe Abbildung 23).

Der Kern der Strategie für die Kreditgenossenschaften wird von *McDonald* in seinen spieltheoretischen Ausführungen in besonderer Weise getroffen. „The core of business is the market. The core of the market is the relationship of buyer and seller."[256] Der Kern der kreditgenossenschaftlichen Wettbewerbsstrategie liegt in der Fokussierung auf ihren regionalen Markt. Der Kern der Fokussierung auf diesen regionalen Markt ergibt die enge Beziehung zwischen den Kreditgenossenschaften und ihren Kunden.

Die strategische Ausrichtung bedeutet für die Kreditgenossenschaften eine Intensivierung bestehender Kundenbeziehungen und Schaffung von hoher Kundenzufriedenheit auf dem regionalen Markt. Das Instrument für die strategische und operative Umsetzung dieser Strategie bildet das Retention Marketing.

[252] Vgl. Betsch, Oskar (1998a), S. 1279
[253] Vgl. Steinig, Richard (1998), S. 296 ff.
[254] Vgl. Seyfried, Manfred (1998), S. 358 ff.
[255] Vgl. Wiedemann, Arnd (1992), S. 114
[256] McDonald, John (1963), S. 73

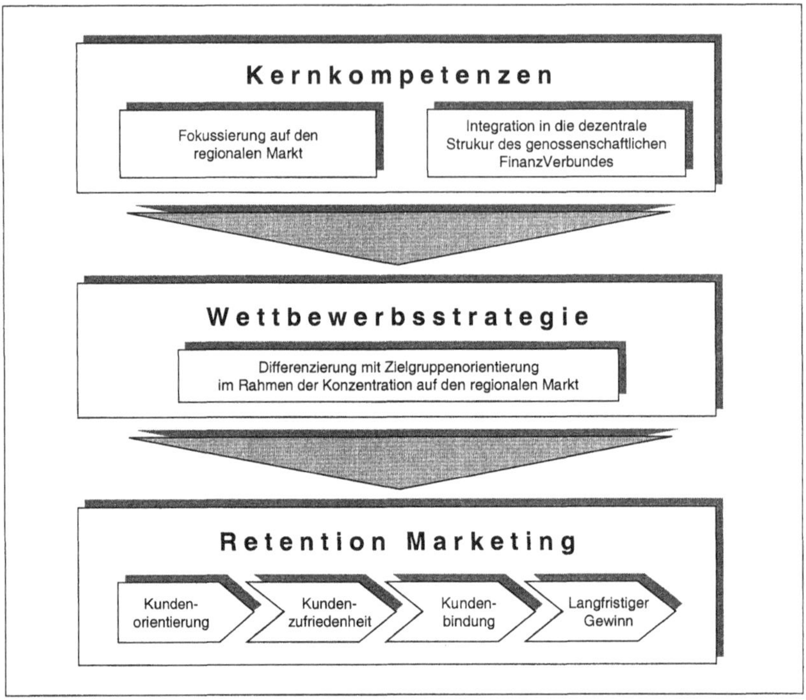

Abbildung 23: Strategie der Kreditgenossenschaften
Quelle: Eigene Darstellung

Unter *Retention Marketing* wird die Fähigkeit verstanden, durch die Schaffung einer Servicekultur[257] Kontinuität in der Kundenbetreuung zu erlangen, die sich in einer starken Kundenbindung niederschlägt.[258] Im Zentrum des Retention Marketing-Ansatzes steht der profitable Kunde, der einem Kreditinstitut positive Deckungsbeiträge liefert.[259] Das Ziel muß

[257] Unter *Service* werden alle entgeltlichen oder unentgeltlichen Sach- und Dienstleistungen verstanden, welche die Inanspruchnahme und Nutzung von Bankleistungen unterstützen. Der Service stellt eine Nebenleistung dar, um den Absatz der Hauptleistung zu fördern. Vgl. Brinkmann, Thomas (1998), S. 18; *Meffert* und *Burmann* sprechen hierbei auch von Sekundärleistungen. Vgl. Meffert, Heribert/Burmann, Christoph (1998), S. 388

[258] Vgl. Betsch, Oskar (1997b), S. 294; Schäli, Stephan D. (1998), S. 244; Die wörtliche Übersetztung von *retention* aus dem Englischen bedeutet „zurückhalten“ oder „behalten“. Vgl. Klatt, Edmund et altera (1984), S. 473

[259] Vgl. Keller, Hans Ueli (1995a), S. 88; Reimann, Eckhard (1996), S. 8; Hierzu bedarf es eines Kundenwertmanagements, anhand dessen der Barwert aus den Umsatz-

darin bestehen, diese Kunden möglichst umfassend mit Finanzdienstleistungen zu versorgen und zufriedenzustellen. Dadurch können diese Kunden dauerhaft an das Kreditinstitut gebunden werden und der Erlös pro Kunde und somit der Gesamterlös kann gesteigert werden.[260] Die Servicekultur des Retention Marketing kann durch eine zielgerichtete Kundenorientierung geschaffen werden, aus der eine hohe Kundenzufriedenheit und Kundenbindung resultiert.

Unter *Kundenorientierung* wird dabei die Ausrichtung aller Aktivitäten und organisatorischen Maßnahmen an den besonderen Interessen und Einstellungen der Kunden verstanden.[261] Die *Kundenzufriedenheit* stellt eine gefühlsmäßige (affektive) Reaktion auf einen kognitiven Vergleich von Erwartungen und Erfahrungen und eine damit verbundene Bestätigung beziehungsweise Nicht-Bestätigung von Erwartungen dar.[262] Die gemessene Kundenzufriedenheit bildet den zentralen Maßstab für die vom Nachfrager wahrgenommen materiellen und immateriellen Teilqualitäten unterschiedlichster Leistungsfaktoren und somit für das erzielte Gesamtqualitätsniveau.[263] Die Bestimmungsfaktoren der Zufriedenheit von Bankkunden bilden das Image, die Produkteigenschaft, die Kommunikation, die Reaktionsbereitschaft, die Zuverlässigkeit sowie die Bequemlichkeit und Verfügbarkeit, die häufig auch als „Convenience" bezeichnet wird.[264] Die *Kundenbindung* als Ergebnis der Kundenorientierung ist die aufgrund einer positiven Einstellung bestehende Bereitschaft eines Kunden, wiederholt und dauerhaft Leistungen von ein und demselben Kreditinstitut nachzufragen.[265]

---

und Kostenkomponenten der Kundenbeziehung als Zielgröße bestimmt werden kann. Vgl. Seyfried, Manfred (1998), S. 353

260 Vgl. Betsch, Oskar (1997b), S. 294

261 Vgl. Büschgen, Hans E. (1997), S. 813

262 Vgl. Scharnbacher, Kurt/Kiefer, Guido (1996), S. 7; Meyer, Anton/Dornach, Frank (1995), S. 164; Bernet, Beat (1998b), S. 13; Einen Überblick über weitere Definitionen zur Kundenzufriedenheit findet sich bei *Brinkmann*. Vgl. Brinkmann, Thomas (1998), S. 31

263 Vgl. Meyer, Anton/Dornach, Frank (1995), S. 163 f.; Pérez, Elena (1997), S. 29; Grundlegend zu den verschiedenen Qualitätsbegriffen vgl. zum Beispiel Parasuraman, A./Zeithaml, Valarie A./Berry,Leonard L. (1985), S. 42 ff., Stauss, Bernd/Hentschel, Bert (1991), S. 238 f.; Betsch, Oskar (1997c), S. 221

264 Vgl. Bernet, Beat (1998b), S. 13 ff.

265 Vgl. Moll, Hans-Werner (1997), S. 15; Süchting, Joachim (1998), S. 3; Süchting, Joachim (1972), 267 ff.; Der Terminus Bankloyalität wird synonym zum Begriff der Kundenbindung verwendet.

Der Umfang der Kundenzufriedenheit stellt den zentralen Faktor dar, der die Bindung eines Kunden an sein Kreditinstitut bestimmt.[266] Eine konsequente Kundenbindung erfordert im ersten Schritt die Messung der Kundenzufriedenheit. Das Ziel besteht darin, den Ist-Zustand der Zufriedenheit der gegenwärtigen Kunden aufzuzeigen. Die Messung soll des weiteren Ansatzpunkte für eine Steigerung der Kundenzufriedenheit ermitteln, um im Ergebnis zentrale Erfolgsfaktoren zur Schaffung von Kundenzufriedenheit zu identifizieren.[267]

Aus ertragswirtschaftlichen Gesichtspunkten ist der Zusammenhang zwischen der Kundenorientierung, der Kundenzufriedenheit, der Kundenbindung und dem langfristigen Gewinn von besonderer Bedeutung.[268] Die ökonomischen Wirkungen einer erhöhten Kundenzufriedenheit sind im Ergebnis:

- Zufriedene Kunden nehmen die Leistungen ihres Unternehmens bei Bedarf eher wieder in Anspruch,
- zufriedene Kunden kaufen in größeren Mengen bei dem Unternehmen,
- zufriedene Kunden sind gegenüber Preiserhöhungen unempfindlicher als unzufriedene Kunden,

[266] Vgl. Moll, Hans-Werner (1997), S. 15; Vollkommen oder sehr zufriedene Kunden verhalten sich bankloyaler als Kunden, die sich lediglich als zufrieden bezeichnen. Vgl. Brinkmann, Thomas (1998), S. 62; Meyer, Anton/Dornach, Frank (1995), S. 166

[267] Vgl. Homburg, Christian/Werner, Harald (1997), S. 89; Zur Messung der Kundenzufriedenheit vgl. Homburg, Christian/Werner, Harald (1997), S. 90 ff.; Scharnbacher, Kurt/Kiefer, Guido (1996), S. 5 ff.; Homburg, Christian/Rudolph, Bettina (1995), S. 42 ff.; Ronzal, Wolfgang (1996), S. 27 f.; Platzek, Thomas (1997), S. 364 ff.

[268] Siehe hierzu Abbildung 23, S. 72; Dieser Zusammenhang ist allerdings branchenspezifisch unterschiedlich stark ausgeprägt. Vgl. Meyer, Anton/Dornach, Frank (1995), S. 165; Die Umsetzung dieser Kausalkette, an deren Ende eine langfristiger Gewinn proklamiert wird, ist problematisch. Die Mehrzahl der Mitarbeiter und Entscheidungsträger in Kreditinstituten sind mit dem Tagesgeschäft überlastet und unterliegen meist einer kurzfristigen Ergebnisverantwortung. Die Kundenorientierung aber wirkt in der Regel langsam, sie kann meist keine kurzfristigen Erlöse oder Gewinne bewirken. Die Kausalkette ist nur in eine Richtung wirksam: Kundenorientierung hat steigende Gewinne zur Folge und nicht umgekehrt. Vgl. Meyer, Anton/Ertl, Robert (1998), S. 174

- zufriedene Kunden verursachen vergleichsweise geringe Kosten, weil sie sich effizienter in die Unternehmensabläufe, die sie gut kennen, integrieren,
- hohe Kundenzufriedenheit hat positive Wirkungen auf das Image des Unternehmens,
- zufriedene Kunden empfehlen ihr Unternehmen häufiger weiter und
- zufriedene Kunden betreiben aktives Cross Buying.[269]

Die Kundenzufriedenheit und Kundenbindung müssen über ein systematisches Beziehungsmanagement gestärkt werden.[270] Deshalb ist die Nutzung eines Systems zur ertragsorientierten Planung, Steuerung und Kontrolle der Kundenbeziehungen erforderlich.[271] Das langfristige Ziel muß in der Entwicklung und Erhaltung von stabilen Kundenbeziehungen bestehen.[272]

Für die Bestimmung von profitablen Kunden bedarf es homogener Segmente, anhand derer Segment-Deckungsbeiträge bestimmt werden können. Erst die genaue Kenntnis der Kunden ermöglicht den Aufbau eines ertragsorientierten Retention-Marketing-Systems.[273] Hierzu müssen insbesondere die Merkmale der attraktiven und unattraktiven Kunden ermittelt sowie die unattraktiven Kunden nach positiven Merkmalen untersucht werden.[274]

[269] Vgl. Meyer, Anton/Ertl, Robert (1998), S. 173 f.; Hinsichtlich der Kundenzufriedenheit unterscheiden *Meyer* und *Dornach* zwischen drei Kategorien von Kunden. Die erste Kategorie sind *zufriedengestellte Kunden*, die wahrgenommene Leistung entspricht ihren Erwartungen. Diese Kunden sind stark indifferent hinsichtlich ihrer Anbieterloyalität und bilden daher ein gutes Potential für die Abwerbeversuche der Wettbwerber. Daneben gibt es Kunden, deren Erwartungen größer sind als die wahrgenommene Qualität. Diese Kunden sind weniger zufrieden oder unzufrieden mit den erhaltenen Leistungen und bilden die Gruppe der *enttäuschten Kunden*. Dem entsprechend besteht bei dieser Gruppe eine hohe Wechselbereitschaft. Schließlich gibt es die *begeisterten Kunden*, die von den wahrgenommen Leistungen vollkommen überzeugt sind. Insbesondere die erstgenannte Gruppe der zufriedenen Kunden sind zu überzeugen, um aus ihnen begeisterte Kunden zu machen. Denn eine dauerhafte Kundenloyalität und ein verläßlicher Kundenstamm kann nur durch eine größtmögliche Kundenzufriedenheit geschaffen werden. Vgl. Meyer, Anton/Dornach, Frank (1995), S. 166

[270] Vgl. Süchting, Joachim (1998), S. 3

[271] Vgl. Bernet, Beat (1998b), S. 5

[272] Vgl. Knauber, Nicole/Kuloglu, H. Cenap/Podrazil, Ulrich M. (1997), S. 301; Steinig, Richard (1998), S. 292 f.

[273] Vgl. Keller, Hans Ueli (1995a), S. 91; Dubs, Peter (1998), S. 71 ff.

[274] Vgl. Betsch, Oskar (1997b), S. 293

Der kundenorientierte Ansatz bedingt eine Segmentierung der Kunden,[275] da eine individuelle Betreuung der Privatkunden nur durch eine Unterteilung der Privatkundschaft in unterschiedliche Kundengruppen möglich ist. Die Kundensegmentierung bildet somit einen wesentlichen Erfolgsfaktor im Privatkundengeschäft.[276] Neben der Unterteilung des Gesamtmarktes in Teilmärkte besteht die primäre Aufgabe der Segmentierung in der Bereitstellung von detaillierten Informationen über die segmentspezifischen Bedürfnisse, welche die Basis für eine kundenorientierte Strategie bilden. Ein Segmentierungsansatz muß dem Kundenbetreuer ein genaues und einfach anzuwendendes Abbild des Kunden liefern[277] und bedarfsorientierte Aspekte beinhalten.[278] Für die erfolgreiche Umsetzung der Kundensegmentierung bedarf es eines Zielgruppenkonzepts, das sowohl operativen als auch strategischen Anforderungen entspricht.[279]

Die Kreditgenossenschaften ziehen in der Regel das Einkommen und Vermögen als Segmentierungskriterien heran. Die Marktbearbeitung erfolgt häufig im Rahmen einer Einteilung der Privatkunden in sogenannte A-, B- und C-Kunden.[280] Eine effiziente Marktbearbeitung mit einer Segmentierung ausschließlich nach Einkommen und Vermögen greift aber zu kurz, da bestimmte Nutzungsverhaltensweisen, wie beispielsweise der Techniknutzungsgrad der Kunden, nicht nur von monetären Faktoren, sondern auch etwa vom Bildungsgrad und Alter des Kunden abhängen.[281] Die gestiegenen Kundenerwartungen und das veränderte Kundenverhal-

---

[275] Vgl. Schmid, Peter (1995), S. 79; Ansätze für die Bildung von Zielgruppen sind soziodemographische, kaufverhaltensorientierte und lebensweltorientierte Segmentierungsansätze. Vgl. Steinig, Richard (1998), S. 293 ff.; Boehler, Heymo (1997), S. 443; Knauber, Nicole/Kuloglu, H. Cenap/Podrazil, Ulrich M. (1997), S. 301; Grundlegend zur Marktsegmentierung bei Kreditinstituten vgl. Halsch, Gerhard (1995), S. 63 ff.

[276] Vgl. Swoboda, Uwe (1996), S. 89

[277] Vgl. Knauber, Nicole/Kuloglu, H. Cenap/Podrazil, Ulrich M. (1997), S. 301

[278] Vgl. Mattes, Helmut/Zipf, Rudolf (1988), S. 695

[279] Hinsichtlich der *operativen Anforderungen* müssen nachfragerelevante Unterschiede bei Personen oder Personengruppen bestimmt werden, um alle marketingpolitischen Aktivitäten darauf ausrichten und für jede Zielgruppe eigenständige Marketingkonzepte entwickeln zu können. Die *strategischen Anforderungen* bestehen in der Gewähr von qualitativer (hinsichtlich des Verhaltens der Zielgruppe) und quantitativer (hinsichtlich der Anzahl der Zielgruppenmitglieder) Stabilität der Zielgruppe. Vgl. Steinig, Richard (1998), S. 291 f.; Kreileder, Manfred (1997), S. 28;

[280] A-Kunden sind vermögende Privatkunden, B-Kunden sogenannte Entwicklungskunden und C-Kunden sind Kunden des Mengengeschäfts.

[281] Vgl. BVR (Hrsg.) (1999b), S. 1 f.

ten[282] machen eine Marktbearbeitung nach einfachen und eindimensionalen Kriterien daher wenig sinnvoll. Deshalb müssen Zielgruppen anhand von Kriterien gebildet werden, die sowohl sozio-demographische Merkmale als auch das gegenwärtige und zukünftige Nutzungsverhalten und die Einstellung der Kunden berücksichtigen.

282 Siehe hierzu Kapitel II4.2 Veränderung der Nachfrage, S. 45 ff.

III DIRECT BANKING FÜR DIE KREDITGENOSSENSCHAFTEN

Dieses Kapitel widmet sich der Fragestellung, ob das Direct Banking eine geeignete Vertriebsform für die Kreditgenossenschaften darstellt. Für eine Beantwortung erfolgt zunächst eine Auseinandersetzung mit dem Begriff und den Instrumenten des Direct Banking. Daran schließt sich eine Diskussion hinsichtlich der Eignung des Direct Banking für die Kreditgenossenschaften anhand unterschiedlicher Kriterien an.

1 DIRECT BANKING IM VERTRIEBSSYSTEM VON KREDITINSTITUTEN

Das absatzpolitische Instrumentarium wird in der älteren betriebswirtschaftlichen Literatur in die Bereiche Absatzmethode, Preispolitik, Produktgestaltung und Werbung unterteilt.[283] Neuere angloamerikanische Ansätze sprechen hierbei vom Marketing-Mix, welches sich in die Produkt-, Preis-, Vertriebs- oder Distributions- und Kommunikationspolitik gliedert.[284] Im folgenden steht die Vertriebspolitik[285] im Zentrum der Betrachtung.[286]

1.1 Begriff und Systematisierung des Vertriebs bei Kreditinstituten

Der Vertrieb von Finanzdienstleistungen wird determiniert durch die besonderen Charakteristika der Finanzdienstleistung. Unter Finanzdienstleistungen werden finanzielle Leistungen im weitesten Sinne verstanden, die sowohl von Unternehmen des finanziellen Sektors einer Volkswirtschaft, das heißt von Kreditinstituten und Near Banks, als auch von Nichtbanken beziehungsweise sogenannten Non Banks angeboten werden.[287] Die we-

[283] Vgl. zum Beispiel Gutenberg, Erich (1955), S. 89 ff.

[284] Vgl. Kotler, Philip (1994), S. 98 ff.

[285] Grundlegend zur Vertriebspolitik von Kreditinstituten vgl. Betsch, Oskar (1999f), S. 1993 ff.

[286] Die übrigen Instrumente finden entsprechende Berücksichtigung, da der Einsatz nur eines dieser Instrumente in der Regel den Absatzprozeß nicht sicherstellen kann, sondern nur die optimale Kombination aller Instrumente. Vgl. Büschgen, Hans E. (1993), S. 530

[287] Vgl. Büschgen, Hans E. (1997), S. 458; Im folgenden wird auf den Begriff der Bankleistung abgestellt. Vgl. von Stein, Johann Heinrich (1993), S. 357; Süchting, Joachim/Paul, Stephan (1998), S. 620 f.; Die Bankleistung als Form der Finanzdienstleistung unterscheidet *von Stein* in banktypische Kernleistungen, bankmäßige Nebenleistungen und bankneutrale Leistungen. Vgl. von Stein, Johann Heinrich

sentlichen Merkmale von Finanzdienstleistungen bilden nach herrschender Meinung die fehlende Speicherbarkeit, die Immaterialität und die Integration eines externen Faktors.[288] Letztere erweist sich als einzig unabhängige und allen Dienstleistungen gemeinsame Eigenschaft.[289] Die Integration eines externen Faktors hat zur Folge, daß weder der Prozeß noch das Ergebnis einer Dienstleistung gänzlich vom Anbieter gesteuert werden können. Ein weiteres wichtiges Merkmal der Bankleistungen sind die Verbundenheit verschiedener Leistungen, zum Beispiel des Zahlungsverkehrs mit Kreditleistungen.[290] Aufgrund der Abstraktheit der Bankleistung kann es im Vertriebssystem eines Kreditinstitutes nicht zur sogenannten *physical distribution* wie beispielsweise im Handel kommen. Dort gibt es unterschiedliche Distributionsstufen wie etwa der Transport, die Lagerung und die Verteilung von konkreten Konsum- oder Investitionsgütern.[291]

Unter dem *Vertrieb der Kreditinstitute* wird der Absatz von Finanzdienstleistungen über unterschiedliche Distributionskanäle verstanden. Die Funktion der bankbetrieblichen Vertriebspolitik besteht darin, zwischen Anbieter und Nachfrager bestehende Spannungen in bezug auf die Umsatzbereitschaft von Finanzdienstleistungen sowohl durch die Durchführung von Finanzdienstleistungen zum Verwender als auch durch die Wahrnehmung von Kontakt-, Informations- und/oder Beratungsaufgaben abzubauen.[292] Die Entscheidung für eine bestimmte Organisation des Vertriebs stellt eine geschäftspolitische Grundsatzentscheidung dar, die in der Regel nicht kurzfristig revidierbar ist.[293]

Der Vertrieb kann anhand der Dimensionen Vertriebswege und Kontaktform systematisiert werden. Die erste Dimension *Vertriebswege* umfaßt die Wahl zwischen dem traditionell stationären Vertrieb über Geschäftsstellen, dem Außendienst und dem Vertrieb mittels Telekommunikations-

---

(1993), S. 357; Der Begriff der Bankleistung und des Bankprodukts werden in dieser Arbeit synonym verwendet.

288 Vgl. Meffert, Heribert (1995), Sp. 455 f.

289 Vgl. Betsch, Oskar (1997c), S. 222

290 Vgl. Steinig, Richard (1998), S. 288

291 Vgl. Süchting, Joachim (1993), S. 1020

292 Vgl. Büschgen, Hans E. (1997), S. 1333; Büschgen, Hans E. (1998), S. 682

293 Vgl. Betsch, Oskar (1999f), S. 1993

medien.[294] Hinsichtlich der Wahl der *Kontaktform* wird zwischen dem persönlichen und unpersönlichen Verkauf unterschieden.[295]

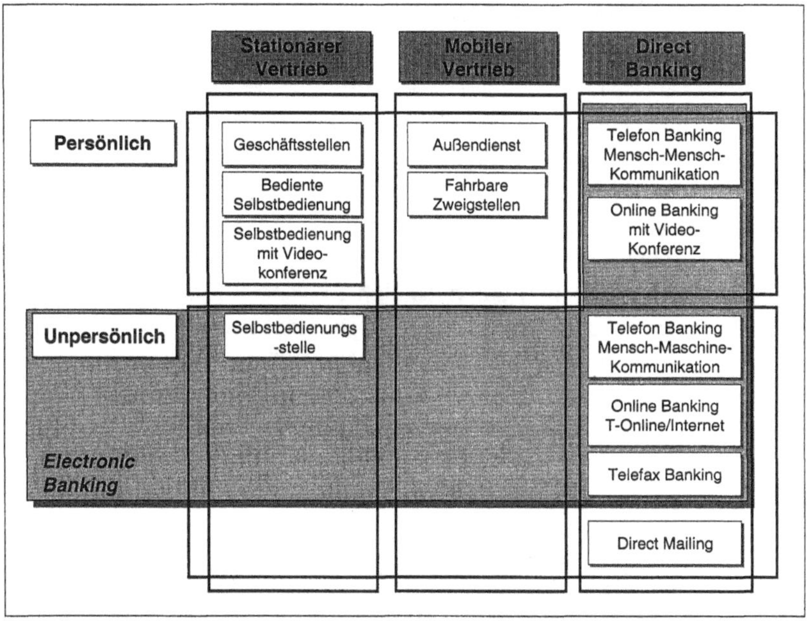

Abbildung 24: Vertriebssystem von Kreditinstituten

Quelle: Eigene Darstellung, in Anlehnung an Betsch, Oskar (1989), S. 14 f., Betsch, Oskar (1999f), S. 1994; Büschgen, Hans E. (1995), S. 185

Die vertikale Betrachtung der Abbildung 24 zeigt einen Überblick über die erste Dimension des Vertriebssystems von Kreditinstituten. Dem stationären Vertrieb sind die Vertriebswege Geschäftsstellen mit Mitarbeitern, bediente Selbstbedienung[296] und Selbstbedienungsstellen zuzuordnen. Der mobile Vertrieb beinhaltet den Außendienst in seinen unterschiedlichen

[294] Vgl. Hein, Manfred (1993), S. 248

[295] Die Bankleistung kann zum Beispiel über den Vertriebsweg Geschäftsstelle sowohl durch einen Kundenbetreuer als auch in einer Selbstbedienungszweigstelle mittels eines Automaten verkauft werden. Vgl. Büschgen, Hans E. (1995), S. 185

[296] Bediente Selbstbedienung beinhaltet die Integration des Selbstbedienungsbereichs in die Räumlichkeiten für die Kundenbetreuung, damit der Kunde bei Bedarf die Unterstützung des Mitarbeiters des Kreditinstituts nutzen kann. Vgl. Geisenhofer, Klaus Peter/Engelhardt, Jörg (1997b), S. 332; Geisenhofer, Klaus Peter/Engelhardt, Jörg (1997a), S. 16; Hümmer, Ulrike (1997b), S. 104; Strohmaier, Jürgen/Maier, Barbara (1997), S. 58; Hoch, Stefan (1997), S. 64; Heinz, Hagen (1997), S. 62

Facetten sowie das Angebot von Finanzdienstleistungen durch fahrbare Zweigstellen. Der Direktvertrieb schließlich umfaßt den Vertrieb mittels Direct Mailing, Telefon Banking sowie Online Banking mittels geschlossener oder offener Netze.[297]

Die zweite Dimension *Kontaktform* des Vertriebs bei Kreditinstituten zeigt die horizontale Betrachtung der Abbildung 24 auf. Hierbei wird zwischen dem persönlichen und unpersönlichen Vertrieb von Finanzdienstleistungen unterschieden.[298] Der persönliche Vertrieb erfolgt im Rahmen von Geschäftsstellen mit einem oder mehreren Mitarbeitern, bedienter Selbstbedienung, durch einen oder mehrere Außendienstmitarbeiter, durch fahrbare Zweigstellen und durch Telefon Banking in Form der Mensch-Mensch-Kommunikation. Zudem besteht die Möglichkeit der Kommunikation mittels Videokonferenz im Rahmen des Online Banking oder in der Selbstbedienungsstelle.[299] Der Vertrieb in Form der unpersönlichen Kontaktform kann über die Selbstbedienungsstelle, das Telefon Banking mit Mensch-Maschine-Kommunikation, das Online Banking, das Telefax Banking und das Direct Mailing durchgeführt werden.

Eine weitere Differenzierungsform des Vertriebs bei Kreditinstituten bildet der technische Vertrieb oder das *Electronic Banking*.[300] Aufgrund der Vielschichtigkeit des Begriffs Electronic Banking wird gemäß der Zweckrichtung nach der Kundeninvolvierung, Funktion und Zielsetzung des Technikeinsatzes unterschieden. Analog der zweiten Dimension des Vertriebs von Finanzdienstleistungen ist die erstgenannte Systematisierung relevant. Electronic Banking wird differenziert nach dem Grad der Involvierung des Kunden an der Kunde-Bank-Schnittstelle und dem Einsatz im Back Office.[301] Im Gegensatz zur bankinternen Computerverwendung steuert der Kunde den Einsatz selbst.[302] Daher wird Electronic Banking als eigenständiger Vertriebsweg verstanden[303] und umfaßt sowohl Teilbereiche der ersten als auch der zweiten Dimension des Vertriebs bei Kre-

[297] Ein detaillierter Überblick der ersten Dimension findet sich bei *Betsch*. Vgl. Betsch, Oskar (1989), S. 14 f.; Betsch, Oskar (1999f), S. 1994
[298] Vgl. Büschgen, Hans E. (1995), S. 185
[299] Vgl. Wünderlich, Jens (1999), S. 40; Koch, Thomas/Wünderlich, Jens (1998), S. 97; Ambros, Hans (1995), S. 212 ff.
[300] Vgl. Betsch, Oskar (1989), S. 19 ff.
[301] Vgl. Drewes, Winfried/Drewes, Guido (1995), Sp. 490 f.
[302] Vgl. Hahn, Oswald (1990b), S. 1
[303] Vgl. Drewes, Winfried/Drewes, Guido (1995), Sp. 491 f.

ditinstituten. Im einzelnen werden dem Electronic Banking die Selbstbedienungsstellen, das Telefon Banking sowie das Online Banking subsumiert (siehe Abbildung 24).

Ergänzend zu den elektronischen Vertriebswegen ist der Einsatz von *Kartensystemen*[304] anzuführen. Diese stellen nach Ansicht des Verfassers keinen eigenen Vertriebsweg dar, sondern haben im Rahmen des Electronic Banking unterstützende Funktion. Vor allem die Entwicklung der Karten hin zu sogenannten Smart Cards besitzt aufgrund von veränderten Nutzungsmöglichkeiten nachhaltigen Einfluß auf die elektronischen Vertriebswege. Neben dem Begriff Smartcard finden sich in der Literatur auch die Termini elektronische Geldbörse und Chipkarte. Diese drei Begriffe sind als synonym anzusehen. *Smartcard, elektronische Geldbörse* und *Chipkarte* sind kontogebundene oder kontounabhängige Wertkarten mit einem Chip, die bargeldadäquat genutzt werden können und multifunktional beispielsweise für die Identifikation im Internet Banking einsetzbar sind.[305]

1.2 Entwicklung und aktuelle Determinanten des Vertriebssystems von Kreditinstituten

Die Entwicklung des Vertriebssystems von Finanzdienstleisungen ist stark verbunden mit dem Bankensystem der Bundesrepublik Deutschland. Die hieraus resultierenden Veränderungen der Wettbewerbssituation ergeben sich wiederum aus einer Vielzahl von ordnungspolitischen und gesetzlichen Regelungen.[306] Die Vertriebspolitik der deutschen Kreditinstitute in den vergangenen vierzig Jahren kann in drei große Phasen unterteilt werden.[307] Die erste Phase begann mit der Aufhebung des Gesetzes über die

---

[304] Grundlegend zu Kartensystemen und ihrer aktuellen und zukünftigen Entwicklung vgl. Betsch, Oskar (1989), S. 23 f.; Weber, Manfred (1998b), S. 771 ff.; Selander, Robert W. (1998), S. 841 ff.

[305] Vgl. Krauße, Holger (1997), S. 9; Strohmayr, Werner (1998), S. 797 ff.; Godschalk, Hugo (1998), S. 23 ff.; Lohmer, Reinhard/Ness, Werner (1995), S. 30 ff.; Schapp, Stephen (1996), S. 15 ff.; Hübner, Ralph (1996), S. 50 ff.; Miller, Mark (1997), S. 319 f.; Reichherzer, Manfred (1996), S. 400 ff.; O. V. (1995b), S. 23 f.; O. V. (1996e), S. 62 ff.; O. V. (1997g), S. 80 f.; Keller, Bernd/Krüger, Stephan/Wagner, Ulrike (1999), S. 31 ff.; Davon sind die Begriffe elektronisches Geld, e-cash, Cyber Dollars, Cybermoney und Cybercash abzugrenzen.

[306] Vgl. Betsch, Oskar (1989), S. 11

[307] Vgl. Betsch, Oskar (1999f), S. 1993

Niederlassungsfreiheit von Kreditinstituten im Jahre 1958.[308] Dadurch wurde die Möglichkeit eröffnet, das marktpolitische Instrument der Zweigstellenpolitik unabhängig von administrativen Vorgaben nach einzelwirtschaftlichen Zielen einzusetzen. Eine Zweigstelle stellt dabei eine räumlich von der Hauptverwaltung eines Kreditinstituts getrennt operierende und rechtlich unselbständige Betriebseinheit dar.[309] Die Errichtung von Zweigstellen in den sechziger Jahren bildete ein wesentliches Element zur Marktanteilsgewinnung im Mengengeschäft. Diese galten als Segen für die Gewinnung von Neukunden und als „Saugnäpfe" für die Spareinlagen.[310]

Die zweite Phase der Vertriebspolitik bildete in einem fließenden Übergang zur ersten Phase der mobile Vertrieb.[311] Einhergehend mit der Expansion von Zweigstellen wurden fahrbare Zweigstellen vor allem von Sparkassen und Kreditgenossenschaften in Betrieb genommen.[312] Ende der sechziger Jahre wurden erste Versuche zur Schaffung eines bankeigenen Außendienstes initiiert.[313] Der Bankaußendienst stellt einen Absatzweg dar, der Aufgaben erfüllt, die im Rahmen der bankbetrieblichen Leistungserstellung und des Absatzes von Bankleistungen außerhalb der Zweigstelle anfallen.[314] Seit den achtziger Jahren bestimmt im Rahmen der Allfinanzstrategie[315] der Einsatz kooperativer Außendienste (Bank,

---

[308] Vgl. Betsch, Oskar (1989), S. 1; Büschgen, Hans E. (1983), S. 398

[309] Vgl. Büschgen, Hans E. (1993), S. 543; Die Termini Zweigstelle und Filiale werden in dieser Arbeit synonym verwendet.

[310] Vgl. Büschgen, Hans E. (1983), S. 398; Betsch, Oskar (1988a), S. 5; Betsch, Oskar (1999f), S. 1993

[311] Vgl. Betsch, Oskar (1999f), S. 1993

[312] Das Motiv für den Einsatz von fahrbaren Zweigstellen bildete sowohl die Flächenerschließung und Marktbetreuung als auch die Markterkundung. Die fahrbaren Zweigstellen betreiben vorwiegend das Mengengeschäft. Dabei werden vor allem Zahlungsverkehrsleistungen durchgeführt. Nur zu einem geringen Prozentsatz werden Beratungsleistungen in Anspruch genommen. Vgl. Betsch, Oskar (1999f), S. 1993; Betsch, Oskar (1989), S. 17

[313] Der Einsatz dieses Außendienstes wurde sowohl als Alternative wie auch als Ergänzung des Zweigstellennetzes verstanden. Vgl. Betsch, Oskar (1989), S. 18

[314] Vgl. Büschgen, Hans E. (1993), S. 544 f.; Die Hauptfunktion eines bankeigenen Außendienstes bestand in den Anfängen vor allem in dem Aufsuchen von Kunden und Nichtkunden. Diese diente der Verkaufsanbahnung, der Akquisition und der Verkaufssicherung. Später wurden die Strukturen und Aufgabenstellung des Bankaußendienstes nach und nach den veränderten Wettbewerbsbedingungen angepaßt. Vgl. Betsch, Oskar (1989), S. 18

[315] Vgl. hierzu zum Beispiel ausführlich Betsch, Oskar (1992a), S. 15 ff.; Krupp, Georg (1995), Sp. 55 ff.; Siehe auch Fußnote 87, S. 20

Bausparkasse, Versicherung) zur Nutzung von synergetischen Effekten das Marktgeschehen.[316]

Die dritte Phase schließlich umfaßt den Vertrieb von Bankdienstleistungen mittels des Einsatzes von elektronischen Medien mit dem Beginn der achtziger Jahre.[317] Die bestimmende Determinante im Finanzvertrieb der neunziger Jahre bildet die fortschreitende Entwicklung der Informations- und Kommunikationstechnologie. Dadurch hat sich vor allem das Direct Banking als Vertriebsform durchgesetzt.[318]

1.3 Direct Banking als Teil des Vertriebssystems von Kreditinstituten

Der Begriff des Direct Banking wird sowohl in der wissenschaftlichen Diskussion als auch in der Praxis unterschiedlich verwendet. Vielfach erfolgt keine klare Definition, sondern lediglich eine Darstellung der Direct Banking-Instrumente.[319] Des weiteren werden Begriffe wie Direktmarketing und Direktvertrieb sowohl mit unterschiedlichen Inhalten als auch synonym verwendet. Nachfolgend werden zunächst die einzelnen Begriffe und deren unterschiedliche Interpretationen und Verwendungen aufgezeigt, um anschließend den Begriff des Direct Banking abzugrenzen und zu definieren.

1.3.1 Begriff des Direct Marketing und des Direktvertriebs

Direct Marketing ist eine Ausprägung des Marketing, die den direkten Kontakt zwischen den Marktpartnern auf der Angebots- und Nachfrageseite in den Mittelpunkt aller operativen und strategischen Maßnahmen unternehmerischen Handelns stellt.[320] Da das Direct Marketing die absatzpolitischen Funktionen der Kommunikation und der Distribution be-

---

[316] Vgl. Betsch, Oskar (1989), S. 18; Betsch, Oskar (1995c), S. 11

[317] Vgl. Betsch, Oskar (1989), S. 13 und 19 ff.; Betsch, Oskar (1995c), S. 11

[318] Vgl. Krupp, Georg (1996), S. 262; Siehe hierzu Kapitel III1.3.2 Begriff des Direct Banking, S. 87 ff.

[319] Vgl. zum Beispiel Reimers-Mortensen, Sabine/Disterer, Georg (1997), S. 132 ff.; Gushurst, Klaus-Peter/Tilmes, Rolf/Ulrich, Jörg (1996), S. 46 ff.; Ströbele, Erwin (1996), S. 6 ff

[320] Vgl. Dallmer, Heinz (1995), Sp. 477; Die Entwicklung des Direct Marketing im Zeitablauf hat *Meffert* zusammengestellt. Vgl. Meffert, Heribert (1997), S. 40 ff.

rührt, wird die Ableitung der Begriffsbestimmung anhand dieser Funktionen vorgenommen.[321]

Das Direct Marketing wird bestimmt durch die unmittelbare, individuelle und somit direkte *Kommunikation* zwischen den Marktpartnern,[322] das heißt durch die gezielte Kontaktaufnahme und Individualität der Kommunikationsbeziehung. Sie kann sowohl persönlich als auch über ein Medium, etwa über Telefon oder Brief, erfolgen.[323] Das Ziel dieser Maßnahmen besteht darin, eine direkte Reaktion von potentiellen Kunden zu erzeugen.[324] *Becker* spricht hierbei von einem „Ingangsetzen des Dialogs (...) mit den anvisierten Zielgruppen".[325] Durch ein mehrstufig beeinflussendes Marketing mit aufeinander aufbauenden Ansprache- und Reaktionsphasen, den sogenannten Kontaktketten, soll eine Kundenbindung geschaffen, aufrecht erhalten sowie möglichst verstärkt werden.[326]

Das Direct Marketing wird ebenso der *Distribution* zugeordnet, da nicht nur die Information den Empfänger direkt erreichen kann, sondern auch die Leistung. In der Distribution von Waren und Dienstleistungen sind mehrheitlich Distributionsorgane zwischen den Verbraucher und den Produzenten geschaltet.[327] Jedes Distributionsorgan, das bestimmte Verrichtungen mit dem Ziel übernimmt, dem Endabnehmer das Produkt und das Eigentum daran näher zu bringen, bildet jeweils eine Distributionsstufe. Ein Nullstufenkanal liegt somit vor, wenn ein Hersteller seine Produkte direkt an die Konsumenten verkauft. Dies wird auch als Direktkanal,[328] Direktverkauf[329] oder Direktvertrieb[330] bezeichnet.[331] In Anlehnung

[321] Vgl. Dallmer, Heinz (1995), Sp. 477 f.; Ein umfassendes System des Direct Marketing, das auf dieser funktionalen Unterscheidung beruht, wurde von *Dallmer* entwikkelt. Vgl. Dallmer, Heinz (1997), S. 4 ff.

[322] Vgl. Tietz, Bruno (1993); S. 11; Dallmer, Heinz (1995), Sp. 478; Becker, Jochen (1998), S. 583

[323] Vgl. Dallmer, Heinz (1997), S. 4

[324] Vgl. Wentlandt, Albert (1995), S. 24

[325] Becker, Jochen (1998), S. 583

[326] Vgl. Becker, Jochen (1998), S. 583

[327] Vgl. Dallmer, Heinz (1995), Sp. 479 f.

[328] Vgl. Meffert, Heribert (1998), S. 598

[329] Vgl. Kotler, Philip/Bliemel, Friedrich W. (1992), S. 744

[330] Dieser direkte Vertrieb erfolgt nach *Meffert* durch unmittelbaren Kontakt zwischen dem Hersteller und dem Endverbraucher ohne die Zwischenschaltung von Absatzmittlern. Vgl. Meffert, Heribert (1998), S. 598; Dallmer, Heinz (1995), Sp. 480; *Engelhardt* und *Witte* spezifizieren den direkten Vertrieb auf den persönlichen Verkauf von Konsumgüter und Dienstleistungen in der Wohnung sowie in wohnungsnaher oder wohnungsähnlicher Umgebung des Kunden. Vgl. Engelhardt, Werner H./Witte,

an *Dallmer*[332] wird hieraus nachfolgende Definition des Direct Marketing abgeleitet.

Direct Marketing umfaßt alle Marktaktivitäten, die sich direkter Kommunikation und/oder direkter Distribution bedienen, um Zielgruppen in individueller Einzelsprache gezielt zu erreichen.

In Abhängigkeit von der strategischen Zielsetzung kann Direct Marketing daher einen eigenständigen Vertriebsweg im Rahmen der Distribution darstellen oder zur Unterstützung des absatzpolitischen Instrumentariums in Form der direkten Kommunikation eingesetzt werden.[333]

1.3.2 Begriff des Direct Banking

Direct Banking stellt nach *Pischulti* einen eigenständigen Vertriebsweg beziehungsweise ein eigenständiges Vertriebsinstrument dar, bei dem das Kreditinstitut nicht über Geschäftsstellen mit den Kunden in unmittelbaren Kontakt tritt.[334] Die Gewinnung und Betreuung der Kunden sowie die Kommunikation und Geschäftsabwicklung erfolgen direkt per Brief, Telefon beziehungsweise Telefax und Personal Computer.[335] *Martin* schränkt den Begriff des Direct Banking ein. Es handelt sich um einen *elektronischen* Vertriebsweg, der gegebenenfalls einen eigenständigen Marketingauftritt besitzt.[336] Der Begriff des Direct Banking bedarf nach Ansicht des Verfassers einer Unterscheidung hinsichtlich einer funktionalen und institutionellen Sichtweise.[337]

Petra (1990), S. 16; Der Direktvertrieb stellt nach Ansicht von *Tietz* den Absatz von Waren beziehungsweise Dienstleistungen unter *Einsatz von Verkäufern* durch den Hersteller direkt an den Konsumenten beziehungsweise an den privaten Haushalt dar. Vgl. Tietz, Bruno (1993), S. 14

331 Vgl. Dallmer, Heinz (1997), S. 5 f.

332 Vgl. Dallmer, Heinz (1997), S. 6; *Bruhn* hingegen fokussiert den Begriff des Direct Marketing auf den Kommunikationsbereich und sieht die Kernaufgabe des Direct Marketing in dem Aufbau eines individuellen Dialogs mit einzelnen Zielpersonen im Rahmen einer direkten Kommunikation sowie der Ansprache ausgewählter Zielgruppen, die ihrerseits aufgrund von Direct-Response-Anzeigen und dem Einsatz interaktiver Medien in Kontakt mit dem Unternehmen treten. Vgl. Bruhn, Manfred (1997b), S. 235 f.

333 Vgl. Wentlandt, Albert (1995), S. 24

334 Vgl. Pischulti, Helmut (1995), S. 4; Pischulti, Helmut (1993), S. 22

335 Vgl. Pischulti, Helmut (1996), S. 13; Einen Überblick und eine Abrenzung der unterschiedlichen Termini zeigt Abbildung 24 auf S. 81 auf.

336 Vgl. Martin, Andreas (1996), S. 22

337 Vgl. Heigl, Christian (1996), S. 9

Die funktionale Sichtweise des Direkt Banking umfaßt die *Durchführung* von Bankgeschäften über einen medialen Vertriebsweg, im einzelnen mittels Direct Mailing, Telefon Banking und Online Banking. Die *institutionelle Sichtweise* des Direct Banking stellt auf die ausschließliche Ausrichtung eines Kreditinstituts auf diese Form des Vertriebs ab. Dem folgend wird ein Kreditinstitut mit dieser Vertriebsform dem Terminus Direktbank subsumiert.[338] Daraus ergibt sich nachfolgende Definition.

Direct Banking ist eine Form des Vertriebs, bei der an der Schnittstelle Bank/Kunde ein oder mehrere Medien zwischengeschaltet sind. Diese Medien sind im einzelnen Brief (Direct Mailing), Telefon und Telefax (Telefon Banking), Personal Computer mit Online-Verbindung über geschlossene Netze (T-Online Banking) oder offene Netze (Internet Banking).

[338] Vgl. Heigl, Christian (1996), S. 9 f.; Siehe hierzu Kapitel IV1.2 Direktbank, S. 133

2 Instrumente des Direct Banking

In der Theorie und Praxis werden das Direct Mailing, das Telefon Banking und das Online Banking unterschiedlich interpretiert und verwendet. Aus diesem Grunde werden die Begriffe näher bestimmt und abgegrenzt.

2.1 Direct Mailing

Das Direct Mailing als traditionelle Form des Direct Marketing stellt einen wichtigen Bestandteil des Direct Banking dar. Daneben bildet das Database Marketing die Voraussetzung für eine zielgerichtete Kundenansprache im Rahmen des Direct Mailing.

2.1.1 Begriff des Direct Mailing

Die Termini *Direct Mail* und *Direct Mailing* werden unterschiedlich in der Literatur verwendet. *Dallmer* versteht unter *Direct Mail* die gezielte schriftliche Einzelansprache, wenn der Empfänger adressiert erreicht wird und die Übermittlung vor allem werbliche Zweckorientierung besitzt. Die Aussendungseinheit wird als *Mailing* bezeichnet und die Übermittlung erfolgt im allgemeinen über die Post.[339] *Pischulti* hingegen verwendet für die Kundenansprache mit Werbebrief den Begriff *Direct Mailing.*[340] *Kotler* spricht von *direct-mail marketing* oder verkürzt von *direct mail* als Überbegriff für die gezielte Versendung von Informationsmaterial.[341] Im Rahmen des Einsatzes bei Kreditinstituten verwendet *Betsch* den Terminus *Banking-by-Mail.*[342] In dieser Arbeit wird Direct Mailing wie folgt definiert.

Direct Mailing wird, analog der Formulierungen Telefon Banking und Online Banking, als die gezielte schriftliche Einzelansprache mit einer Direct Mail verstanden.[343] Aufgrund der steigenden Zahl der Teilnehmer am In-

[339] Vgl. Dallmer, Heinz (1997), S. 4; Des weiteren auch Becker, Jochen (1998), S. 585; Meffert, Heribert (1998), S. 721

[340] Vgl. Pischulti, Helmut (1994), S. 28

[341] Neben Briefen werden zum Beispiel auch Disketten und ähnliches versendet. Vgl. Kotler, Philip (1994), S. 656

[342] Vgl. Betsch, Oskar (1989), S. 18; Pischulti, Helmut (1994), S. 28

[343] Der Terminus *mail* kann aus dem Englischen sowohl als Substantiv *Post(-sendung)* als auch als Verb *(mit der Post) schicken* übersetzt werden. Vgl. Klatt, Edmund et altera (1984), S. 341

ternet[344] gewinnt neben dem klassischen Brief zunehmend auch die elektronische Mail beziehungsweise E-Mail[345] an Bedeutung.

Das Direct Mailing wird durch nachfolgende Merkmale charakterisiert:

- Die Informationsübermittlung erfolgt in schriftlicher Form und der Kunde wird individuell mit personalisierten Briefen beziehungsweise E-Mails angesprochen.
- Beim Verbraucher soll der Eindruck entstehen, die Leistung würde ausschließlich ihm angeboten.[346]

Das sogenannte „One-Shot-Mailing" stellt eine Form des Direct Mailing dar, das unmittelbar zu einer Reaktion führen soll. Daneben schicken einige Direktwerber eine Vorabinformation (in der Regel eine Postkarte), in der auf die Folge-Mail hingewiesen wird, um der eigentlichen Angebots-Mail durch die Schaffung einer Erwartungshaltung beim Empfänger eine größere Aufmerksamkeit zu sichern. Der Nachfaßbrief, der noch einmal auf die vorliegende Mail verweist beziehungsweise die Möglichkeit der erneuten Zusendung bietet, wird dem gegenüber häufiger verwendet.[347] Vielfach wird die Mail auch im Verbund mit anderen Aktivitäten innerhalb des Marketingkonzepts eingesetzt.[348]

Die Erfolgschancen des Direct Mailing steigen, wenn die Zielgruppe selektiv angesprochen werden kann.[349] Die Voraussetzung für einen erfolgreichen Einsatz des Direct Mailing als Instrument des Direct Banking bildet deshalb die Segmentierung des Marktes in Zielgruppen.[350] Die Segmentierung sollte sich an den Erkenntnissen über das Kundenverhalten orientieren, da ohne detaillierte Kenntnisse über den Status der Kunden hinsichtlich sozio-demographischer und lebensweltorientierter Aspekte

[344] Vgl. o. V. (1999i), S. 20

[345] Siehe Kapitel III2.3.2.2 Bestandteile und Funktionsweise des Internet, S. 108 f.

[346] Vgl. Pischulti, Helmut (1994), S. 28

[347] In der Praxis erfolgt ein Nachfaßbrief in der Regel drei bis vier Wochen nach der Erstaussendung. Vgl. Skudlik, Reinhard M. (1993), S. 70; Nachfaßbriefe sind nicht zu verwechseln mit sogenannten Nachfolgeaktionen. Hierbei handelt es sich um eine Wiederholung des gleichen Angebots ohne Verweis auf die vorausgegangene Aussendung. Vgl. Gutsche, Alfried H. (1991), S. 193

[348] Siehe hierzu Kapitel V1.2 Outbound Telefon Banking der Kreditgenossenschaften, S. 192 ff.

[349] Vgl. Effert, Detlef (1997b), S. 181

[350] Vgl. Hassels, Matthias (1997), S. 128

eine erfolgversprechende Ansprache mit Direct Mailing nicht möglich ist.[351]

Keine Branche, mit Ausnahme der Versandhäuser, kennt ihre Kunden hinsichtlich der Beziehungen zum Unternehmen so genau wie Kreditinstitute, Versicherungen, Kreditkarten-Organisationen und Leasingesellschaften, da eine Datenbank die Basis der Geschäftsabwicklung bildet.[352] Dennoch wird dieser Vorteil nicht oder lediglich bedingt von den Kreditinstituten genutzt.[353] Für die Identifikation und Auswahl von Zielgruppen für eine kundenorientierte Marktbearbeitung und eine effizienten Betreuung der Kundenbasis ist deshalb ein Database Marketing-System erforderlich.[354]

2.1.2 Database Marketing

Unter *Database Marketing* wird der Einsatz von Datenbanken für Marketinganwendungen verstanden.[355] Diese computergestützten Systeme dienen der Aufbereitung von adreß- und personenbezogenem Datenmaterial, um auf dieser Grundlage eine gezielte Kundenansprache zu erreichen.[356] Hinsichtlich seiner Zuordnung wird das Database Marketing als eine Teildisziplin des Direct Marketing angesehen.[357] Aus Prozeßsicht stellt das Database Marketing einen informatikgestützten Marketingprozeß dar, in dessen Mittelpunkt ein Marketingregelkreis aus Analyse, Strategie, Aktion und Reaktion steht. Das Database Marketing ermöglicht, bestehende und potentielle Kunden entsprechend ihren Bedürfnissen und ihrem Potential anzusprechen und zu betreuen.[358] Der Marketing-Mix wird bedürfnisgerecht individualisiert und die Kommunikation zwischen dem Kreditinstitut und dem Kunden gesteuert.[359]

Kreditinstitute sind prädestiniert für den Einsatz des Database Marketing. Die Kunden sind durch ihre Beziehung zur Kreditgenossenschaft bekannt,

---

[351] Vgl. Effert, Detlef (1997b), S. 181
[352] Vgl. Effert, Detlef/Schmid, Walter (1995), S. 429
[353] Vgl. Biland, Hans Peter (1998), S. 14; Roggenkämper, Bernd (1999), S. 22
[354] Vgl. Reimann, Eckhard (1996), S. 11
[355] Vgl. Schüring, Hendrik (1991), S. 106; Ruhland, Johannes M. (1999), S. 92
[356] Vgl. Fehr, Peter/Kerner, Simone/Kruse, Olaf (1998), S. 340; Nieschlag, Robert/Dichtl, Erwin/Hörschgen, Hans (1994), S. 471
[357] Vgl. Schüring, Hendrik (1991), S. 105
[358] Vgl. Seitz, Jürgen/Stickel, Eberhard (1997), S. 94; Hüppin, Frédy-Christian (1995), S. 15; Zimmermann, Wolfgang J. (1997), S. 707
[359] Vgl. Fehr, Peter/Kerner, Simone/Kruse, Olaf (1998), S. 340

zudem stellt die enge Kundenbindung einen bedeutenden Einflußfaktor für den Erfolg des Instituts dar. Des weiteren sind Kreditinstitute allgemein Dienstleistungsunternehmen und produzieren Informationen, die in Datenbanken gespeichert werden können.[360]

Die Grundlage des Database Marketing bildet ein EDV-System,[361] das die gewünschten Daten beinhaltet sowie über verschiedene Auswertungen und Datentransfer-Möglichkeiten verfügen muß.[362] Der Inhalt dieser Database sollte Informationen umfassen, die

- zur Identifikation und gezielten Ansprache von Zielpersonen beitragen,
- nachhaltigen Einfluß auf das Kaufverhalten haben,
- etwas über die Wahrscheinlichkeit des Geschäftsabschlusses aussagen,
- Transparenz über die bisherigen Transaktionsepisoden schaffen,
- einen potentialorientierten Einsatz der Direct-Marketing-Instrumente erlauben und
- Grundlage der Erfolgskontrolle und Erfolgsprognose sein können.[363]

Das autonome Erkennen von Datenmustern in großen Beständen numerischer, ordinaler oder nominalskalierter Daten ermöglicht das Data Mining.[364] Die Anwendungsbereiche des *Data Mining* bilden vor allem Datenbestände, bei denen Regelmäßigkeiten anzunehmen sind. Daher ist das Data Mining in besonderer Weise als Instrument für die Analyse und Bestimmung von Zielgruppen geeignet.[365]

Die Aufgaben der Datenbank als Database bestehen darin,

- alle Informationen über den Kunden einsetzbar bereitzuhalten,
- Direkt Marketing-Maßnahmen zu steuern und

---

[360] Vgl. Seitz, Jürgen/Stickel, Eberhard (1997), S. 94
[361] Vgl. Kreutzer, Ralf T. (1991), S. 628
[362] Vgl. Huldi, Christian (1995), S. 11
[363] Vgl. Kreutzer, Ralf T. (1991), S. 628
[364] Als Muster ist eine zusammenfassende Aussage über eine Untermenge der Daten anzusehen. Die gewonnen Ergebnisse sind mit einer Angabe über ihre Verläßlichkeit zu versehen und in einer verständlichen Form zu präsentieren. Die übliche Formulierung besteht in Form von „Wenn-Dann"-Regeln. Einen Überblick über den Stand der Forschung und Entwicklung liefern *Hagedoren*, *Bissantz* und *Mertens*. Vgl. Hagedorn, Jürgen/Bissantz, Nicolas/Mertens, Peter (1997), S. 601 ff.; von der Lühe, Markus (1997), S. 45
[365] Vgl. Determann, Lorenz/Rey, Michael (1999), S. 144

- die Erfolge aller Aktivitäten zu kontrollieren.[366]

Ein technisch weiterführender Ansatz des Database Marketing bildet das *Data Warehouse*, das ein System für eine logisch einheitliche, konsistente Datensammlung zur Unterstützung des Managements bildet.[367] Data Warehouse-Systeme umfassen Werkzeuge, Algorithmen, Techniken und Architekturen, um Daten aus verteilten, heterogenen Informationsquellen zusammenzuführen und zur direkten Analyse und Verarbeitung in einen großen Datenspeicher, dem Data Warehouse, zu kopieren.[368]

2.2 Telefon Banking

Das Telefon Banking bildet ein weiteres Instrument des Direct Banking. Eng verknüpft damit ist das Call Center als technische und organisatorische Grundlage für das Telefon Banking.

2.2.1 Begriff und Arten des Telefon Banking

In der Literatur finden sich unterschiedliche Begriffe für den Einsatz des Telefons zum Vertrieb von Bankleistungen wie etwa Telefon Banking[369], Telefonmarketing[370], Telemarketing[371] oder Telebanking[372]. Die Abgrenzung des Telefon Banking als eigenständiger Vertriebsweg erfolgt unterschiedlich.[373] Anhand der Initiative des Anrufs wird zudem differenziert in

[366] Vgl. Hölzel, Rolf-Dieter (1987), S. 86

[367] Vgl. Groffmann, Hans-Dieter (1997), S. 10; Einen Überblick hinsichtlich der Architektur von Data Warehouses gibt *Groffmann*. Vgl. Groffmann, Hans-Dieter (1997), S. 12 f.; In den achtziger Jahren wurden sogenannte Management Information Systems und Executive Information Systems mit der Zielsetzung entwickelt, Daten verschiedenster Bereiche zur effizienteren und einfacheren Verarbeitung zentral zu erfassen. Vgl. Tresch, Markus/Rys, Michael (1997), S. 57

[368] Vgl. Tresch, Markus/Rys, Michael (1997), S. 58

[369] Vgl. Pöschke, Harald/Bußmann, Johannes (1995), 30 ff.; Steiner, Jürgen (1994), S. 40; Ausfelder, Richard (1996), S. 8

[370] Vgl. Effert, Detlef/Schmid, Walter (1995), S. 433 ff.

[371] Vgl. Benölken, Heinz/May, Gerhard (1994), S. 8

[372] Vgl. Hofmann, Norbert (1997), S. 9; Drewes, Winfried/Drewes, Guido (1995), Sp. 491 f.

[373] Vgl. Steiner, Jürgen (1994), S. 40; Ausfelder, Richard (1996), S. 8; Benölken, Heinz/May, Gerhard (1994), S. 8

passives und aktives Telefon Banking[374], Inbound und Outbound Telefon Banking oder Inbound- und Outbound-Telefonmarketing[375].

Nach *Benölken* und *May* stellt das aktive Telefon Banking einen neuen Vertriebsweg dar, der flankierend, etwa für das Terminmanagement, oder eigenständig zur Kundenberatung eingesetzt wird. Dieser Vertriebsweg wird dem Begriff Telemarketing subsumiert.[376] Dem gegenüber sehen *Steiner* und ihm folgend *Ausfelder* lediglich das passive Telefon Banking als eigenständigen Vertriebsweg an.[377] In dieser Arbeit wird keiner dieser beiden engen Begriffsbestimmungen gefolgt, sondern das Telefon Banking wie folgt definiert.

Das *Telefon Banking* stellt eine Form des Finanzvertriebs dar, bei der das Medium Telefon unmittelbar an der Schnittstelle[378] zwischen dem Kunden und einer hierfür gezielt eingerichteten, speziellen organisatorischen Einheit[379] des Kreditinstituts eingesetzt wird.[380]

Das *Inbound Telefon Banking* zeichnet sich dadurch aus, daß die Initiative für diesen Anruf vom Kunden ausgeht.[381] Dabei handelt es sich um einen zusätzlichen Service des Kreditinstituts.[382] Das Inbound Telefon Banking wird vor allem eingesetzt für Kontostands- und Umsatzabfragen,

---

374 Vgl. Benölken, Heinz/May, Gerhard (1994), S. 8; *Effert* und *Schmid* sprechen hierbei inhaltsgleich von aktivem und passivem Telefonmarketing. Vgl. Effert, Detlef/Schmid, Walter (1995), S. 434; Greff, Günter (1987), S. 65 f.

375 Vgl. Ausfelder, Richard (1996), S. 8; Hein, Michaela/Barthel, Dirk (1997), S. 48

376 Vgl. Benölken, Heinz/May, Gerhard (1994), S. 8

377 Das Telefon Banking stellt nach *Steiner* einen Vertriebsweg dar, bei dem aktuelle und potentielle Kunden von sich aus mittels Telefon auf eine von Kreditinstituten gezielt eingerichtete, spezielle, organisatorische Einheit zugreifen mit dem Ziel, bestimmte Finanzdienstleistungen im Regelfall abschließend abzuwickeln. Vgl. Steiner, Jürgen (1994), S. 40; Ausfelder, Richard (1996), S. 8

378 Vgl. Berchtold, Horst (1995), S. 206

379 Vgl. Steiner, Jürgen (1994), S. 40

380 Der Begriff des *Telebanking* umfaßt neben dem Telefon Banking auch die anderen Formen des elektronischen Vertriebs wie Bankgeschäfte über Selbstbedienungsstellen und Online Banking. Das Telefon Banking ist somit dem Telebanking zu subsumieren. Vgl. Hofmann, Norbert (1997), S. 9 f.

381 Vgl. Effert, Detlef/Schmid, Walter (1995), S. 437; Benölken, Heinz/May, Gerhard (1994), S. 8; Ausfelder, Richard (1996), S. 8; Hein, Michaela/Barthel, Dirk (1997), S. 48; Greff, Günter (1987), S. 65 f.

382 Vgl. Effert, Detlef/Schmid, Walter (1995), S. 437; Benölken, Heinz/May, Gerhard (1994), S. 8

Überweisungen, Daueraufträge, Sortenbestellung, Verfügungs- und Kartensperren sowie Nachrichten des Kunden an das Kreditinstitut.[383]

Das *Outbound Telefon Banking* ist dadurch gekennzeichnet, daß die Kunden von Bankmitarbeitern angerufen werden, der Kontakt wird somit vom Kreditinstitut initiiert.[384] Der Einsatz des Outbound Telefon Banking eignet sich für die Unterstützung von Mailingaktionen, von Terminvereinbarungen, dem Verkauf von standardisierten Bankprodukten sowie der Durchführung von Kundenbefragungen.[385]

Eine Besonderheit im Rahmen des Telefon Banking bildet das *Smartphone, Smart Telefon*[386] oder auch *Screen Phone*, das vor allem in Frankreich[387], Japan und den USA verbreitet ist. Das Smartphone ist ein Komforttelefon mit einem Prozessor und einem Bildschirm. Die Eingaben sind entweder über einen Touchscreen oder über eine integrierte Tastatur möglich.[388] Das Gerät kann sowohl als normales Telefon als auch mittels des eingebauten Modems als Datenstation genutzt werden. Damit stellt die Nutzung des Smartphone eine Zwischenform von Telefon Banking und T-Online Banking dar.[389]

Eine weitere Sonderform des Telefon Banking bildet das *Telefax Banking*. Hierbei werden vor allem Wertpapierorders an das Kreditinstitut gesendet. Die Ausführungsbestätigung, Depot- und Kontenberichte, aber auch Finanz- und Marktinformationen, werden vom Kreditinstitut an den Kunden

---

[383] Vgl. Pleister, Christopher (1998), S. 12

[384] Vgl. Ausfelder, Richard (1996), S. 8; Hein, Michaela/Barthel, Dirk (1997), S. 48; Effert, Detlef/Schmid, Walter (1995), S. 437; Greff, Günter (1987), S. 66 ff.

[385] Vgl. Pleister, Christopher (1998), S. 12; Das Outbound Telefon Banking gewährt dem Mitarbeiter die Möglichkeit, die Kunden auf aktuelle Angebote hinzuweisen. Durch die Terminvereinbarung sind für die individuelle Problemstellung des Kunden die notwendigen Beraterkapazitäten gezielter verfügbar.

[386] Vgl. Iannace, Giorgio (1995), S. 346

[387] In Frankreich wurden diese Geräte, die sogenannten Minitel, kostenlos vergeben. Vgl. Alpar, Paul (1998), S. 300

[388] Vgl. Kreuzer, Martin (1998), S. 59; Dietz, Volker (1995), S. 281

[389] Der Benutzer wählt über ein lokales Menü eine Funktion, wie etwa eine Überweisung, und gibt die notwendigen Daten in das am Bildschirm angezeigte Überweisungsformular ein. Die Verbindung wird erst dann aufgebaut, wenn die Überweisung abgeschickt wird. Die Verbindungszeit ist dadurch sehr kurz, so daß eine Gebühreneinheit in der Regel reicht und die Kosten sehr gering sind. Die Sicherheit für den Kunden kann über einen Magnetkarten- oder Smart Card-Leser anstelle der manuellen Eingabe von Codes noch verbessert werden. Vgl. Dietz, Volker (1995), S. 281 f.; Kreuzer, Martin (1998), S. 59

mittels Telefax geschickt.[390] Das Telefax Banking bietet sowohl dem Kunden als auch dem Kreditinstitut den Vorteil, daß Fehler bei der Verständigung im Gegensatz zum Telefon Banking verringert werden können.[391]

In den USA bieten mehr als 80% der Kreditinstitute Telefon Banking an.[392] In Deutschland war die *Volkswagen Bank direct* bundesweit der erste Finanzdienstleister, der Leistungen aus dem Finanzbereich mittels Telefon angeboten hatte.[393] Doch erst die Einführung des Telefon Banking durch die *Citibank* zu Beginn der neunziger Jahre,[394] die von einer aufwendigen Medienkampagne begleitet wurde, führte zu dem aktuellen Bekanntheitsgrad dieses Vertriebsweges.[395] Damit war die Citibank die erste Universalbank in Deutschland, die diesen telekommunikativen Vertriebsweg einsetzte.[396] Inzwischen bietet in Deutschland eine Vielzahl von Kreditinstituten das Telefon Banking an. Dabei sind über 90% der in Deutschland realisierten Telefon Banking-Lösungen in der Form des Inbound Telefon Banking gestaltet. Lediglich rund 2% der Kreditinstitute nutzen das Telefon im Sinne des Outbound Telefon Banking zur aktiven Kundenansprache. In USA beträgt dieser Anteil vergleichsweise circa 9% am gesamten Telefon Banking-Angebot.[397] Die Ursache der geringen Nutzung des Outbound Telefon Banking liegt zum einen in den gesetzlichen Bestimmungen, die in Deutschland im Vergleich zum europäischen Ausland und den USA sehr restriktiv sind. Um Privatkunden anrufen zu können, bedarf es deren Einverständnis.[398] Zum anderen wird das Outbound Telefon Banking vielfach als eher unfein angesehen.[399]

---

[390] Vgl. Birkelbach, Jörg (1998), S. 16; Dannenberg, Marius (1998), S. 27; Pischulti, Helmut (1997), S. 140; Einen Überblick hinsichtlich unterschiedlicher Möglichkeiten des Telefax Banking gibt *Krause*. Vgl. Krause, Ralf (1998), S. 28 ff.

[391] Ein weiterer Vorteil bildet die Möglichkeit, daß der Kunde eine schriftliche Bestätigung von seinem Kreditinstitut, zum Beispiel unmittelbar nach der Orderausführung, erhalten kann. Vgl. Dahlhausen, Volker/Siebald, Ralph (1995), S. 32

[392] Vgl. Pöschke, Harald/Bußmann, Johannes (1995), S. 30

[393] Vgl. Lange, Thomas A. (1994), S. 6

[394] Vgl. Pöschke, Harald/Bußmann, Johannes (1995), S. 30; Schulte, Bernd H. (1998), S. 30

[395] Vgl. Lange, Thomas A. (1994), S. 6; Schulte, Bernd H. (1998), S. 30

[396] Vgl. Pischulti, Helmut (1996), S. 13; Die Citibank registriert in Deutschland mehr als 500.000 Anrufe im Monat. Seit 1995 bietet sie einen telefonischen Vollbankservice inklusive persönlicher Beratung in allen Sparten an. Dieser wurde bis Ende 1998 von mehr als 350.000 Kunden genutzt. Vgl. Schulte, Bernd H. (1998), S. 30

[397] Vgl. Schühle, Karin (1997), S. 66; Bund, Stefan (1997), S. 142

[398] Siehe hierzu Kapitel V1.2 Outbound Telefon Banking, S. 192 f.

[399] Vgl. Schühle, Karin (1997), S. 66

2.2.2 Begriff und Arten von Call Center

Das Call Center bildet den organisatorischen Rahmen des Telefon Banking, um mittels eines zentralisierten „Pools“ von Mitarbeitern die Kundengespräche abzuwickeln.[400] *Call Center* stellen Unternehmensabteilungen oder eigenständige Unternehmen dar, die unter Wahrung von Unternehmens- und Marketingzielen mittels Informations- und Kommunikationstechnik einen serviceorientierten telefonischen Dialog des Unternehmens mit Kunden, Interessenten und Lieferanten gewährleisten. Die klassische Telefonzentrale führt hingegen keinen Dialog mit den Kunden, sondern leitet lediglich Anrufe weiter.[401]

Call Center werden bereits seit einigen Jahren eingesetzt. Versandhandelshäuser etwa verfügen über telefonische Bestellannahmen, ebenso besitzt auch die telefonische Anzeigenannahme bei Tageszeitungen lange Tradition.[402] In den USA sind Call Center seit den siebziger und achtziger Jahren ein fester Bestandteil in vielen Unternehmen, insbesondere auch in Kreditinstituten.[403] Diese Entwicklung nimmt in Deutschland seit Anfang der neunziger Jahre einen ähnlichen Verlauf. Im Kreditsektor belegen die zahlreichen Neugründungen von eigenständigen Direktbanken und die Schaffung von integrierten Bank-Service-Telefonen diesen Trend.[404]

Hinsichtlich der Aufgabenstellung des Call Center kann analog zum Telefon Banking zwischen den Teilbereichen Inbound Call Center und Outbound Call Center differenziert werden. Das Inbound Call Center, das auch als Incoming Call Center bezeichnet wird,[405] ist mit der Aufgabe betraut, eingehende Anrufe entgegenzunehmen.[406] Das Outbound Call Center erfüllt den Zweck, Kunden oder Interessenten bei einer vorliegenden Einverständniserklärung, etwa im Rahmen einer Direct Marketing-

---

400 Vgl. Broschinski, Gregor (1997), S. 265

401 Vgl. Wiencke, Wolfgang/Koke, Dorothee (1997), S. 11

402 Vgl. Schmid, Carsten (1996), S. 29; Broschinski, Gregor (1997), S. 265; O. V. (1998g), S. 2

403 Die Chase Bank beispielsweise wickelt in ihrem 1985 in Long Island gegründeten Call Center 70 Millionen Anrufe im Jahr ab und beschäftigt rund 1.100 Mitarbeiter. Vgl. Broschinski, Gregor (1997), S. 265

404 Vgl. Schmid, Carsten (1996), S. 29; Broschinski, Gregor (1997), S. 265

405 Vgl. Wiencke, Wolfgang/Koke, Dorothee (1997), S. 14

406 Vgl. o. V. (1997i), S. 48; Thronicker, Helmuth (1995), S. 50; O. V. (1997f), S. 42

Aktion, telefonisch zu kontaktieren.[407] Die unterschiedlichen Aufgabenbereiche sind mit unterschiedlichen Zielsetzungen verbunden. Das Ziel eines Inbound Call Centers besteht in der Verbesserung der Erreichbarkeit und des Service des Finanzdienstleisters. Durch ein Outbound Call Center sollen der Produktabsatz und die Kundenpflege optimiert werden.[408]

Inbound und Outbound Call Center werden gekennzeichnet durch die im Telefon Banking existierenden Kommunikationsarten. Das Inbound Telefon Banking unterscheidet drei grundlegende Formen der Kommunikation zwischen den Kunden und dem Kreditinstitut:[409]

- Mensch-Mensch-Kommunikation
- Mensch-Maschine-Kommunikation
- Kombination der Mensch-Mensch- und Mensch-Maschine-Kommunikation

Die Mensch-Mensch-Kommunikation oder auch „Ear-to-Ear"-Kommunikation[410] bietet dem Kunden die Möglichkeit, im Rahmen des Telefon Banking persönlich mit einem Mitarbeiter des Kreditinstituts zu sprechen. Dem gegenüber übernimmt bei der Mensch-Maschine-Kommunikation ein computergestütztes System die Kommunikation mit dem Kunden. Der Nutzer hat hierbei die Möglichkeit, entweder verbal mit einem sprecherunabhängigen Spracheingabesystem in Dialog zu treten oder über die Tastatur des Telefons (Touchtone) den Computer zu steuern. Die dritte grundlegende Form der Kommunikation bildet die Kombination der genannten Möglichkeiten. Dem Kunden wird die Option eröffnet, mit einem Mitarbeiter zu sprechen, falls er Informationen wünscht, die über den computergestützten Telefonservice hinausgehen.[411] Im Rahmen des Outbound Telefon Banking findet ausschließlich die Mensch-Mensch-Kommunikation Verwendung.

---

[407] Vgl. Schmid, Carsten (1996), S. 29
[408] Vgl. Hein, Michaela/Barthel, Dirk (1997), S. 48
[409] Vgl. Bund, Stefan (1997), S. 141; Pischulti, Helmut (1993), S. 23; Schneider, Günter (1995), S. 576
[410] Vgl. Pischulti, Helmut (1993), S. 23
[411] Vgl. Bund, Stefan (1997), S. 142; Pischulti, Helmut (1993), S. 23

Anhand der Kommunikationsform und dem Grad der technischen Unterstützung werden drei Arten von Inbound Call Center unterschieden (siehe Abbildung 25):[412]

- Call Center mit Mensch-Maschine-Kommunikation
- Call Center mit Mensch-Mensch-Kommunikation
- Call Center mit einer Kombination aus Mensch-Mensch- und Mensch-Maschine-Kommunikation

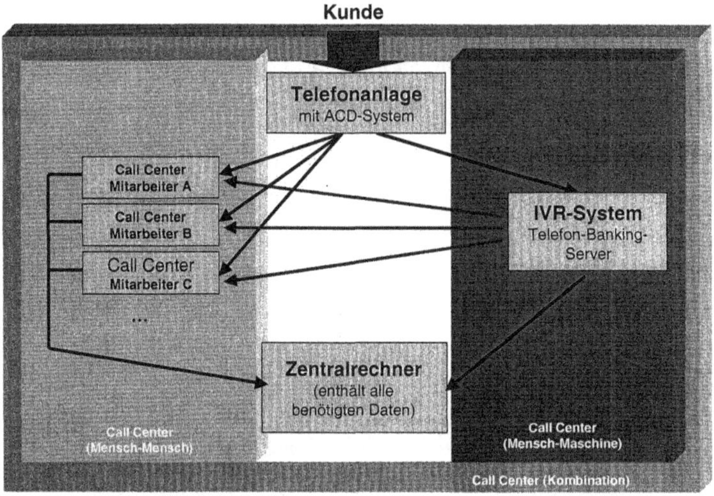

Abbildung 25: Technische Gestaltung eines Inbound Call Center
Quelle: Eigene Darstellung

Die einfachste Form des Call Center bietet den Kunden die Möglichkeit, Transaktionen auf der Basis der Mensch-Maschine-Kommunikation abzuwickeln. Die eingehenden Anrufe werden an ein Interactive Voice Response-System geleitet.[413] Für Standarddienstleistungen werden sogenannte Voice-Processing-Systeme eingesetzt. Der Dialog mit dem

[412] Vgl. Walter, Thomas/Kössinger, Jörg/Thomas, Andreas (1995), S. 8 f.
[413] Vgl. Wiencke, Wolfgang/Koke, Dorothee (1997), S. 100 ff.; Schappert, Oswald (1998), S. 402; Andere Bezeichungen hierfür sind Interactive Voice Services (IVS), Voice Response Unit (VRU) oder Voice-Computer. Vgl. Becker, Thomas (1997), S. 28; Klimaschewski, Johann (1997), S. 52; Walter, Thomas/Kössinger, Jörg/Thomas, Andreas (1995), S. 10; Keller, Hans Ueli (1995b), S. 490

Sprachverarbeitungscomputer kann auf zwei unterschiedliche Arten erfolgen, in Form der Voice-Response[414] oder der Speech-Recognition-Technik[415]. Der Kunde steuert im Rahmen der Voice-Response-Technik den Dialog durch die Tastatur seines Telefons. Bei der Speech-Recognition-Technik wird der Dialog über die Sprache geführt.[416] Der Einsatz von Voice Computern ermöglicht eine schnelle Auskunft ohne den direkten Kontakt mit einem Mitarbeiter.[417] Hingegen sind diese inkeraktiven Sprachdialogsysteme für komplexe Produkte und gezielte Beratung nicht geeignet.[418]

Im Call Center mit Mensch-Mensch-Kommunikation werden eingehende Anrufe über eine Telekommunikationsanlage an einen freien Mitarbeiter weitergeleitet, der mittels Personal Computer auf die erforderlichen Daten des Zentralrechners zugreift.[419] Die eingehenden Anrufe werden über die Automatic Call Distribution-Telefonanlage automatisch und gleichmäßig auf die freien Mitarbeiter verteilt.[420] Dadurch wird sichergestellt, daß in Spitzenzeiten keine langen Wartezeiten entstehen. Über ein Corporate Network können weitere Mitarbeiter zugeschaltet oder eingehende Gespräche automatisch an andere Call Center des Unternehmens weitergeleitet werden, ohne daß dies von den Kunden bemerkt wird. Da jeder Mitarbeiter im Call Center mittels Personal Computer direkten Zugriff auf die Daten des Anrufers hat, können Anfragen, wie zum Beispiel Bestätigungen von Zahlungseingängen, individuell bearbeitet werden.[421]

Die dritte Variante des Call Center bildet eine Verknüpfung der dargelegten Call Center-Formen. Hier sind interaktive Sprachverarbeitungs-Systeme integriert, um die Anrufe vorsortieren zu können. Der Kunde wird

---

[414] Dieses Verfahren wird auch Mehrfrequenzton-Verfahren genannt. Vgl. Becker, Thomas (1997), S. 28; Mentzl, Ronald (1996), S. 34

[415] Eine andere Bezeichnung hierfür ist Spracherkennungssystem. Vgl. Mentzl, Ronald (1996), S. 34

[416] Die älteren Systeme erkennen einzelne Wörter wie „Ja", „Nein", „Stop" oder die Zahlen von null bis neun. Neuere Interactive Voice Response-Systeme sind in der Lage, ganze Sätze zu verstehen. Vgl. Walter, Thomas/Kössinger, Jörg/Thomas, Andreas (1995), S. 10 f.; Wiencke, Wolfgang/Koke, Dorothee (1997), S. 100 f.

[417] Vgl. Klimaschewski, Johann (1997), S. 52

[418] Vgl. Mentzl, Ronald (1996), S. 34

[419] Vgl. Walter, Thomas/Kössinger, Jörg/Thomas, Andreas (1995), S. 8

[420] Vgl. Mentzl, Ronald (1996), S. 36; Klimaschewski, Johann (1997), S. 52; Thronikker, Helmuth (1995); S. 51; Becker, Thomas (1997), S. 28; Morschheuser, Petra (1998), S. 477 f.

[421] Vgl. Klimaschewski, Johann (1997), S. 52

zunächst durch eine elektronische Stimme begrüßt, die von ihm bestimmte Angaben verlangt wie die Persönliche Identifikationsnummer (PIN)[422], den gewünschten Service oder die Kundennummer. Einfach abzuwickelnde und standardisierte Anliegen der Kunden, wie etwa die Abfrage des Kontostands, werden mit dem Computer durchgeführt, daneben kann sich der Anrufer mit einem Mitarbeiter des Call Center verbinden lassen.[423] Wenn der Kunde sich bereits in der sogenannten Voice Response Einheit legitimiert hat, stehen dem Mitarbeiter die wichtigsten Kundendaten schon bei der Annahme des Gesprächs auf dem Bildschirm zur Verfügung.[424]

2.3 Online Banking

Für die Durchführung von Banktransaktionen über Datennetze werden in der Literatur unterschiedliche Begriffe wie etwa Home Banking, Office Banking, Btx Banking, T-Online Banking, Internet Banking, Personal Computer Banking und ähnliche mehr verwendet. Dabei wird auf den Standort des Nutzers (Home beziehungsweise Office) oder auf das jeweilige genutzte Datennetz (T-Online, Internet) oder Gerät (Personal Computer, Terminal) abgestellt.[425] Mehrheitlich wird in der Literatur Home Banking als Online Banking mittels T-Online angesehen.[426] In dieser Arbeit wird der allgemeinere Begriff Online Banking verwendet und wie folgt definiert.

Online Banking beinhaltet die Abfrage von vertrauensrelevanten Daten und die Abwicklung von Bankgeschäften und Transaktionen zwischen dem Kunden und dem Kreditinstitut über ein Datennetz. Eine Differenzie-

---

[422] Dabei handelt es sich um eine mehrstellige Zahlenkombination für die eindeutige Identifizierung des Anrufers. Siehe hierzu auch Kapitel III2.3.1.3 Sicherheit des T-Online Banking, S. 105 ff.

[423] Vgl. Weber, Felix (1998), S. 57; Klimaschewski, Johann (1997), S. 52

[424] Vgl. Becker, Thomas (1997), S. 28

[425] Vgl. Bartmann, Dieter (1995), S. 86 f.; Dietz, Volker (1995), S. 267; Iannace, Giorgio (1995), S. 340 ff.; Birkelbach, Jörg (1997), S. 44; Kuckelkorn, Dieter (1995), S. 10

[426] Vgl. zum Beispiel Mahler, Alwin/Theileis, Ulrich (1995), S. 5 ff.; Kuckelkorn, Dieter (1995), S. 10 ff.; Dietz, Volker (1995), S. 267 ff.; Steinhaus, Bernhard (1996), S. 27 ff.; Raudszus, Frank (1995), S. 45 ff.; Reuker, Jens (1995), S. 558 ff.; Schneider, Günter (1995),S. 571 ff.; *Betsch* differenziert explizit zwischen den Termini Home- und Firm-Banking. Vgl. Betsch, Oskar (1989), S. 21

rung des Online Banking erfolgt auf der Basis der verwendeten Datennetze T-Online und Internet.

2.3.1 T-Online Banking

Das T-Online Banking basiert auf der Nutzung des ehemaligen Online-Dienstes Btx und heutigen T-Online.

2.3.1.1 Entwicklung des T-Online

Das T-Online stellt den kommerziellen Online-Dienst der Deutschen Telekom dar.[427] Das technische Charakteristikum von T-Online besteht darin, daß es sich um eine Anwendung von Videotext beziehungsweise Bildschirmtext handelt. Dem entsprechend wurde der Dienst zunächst Bildschirmtext oder Btx genannt.[428]

Im Jahre 1983 wurde auf der Funkausstellung in Berlin der Bildschirmtext der damaligen Deutschen Bundespost eingeführt.[429] Die Entwicklung des Bildschirmtextes blieb aber aufgrund des mangelnden Geräteangebots und der fehlenden Zahl der Anschlüsse deutlich hinter den Erwartungen zurück. Gegen Ende der achtziger Jahre stand Btx aufgrund von enormen Verlusten kurz vor der Einstellung.[430] Im Jahre 1993 wurde der Btx-Dienst technisch und inhaltlich modifiziert und in Datex-J (Datennetz für Jedermann) umbenannt.[431] Im Jahr 1995 erfolgte eine weitere Umbenennung dieses Online-Dienstes in T-Online.[432]

In den neunziger Jahren begann ein starker Anstieg der T-Online-Anschlüsse in Deutschland.[433] Die verbesserte Vermarktung des T-Online-Dienstes trug dazu bei, verstärkt Kunden zu gewinnen.[434] Im Jahr 1996 wurden beispielsweise mehr T-Online-Anschlüsse installiert als in

[427] Vgl. Alpar, Paul (1998), S. 299; Schuster, Rolf/Färber, Johannes/Eberl, Markus (1997), S. 21; Sietmann, Richard (1997), S. 28
[428] Vgl. Mahler, Alwin/Theileis, Ulrich (1995), S. 5; Dietz, Volker (1995), S. 267
[429] Vgl. Priewasser, Erich (1996), S. 335; Steinhaus, Bernhard (1996), S. 26; Mahler, Alwin/Theileis, Ulrich (1995), S. 5; Gehrmann-Stein, Brigitte (1995), S. 145; Aufgrund von technischen Problemen vollzog sich die bundesweite Einführung des Btx-Dienstes aber erst ab dem Juni 1984. Vgl. BVR (Hrsg.) (1983), S. 22
[430] Vgl. Sietmann, Richard (1997), S. 28
[431] Vgl. Dietz, Volker (1995), S. 267; Mahler, Alwin/Theileis, Ulrich (1995), S. 5
[432] Vgl. Sietmann, Richard (1997), S. 175
[433] Vgl. Eichwald, Berthold (1997), S. 16
[434] Vgl. Mahler, Alwin/Theileis, Ulrich (1995), S. 5

den ersten zehn Jahren nach Einführung des Bildschirmtextes.[435] Am Jahresende 1998 gab es circa 2,7 Millionen Anschlüsse bei T-Online, im März 1999 wurde die 3 Millionen-Grenze überschritten.[436] Die Zahl der Benutzer ist allerdings höher als die Zahl der Anschlüsse, da diese häufig von mehr als einem Benutzer in Anspruch genommen werden.[437]

Das starke Wachstum ist auf verschiedene Ursachen zurückzuführen. Der ursprüngliche Ansatz des Bildschirmtextes bestand in der Idee, eine Technik zu benutzen, die mit den bereits weit verbreiteten Endgeräten Telefon und Fernseher arbeitet.[438] Die fortschreitende Technikentwicklung und der damit verbundene Preisverfall bei Personal Computer führte in den neunziger Jahren zu einem sprunghaften Anstieg der Nutzung auch durch die privaten Haushalte.[439] Das Hauptendgerät für T-Online ist inzwischen der Personal Computer mit einem Modem oder einer ISDN-Karte[440]. Der Dienst wird von über 90% der Teilnehmer auf diesem Wege benutzt.[441] Die zunehmende Bekanntheit des Internet in den neunziger Jahren hat auch die Bekanntheit der kommerziellen Online-Dienste wie T-Online, Microsoft Network (MSN), America Online/Bertelsmann (AOL) oder CompuServe erhöht.[442] Dies wiederum hatte ein Wachstum der Teilnehmerzahlen bei diesen Diensten zur Folge.[443]

2.3.1.2 Begriff des T-Online Banking

T-Online Banking wird in Anlehnung an die Definition des Online Banking[444] wie folgt definiert.

---

[435] Vgl. Eichwald, Berthold (1997), S. 16

[436] Die Deutsche Telekom ist damit der größte europäische Online- und Internet-Service-Provider. Vgl. o. V. (1999h), o. S.

[437] Vgl. Alpar, Paul (1998), S. 304

[438] Das Telefonnetz sollte das Kommunikationsnetz bilden, der Fernseher oder spezielle Geräte sollten als Ein- und Ausgabegeräte für diesen Dienst dienen. Diese Idee hat sich jedoch außer in Frankreich, wo diese Spezialgeräte (Minitel) kostenlos verteilt wurden, nicht durchgesetzt. Vgl. Alpar, Paul (1998), S. 300

[439] Vgl. Steinhaus, Bernhard (1996), S. 27; Mahler, Alwin/Theileis, Ulrich (1995), S. 5

[440] Das Integrated Services Digital Network (ISDN) ermöglicht über einen Anschluß die Übertragung von Sprache, Texten und Bildern. Vgl. Ambros, Hans (1995), S. 289

[441] Vgl. Alpar, Paul (1998), S. 300

[442] Vgl. Sietmann, Richard (1997), S. 28; Alpar, Paul (1998), S. 7 f.

[443] Vgl. Alpar, Paul (1998), S. 7 f.

[444] Siehe hierzu Kapitel III2.3 Online Banking, S. 101

Unter *T-Online Banking* wird eine Form des Online Banking verstanden, bei der vertrauensempfindliche Daten vom Kunden abgefragt und Bankgeschäfte und Transaktionen zwischen dem Kunden und dem Kreditinstitut auf der Grundlage des Online-Dienstes T-Online durchgeführt werden.

Nach der Phase der Terminalisierung der Banken durch die Einführung der Geldausgabeautomaten in den siebziger Jahren begann in den achtziger Jahren mit der Einführung des Bildschirmtextes die Phase der Terminalisierung der Kunden.[445] Eine Vielzahl von Kreditinstituten implementierte Dialogsysteme auf ihren Rechnern, der große Durchbruch blieb aber zunächst versagt.[446] Die Hauptursache lag in dem zu hohen Preis der Endgeräte für die Kunden und deren schlechten Vermarktung.[447] Zudem war das System durch eine geringe Benutzerfreundlichkeit gekennzeichnet und mit relativ hohen Kosten für die Inbetriebnahme und Installation verbunden.[448]

Aufgrund der verbesserten Nutzerorientierung von T-Online nahm auch das Interesse am T-Online Banking in den neunziger Jahren zu. Von Seiten der Kunden entstand eine erhöhte Nachfrage bezüglich der Nutzung von T-Online Banking. Eine Entwicklung, wie sie im Firmenkundengschäft zu beobachten war, vollzog sich damit auch im Privatkundengeschäft.[449] T-Online hat bis heute den größten Anteil am Online Banking-Markt in Deutschland.[450] Regelmäßige Befragungen bei T-Online-

[445] Vgl. Priewasser, Erich (1996), S. 335; Steinhaus, Bernhard (1996), S. 26; Mahler, Alwin/Theileis, Ulrich (1995), S. 5; Gehrmann-Stein, Brigitte (1995), S. 145; BVR (Hrsg.) (1983), S. 22; Die Grundlage für die Btx-Nutzung bildet das zwischen den Spitzenverbänden der Kreditwirtschaft vereinbarte "Abkommen über Bildschirmtext". Durch diese Vereinbahrung soll sichergestellt werden, daß der jeweilige Partner auch derjenige ist, für den er sich ausgibt (Authentifizierungsproblem), die Nachrichten und Transaktionen nicht gefälscht sind (Integritätsproblem) und niemand anders als der Berechtigte von den Bankgeschäften Kenntnis erhält (Bankgeheimnis). Vgl. Adrian, Reinhold/Heidorn, Thomas (1996), S. 208

[446] Vgl. Steinhaus, Bernhard (1996), S. 26; Priewasser, Erich (1996), S. 335; Mahler, Alwin/Theileis, Ulrich (1995), S. 5

[447] Vgl. Steinhaus, Bernhard (1996), S. 26

[448] Vgl. Mahler, Alwin/Theileis, Ulrich (1995), S. 5

[449] Vgl. Steinhaus, Bernhard (1996), S. 27

[450] Vgl. Birkelbach, Jörg (1998), S. 17; Die deutschen Banken bevorzugen von den kommerziellen Onlinediensten neben T-Online vor allem America Online (AOL). Die Funktionen der dort angebotenen Online Banking-Anwendungen sind nahezu identisch mit denen im Internet. CompuServe bietet im Bereich Online Banking lediglich Angebote verschiedener US-amerikanischer Onlinebroker. Im Microsoft Network

Neuanwendern bestätigen, daß circa 70 % aller T-Online-Dialoge für eine Bankverbindung verwendet werden.[451] Dies belegt die enge Korrelation zwischen der Wachstumsrate der T-Online-Anschlüsse und der Nutzung des T-Online Banking.[452]

2.3.1.3 Sicherheit des T-Online Banking

T-Online besitzt die Möglichkeit, sogenannte geschlossene Benutzergruppen zu bilden. Dadurch handelt es sich bei T-Online um ein geschlossenes Netz, das als eine Art unternehmensinternes Wide Area Network (WAN) genutzt werden kann.[453] Ein geschlossenes Telekommunikationsnetz ist dadurch gekennzeichnet, daß es einem bestimmten Zweck dient, die Übertragungseinheiten unter einheitlicher Verantwortung stehen und der Zugang an bestimmte Voraussetzungen gebunden ist und vor allem kontrolliert wird.[454]

Die Übermittlung von Informationen und Aufträgen beim T-Online Banking wird zum einen durch eine fünfstellige PIN (Persönliche Identifikationsnummer) und zum anderen durch eine für eine Zahlungsverkehrstransaktion nur jeweils einmalig nutzbare sechsstellige Transaktionsnummer (TAN) gesichert.[455] Dieses Verfahren ist für alle Kreditinstitute abgestimmt und über den Zentralen Kreditausschuß (ZKA) für alle Bankenverbände übernommen worden. Für Kunden mit mehreren Bankverbindungen wird dadurch eine weitgehend einheitliche Handhabung mit PIN und TAN gewährleistet.[456]

(MSN) sind derzeit keine Angebote von deutschen Banken vertreten. Vgl. Birkelbach, Jörg (1998), S. 19

451 Vgl. Gehrmann-Stein, Brigitte (1995), S. 146

452 Vgl. Hanewald, Dorthe/Styppa, Robert (1998), S. 296

453 Vgl. Langham, Matthew (1997), S. 68; Alpar, Paul (1998), S. 300 f.; Tanenbaum, Andrew S. (1997), S. 833

454 Vgl. Sietmann, Richard (1997), S. 178

455 Vgl. Steinhaus, Bernhard (1996), S. 270; Langham, Matthew (1997), S. 68; Birkelbach, Jörg (1998), S. 24

456 Vgl. Gehrmann-Stein, Brigitte (1995), S. 147; Für die Zukunft wurde ein neuer Standard entwickelt, der unabhängig von den einzelnen Telekommunkationsdiensten ist. Vgl. Nowak, Richard (1997), S. 117; Siehe hierzu ausführlich Kapitel III2.3.2.4 Sicherheit des Internet Banking, S. 112 ff.

2.3.2 Internet Banking

Das Internet Banking bildet analog dem T-Online Banking eine Form des Online Banking. Der Unterschied besteht in der Nutzung des Datennetzes Internet.

2.3.2.1 Entwicklung des Internet

Das *Internet*, das auch „Information Highway" oder „Datenautobahn" genannt wird,[457] stellt einen weltweiten Verbund[458] von kommerziellen und nichtkommerziellen Computernetzen dar, die untereinander verknüpft sind.[459] Die Verbindung zwischen den Rechnern erfolgt nicht über ein einheitliches Datennetz oder eine Zentrale, sondern durch die Verknüpfung regionaler, nationaler und internationaler Netze.[460] Diese elektronischen Netzwerke sind aus völlig unterschiedlichen Rechnern zusammengesetzt, die aber alle das gleiche Protokoll (TCP/IP Transport Control Protocol/Internet Protocol) verwenden. Das Protokoll TCP zerteilt und fügt die Nachrichten wieder zusammen, das Protokoll IP ist für die Adressierung zuständig.[461]

Die dezentrale Struktur des Internet erklärt sich aus seinen Ursprüngen.[462] Die Anfänge finden sich in den USA im Jahre 1969. Damals beschloß die Advanced Research Projects Agency (ARPA)[463], eine Abteilung für Forschungsförderung im US-Verteidigungsministerium, den experimentellen Aufbau einer Datenverbindung zwischen anfänglich vier Rechnern mit unterschiedlichen Betriebssystemen zu fördern.[464] Das Ziel dieses ARPANET genannten Netzwerks bestand darin, auch unter un-

[457] Diese Bezeichnung für die Vernetzung der Computer leitet sich aus dem Vergleich mit einem anderen großen Projekt in den USA ab. Dabei handelt es sich um die Schaffung des bundesweiten Netzes von Schnellstraßen (Highways), die in der Eisenhower-Ära begann. Der Begriff des „Information Highways" wurde von dem damaligen Senator Al Gore geprägt, dessen Vater 1956 beim Gesetz über den Bundesfernwegebau (Federal Aid Highway Act) Pate stand. Vgl. Gates, Bill (1996), S. 26; Grimm, Rüdiger (1995), S. 10

[458] Vgl. Schuster, Rolf/Färber, Johannes/Eberl, Markus (1997), S. 3

[459] Vgl. Gates, Bill (1996), S. 162; Kaiser, Thomas M./Vogler, Petra/Österle, Hubert (1996), S. 139

[460] Vgl. Bastian, Harald (1996), S. 380; Grimm, Rüdiger (1995), S. 9

[461] Vgl. Schuster, Rolf/Färber, Johannes/Eberl, Markus (1997), S. 2 f.

[462] Vgl. Gates, Bill (1996), S. 162

[463] Vgl. Zeidler, Hans Christoph (1996), S. 334

günstigen Bedingungen, etwa bei der Zerstörung eines Vermittlungsknotens[465], die Übertragung von Daten zuverlässig zu gewährleisten.[466] Im Jahre 1971 befanden sich bereits mehr als 30 Vermittlungsknoten im ARPANET. Zudem hatten sich zwischenzeitlich Universitäten wie die Harvard University oder das Massachusetts Institute of Technology an das Netzwerk angeschlossen.[467] Ab 1977 wurden andere Netze mit dem ARPANET verbunden.[468] Die Besonderheit dieses Netzes bestand in der Verknüpfung von vier verschiedenen Teilnetzen[469] mittels eines paketorientierten Kommunikationsprotokolls, dem TCP/IP. Im Jahre 1983 hatte das ARPANET eine derartige Ausdehnung erreicht,[470] daß es zur Aufspaltung des ARPANET in das MILNET für militärische Anwendungen und das heutige Internet für den zivilen Bereich kam.[471] In den achtziger Jahren wurde auch in Europa begonnen, eine Infrastruktur für das Internet zu entwickeln. Deutschland erhielt seinen ersten internationalen Anschluß 1984 über die Universität Dortmund.[472]

[464] Vgl. Schuster, Rolf/Färber, Johannes/Eberl, Markus (1997), S. 2; Zeidler, Hans Christoph (1996), S. 334

[465] *(Vermittlungs-)Knoten* sind speziell für diesen Zweck entwickelte Computer, die zwischen das jeweilige Rechenzentrum und die Telefonleitung geschaltet werden. Vgl. Schuster, Rolf/Färber, Johannes/Eberl, Markus (1997), S. 2

[466] Auch beim Ausfall von Netzbereichen sollte die Funktionsfähigkeit des Gesamtsystems noch erhalten bleiben, damit im Falle eines Kernwaffenangriffs die Rüstungsbetriebe und Wissenschaftler weiterhin kommunizieren können. Statt das Netz gegen die Einwirkung von Kernwaffen zu schützen, sollte das ARPANET dadurch gesichert werden, daß alle betriebsnotwendigen Einrichtungen vollkommen dezentralisiert wurden. Die Zerstörung von Teilen, auch großen Teilen des Netzes hätte ein derartiger Angriff insgesamt nicht zum Stillstand gebracht. Vgl. Zeidler, Hans Christoph (1996), S. 334; Gates, Bill (1996), S. 162

[467] Vgl. Schuster, Rolf/Färber, Johannes/Eberl, Markus (1997), S. 2

[468] Vgl. Zeidler, Hans Christoph (1996), S. 334

[469] Dieses Netze waren im einzelnen das ARPANET, ein Satellitennetzwerk, ein Paketfunknetz und das von XEROX entwickelte Ethernet. Vgl. Schuster, Rolf/Färber, Johannes/Eberl, Markus (1997), S. 2

[470] Vgl. Schuster, Rolf/Färber, Johannes/Eberl, Markus (1997), S. 2

[471] Vgl. Zeidler, Hans Christoph (1996), S. 334; Schuster, Rolf/Färber, Johannes/Eberl, Markus (1997), S. 2

[472] Die Aktivitäten wurden sehr bald durch den Deutschen Forschungsnetz Verein (DFN) koordiniert, der das Wissenschaftsnetz WIN in Kooperation mit der damaligen Deutschen Bundespost organisatorisch vorantrieb. Vgl. Alpar, Paul (1998), S 18; Zeidler, Hans Christoph (1996), S. 334

Im Jahre 1993 war mit der Software *NCSA MOSAIC*[473] erstmals eine graphische Bedieneroberfläche für das Internet verfügbar. Seitdem kann ein nahezu explosionsartiger Anstieg von Benutzern und Anbietern in diesem größten globalen Netzwerk beobachtet werden.[474] Nach einer Untersuchung der *International Data Corporation* gab es zum Jahresende 1998 circa 100 Millionen Internet-Nutzer weltweit.[475]

2.3.2.2 Bestandteile und Funktionsweise des Internet

Die Verständigung zwischen den Rechnern unterliegt, ähnlich dem Ablauf der Unterhaltung zweier Personen, gewissen Regeln. Das bereits angeführte TCP/IP-Protokoll bildet die gemeinsame Verständigungsmöglichkeit auf der Vermittlungs- und Transportebene, mit der die Rechner rund um die Welt mittels Internet Daten austauschen.[476] Auf den angeschlossenen Computern sind Anwendungsprogramme installiert, die Daten aus dem Netz herauslesen, sie lokal interpretieren und verarbeiten. Die lokalen Daten werden wiederum in das offene Netz eingespeist.[477] Die Netzdienste auf der Anwendungsebene werden nachfolgend dargestellt.

TELNET (Teletype Network). Von einem Rechner (Client) aus ist es möglich, auf einen anderen Rechner (Server) direkt zuzugreifen. Dadurch lassen sich zum Beispiel rechenintensive Aufgabenstellungen auf einem entfernten Großrechner bearbeiten.[478] Grundsätzlich werden zwei Arten von Telnet-Sitzungen im Internet unterschieden. Zum einen persönliche, die einen durch den Betreiber des Hosts[479] autorisierten Account erfordern und zum anderen öffentliche (guest oder anonymous login) Sitzun-

[473] MOSAIC wurde am *National Center for Supercomputing Applications* (*NCSA*) entwickelt. Vgl. Schiffer, Stefan/Templ, Josef (1997), S. 841
[474] Vgl. Kayas, Othmar (1996), S. 19
[475] Vgl. International Data Corporation (Hrsg.) (1998b), S. 1 f.
[476] Dies erfolgt völlig unabhängig vom physikalischen Übertragungsmedium wie Kupfer- oder Glasfaserkabel, Richtfunkstrecken oder Satelliten und auch unabhängig von der Art des Netzwerks beziehungsweise dem dortigen Übertragungsverfahren. Vgl. Zeidler, Hans Christoph (1996), S. 336
[477] Vgl. Grimm, Rüdiger (1995), S. 10
[478] Vgl. Zeidler, Hans Christoph (1996), S. 336; Bode, Ulrich (1997), S. 70
[479] Der *Host* ist in Computernetzen der Rechner, der mit spezieller Software bestimmte Aufgaben übernimmt, wie etwa das Weiterleiten (sogenannte Routen) von Datenpaketen. Die Bezeichnung Host bezieht sich auf die Hardware des Rechners, die Bezeichnung Server auf die Software. Vgl. Sietmann, Richard (1997), S. 179

gen, mittels derer der Zugriff auf frei zugängliche Dienste wie etwa Datenbankrecherchen realisiert werden kann.[480]

FTP (File Transfer Protocol). Dieser Dienst hat als betriebssystemübergreifendes Protokoll die Übertragung und den wechselseitigen Austausch von Text- und Binärdaten zwischen unterschiedlichen an das Internet angeschlossenen Rechnern zur Aufgabe.[481]

Electronic Mail oder *E-Mail* (SMTP, Simple Mail Transfer Protocol). Die Elektronische Post repräsentiert den am häufigsten genutzten und verbreitetsten Dienst im Internet.[482] Sie kann zwischen zwei und mehreren Rechnern versendet und empfangen werden und dient der zeitversetzten Übermittlung von Informationen und Nachrichten.[483]

USENET GROUPS (auch NETNEWS oder einfach NEWS[484]).[485] Über sogenannte elektronische schwarze Bretter, die in verschiedene Themengebiete unterteilt sind, können Internet-Teilnehmer an weltweiten Diskussionsforen zu jeweils einem bestimmten Thema teilnehmen.[486]

WWW (World Wide Web). Das World Wide Web besitzt als Multimediadienst des Datennetzes die größte Bedeutung im Internet und bezieht auch häufig die anderen Dienste mit ein. Das Erscheinungsbild für das große Publikum und die Popularität des Internet wurden nicht zuletzt durch das WWW geprägt.[487] Ursprünglich wurde das World Wide Web am Kernforschungsinstitut *CERN*[488] in der Schweiz als Informationsdienst für Physiker entworfen.[489] Das WWW stellt eine verteilte Client/Server-

[480] Vgl. Alpar, Paul (1998), S. 86 ff.; Schiffer, Stefan/Templ, Josef (1997), S. 846

[481] Vgl. Alpar, Paul (1998), S. 77 ff.; Zeidler, Hans Christoph (1996), S. 336; Schuster, Rolf/Färber, Johannes/Eberl, Markus (1997), 1997, S. 3; Bode, Ulrich (1997), S. 70

[482] Vgl. Alpar, Paul (1998), S. 57; Schiffer, Stefan/Templ, Josef (1997), S. 843

[483] Vgl. Zeidler, Hans Christoph (1996), S. 336; Schuster, Rolf/Färber, Johannes/Eberl, Markus (1997), S. 3; Alpar, Paul (1998), S. 57 ff.; Bode, Ulrich (1997), S. 168

[484] Vgl. Zeidler, Hans Christoph (1996), S. 336

[485] Vgl. Alpar, Paul (1998), S. 73

[486] Vgl. Zeidler, Hans Christoph (1996), S. 336; Alpar, Paul (1998), S. 73 ff; Bode, Ulrich (1997), S. 70

[487] Vgl. Schuster, Rolf/Färber, Johannes/Eberl, Markus (1997), S. 3; Zeidler, Hans Christoph (1996), S. 336

[488] *CERN* steht für *Conseil Européen pour la Recherche Nucléaire*. Dieser Name fand Verwendung für das Laboratorium in den fünfziger Jahren. Aufgrund der abnehmenden Forschung im Bereich Nuklearwissenschaften wird *CERN* heute als *European Laboratory for Particle Physics* bezeichnet. Vgl. Schiffer, Stefan/Templ, Josef (1997), S. 841

[489] Vgl. Alpar, Paul (1998), S. 98

Applikation dar,[490] über die der Benutzer ohne besondere Kenntnisse hinsichtlich der Struktur der angeforderten Daten und der beteiligten Rechner auf die weltweit gespeicherten multimedialen Informationen (Hypermedia) zugreifen kann.[491] Diese bestehen aus normierten Seiten, die auf den sogenannten WWW-Servern rund um den Globus verstreut gespeichert und durch markierte Stellen im Text, den sogenannten Links, miteinander verknüpft sind. Aufgrund der einfach zu bedienenden Benutzeroberfläche, den sogenannten Browsern wie etwa der Netscape Navigator oder der Microsoft Internet Explorer,[492] hat sich das World Wide Web als der bekannteste und am schnellsten wachsende Internet-Dienst etabliert.[493] Das Hypertextsystem World Wide Web ist nahezu ein Synonym für das Wort Internet geworden.[494]

2.3.2.3 Begriff des Internet Banking

Der Begriff des Internet Banking findet in der Literatur vielfach Verwendung, hinsichtlich der inhaltlichen Bedeutung existieren jedoch unterschiedliche Interpretationen.[495] Häufig wird der Begriff ohne nähere Konkretisierung verwendet.[496] Des weiteren finden sich in der Literatur der Terminus virtual banking.[497] Diese Begriffe werden im folgenden abgegrenzt und bestimmt.

Der Terminus Internet Banking unterliegt einem Wandel in der Literatur und in der Praxis. Während Mitte der neunziger Jahre noch primär die bloße Präsenz im Internet als Internet Banking verstanden wurde,[498] wird inzwischen die Durchführung von Transaktionen in das Internet Banking eingeschlossen.[499] In der Entwicklung und der Verwendung des Internet

[490] Vgl. Kaiser, Thomas M./Vogler, Petra/Österle, Hubert (1996), S. 141

[491] Vgl. Zeidler, Hans Christoph (1996), S. 336; Schuster, Rolf/Färber, Johannes/Eberl, Markus (1997), S. 3; Bode, Ulrich (1997), S. 70

[492] Vgl. Bode, Ulrich (1997), S. 166

[493] Vgl. Zeidler, Hans Christoph (1996), S. 336

[494] Vgl. Schuster, Rolf/Färber, Johannes/Eberl, Markus (1997), S. 3

[495] Vgl. Heigl, Christian/Schubert, Alexander (1998), S. 58

[496] Vgl. zum Beispiel Garmhausen, Thomas (1997), S. 26 ff.; Cocca, Theodoro D. (1998), S. 59; Bonerz, Michael/Lambrecht, Ulrich/Jacob, Philip (1997), S. 112; Mahler, Alwin/Göbel, Gregor (1996), S. 490 ff.

[497] Siehe hierzu Kapitel IV1.2.5 Virtuelle Banken 146 ff.

[498] Vgl. zum Beispiel Scheidler, Volker (1996), S. 2; Ambros, Hans (1995), S. 203 ff.

[499] Vgl. Fleischer, Klaus (1997a), S. 17 ff.; Hofmann, Georg Rainer/Fajen, Rüdiger (1997), S. 22 ff.; Rapp, Andreas (1998), S. 10 ff.

Banking werden drei Phasen unterschieden. Die Aufbauphase besteht darin, Informationen über die Bank und ihre Leistungen zur Verfügung zu stellen. Die zweite Phase sieht den interaktiven Kontakt zwischen dem Kunden und dem Kreditinstitut vor. Die dritte Phase beinhaltet die vollständige Abwicklung der Bankgeschäfte über das Internet.[500] Die drei Phasen bilden die Basis für die Bestimmung des Terminus Internet Banking. Es wird differenziert zwischen Internet Banking im engeren Sinne und Internet Banking im weiteren Sinne.

Internet Banking im engeren Sinne umfaßt das Angebot und die Nutzung von statischen und dynamischen beziehungsweise interaktiven Informationen von Kreditinstituten (Phase 1 und 2), die über das Medium Internet zur Verfügung gestellt werden.

Internet Banking im weiteren Sinne umfaßt das Angebot und die Nutzung von statischen und dynamischen Informationen von Kreditinstituten (Phase 1 und 2) sowie die Abfrage von persönlichen Informationen und die Durchführung von Transaktionen (Phase 3) über das Medium Internet und ist hinsichtlich der dritten Phase dem Terminus Online Banking[501] gleichzusetzen.

Der Definition des Internet Banking im weiteren Sinne wird in dieser Arbeit gefolgt und vereinfachend von Internet Banking gesprochen.[502] Der Begriff des virtual banking beziehungsweise Virtuelles Banking wird dem Internet Banking gleichgesetzt und synonym verwendet.

Der Start der Security First Network Bank im Oktober 1995[503] in den USA wird als Meilenstein im Internet Banking angesehen.[504] Die Security First Network Bank besitzt keine Schalterräume und bietet ausschließlich über das Internet ihren Vollbankservice an.[505] In Deutschland waren Mitte der neunziger Jahre nur wenige Kreditinstitute und Finanzdienstleister im In-

[500] Vgl. Heigl, Christian/Schubert, Alexander (1998), S. 58

[501] Siehe hierzu Kapitel III2.3 Online Banking, S. 101

[502] Auf eine anderweitige Verwendung des Terminus wird an der jeweiligen Stelle explizit hingewiesen.

[503] Vgl. Birkelbach, Jörg (1996), S. 27; Siehe hierzu ausführlich Kapitel IV1.2.5 Virtuelle Banken, S. 146 ff.

[504] Vgl. Fleischer, Klaus (1997b), S. 14; Birkelbach, Jörg (1996), S. 25

[505] Vgl. George, Thea (1995/96), S. 16; Birkelbach, Jörg (1996); Fleischer, Klaus, (1997b), S. 14; O. V. (1996d), S. 10; Des weiteren haben sich die Wells Fargo Bank und das Bankhaus Aufhauser & Co. in New York einen Namen im Internet Banking gemacht. Vgl. o. V. (1996d), S. 10; Birkelbach, Jörg (1995), S. 388

ternet vertreten und deren Angebote besaßen lediglich informativen Charakter.[506] Die Stadtsparkasse Dortmund bietet seit Mitte 1996 ihren Kunden als erstes Kreditinstitut in Deutschland die Möglichkeit, Überweisungen und Wertpapiergeschäfte über das Internet abzuwickeln.[507] Die Sparda-Bank Hamburg offeriert ebenfalls seit Mitte des Jahres 1996 Internet Banking. Das Besondere dieses Angebots besteht in dem Sicherheitsverfahren, das die Sparda-Bank Hamburg einsetzt.[508] Im Gegensatz zu den Anbietern in den USA wird eine Hardware-Lösung, der sogenannte MeChip, verwendet.[509] Die Deutsche Bank und die Bank 24 waren die letzten „Pioniere", die im Jahre 1996 Internet Banking mit umfassenden Transaktionsmöglichkeiten erstmalig anboten.[510]

Weltweit wurde die Zahl der im Internet vertretenen Kreditinstitute auf circa 2.000 zum Jahresende 1996 geschätzt.[511] Von diesen stellten circa 500 Kreditinstitute aktive Funktionen zur Verfügung, der europäische Anteil lag bei rund 180 Instituten.[512] Bis zum Jahr 1998 stieg die Anzahl auf weltweit rund 3.000 Kreditinstitute im Internet.[513]

2.3.2.4 Sicherheit des Internet Banking

Das Internet ist gegenüber dem T-Online[514] durch seine offene Struktur gekennzeichnet.[515] Die Übertragungseinrichtungen stehen nicht unter ei-

[506] Vgl. Birkelbach, Jörg (1996), S. 27

[507] Das Kreditinstitut verwendet die traditionellen Sicherheitsstandards PIN und TAN. Vgl. o. V. (1996d), S. 10; Mahler, Alwin/Göbel, Gregor (1996), S. 491

[508] Vgl. Mahler, Alwin/Göbel, Gregor (1996), S. 491; O. V. (1996d), S. 14

[509] Hierbei handelt es sich um einen in ein Gehäuse verpackten Chip, der zwischen Tastatur- und Druckerschnittstelle angeschlossen wird. Jeder einzelne Chip stellt ein Unikat dar, eine Art digitaler Fingerabdruck, anhand dessen die Sparda-Bank Hamburg den Nutzer identifizieren kann. Alle sicherheitsrelevanten Daten einer Transaktion werden mit Hilfe dieses Chips verschlüsselt, so daß auf eine Transaktionsnummer verzichtet werden kann. Der Kunde erhält den MeChip kostenlos von der Sparda-Bank Hamburg zur Verfügung gestellt, ebenso die Finanzsoftware Sparda-Mewallet, mit deren Hilfe die Abwicklung von Überweisungen und anderen Transaktionen für den Kunden vereinfacht werden. Die Kontoführung via Internet ist für den Kunden kostenlos. Vgl. o. V. (1996d), S. 14

[510] Vgl. Erlingheuser, Bernd/Johannsen, Wolfgang/Klein, Marion (1996), S. 14

[511] Vgl. Fleischer, Klaus (1996), S. 33

[512] Vgl. Fleischer, Klaus (1997b), S. 13; Scheidler, Volker (1996), S. 40 ff.

[513] Vgl. Lange, Thomas A. (1998), S. 22

[514] Siehe Kapitel III2.3.1.3 Sicherheit des T-Online Banking, S. 105 f.

[515] Vgl. Bonerz, Michael/Lambrecht, Ulrich/Jacob, Philip (1997), S. 112; Garmhausen, Thomas (1997), S. 27

ner einheitlichen Verantwortung, der Zugang ist nicht an bestimmte Voraussetzungen gebunden und wird nicht kontrolliert.[516] Im Ergebnis bedeutet dies, daß alle Daten unverschlüsselt im Internet kursieren und somit auch vertrauliche Informationen wie Kontonummern oder persönliche Geheimnummern von Unbefugten gelesen werden können. Deshalb bedarf es einer Verschlüsselung zur Sicherung der Daten.[517]

Im Finanzdienstleistungssektor finden sich in Deutschland unterschiedliche Lösungsansätze für das Sicherheitsproblem. Dabei haben sich drei Standardlösungen für die Verschlüsselung herauskristallisiert.

- Der Nutzer des Internet Banking wird zusätzlich zu einer Finanzsoftware mit einer Hardware[518] für die Verschlüsselung ausgestattet.
- Die Verschlüsselung inklusive Firewall[519] wird den Kunden in Form von Software, sogenannten Java-Applets,[520] zur Verfügung gestellt.
- Ein multibankfähiges Internet-Gateway wird auf eine bestehende T-Online Banking-Schnittstelle aufgesetzt und kodiert die anfallenden Transaktionsdaten.[521]

Das generelle Ziel einer Standardisierung sollte darin bestehen, daß zwischen Anwender und Finanzdienstleister der Zahlungsverkehr unabhängig von verschiedenen Software-Plattformen stattfinden kann.[522]

---

[516] Vgl. Sietmann, Richard (1997), S. 178

[517] Vgl. Heigl, Christian/Schubert, Alexander (1998), S. 48

[518] Bei dieser Hardware handelt es sich zum Beispiel um den sogenannten MeChip der Sparda-Bank Hamburg. Vgl. Mahler, Alwin/Göbel, Gregor (1996), S. 491; O. V. (1996d), S. 14

[519] Unter einer *Firewall* werden Netzwerk-Komponenten verstanden, über die ein internes, privates Unternehmensnetzwerk an ein externes, öffentliches Datennetz, wie das Internet, angekoppelt ist. Die Aufgabe des Firewall-Systems besteht darin, einen ungestörten Zugriff der Benutzer des privaten Netzwerks auf das öffentliche Netzwerk zu ermöglichen und gleichzeitig das eigene Datennetz vor externen Übergriffen zu schützen. Um dies zu gewährleisten, darf die Firewall den einzigen Zugang des internen Datennetzes nach außen und umgekehrt darstellen. Vgl. Kyas, Othmar (1996b), S. 133 ff.; Sietmann, Richard (1997), S. 177; Becker, Lutz (1997), S. 44 f.; Schmidt, Ina (1996a), S. 36; Palass, Brigitta (1996), S. 158 ff.; O. V. (1996c), S. 41

[520] *Java-Applets* sind Programme, die über das Internet übertragen und hardwareunabhängig auf jeder Plattform mit einem Java-Interpreter ausgeführt werden können. Dadurch können Anwendungen statt auf dem zentralen Internet-Server auf den Client-Computern ablaufen. Vgl. Kyas, Othmar (1996a), S. 760; Tanenbaum, Andrew S. (1997), S. 824

[521] Vgl. Heigl, Christian/Schubert, Alexander (1998), S. 48

Die Institute der deutschen Kreditwirtschaft haben sich aus diesem Grunde im November 1996 verpflichtet, das Homebanking Computer Interface (HBCI) als neuen verbindlichen technischen Standard für die Erledigung von Bankgeschäften[523] aktiv zu unterstützen und einzusetzen,[524] um damit Internet Banking von jedem Internet-Anschluß aus sicher zu machen. Im Oktober 1997 trat das HBCI in Kraft.[525] Die Zielgruppe bilden die Privatkunden als Online Banking-Nutzer.[526]

Das Homebanking Computer Interface beschreibt als Standard eine Nettodatenschnittstelle, bei der die Datenstrukturen und Mechanismen des Datenaustausches eindeutig definiert sind.[527] Des weiteren sind keine komplexen Umwege bei der Datenübertragung zu beachten, denn der Standard bestimmt eindeutig, in welcher Form der technische Dialog zwischen dem Nutzer-Computer und dem Rechner des Kreditinstituts stattzufinden hat.[528] HBCI ist von den Kommunikationsdiensten unabhängig, da TCP/IP eingesetzt werden kann.[529] Das papiergebundene PIN/TAN-Verfahren[530] wird durch elektronische Signaturverfahren ersetzt.[531] Der

---

[522] Die Einführung von Standards ermöglicht die Vereinbarung von einheitlichen Datenübertragungskonventionen und Sicherheitsverfahren. Aufgrund ihrer Multibankfähigkeit erleichtern diese eine verstärkte Verbreitung der Anwendung sowie die Herstellung von Rechtssicherheit in Haftungsfragen. Vgl. Heigl, Christian/Schubert, Alexander (1998), S. 48

[523] Vgl. o. V. (1997h), S. 30; Nowak, Richard (1997), S. 117 f.; Heigl, Christian/Schubert, Alexander (1998), S. 48

[524] Vgl. Tarach, Stefan H. (1998), S. 32; Heigl, Christian/Schubert, Alexander (1998), S. 48; Eine weitere Form der Standardisierung stellt das Open Financial Exchange (OFX) dar, das dem Austausch von elektronischen Finanzdaten über das Internet dient. Dieser internationale Standard, der von Microsoft und Intuit gemeinsam mit dem US-amerikanischen Scheckservice CheckFree entwickelt wurde, wird derzeit von deutschen Kreditinstituten faktisch nicht unterstützt. Vgl. Heigl, Christian/Schubert, Alexander (1998), S. 48; Langham, Matthew (1997), S. 69; Baldi, Stefan/Achleitner, Ann-Kristin (1998), S. 262 f.

[525] Vgl. Tarach, Stefan H. (1998), S. 32; Heigl, Christian/Schubert, Alexander (1998), S. 48; Zur Entwicklung von HBCI vgl. Birkelbach, Jörg (1998), S. 73 f.; Die Raiffeisen-Volksbank Mainz eG hat als erstes deutsche Kreditinstitut diesen Service im Januar 1997 eingeführt. Vgl. Hümmer, Ulrike (1997a), S. 41; Heigl, Christian/Schubert, Alexander (1998), S. 48

[526] Vgl. Nowak, Richard (1997), S. 118

[527] Eine Übetragung von „Formularen" oder „Bildschirmseiten" wie etwa bei Btx beziehungsweise T-Online findet nicht statt.

[528] Vgl. Tarach, Stefan H. (1998), S. 32

[529] Vgl. Heigl, Christian/Schubert, Alexander (1998), S. 48

[530] Siehe hierzu Kapitel III2.3.1.3 Sicherheit des T-Online Banking, S. 105 f.

[531] Vorgesehen sind sowohl das symmetrische 2-Key-Triple-DES-Verfahren (Data Encryption Standard) mit der Chipkarte als Schlüsselträger als auch das asysmmetri-

Kunde besitzt entweder eine Sicherheitsdiskette mit seinen Unterschriftsinformationen oder eine Chipkarte, mit der er entsprechend signiert und seine Daten absichern kann.[532] Das HBCI System besitzt nachfolgende Eigenschaften: Standardisierung und Erweiterbarkeit, Sicherheit, Multibankfähigkeit, Transportmedien- und Endgeräte-Unabhängigkeit, Ablösung des PIN/TAN-Verfahrens durch die elektronische Signatur, Investitionssicherheit durch ständige Neuentwicklung auf einer einheitlichen Basis und nicht zuletzt Internationalität.[533]

sche 768-Bit-RSA-Verfahren (Rivest Shamir Adlemann), das in Form von Software realisiert wird. Vgl. Birkelbach, Jörg (1998), S. 70;, S. 32; Heigl, Christian/Schubert, Alexander (1998), S. 48; Nowak, Richard (1997), S. 118; Turner, Selena (1998), S. 52

[532] Vgl. Tarach, Stefan H. (1998), S. 34; Die Sicherheitsmechanismen repräsentieren das Kernstück des HBCI-Systems, die verwendeten Authentifizierungs- und Verschlüsselungstechnologien gelten als sicher und bieten keinen Ansatz für Manipulation. Vgl. Birkelbach, Jörg (1998), S. 70

[533] Vgl. Tarach, Stefan H. (1998), S. 32; Nowak, Richard (1997), S. 118; O. V. (1997h), S. 30; Nach einer Untersuchung der *Stiftung Warentest* wurde der HBCI-Standard Anfang 1999 aber erst von wenigen deutschen Kreditinstituten angeboten. Vgl. o. V. (1999b), S. 31

3 Direct Banking als Vertriebsstrategie für die Kreditgenossenschaften

Für die Kreditgenossenschaften stellt sich die Frage, ob das Direct Banking eine adäquate Vertriebsstrategie bildet. Dabei steht jeder Kreditgenossenschaft als rechtlich und wirtschaftlich selbständigen Kreditinstitut diese Entscheidung frei.[534] Nach Ansicht des Verfassers sind für die Einführung des Direct Banking zwei Kriterien maßgeblich:

- Präferenzen der Kunden der Kreditgenossenschaften
- Kosten für den Betrieb des Direct Banking.

Die Kreditgenossenschaften sollten im Rahmen einer verstärkten Kundenorientierung die Präferenzen ihrer Kunden in besonderem Maße berücksichtigen. Deshalb wird analysiert, in welchem Maße die Kunden den Wunsch nach dem Direct Banking als Vertriebsform hegen. Dabei wird auf das Telefon Banking und das Online Banking eingegangen. Gleichzeitig können aus betriebswirtschaftlichen Gründen nicht alle Kundenwünsche umfassend erfüllt werden. Aus diesem Grunde werden die Kosten des Direct Banking als restriktives Kriterium für diese Vertriebsstrategie betrachtet.

3.1 Kundenpräferenzen für das Direct Banking

Viele Kunden der Kreditgenossenschaften und der Sparkassen als Vertreter der regional ausgerichteten Kreditinstitute haben sich für das Angebot der Direktbanken entschieden. Dies belegt exemplarisch die Untersuchung der *Comdirekt Bank*. Danach wurden die Neukunden der Comdirect Bank zu 24% von den Kreditgenossenschaften und zu 32% von Sparkassen gewonnen (siehe Abbildung 26).[535]

[534] Vgl. Rodewald, Bernd (1998), S. 29; Ramin, Jutta (1997), S. 9
[535] Vgl. o. V. (1997b), S. 25

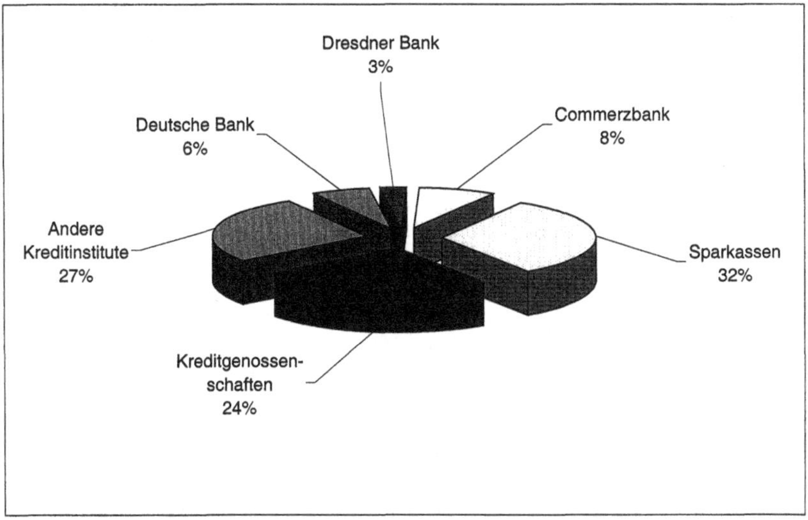

Abbildung 26: Kundenherkunft der Comdirect Bank

Quelle: Eigene Darstellung, Daten entnommen aus o. V. (1997b), S. 25

Eine Untersuchung der *Bank 24* führte zu ähnlichen Ergebnissen. Innerhalb von einem Jahr nach ihrem Markteintritt im Jahre 1995[536] hatte die Bank 24 insgesamt 59% ihrer Kunden von den Sparkassen und Kreditgenossenschaften gewonnen.[537]

3.1.1 Telefon Banking für die Kreditgenossenschaften

Eine Studie des *Instituts für Demoskopie Allensbach*, die im Auftrag des Bundesverbandes der Deutschen Volksbanken und Raiffeisenbanken erstellt wurde, zeigt, daß ein Drittel aller Bankkunden die Abwicklung von Bankgeschäften mittels Telefon als interessant einstuft. Insbesondere einkommens- und somit in der Regel ertragsstarke Kunden im Alter zwischen 25 und 39 Jahren besitzen ein überdurchschnittlich hohes Interesse (siehe Abbildung 27).

[536] Die Gründung der Bank 24 erfolgte am 01.03.1995, der Markteintritt am 17.09.1995. Vgl. Bank 24 (Hrsg.) (1995), S. 1

[537] Vgl. o. V. (1997m), S. 11

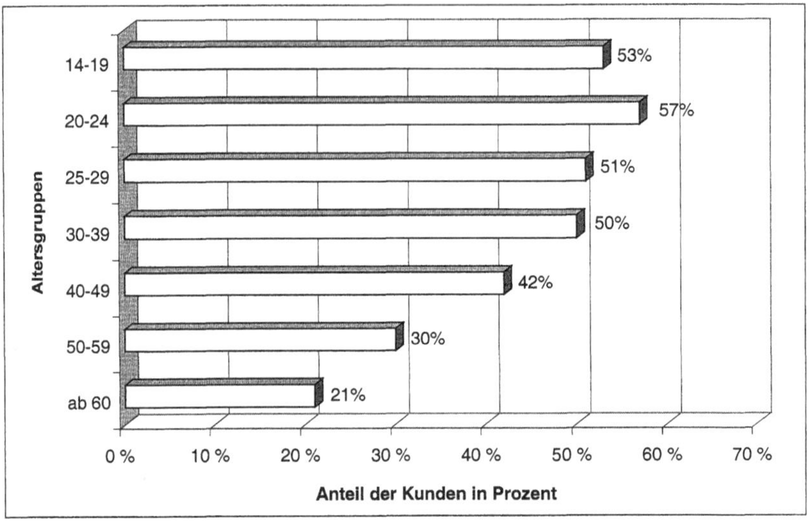

Abbildung 27: Interesse am Telefon Banking nach Altersgruppen

Quelle: Institut für Demoskopie Allensbach (Hrsg.) (1996), o. S.

Jeder fünfte junge Kunde macht seine Bankwahl unter anderem davon abhängig, ob das Kreditinstitut die technischen Möglichkeiten wie Telefon Banking oder Online Banking zur Verfügung stellt.[538] Jeder zehnte Bankkunde in Deutschland ist sogar bereit, für die Nutzungsmöglichkeit des Telefon Banking als Vertriebsweg sein Kreditinstitut zu wechseln.[539] Für das Telefon Banking steht in Deutschland eine sehr gute Infrastruktur zur Verfügung. Rund 97% der circa 37 Millionen bundesdeutschen Haushalte besaßen im Jahr 1998 einen stationären Telefonanschluß und 11% ein Mobiltelefon.[540]

Zwischen den Bankkunden in städtischen und ländlichen Regionen bestehen nur geringe Unterschiede in bezug auf das Telefon Banking (siehe Abbildung 28).[541]

[538] Vgl. Köcher, Renate (1998), S. 246
[539] Vgl. Schrader, Angelika (1997), S. 36
[540] Vgl. Statistisches Bundesamt (Hrsg.) (1998), o. S.
[541] Vgl. Pleister, Christopher (1998), S. 10; Die Differenzierung der unterschiedlichen Ortstypen erfolgt anhand der Einwohnerzahlen. *Dörfer*: Gemeinden mit weniger als 5.000 Einwohner; *Kleinstädte*: Gemeinden mit 5.000 bis unter 20.000 Einwohner; *Mittelstädte*: Städte mit 20.000 bis unter 100.000 Einwohner; *Großstädte*: Städte mit

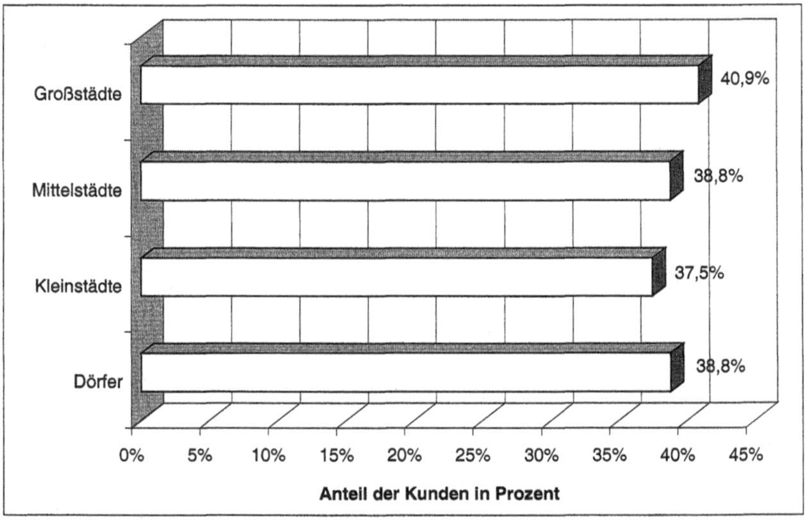

Abbildung 28: Interesse am Telefon Banking nach Wohnortgröße

Quelle: Institut für Demoskopie Allensbach (Hrsg.) (1996), o. S.

In ländlichen Regionen, in denen die Kreditgenossenschaften eine hohe Marktpräsenz besitzen, haben mit einem Anteil von 38,8% die Kunden ein nahezu ebenso starkes Interesse an dieser Form des Direct Banking wie in Großstädten.

3.1.2 Online Banking für die Kreditgenossenschaften

Die Untersuchung des *Instituts für Demoskopie Allensbach* zeigt die positive Einstellung und das große Interesse der Kunden am Online Banking (siehe Abbildung 29).

100.000 und mehr Einwohner. Vgl. Institut für Demoskopie Allensbach (Hrsg.) (1996), S. II

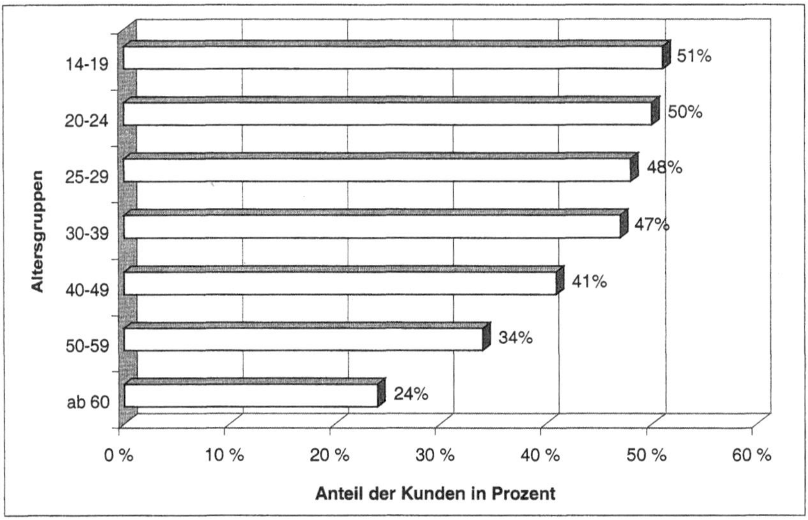

Abbildung 29: Interesse am Online Banking nach Altersgruppen

Quelle: Institut für Demoskopie Allensbach (Hrsg.) (1996), o. S.

Nahezu jeder zweite Kunde (47,4%) der Altersgruppen bis 50 Jahre zeigt sich an der Durchführung von Bankgeschäften mittels Online Banking interessiert. Lediglich die Kunden, die über 50 (34%) und vor allem über 60 (24%) Jahre alt sind, besitzen eine teilweise starke Zurückhaltung gegenüber dem Online Banking.

Der anhaltende Anstieg der Online-Konten bei den Kreditgenossenschaften belegt das insgesamt hohe Interesse der Kunden. Während zum Ende 1993 lediglich rund 65.000 Online-Konten bei den Kreditgenossenschaften geführt wurden,[542] stieg die Zahl der Konten zum Ende 1998 auf über 1.000.000[543] und hat sich in einem Zeitraum von fünf Jahren mehr als versechsfacht (siehe Abbildung 30).[544]

[542] Vgl. BVR (Hrsg.) (1994), S. 84

[543] Vgl. o. V. (1999c), S. 6

[544] Eine ähnliche Entwicklung zeigt eine Untersuchung, die speziell für die bayerischen Kreditgenossenschaften durchgeführt wurde. Vgl. Bacher, Urban (1996), S. 10; Folz, Willibald/Bacher, Urban (1995), S. 26

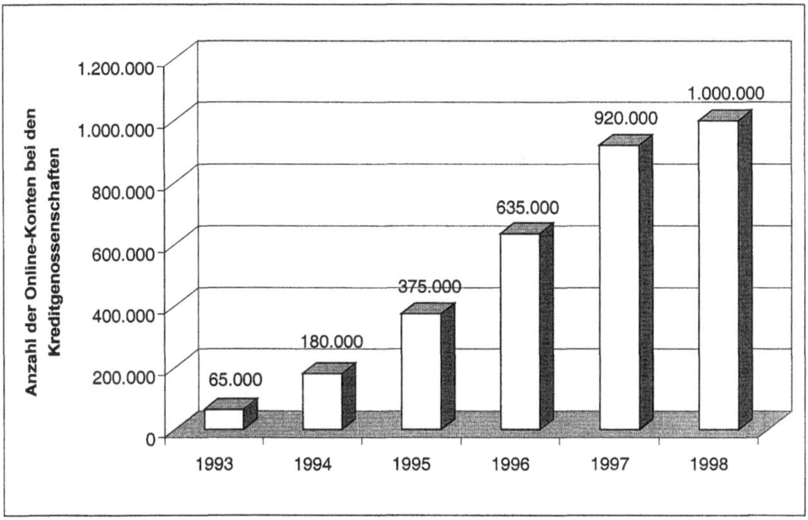

Abbildung 30: Entwicklung der Online-Konten bei Kreditgenossenschaften (1994-1998)

Quelle: Eigene Darstellung, Daten entnommen aus o. V. (1999c), S. 6

Vor allem Kunden, die in ländlichen Regionen wohnen und ein maßgebliches Klientel der Kreditgenossenschaften bilden, weisen ein zum Teil höheres Interesse an Online Banking auf als Kunden in Großstädten.[545] Die Ursache ist in der höheren Ballungsdichte in den Großstädten zu sehen. Für die Kunden ist der Weg zu der nächsten Zweigstelle in der Regel kürzer als in ländlichen Regionen.[546]

3.2 Kosten des Direct Banking bei den Kreditgenossenschaften

Von *Kasten* und *Reents* wurde eine Untersuchung durchgeführt, welche die Kosten vergleichbarer Transaktion wie beispielsweise eine Überweisung im Zahlungsverkehr bei den Kreditgenossenschaften bestimmt. Dabei wurden als Vertriebskanäle die Geschäftsstelle, das Telefon, die Selbstbedienungsstelle und das Internet beziehungsweise das T-Online ausgewählt (siehe Abbildung 31).

[545] Vgl. Institut für Demoskopie Allensbach (Hrsg.) (1996), o. S.; Hinsichtlich der Größeneinteilung der Dörfer, Kleinstädte, Mittelstädte und Großstädte siehe Fußnote 541, S. 118

[546] Vgl. Steinhaus, Bernhard (1996), S. 28

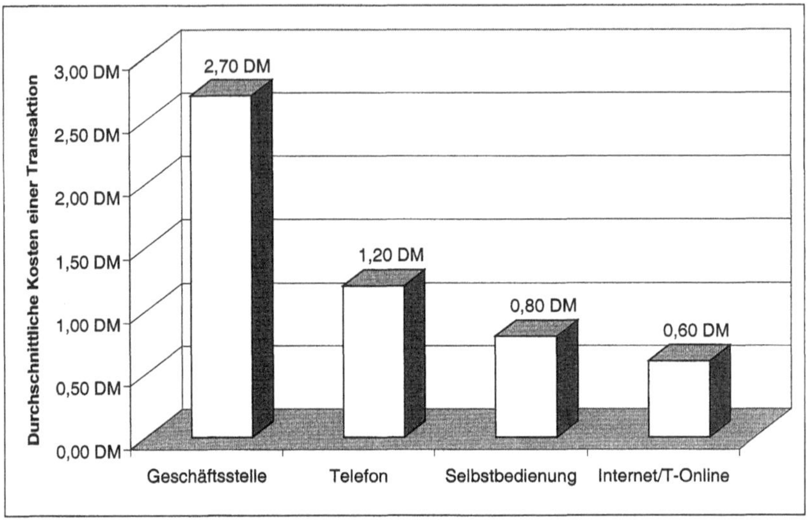

Abbildung 31: Durchschnittliche Kosten einer Transaktion über unterschiedliche Vertriebswege bei Kreditgenossenschaften

Quelle: Eigene Darstellung, Daten entnommen aus Kasten, Lars/Reents, Börchert (1999), S. 67

Die durchschnittlichen Kosten einer vergleichbaren Transaktion belaufen sich auf DM 2,70 bei einer Geschäftsstelle und reduzieren sich durch das Telefon Banking gegenüber der Geschäftsstelle um circa 55%. Durch den Einsatz von Selbstbedienungsautomaten können diese um circa 70% gesenkt werden. Das Internet Banking oder T-Online Banking schließlich bildet den Vertriebsweg, der nachhaltig mit den geringsten Kosten für die Kreditgenossenschaften verbunden ist. Die durchschnittlichen Kosten einer vergleichbaren Transaktion reduzieren sich gegenüber einer Geschäftsstelle um circa 78% auf DM 0,60.[547]

Zu einem ähnlichen Ergebnis kommt eine Studie, die von *Booz Allen & Hamilton* in den USA durchgeführt wurde. Danach belaufen sich die Kosten einer Transaktion über die Geschäftsstelle auf US$ 1,07, mit Telefon Banking auf US$ 0,54, über den Geldausgabeautomat auf US$ 0,27, mit

[547] Vgl. Kasten, Lars/Reents, Börchert (1999), S. 67

Personal Computer-Banking (vergleichbar mit dem deutschen T-Online Banking) auf US$ 0,015 und mit Internet Banking auf US$ 0,01.[548]

3.3 Chancen und Risiken des Direct Banking für die Kreditgenossenschaften

Das Angebot des Direct Banking eröffnet den Kreditgenossenschaften die Chance, aktiv dem Abwandern von Kunden zu Direktbanken entgegenzusteuern. Die Kunden besitzen eine hohe Affinität zum Direct Banking in Form des Telefon Banking und des Online Banking. Jeder zehnte Kunde ist sogar bereit, für dieses Angebot sein Kreditinstitut zu wechseln. Das Direct Banking bildet daher ein Instrument, um durch eine Serviceerweiterung den bestehenden Kundenpräferenzen gerecht zu werden und die Kundenzufriedenheit zu erhöhen. Damit entspricht das Angebot des Direct Banking der anzustrebenden Intensivierung der Kundenbeziehungen im Rahmen des Retention-Marketing.

Das Telefon Banking besitzt aus Sicht der Kunden aufgrund der bestehenden Infrastruktur große Bedeutung. Kunden in ländlichen Regionen, die ein wesentliches Marktgebiet der Kreditgenossenschaften bilden, haben starkes Interesse am Telefon Banking. Ebenso besteht nachhaltiges Interesse am Online Banking von Seiten der Kunden. Dies belegen nicht zuletzt das stetige Wachstum der Online-Konten bei den Kreditgenossenschaften. Insgesamt können die Kreditgenossenschaften ihre Servicebereitschaft gegenüber dem traditionellen Vertrieb erhöhen und gleichzeitig zu einer Entlastung von Routineaufgaben führen. Der substitutive Einsatz des Direct Banking beinhaltet für die Kreditgenossenschaften zudem die Möglichkeit, die Kosten in ihrem Vertrieb konstant zu halten oder gegebenenfalls auch zu reduzieren. Vor allem das Online Banking besitzt dabei große Potentiale.

Der Einsatz des Direct Banking ist aus Sicht der Kreditgenossenschaften allerdings mit dem Risiko verbunden, die abnehmenden Kundenkontakte und die bestehende Anonymisierung zwischen den Kreditgenossenschaften und ihren Kunden weiter zu verstärken. Dadurch kann eine Strategie der Kundenorientierung konterkariert werden. Daneben führt das additive Angebot des Direct Banking zu erhöhten Kosten im Vertrieb, die gegebenenfalls nicht durch freiwerdende Kapazitäten beispielsweise

---

[548] Vgl. Gushurst, Klaus-Peter/Tilmes, Rolf/Ulrich, Jörg (1996), S. 46

im stationären Vertrieb kompensiert werden können. Schließlich kann die allgemein hohe Akzeptanz und das bestehende Interesse des Direct Banking auf die Kunden der einzelnen Kreditgenossenschaft nicht oder nur bedingt zutreffen. Mögliche Investitionen erweisen sich dann als nicht rentabel.

Insgesamt überwiegen nach Ansicht des Verfassers die Chancen des Direct Banking für die Kreditgenossenschaften. Das Direct Banking muß sich aber an der Gesamtstrategie der Kreditgenossenschaften orientierten, um die angeführten Risiken auszuschließen oder zu reduzieren.

IV VERTRIEBSMODELLE FÜR DIE KREDITGENOSSENSCHAFTEN

Das Direct Banking als Vertriebsstrategie für die Kreditgenossenschaften wirft die Frage nach einem geeigneten Modell für diese Vertriebsform auf. Daraus wiederum leitet sich die Frage nach der Art der einzelnen Modelle ab. Für die Beantwortung dieser beiden Fragestellung werden verschiedene Modelle des Direct Banking dargestellt und auf dieser Grundlage werden die unterschiedlichen Modelle aus Sicht der Kreditgenossenschaften diskutiert. Im abschließenden Teil dieses Kapitels werden die Konsequenzen für den Gesamtvertrieb betrachtet, die aus dem Einsatz des Direct Banking bei den Kreditgenossenschaften resultieren. Auf dieser Basis wird ein strategisches Modell für den gesamten Vertrieb der Kreditgenossenschaften abgeleitet.

1 MODELLE DES DIRECT BANKING

In der Literatur und in der Praxis finden sich verschiedene Ansätze des Direct Banking. *Pischulti* unterscheidet bei den Direktbanken ursprünglich zwischen dem stand-alone-Konzept und dem Integrationskonzept. Dem *stand-alone-Konzept* werden Direktbanken subsumiert, die ein eigenständiges bankkonzernunabhängiges Kreditinstitut darstellen. Der Terminus *Integrationskonzept* findet Verwendung, wenn die Institute in einen inländischen oder ausländischen Bankkonzern eingebunden sind.[549] In einer weiteren Publikation ordnet *Pischulti* Direktbanken, die in einen Bankkonzern eingebunden sind, dem *Tochterkonzept* zu. Den Begriff des Integrationskonzepts verwendet er hier für die Eingliederung des Direct Banking in die bestehende stationäre Vertriebsstruktur.[550]

Prätsch und *Sievers* sowie *Burr* trennen zwischen dem Differenzierungsansatz und dem Integrationsansatz[551] beziehungsweise der Hybridbank[552]. Die Gründung einer Direktbank als eigenes Unternehmen getrennt von der Mutterbank wird als *Differenzierungsansatz* bezeichnet. Die

---

[549] Vgl. Pischulti, Helmut (1995), S. 4
[550] Vgl. Pischulti, Helmut (1997), S. 104 ff.; Siehe hierzu Abbildung 32, S. 127
[551] Vgl. Prätsch, Joachim/Sievers, Rainer (1997), S. 24
[552] Vgl. Burr, Wolfgang (1996), S. 38

Eingliederung des Direct Banking in eine bestehende Vertriebsstruktur wird den Termini *Integrationsansatz*[553] oder *Hybridbank*[554] zugeordnet.

In dieser Arbeit werden das *Institutionelle Modell* und das *Integrative Modell* unterschieden. Das stand-alone-Konzept und das Tochterkonzept werden dem Institutionellen Modell subsumiert, die Integration des Direct Banking in eine bestehende stationäre Vertriebsstruktur wird dem Integrativen Modell zugeordnet. Daraus leiten sich folgende Definitionen ab.

Das *Institutionelle Modell* beinhaltet eine juristisch und/oder[555] betriebswirtschaftlich eigenständige Institution mit einem selbständigen Marktauftritt, die sich ausschließlich des Direct Mailing, Telefon Banking und Online Banking als Vertriebskanal bedient. Die Direktbanken folgen dem Institutionellen Modell.

Das *Integrative Modell* beinhaltet, daß in eine juristisch und/oder betriebswirtschaftlich eigenständige Institution mit einer stationären Vertriebsstruktur das Direct Mailing, Telefon Banking und Online Banking als weitere Vertriebskanäle integriert werden.

Die Abbildung 32 gibt einen Überblick über die beiden Modelle. Die großen privaten Geschäftsbanken haben sich mehrheitlich für das Institutionelle Modell entschieden und die Gründung einer eigenständigen Direktbank als strategischen Ansatz gewählt, um ihre Marktanteile zu erweitern. Die Ursache liegt in der deutlich geringeren Präsenz der privaten Geschäftsbanken in der Fläche gegenüber den Kreditgenossenschaften und Sparkassen. Durch den Marktauftritt der Direktbanken kann die hohe Eintrittsbarriere, die das dichte Geschäftsstellennetz bisher für neue Konkurrenten darstellte,[556] umgangen werden.

[553] Vgl. Prätsch, Joachim/Sievers, Rainer (1997), S. 24

[554] Vgl. Burr, Wolfgang (1996), S. 38

[555] Die Einschränkung „oder betriebswirtschaftlich eigenständig" bezieht sich auf das Angebot und den eigenständigen Marktauftritt des Discount Brokers Consors, der bis Mitte 1998 einen zwar betriebswirtschaftlich, aber nicht juristisch eigenständigen Teilbereich der SchmidtBank darstellte. Seit Mitte 1998 handelt es sich auch um eine juristisch selbständige Person. Vgl. SchmidtBank (Hrsg.) (1998), S. 65

[556] Vgl. Krupp, Georg (1996), S. 248

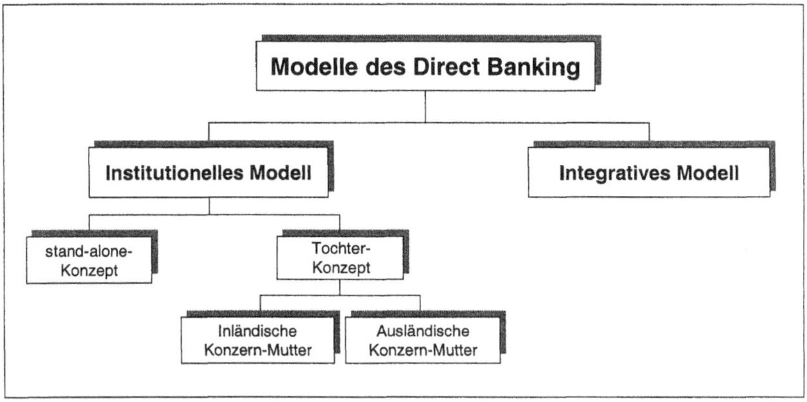

Abbildung 32: Institutionelles und Integratives Modell

Quelle: Eigene Darstellung

Der genossenschaftliche FinanzVerbund und der Finanzverbund der Sparkassen haben das Integrative Modell als strategischen Ansatz gewählt, da das Direct Banking als Abrundung des bestehenden Vertriebswege-Mixes verstanden wird. Dies wird mit den unterschiedlichen Traditionen und Strategien der Institute beziehungsweise Institutsgruppen begründet.[557] Das Integrative Modell umfaßt die Eingliederung des Direct Banking in ein Kreditinstitut mit einer bestehenden Filialstruktur. Die spezifischen Merkmale dieses Modells bilden nach *Bartmann* eine einheitliche Organisation, eine einheitliche Marketingstrategie, eine Standardisierung der Produktpalette innerhalb des gesamten Kreditinstituts sowie ein abgestimmter Einsatz aller Vertriebswege.[558]

Einen exemplarischen Überblick über die aktuelle Umsetzung des Direct Banking in der Praxis durch die einzelnen Kreditinstitute und die Finanzverbünde sowie durch Non- und Near Banks gibt Tabelle 3.

[557] Vgl. Ströbele, Erwin (1996), S. 8
[558] Vgl. Bartmann, Dieter (1996), S. 19

Kredit-institute	**Institutionelles Modell (Direktbanken)**		**Integratives Modell**	**Zugehörigkeit**
	Stand-alone-Konzept	**Tochter-konzept**		
Advance Bank		●		Dresdner Bank
Allgemeine Deutsche Direktbank		●		ING Group (Niederlande)
Allianz Vermögens Bank		●		Allianz AG
American Express Bank		●		American Ex-press Company (USA)
Bank GiroTel		●		Berliner Bank/ Allbank
Comdirect Bank		●		Commerzbank
ConSors		●		SchmidtBank
Deutsche Bank 24			●	Deutsche Bank
Direkt Anlage Bank		●		Bayerische Hy-potheken und Vereinsbank
Entrium Direct Bankers	●			Karstadt Quelle
Santander Direkt Bank		●		Banco Santan-der (Spanien)
1822direkt		●		Frankfurter Sparkasse
Sparkassen			●	Finanzverbund der Sparkassen
Kreditgenos-senschaften			●	Genossen-schaftlicher FinanzVerbund

Tabelle 3: Direct Banking-Modelle in der Praxis

Quelle: Eigene Darstellung, in Anlehnung an Pischulti, Helmut (1997), S. 93

Im Rahmen des Institutionellen Modells dominiert in der Praxis das Tochterkonzept gegenüber dem stand-alone-Konzept. Das Integrative Modell wird neben den Finanzverbünden durch die Deutsche Bank in Form der Deutsche Bank 24 angeboten.

Die praktische Umsetzung des Integrativen Modells wird im folgenden konkret anhand des Direct Banking-Angebots des genossenschaftlichen FinanzVerbundes betrachtet, da dieses für die Kreditgenossenschaften nachhaltige Relevanz besitzt. Das Institutionelle Modell wird allgemein dargestellt, um die unterschiedlichen Ausprägungen in der Praxis zu berücksichtigen.

1.1 KontoDirekt: Direct Banking-Modell des genossenschaftlichen FinanzVerbundes

In der Diskussion um die Gründung einer Direktbank hat sich der genossenschaftliche FinanzVerbund gegen eine zentrale Direktbank entschieden.[559] „Die strategische Ausrichtung lautet Direct Banking statt Direktbank."[560]

Statt dessen wird eine dezentrale Lösung im Sinne des Integrativen Modells gegenüber der Gründung einer eigenen Direktbank durch die DG Bank „On the top" bevorzugt.[561] Aus diesem Grunde wurde die Dachmarke *KontoDirekt* als Direct Banking-Konzept des genossenschaftlichen FinanzVerbundes geschaffen, um einen bundeseinheitlichen Auftritt des Direct Banking der Kreditgenossenschaften zu gewährleisten.[562]

1.1.1 Begriff, Strategie und Ziele von KontoDirekt

KontoDirekt bildet die Dachmarke der genossenschaftlichen Bankengruppe für den elektronischen Zugriff der Kunden auf ihr Konto bei der jeweiligen Kreditgenossenschaft.[563] Damit umfaßt KontoDirekt die Direktbankzugriffe mittels Telefon, T-Online und Internet. Hingegen beinhaltet dieses

[559] Vgl. o. V. (1997n), S. 19

[560] Dies war die Aussage von *Wolfgang Grüger*, des Präsidenten des Bundesverbandes der Deutschen Volksbanken und Raiffeisenbanken, anläßlich der 47. Bankwirtschaftlichen Tagung. O. V. (1997n), S. 19; Rodewald, Bernd (1997), S. 3; O. V. (1997k), S. 3

[561] Vgl. Ströbele, Erwin (1996), S. 7

[562] Vgl. Ramin, Jutta (1997), S. 8

[563] Vgl. Rodewald, Bernd (1997), S. 2; O. V. (1995c), 16.11.1995, S. 35; O. V. (1997n), S. 19; BVR (Hrsg.) (1996b), S. 23; Döller, Ralph (1998), S. 20

Konzept nicht die Direkt Marketing-Aktivitäten der einzelnen Kreditgenossenschaften im Rahmen des Direct Mailing.

KontoDirekt startete im September 1994[564] zunächst als Dachmarke für alle elektronischen Zugriffsleistungen auf die Kundenkonten der bayerischen Genossenschaftsbanken.[565] Inzwischen stellt es eine bundesweit eingeführte eigenständige Marke dar, mit der primär zwei strategische Ziele verfolgt werden:

- Erzielung von Aufmerksamkeit für die Angebote und die Kompetenz der Kreditgenossenschaften im Bereich der elektronischen Vertriebswege.[566] Insbesondere Imagedefizite der Kreditgenossenschaften im Bereich des Electronic Banking sollen behoben werden,[567] da die Kreditgenossenschaften bei Technikinnovationen nach Kundenbefragungen als rückständig gelten.[568]
- Abgrenzung zu den Angeboten der Konkurrenz, sowohl gegenüber klassischen Filialbanken als auch gegenüber reinen Direktbanken.[569] Den Kunden soll signalisiert werden, daß sie zur Nutzung von elektronischen Bankdienstleistungen nicht auf die Angebote der Direktbanken angewiesen sind, sondern daß die Kreditgenossenschaften „Direct Banking ohne Direktbank"[570] anbieten.[571]

Die Entwicklung der Dachmarke KontoDirekt bietet aus kommunikationspolitischer Sicht die Möglichkeit, bundesweit eine einheitliche Werbung durchzuführen, unabhängig von der konkreten produktpolitischen Ausgestaltung der einzelnen Ortsbanken.[572]

---

564 Vgl. Bacher, Urban (1996), S. 10

565 Vgl. Folz, Willibald/Bacher, Urban (1995), S. 22

566 Vgl. Rodewald, Bernd (1997), S. 2

567 Vgl. Döller, Ralph (1998), S. 24; Rodewald, Bernd (1997), S. 3; Schmidt, Uwe (1998), S. 17

568 Die Ausräumung dieses Vorurteils war das vornehmliche Ziel im Jahre 1994. Vgl. Folz, Willibald/Bacher, Urban (1995), S. 22; Genossenschaftsverband Bayern (Hrsg.) (1997), S. 22

569 Vgl. Rodewald, Bernd (1997), S. 2

570 O. V. (1997n), S. 19; Rodewald, Bernd (1997), S. 3; O. V. (1997k), S. 3

571 Vgl. Rodewald, Bernd (1997), S. 3

572 Vgl. Ramin, Jutta (1997), S. 8

1.1.2 Vertriebsinstrumente bei KontoDirekt

Die Vertriebsinstrumente im Rahmen des KontoDirekt bilden das Telefon Banking, das T-Online Banking und das Internet Banking.[573]

- *Telefon Banking.* In den Jahren 1993 und 1994 haben verschiedene Kreditgenossenschaften begonnen, *Telefon Banking* als Form des elektronischen Kontozugriffs einzuführen.[574]
- *T-Online Banking.* Die Kreditgenossenschaften beteiligen sich seit dem Start des Btx-Systems im Jahre 1983 als Anbieter für die elektronische Kontoführung mittels Online-Medium.[575]
- *Internet Banking.* Neben der Abfrage von Informationen und der Kommunikation existiert für die Kreditgenossenschaften seit Anfang 1998 die bundesweite Möglichkeit, ihren Kunden die Durchführung von Transaktionen über das Internet anzubieten.[576]

1.1.3 Produkt- und Preispolitik bei KontoDirekt

Das langfristige strategische Ziel des Gesamtkonzepts KontoDirekt soll darin bestehen, daß alle elektronischen Zugriffsleistungen auf das Kundenkonto unter der Dachmarke KontoDirekt zusammenlaufen.[577]

Die Direct Banking-Produkte, die unter der Dachmarke KontoDirekt angeboten werden, sind selbsterklärende, standardisierte Produkte, die ohne persönliche Beratung offeriert werden können. Die angeführten Leistungen stellen die jeweiligen Kernbereiche dar, die einheitlich im Direct Banking-Angebot der Kreditgenossenschaften enthalten sein sollten (siehe Abbildung 33).[578]

---

[573] Vgl. Schmidt, Uwe (1998), S. 18
[574] Vgl. Rodewald, Bernd (1997), S. 2; BVR (Hrsg.) (1996b), S. 25 f.
[575] Vgl. Rodewald, Bernd (1997), S. 2; BVR (Hrsg.) (1996b), S. 24 f.; Rodewald, Bernd (1998), S. 30; Döller, Ralph (1998), S. 21; Martin, Andreas (1997), S. 16
[576] Vgl. Döller, Ralph (1998), S. 22
[577] Vgl. BVR (Hrsg.) (1996b), S. 24
[578] Vgl. BVR (Hrsg.) (1996b), S. 27 ff.

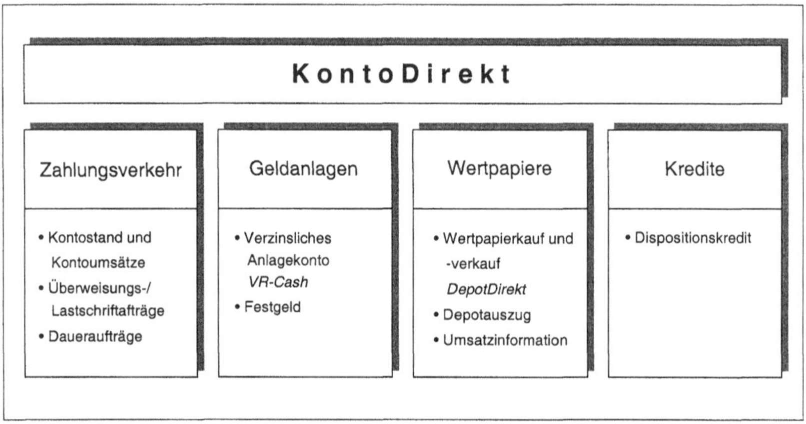

Abbildung 33: Leistungen bei KontoDirekt

Quelle: Eigene Darstellung, in Anlehnung an BVR (Hrsg.) (1996b), S. 24; Siemund, Kay (1996), S. 187

Der Leistungsbereich *Zahlungsverkehr* umfaßt das Girokonto, das über die Vertriebsinstrumente Telefon Banking und Online Banking die Abfrage des Kontostandes und der letzten Umsätze, die Durchführung von Überweisungen und Lastschriftaufträgen und die Vergabe von Daueraufträgen ermöglicht.[579] Im Rahmen von KontoDirekt werden dem Kunden für den Leistungsbereich *Geldanlage* die Produkte verzinsliches Anlagekonto für Sichteinlagen, das sogenannte VR-Cash, und die Möglichkeit der Festgeldanlage angeboten.[580] Die Kreditgenossenschaften erhalten hinsichtlich der *Wertpapierleistungen* von der DG Bank und den Zentralbanken im Rahmen des Direct Banking technische, organisatorische und rechtliche Unterstützung. Die Zielgruppe des DepotDirekt bilden aktive, selbständige Anleger und preissensible Kunden, die ohne Anlageempfehlung auskommen und deshalb das Discount Broking präferieren.[581] Der Kunde eröffnet bei seiner Kreditgenossenschaft ein separates Discount-Depot, das DepotDirekt. Die DG Bank wickelt von diesem Zeitpunkt an im Auftrag und Namen der Primärbank die jeweilige Wertpapierorder zentral ab, oh-

[579] Vgl. BVR (Hrsg.) (1996b), S. 27; Siemund, Kay (1996), S. 187

[580] Vgl. Döller, Ralph (1997), S. 25 f.; BVR (Hrsg.) (1996b), S. 28; Siemund, Kay (1996), S. 187

[581] Vgl. BVR (Hrsg.) (1996b), S. 29; Siemund, Kay (1996), S. 187; Folz, Willibald/Bacher, Urban (1995), S. 27; DG Bank (Hrsg.) (1997), S. 9 ff.; Rodewald, Bernd (1996), S. 4

ne nach außen hin in Erscheinung zu treten.[582] Die wachsende Nachfrage im Wertpapiergeschäft der Kreditgenossenschaften unterstreicht die Bedeutung dieses Angebots. Die Anzahl der Aktienorders im genossenschaftlichen FinanzVerbund stieg von 1991 mit knapp 979.000 Stück auf mehr als 3 Millionen im Jahr 1997.[583] Im Leistungsbereich *Kreditgeschäft* wird dem Kunden unter der Dachmarke KontoDirekt die Möglichkeit der Inanspruchnahme eines Dispositionskredits angeboten.[584]

Die Ausgestaltung von KontoDirekt kann von jeder Kreditgenossenschaft unterschiedlich und individuell durchgeführt werden. Das Direktbankgeschäft liegt in der eigenen Verantwortung jeder Kreditgenossenschaft.[585] Ebenso steht den Kreditgenossenschaften die Namensgebung des Direct Banking frei. Die Darmstädter Volksbank beispielsweise subsumiert ihre Direct Banking-Angebote dem Terminus „Volksbanking".[586]

1.2 Direktbanken

Direktbanken sind Kreditinstitute, die dem Institutionellen Modell zuzuordnen sind.[587] Ihr wesentliches Differenzierungsmerkmal gegenüber ihren Konkurrenten bildet der völlige Verzicht auf Zweigstellen.[588]

1.2.1 Entwicklung und aktueller Stand der Direktbanken

Im Jahr 1965 wurde in Zusammenarbeit mit der Bank für Gemeinwirtschaft die *BSV Bank für Sparanlagen und Vermögensbildung* als erste deutsche Direktbank gegründet, die heutige Allgemeine Deutsche Direktbank.[589] Der Ausgangspunkt war die Initiative der Gewerkschaften zur Vermögensbildung nach dem damaligen 312-Mark-Gesetz und das Desinteresse des Kreditgewerbes an der Verwaltung von Sparaufträgen mit Kleineinzahlungen.[590] Die Bank für Sparanlagen und Vermögensbildung zeichnete sich durch eine Vielzahl von Innovationen im Produktangebot

---

[582] Vgl. Folz, Willibald/Bacher, Urban (1995), S. 27
[583] Vgl. Disselbeck, Kai (1998), S. 14
[584] Vgl. Siemund, Kay (1996), S. 187
[585] Vgl. Rodewald, Bernd (1998), S. 29; Ramin, Jutta (1997), S. 9
[586] Vgl. Darmstädter Volksbank (Hrsg.) (1998), S. 8
[587] Siehe hierzu Kapitel IV1 Modelle des Direct Banking, S. 125 f.
[588] Vgl. Pischulti, Helmut (1995), S. 4
[589] Vgl. Gaertner, Armin (1995), S. 41; Die Bank für Sparanlagen und Vermögensbildung wurde 1993 in *Allgemeine Deutsche Direktbank* umbenannt. Vgl. Hessler, Andrea (1998), S. 40

wie etwa das Lose-Blatt-Sparbuch im Jahre 1965 aus.[591] Im Jahre 1966 trat die *Augsburger Aktienbank*[592] als zweite deutsche Direktbank an den Markt.[593] Nach einer Zeitspanne von 24 Jahren kamen im Jahr 1990 mit der Gründung der *Quelle Bank*[594] und der *Volkswagen Bank direct* zwei weitere Direktbanken an den deutschen Bankenmarkt.[595] 1994 und 1995 schließlich erlebte das deutsche Kreditwesen einen Boom des Direct Banking durch zahlreiche Neugründungen von Direktbanken wie beispielsweise der Direkt Anlage Bank, ConSors oder der Bank 24. Einen Überblick über die Entwicklung zeigt die nachfolgende Abbildung 34.

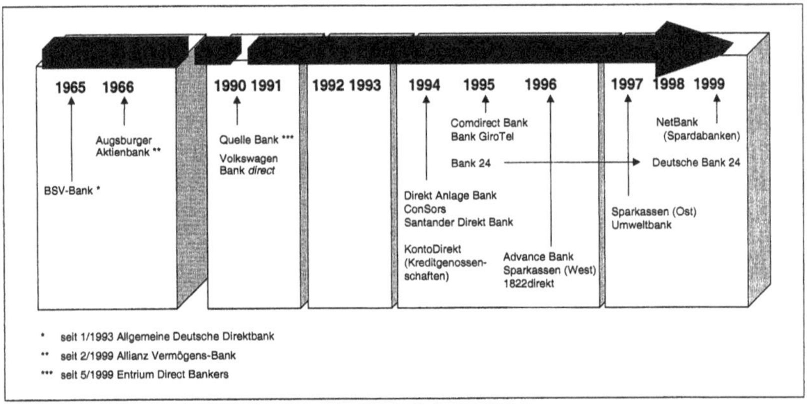

Abbildung 34: Entwicklung des Direct Banking in Deutschland
Quelle: Eigene Darstellung

Neben der Bedarfsabdeckung der Kunden des Mutterinstituts besteht die Vertriebsstrategie der Direktbanken primär in der Akquisition von Neukunden. Ein nicht unerheblicher Anteil des Kundenpotentials wurde von den Sparkassen sowie den Kreditgenossenschaften rekrutiert.[596]

[590] Vgl. Gaertner, Armin (1995), S. 40
[591] Eine Übersicht findet sich bei *Gaertner*. Vgl. Gaertner, Armin (1995), S. 42 f.
[592] Seit Februar 1999 Allianz Vermögens-Bank.
[593] Vgl. Augsburger Aktienbank (Hrsg.) (1995), S. 15; Sillescu, Daniel (1997), S. 38 f.
[594] Seit Mai 1999 Entrium Direct Bankers.
[595] Vgl. Quelle Bank (Hrsg.) (1995), S. 6; O. V. (1995d), S. 26; Massfeller, Norbert M. (1995), S. 906 f.; Massfeller, Norbert M. (1998), S. 812; Hessler, Andrea (1998), S. 34; Blank, Rainer (1998), S. 20 f.
[596] Vgl. Eichwald, Berthold (1997), S. 16 f.; Siehe hierzu Abbildung 26, S. 117

Die Direktbanken in Deutschland verfolgen unterschiedliche *Grundphilosophien*, die in unmittelbaren Kontext mit ihrer Produktpolitik stehen (siehe Abbildung 35).[597]

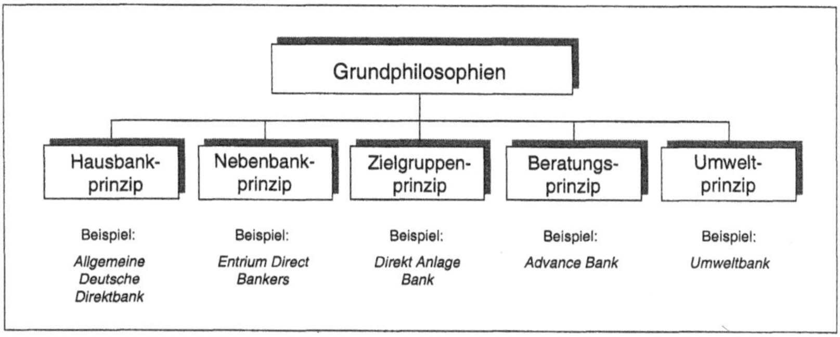

Abbildung 35: Grundphilosophien der Direktbanken

Quelle: Eigene Darstellung, in Anlehnung an Pischulti, Helmut (1997), S. 14

Die *Hausbankphilosophie* war zu Beginn der Neugründungen von Direktbanken ab 1994 verhältnismäßig gering verbreitet. Die typischen Vorteile einer Direktbank, wie etwa verständliche Produkte und günstige Konditionen, werden mit dem umfassenden Angebot einer Erstbankverbindung kombiniert. Die Allgemeine Deutsche Direktbank etwa offeriert alle Standardprodukte einer Hausbank einschließlich der Führung von Lohn- und Gehaltskonten.

Dem gegenüber verfolgen andere Direktbanken eine *Nebenbankphilosophie*, indem sie bewußt auf das Angebot eines Girokontos als die traditionelle Basis der Bank-Kunde-Beziehung verzichten. Als Beispiel kann die Direktbank Entrium Direct Bankers angeführt werden, die sich als Zweitbank mit speziellen Kredit- und Anlageangeboten versteht.

Das dritte Grundprinzip bildet die *Zielgruppenphilosophie*, die insbesondere bei Discount Brokern wir etwa der Direkt Anlage Bank oder ConSors verfolgt wird. Die Zielgruppe bildet nicht die breite Privatkundenschaft. Vielmehr orientieren sich die Geschäftsbemühungen an dem informierten Anleger, der keine Beratung von Seiten der Bank erwartet, sondern sich

[597] Ursprünglich differenzierte *Pischulti* folgende drei Grundprinzipien: Hausbank-, Nebenbank- und Zielgruppenphilosophie. Vgl. Pischulti, Helmut (1996), S. 14; Schiller, Bettina/Birkenfeld, Elmar (1999), S. 22

eine mit niedrigen Kosten behaftete und professionelle Abwicklung seiner Wertpapiertransaktionen wünscht.[598]

Die Advance Bank hat als Grundkonzept die *Beratungsphilosophie* gewählt.[599] Für eine monatliche Beratungsgebühr erhält der Kunde eine persönliche und objektive Vermögensberatung.[600]

Anfang 1997 wurde die Umweltbank als Direktbank mit einer entsprechenden *Umweltphilosophie* in Nürnberg gegründet. Das Ziel besteht im bundesweitem Absatz von ökologisch orientierten Finanzprodukten, wie etwa einem Umweltsparbrief, auf dem Direktvertriebsweg. Das Kreditgeschäft konzentriert sich auf die zinsgünstige Finanzierung von ökologischen Projekten.[601]

1.2.2 Marktanteil und Kunden der Direktbanken

Die Direktbanken haben rund 2,5 Millionen Kunden und besitzen gemessen an den Bankverbindungen einen Markanteil von 4% aller Bankkun-

---

598 Vgl. Pischulti, Helmut (1996), S. 14; Die Trennung der Transaktionsleistung von der Beratungsleistung im Wertpapiergeschäft wurde in den USA ab dem Jahr 1975 aufgrund der Liberalisierung der Kommissionstarife eingeführt. Dabei werden zwei Anbietergruppen unterschieden. Während der Kunde bei Full-Service-Discount-Brokern neben der Wertpapiertransaktion auch Zusatzleistungen wie Unternehmensberichte beziehen kann, bieten die Deep-Discount-Broker lediglich die Durchführung der Wertpapiertransaktionen an. Vgl. Dahlhausen, Volker/Siebald, Ralph (1995), S. 28 f.; Schween, Olaf/Klein, Sebastian (1996), S. 19 ff.; Hofmann, Norbert (1995), S. 35 ff.

599 Vgl. Raab, Hans-Jürgen (1996), S. 280

600 Vgl. Schmidt, Albrecht (1997), S. 727; Raab, Hans-Jürgen (1996), S. 281; Dieses Konzept wird realisiert durch die Kooperation der Advance Bank mit dem zur Quandt-Gruppe gehörenden Research-Institut FERI Trust GmbH und bildet die Grundlage, um ihren Kunden eine Reihe von Anlagealternativen unter den Gesichtspunkten Risiko, Rendite und Steuerminimierung individuell anzubieten. Vgl. Raab, Hans-Jürgen (1996), S. 281; Nach der Gründung der Advance Bank im März 1996 durch die Bayerische Vereinsbank als eine hundertprozentige Tochter hat sich deren Haltung gegenüber diesem Direktbank-Konzept gewandelt. „Wir verabschieden uns vom Konzept der Beraterbank als Direktbank", erklärte Albrecht Schmidt, Vorstandsprecher der Bayerischen Vereinsbank. Vgl. o. V. (1997c), S. 28; Aus diesem Grund hat die Bayerische Vereinsbank nach der Fusion mit der Bayerischen Hypotheken und Wechselbank die Advance Bank an die Dresdner Bank verkauft. Die Dresdner Bank hatte für das Jahr 1998 die Gründung einer Direktbank und deren Marktauftritt geplant. Durch den Kauf der Advance Bank hat sie eine erste Kundenbasis erworben. Gleichzeitig schaffte die Vereinsbank eine weitere Voraussetzung für die geplante Fusion mit der Bayerischen Hypotheken- und Wechselbank, die bereits seit 1994 eine eigene Direktbank, die Direkt Anlage Bank, betreibt. Vgl. o. V. (1997d), S. 26

601 Vgl. Umweltbank (Hrsg.) (1997), S. 5

den.[602] Eine Bestimmung des aktuellen Markanteils der Direktbanken anhand der Einlagen oder des Kreditgeschäfts ist nach Ansicht des Verfassers kritisch zu betrachten, da die Direktbanken, insbesondere die Discount Broker, einen hohen Anteil im außerbilanziellen, aber provisionsträchtigen Wertpapiergeschäft innehaben.

Das Marktpotential der Direktbanken wird nach einer Untersuchung des *Instituts für Demoskopie Allensbach* auf circa 10% der Bankkunden geschätzt.[603] Insgesamt werden die Marktanteile der Direktbanken nach der Ansicht von *Betsch* in den nächsten Jahren deutlich wachsen, allerdings wird sich auch der Markt bereinigen.[604]

Die Direktbankkunden werden vorwiegend durch nachfolgende Merkmale charakterisiert:[605]

- Alter: 20-49 Jahre
- Hohes Bildungsniveau
- Kostenbewußt, selbstbewußt und selbständig in Geldangelegenheiten
- Starkes berufliches Engagement, somit wenig verfügbare Zeit
- Monatliches Nettoeinkommen mindestens DM 4.000
- Überdurchschnittlich hohe Anlagebeträge
- Hohe Aufgeschlossenheit hinsichtlich moderner Kommunikationstechniken (rund 80% der Kunden besitzen einen Personal Computer)[606]

[602] Vgl. GfK (Hrsg.) (1998), S. 5 ff.

[603] Vgl. Köcher, Renate (1997), S. 6; Zu einem ähnlichen Ergebnis kommt auch eine Untersuchung des *EMNID-Instituts*. Vgl. o. V. (1996b), S. 112; Schmidt, Ina (1996b), S. 12; Nach einer Untersuchung des *Bankenfachverbandes* interessieren sich 15 Millionen Kunden für das Geschäft mit einer Direktbank. Dieses Gesamtpotential beinhaltet 1,5 Millionen Kunden, die bereits zu einer Direktbank gewechselt sind. Des weiteren wird ein Potential von 3,8 Millionen "engen Interessenten" und von 10 Millionen „weiten Interessenten" definiert. Vgl. o. V. (1998l), S. 27; Einen Überblick über verschiedene Studien hinsichtlich des Marktpotentials von Direktbanken findet sich bei *Pischulti*. Vgl. Pischulti, Helmut (1997), S. 46 ff.

[604] Vgl. Betsch, Oskar (1999b), S. 104

[605] Diese Ergebnisse beruhen auf einer Untersuchung der *Bank 24*. Vgl. Otto, Klaus-Friedrich (1995), S. 4; O. V. (1995a), S. 700; Eine ähnliche Charakterisierung hat auch das *Institut für Demoskopie Allensbach* ermittelt. Vgl. Köcher, Renate (1997), S. 6; Eine von der *Dresdner Bank* veranlaßte Untersuchung zur Ermittlung typischer Kriterien des Direktbankkunden kam zu dem Ergebnis: Potentielle Direktbankkunden lassen sich in allen Kundengruppen der Filialbanken finden. Das Bild des typischen Direktbankkunden existiert nach den Erkenntnissen der Dresdner Bank nicht. Vgl. o. V. (1996a), S. 6

In einer Untersuchung der *Allgemeinen Deutschen Direktbank* im Jahr 1998 wurden die Gründe ermittelt, warum die privaten Bankkunden in Deutschland sich für eine Direktbank entscheiden (siehe Abbildung 37).

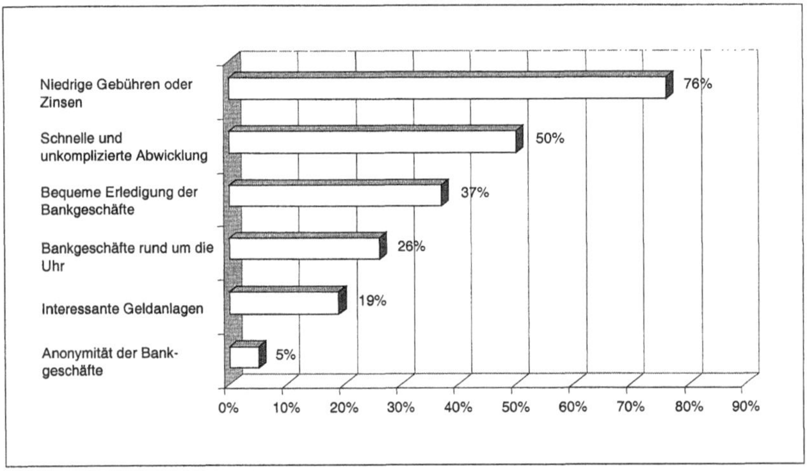

Abbildung 36: Gründe für die Entscheidung zur Wahl einer Direktbank
Quelle: Eigene Darstellung, in Anlehnung an Hafner, Bernhard (1999), S. 51

Für 76% der Kunden sind die niedrigen Kosten der dominierende Grund. Daneben besitzt der Service hohe Bedeutung. Rund 50% der Kunden führen die schnelle und unkomplizierte Abwicklung von Aufträgen, 37% die bequeme Erledigung der Bankgeschäfte und 26% die Verfügbarkeit rund um die Uhr als weitere wichtige Gründe an.[607]

Hinsichtlich der Einstellung der Kunden gegenüber den Direktbanken ist ein deutlicher Wandel in den neunziger Jahren festzustellen (siehe Abbildung 37).

[606] Eine ausführliche Darstellung der Charakteristika, durch die sich Direktbankkunden allgemein und Direct Broking-Kunden im besonderen auszeichnen, findet sich bei *Pischulti*. Vgl. Pischulti, Helmut (1997), S. 41 ff.; Zu den Kunden von Discount Brokern vgl. ebenso Eichhorn, Franz-Josef/Binsch, Mario/Frank, Michael (1997), S. 411 ff.; Eichhorn, Franz-Josef (1998), S. 12 ff.

[607] Vgl. Hafner, Bernhard (1999), S. 51

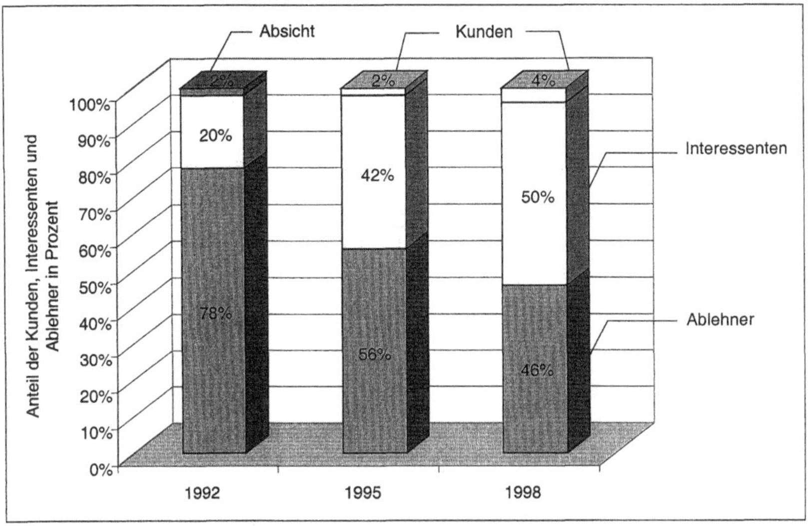

Abbildung 37: Kundenpotentiale der Direktbanken

Quelle: Eigene Darstellung, Daten entnommen aus Hessler, Andrea (1998), S. 36; GfK (Hrsg.) (1998), S. 5

Während die Zahl der Direktbanken-Ablehner in dem Zeitraum von 1992 bis 1998 von 78% auf 46% kontinuierlich abnahm, wuchs umgekehrt die Zahl der Interessenten von 20% auf 50% im selben Zeitraum. Aber erst seit 1995 stieg die Zahl der Direktbankunden an.[608]

1.2.3 Produkt- und Preispolitik der Direktbanken

Die Produkte der Direktbanken sind mit einem genau festgelegten und vom Kunden wahrzunehmenden Nutzenprofil ausgestattet. Sie sind exakt definiert, normiert und standardisiert, Improvisationen im Sinne von Sonderwünschen des Kunden sind ausgeschlossen.[609] Eine Ausnahme bildet die Advance Bank, die eine Vermögensberatung in ihrem Leistungsspektrum anbietet.[610] Die Grundstruktur der Produktpalette besteht aus wenigen, modular aufgebauten Basisprodukten, die dem Kunden von seinem bisherigen Kreditinstitut bekannt sind. Das Spektrum des Leistungspro-

608 Vgl. Hessler, Andrea (1998), S. 36

609 Vgl, Pischulti, Helmut (1996), S. 13 f.; Gewald, Stefan (1996), S. 9 f.; Hessler, Andrea (1998), S. 36; Reichart, Markus (1998), S. 28 f.

610 Vgl. Schmidt, Albrecht (1997), S. 729 f.; Raab, Hans-Jürgen (1996), S. 280 ff.

gramms umfaßt den Zahlungsverkehr, die Wertpapierabwicklung, verschiedene Formen der Geldanlagen bis hin zur Finanzierung.[611] Einen Überblick über die Produktnutzung der Kunden bei Direktbanken liefert nachfolgend Abbildung 38.[612]

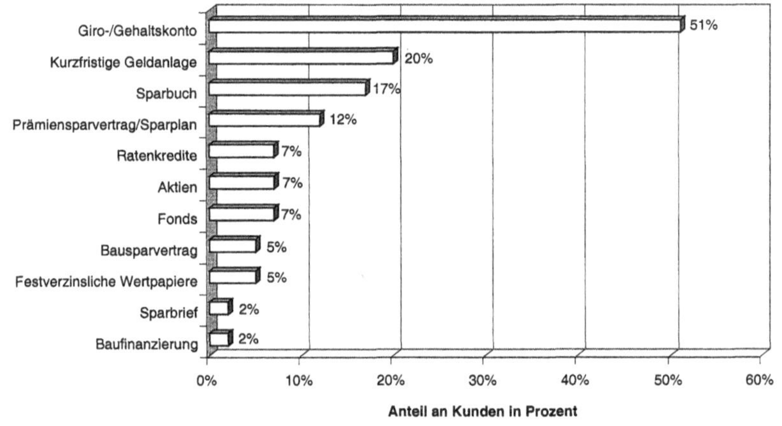

Abbildung 38: Produktnutzung bei Direktbanken

Quelle: Eigene Darstellung, Daten entnommen aus GfK (Hrsg.) (1998), S. 16

Mit 51% hat mehr als die Hälfte der Kunden ein Girokonto bei ihrer Direktbank, des weiteren besitzen 20% ein Konto für die kurzfristige Geldanlage oder nutzen unterschiedliche Sparanlagen. Hohe Bedeutung besitzen insgesamt auch die außerbilanziellen Anlagen in Aktien (7%), Fonds (7%) und festverzinslichen Wertpapieren (5%). Die Produkte der Aktivseite, wie etwa Ratenkredite mit 7%, werden hingegen nur in geringerem Maße genutzt.[613]

Der gezielte Einsatz innovativer Techniken, der völlige Verzicht auf den stationären Vertrieb und ein konsequent am Kundennutzen orientiertes Produktspektrum führen zu Leistungs-, insbesondere aber Kostenvortei-

[611] Vgl, Pischulti, Helmut (1996), S. 15; Ein ausführlicher Überblick hinsichtlich des Produktspektrums der Direktbanken findet sich in nachfolgenden Quellen. Vgl. Pischulti, Helmut (1997), S. 126 ff.; O. V. (1999j), S. 10 f.

[612] Vgl. GfK (Hrsg.) (1998), S. 16

[613] Vgl. GfK (Hrsg.) (1998), S. 16

len für die Direktbanken.[614] Die Zielsetzung der Neukundenakquisition zwingt sie, ihre Kosten- und Technologieführerschaft in eine Discountpolitik umzusetzen und den Kunden günstige Konditionen zu bieten. Die Preispolitik bildet daher ein Instrument, das den Markterfolg der Direktbanken in hohem Maße beeinflußt.[615] Eine Untersuchung der *St. Gallen Consulting Group* belegt, daß die Direktbanken die Kreditinstitute mit Filialvertrieb vor allem im Zahlungsverkehr und im Wertpapierhandel mit niedrigeren Preisen unterbieten.[616]

Im *Zahlungsverkehr* liegen die durchschnittliche Preise für die Kontoführung bei den Direktbanken pro Jahr bei DM 37,71, die vergleichbaren Preise der Kreditinstitute mit Filialvertrieb sind mit durchschnittlich DM 62,86 nahezu doppelt so hoch.[617] Einen Überblick über die durchschnittlichen Soll- und Habenzinsen der Direktbanken und der traditionellen Kreditinstitute gibt Abbildung 39.

[614] Vgl. Raab, Hans-Jürgen (1996), S. 11; Pischulti, Helmut (1995), S. 9; Pischulti, Helmut (1997), S. 134 ff.

[615] Vgl. Pischulti, Helmut (1995), S. 9; Pischulti, Helmut (1997), S. 134 ff.; Vgl. Miller, Mark (1997), S. 20; Stojan, Michael (1998), S. 442; O. V. (1997l), S. 15; Allerdings stellen nicht alle Direktbanken den Preis in den Vordergrund ihrer Kommunikationspolitik. Die reinen Billiganbieter haben nach der Ansicht von *Raab* auf Dauer keine Chance. Vgl. Raab, Hans-Jürgen (1996), S. 11

[616] Vgl. Braun, Heike/Husmann, Nele/Kahlen, Rudolf (1999), S. 138 ff.

[617] Eigene Berechnungen, Daten entnommen aus Braun, Heike/Husmann, Nele/Kahlen, Rudolf (1999), S. 146 f.; Für den Preisvergleich im Zahlungsverkehr wurden sieben Direktbanken und zwanzig Kreditinstitute mit Filialvertrieb betrachtet.
Direktbanken: Advance Bank, Allgemeine Deutsche Direktbank, Allianz Vermögens Bank, Bank 24, Bank GiroTel, Comdirekt und 1822direkt;
Kreditinstitute mit Filialvertrieb: Apotheker- und Ärztebank, Badische Beamtenbank, BfG-Bank, Citibank, Commerzbank, Dresdner Bank, Frankfurter Sparkasse, Hypo-Vereinsbank, Nassauische Sparkasse, Norisbank, Postbank, Raiffeisen- und Volksbank Mainz, Sparda-Bank Hamburg, Sparda-Bank Köln, Sparkasse Norden, Stadtsparkasse Köln, Stadtsparkasse Magdeburg, Stadtsparkasse München, Vereins- und Westbank und Volksbank Leipzig.

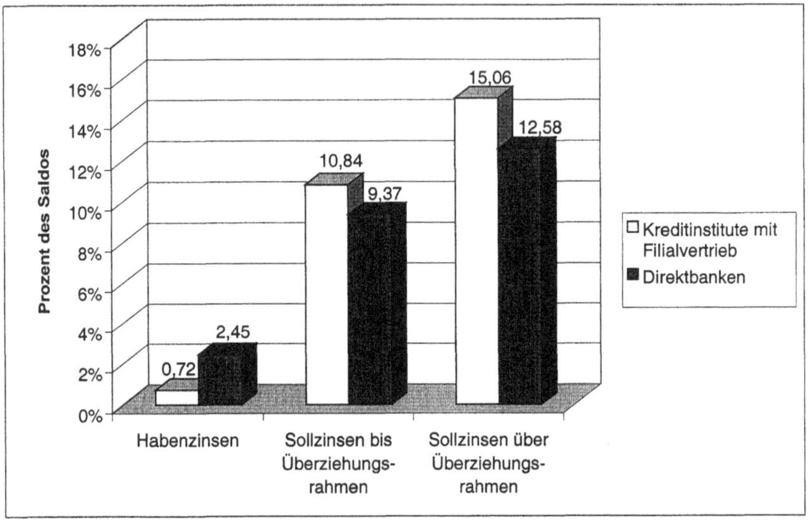

Abbildung 39: Preisvergleich von Direktbanken und Kreditinstituten mit Filialvertrieb im Zahlungsverkehr (Ende 1998)

Quelle: Eigene Darstellung und Berechnungen, Daten entnommen aus Braun, Heike/Husmann, Nele/Kahlen, Rudolf (1999), S. 146 f.

Nach der angeführten Untersuchung liegen die Direktbanken bei den Habenzinsen im Durchschnitt um 1,73 Prozentpunkte über dem Angebot der traditionellen Kreditinstitute. Gleichzeitig bieten die Direktbanken ihren Kunden Sollzinsen, die unterhalb des Überziehungsrahmens um 1,47 Prozentpunkte und oberhalb des Überziehungsrahmens sogar um 2,48 Prozentpunkte niedriger sind als bei den Kreditinstituten mit Filialvertrieb.

Im *Wertpapiergeschäft* liegen die Preise der Direktbanken ebenfalls unter denen ihrer traditionellen Wettbewerber (siehe Abbildung 40).[618]

[618] Eigene Berechnungen, Daten entnommen aus Braun, Heike/Husmann, Nele/Kahlen, Rudolf (1999), S. 144 f.; Für den Preisvergleich im Wertpapiergeschäft wurden sieben Direktbanken und neun Kreditinstitute mit Filialvertrieb betrachtet. Direktbanken: Allianz Vermögens Bank, Bank 24, Comdirekt, ConSors, Direkt Anlage Bank, Direktbanken, Entrium Direct Bankers und 1822direkt
Kreditinstitute mit Filialvertrieb: Badische Beamtenbank, Commerzbank, Dresdner Bank, HypoVereinsbank, Nassauische Sparkasse, Sparkasse Norden, Stadtsparkasse Köln, Stadtsparkasse München und Vereins- und Westbank.

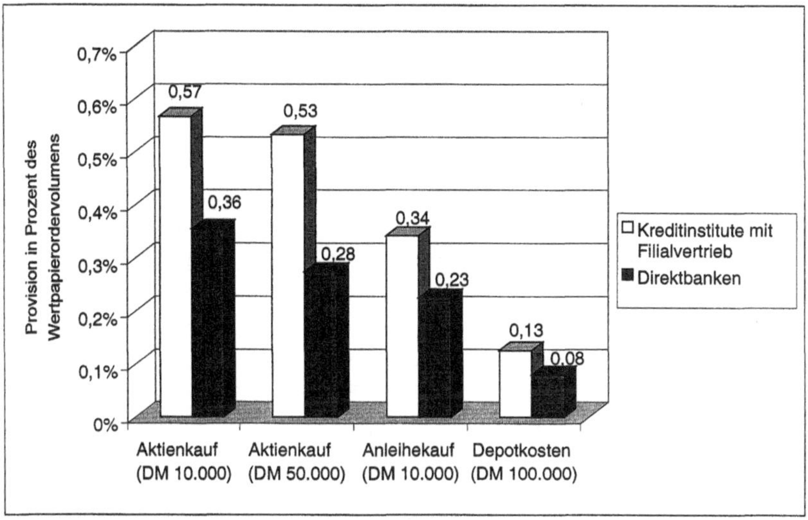

Abbildung 40: Preisvergleich von Direktbanken und Kreditinstituten mit Filialvertrieb im Wertpapiergeschäft (Ende 1998)

Quelle: Eigene Darstellung und Berechnungen, Daten entnommen aus Braun, Heike/Husmann, Nele/Kahlen, Rudolf (1999), S. 144 f.

Die durchschnittlichen Direktbank-Preise für Aktienkäufe mit unterschiedlichen Volumina sind nahezu um 50% niedriger als bei Kreditinstituten mit Filialvertrieb. Ebenso unterschreiten die Preise der Direktbanken beim Anleihenkauf die Preise ihrer traditionellen Konkurrenten. Schließlich sind die Depotpreise für die Kunden der Direktbanken im Durchschnitt um über 38% günstiger als bei Kreditinstituten mit Filialvertrieb.

1.2.4 Stärken und Schwächen der Direktbanken

Eine wichtige Stärke der Direktbanken bildet der völlige Verzicht auf Geschäftsstellen. Dadurch weisen sie eine geringere Fixkostenbelastung gegenüber den traditionellen Wettbewerbern auf und können als Kostenführer ihren Kunden relativ niedrige Preise anbieten. Die fehlende Einbindung in bestehende Geschäftsprozesse tradierter Bankstrukturen ermöglicht den Direktbanken, die Aufbau- und Ablauforganisation unter konsequenter Beachtung des Lean-Management-Konzepts[619] zu gestalten.

[619] Einen Überblick hinsichtlich der Lean-Banking-Philosophie findet sich beispielsweise bei *Benölken* und *Wings*, bei *Schuster* oder bei *Betsch*. Vgl. Benölken,

Durch die Konzentration auf den Direktvertrieb als einzige Distributionsmöglichkeit besitzen die Direktbanken eine hohe Kompetenz und ein enormes Know-how im Direct Banking. Des weiteren erlangen sie eine umfassende Kenntnis der Kundenpräferenzen in diesem Bereich. Durch eine starke Kundenorientierung bieten die Direktbanken ihren Kunden ein relativ hohes Serviceniveau, wodurch sie sich nicht nur als Kostenführer, sondern auch als Qualitätsführer am Finanzdienstleistungsmarkt differenzieren können. Den Erfolg dieser Kundenorientierung belegt eine Untersuchung der *Gesellschaft für Konsumforschung* (siehe Abbildung 41).

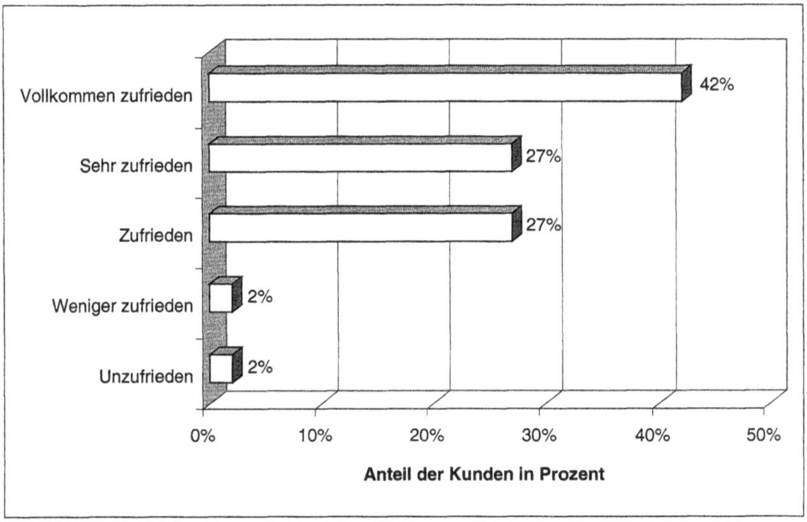

Abbildung 41: Kundenzufriedenheit mit Direktbanken

Quelle: Eigene Darstellung, Daten entnommen aus GfK (Hrsg.) (1998), S. 18

Danach sind 69% der Direktbankkunden sehr oder vollkommen zufrieden, 27% sind zufrieden. Lediglich 4% der Direktbankkunden sind weniger zufrieden oder sogar unzufrieden.[620]

Eine wesentliche Schwäche der Direktbanken bildet ihr fehlendes Geschäftsstellennetz, das gleichzeitig auch eine Stärke darstellt.[621] Denn auf eine persönliche face-to-face-Beratung will die überwiegende Mehrzahl

Heinz/Wings, Heinz (1994), S. 111 ff.; Schuster, Leo (1993), S. 1 ff.; Betsch, Oskar (1995b), S. 1 ff.

620 Vgl. GfK (Hrsg.) (1998), S. 18

der Kunden gegenwärtig nicht verzichten.[622] Die in der Regel fehlende persönliche Beratung bildet deshalb für die Mehrzahl der Kunden eine Entscheidungsbarriere zu Ungunsten der Direktbanken. Eine weitere Schwäche bildet aus Sicht vieler Kunden die beschränkte Produktpalette gegenüber den traditionellen Wettbewerbern der Direktbanken.[623] Aufgrund des Verzichts auf ein Filialnetz besteht zudem für die Direktbanken das Problem der Bargeldversorgung ihrer Kunden.[624]

---

[621] Siehe oben.

[622] Vgl. Singer, Jürgen (1998), S. 685; Spiegel (Hrsg.) (1996), S. 95; Köcher, Renate (1997), S. 6; Eine telefonische Beratung wird von der Advance Bank angeboten. Vgl. Schmidt, Albrecht (1997), S. 727; Raab, Hans-Jürgen (1996), S. 281; Siehe hierzu ausführlich Kapitel IV2.2 Integratives Modell aus Sicht der Kreditgenossenschaften, S. 153 ff.

[623] Vgl. Singer, Jürgen (1998), S. 685; Siehe hierzu auch Kapitel IV1.2.3 Produkt- und Preispolitik der Direktbanken, S. 139

[624] Hierfür wurden von den einzelnen Direktbanken unterschiedliche Lösungsansätze geschaffen. Vgl. Pischulti, Helmut (1996), S. 15; Pischulti, Helmut (1997), S. 128 f.; Der erste Lösungsansatz besteht in der Nutzung des vorhandenen Geldausgabenetzes. Die Kunden der Comdirect Bank etwa können die bundesweit installierten Geldautomaten ihres Mutterinstitutes in Anspruch nehmen. Vgl. Pischulti, Helmut (1996), S. 15; Pischulti, Helmut (1997), S. 128; Die Sparkassen haben zum März 1997 den Beschluß des Zentralen Kreditausschusses zur Gebührenregelung für den Bargeldservice an fremden Automaten für die Nutzung von Geldausgabeautomaten gekündigt. Die Zielsetzung besteht nach Aussage des Deutschen Sparkassen- und Giroverbandes darin, den Wettbewerb bei Interbanken-Preisen für die Nutzung von Geldausgabeautomaten zu ermöglichen und dadurch den Kreditinstituten eine größere Dispositionsfreiheit zu geben. Parallel dazu haben sie in ihrer eigenen Bankengruppe lückenlos das sogenannte *Heimatsparkassenmodell* umgesetzt, das den Sparkassenkunden bundesweit eine gebührenfreie Bargeldabhebung an den Geldausgabeautomaten aller Sparkassen ermöglicht. Die Ursache für diese Reaktion waren die Direktbanken, die vom dichten Geldautomatennetz der Sparkassen und der Kreditgenossenschaften profitieren. Vgl. Berndt, Holger (1997), S. 37; O. V. (1997e), S. 8; Dies führte zu entsprechenden Reaktionen von Seiten der privaten Geschäftsbanken. In der Folge haben sich die privaten Geschäftsbanken auf eine gegenseitige kostenfreie Nutzung ihrer Geldautomaten für ihre Kunden geeinigt. Vgl. Arnold, Wolfgang (1997), S. 25 f.; Strothmann, Helmuth (1997), S. 18 f.
Die zweite Form der Bargeldversorgung besteht in der Aufstellung eigener Geldausgabeautomaten. Dieses Konzept wird von der Bank GiroTel verfolgt. Die Geldausgabeautomaten werden an Tankstellen (vorwiegend Aral und Esso) sowie in Einkaufszentren aufgestellt. Daneben besteht für die Kunden die Möglichkeit, die Geldausgabeautomaten der Allbank und der Berliner Bank zu nutzen. Vgl. o. V. (1997a), S. 6; Pischulti, Helmut (1996), S. 15 f.; Pischulti, Helmut (1997), S. 128 f.
Der dritte Lösungsansatz besteht in der preispolitischen Subventionierung von Verfügungen an Geldausgabeautomaten. Die Allgemeine Deutsche Direktbank subventioniert die Bargeldbeschaffung an denjenigen Geldausgabeautomaten, die VISA-Karten akzeptieren. Vgl. Pischulti, Helmut (1996), S. 16; Pischulti, Helmut (1997), S. 129; Gaertner, Armin (1995), S. 42

Eine weitere Schwäche der Direktbanken bilden die hohen Markteintrittskosten,[625] die vor allem aus der Neuakquisition von Kunden resultieren. Die Kosten liegen dabei zwischen DM 450 und 1.000 pro Kunde.[626] Zudem bedarf es für die Etablierung eines hohen Bekanntheitsgrades großer Investitionen in die Kommunikationspolitik.[627]

Schließlich bildet der sogenannte *Kannibalisierungseffekt*, der bei dem überwiegend gewählten Tochterkonzept auftritt, eine weitere Schwäche der Direktbanken. Statt der angestrebten Kundenakquisition von anderen Kreditinstituten wandern Kunden des Mutterinstituts zur Direktbanktochter ab.[628] Beispielsweise stammen rund 8% der Kunden der Comdirect Bank von ihrer Konzernmutter, der Commerzbank.[629] Daneben sind viele Neukunden der Direktbanken sogenannte Hybridkunden oder Rosinenpicker, die lediglich einzelne Leistungen bei einer Direktbank nachfragen, und eine geringe Bindungsqualität besitzen.[630]

1.2.5 Virtuelle Banken als besondere Ausprägung der Direktbanken

Der Begriff der Virtuellen Bank wird unterschiedlich verwendet und interpretiert.[631] *Scheidler* beispielsweise definiert eine Virtuelle Bank als die Präsenz einer rechtlich existierenden Bank im Internet, speziell im World Wide Web.[632] Daraus leitet sich ab, daß de facto jedes Kreditinstitut mit einer eigenen Internetpräsenz eine Virtuelle Bank darstellt. Nach *Stockmann* handelt es sich bei einer Virtuellen Bank um einen Finanzintermediär im elektronischen Markt, der die Inanspruchnahme von Bankmarktleistungen anbietet und alle Eigenschaften einer „echten Bank" besitzt. Allerdings erstellt die Virtuelle Bank diese Leistungen nicht selbst, sondern vermittelt zwischen den Kunden und „echten" Finanzdienstleistern und

[625] Vgl. Buchholz, Angelika (1998), S. 15; Foullong, Uwe/Raab, Hans-Jürgen (1997), S. 20; Hessler, Andrea (1998), S. 39; O. V. (1998b), S. 24

[626] Vgl. Singer, Jürgen (1998), S. 689; Hessler, Andrea (1998), S. 36; Buchholz, Angelika (1998), S. 15

[627] Vgl. Singer, Jürgen (1998), S. 688; Hessler, Andrea (1998), S. 36

[628] Vgl. Morschhäuser, Berthold (1995), S. 28 f.; Veil, Michael (1997), S. 34; Pischulti, Helmut (1997), S. 102 f.

[629] Vgl. o. V. (1997b), S. 25; Siehe hierzu auch Abbildung 26, S. 117

[630] Vgl. Szallies, Rüdiger (1998), S. 283

[631] Eine ausführliche Übersicht findet sich bei *Stockmann*. Vgl. Stockmann, Carsten (1997), S. 28 f.; Stockmann, Carsten (1998), S. 273 ff.

[632] Vgl. Scheidler, Volker (1996), S. 3

nutzt hierfür die Möglichkeiten des elektronischen Vertriebs.[633] Damit übernimmt sie im Internet die analoge Rolle eines Strukturvertriebs im Sinne eines Vermittlers von Finanzdienstleistungen.[634]

Nach Ansicht des Verfassers stellt die Virtuelle Bank eine besondere Form der Direktbank dar. Sie besitzt die wesentlichen Merkmale einer Direktbank. Das Fehlen von Zweigstellen, einen eigenen Marktauftritt sowie die Beschränkung des Leistungsangebots entsprechend den Möglichkeiten des direkten Vertriebskanals. Gegenüber den klassischen Direktbanken unterscheidet sich die Virtuelle Bank jedoch durch eine wesentliche Einschränkung. Sie verwendet als Vertriebskanal ausschließlich das Internet. Die Instrumente Direct Mailing, Telefon Banking und T-Online Banking finden keine Anwendung. Daraus leitet sich nachfolgende Definition der Virtuellen Bank ab.

Eine *Virtuelle Bank* stellt eine Direktbank dar, die ausschließlich im Internet präsent ist und über diesen Vertriebsweg agiert.[635]

Die *Security First Network Bank* startete am 18. Oktober 1995[636] in den USA als erste Bank, die ausschließlich über das Internet den Kunden ihren Vollbankservice anbietet.[637] Die Online-Durchführung von Bankgeschäften war von Beginn an möglich.[638] Die Angebotspalette umfaßt den Zahlungsverkehr, das Kreditgeschäft sowie die Anlage- und Vermögensverwaltung.[639] Das Auftreten der Security First Network Bank hat sowohl optisch als auch inhaltlich Maßstäbe im Internet Banking gesetzt.[640] Der

---

[633] Vgl. Stockmann, Carsten (1997), S. 28

[634] Allerdings fehlen einer virtuellen Bank dieser Ausprägung alle weiteren spezifischen Merkmale von Strukturvertrieben wie zum Beispiel die hierarchische Aufbaustruktur, die Anreizsysteme und ähnliches mehr. Vgl. Maschmeyer, Carsten/Butterwegge, Stephan (1995), S. 326; Daher ist ein derartiger Vergleich nur hinsichtlich einiger Merkmale zutreffend.

[635] Von dem Begriff der virtuellen Bank ist der Begriff des virtuellen Unternehmen abzugrenzen. Unter einem *virtuellen Unternehmen* wird im allgemeinen eine Kooperation rechtlich unabhängiger Unternehmen verstanden, die ihre unterschiedlichen Kernkompetenzen in eine gemeinsame, Unternehmensgrenzen übergreifende Wertschöpfungskette einbringen und dem Kunden gegenüber einheitlich auftreten. Vgl. Reimers-Mortensen, Sabine/Disterer, Georg (1997), S. 137; Mertens, Peter (1994), S. 169; Buhl, Hans Ulrich/Will, Andreas/Visser, Voler (1998), S. 391

[636] Vgl. Birkelbach, Jörg (1996), S. 27

[637] Vgl. George, Thea (1995/96), S. 16; Birkelbach, Jörg (1996), S. 25 ff.; Fleischer, Klaus (1997b), S. 14; O. V. (1996d), S. 10

[638] Vgl. Birkelbach, Jörg (1996), S. 27

[639] Vgl. Fleischer, Klaus (1997b), S. 14

[640] Vgl. Birkelbach, Jörg (1996), S. 25; Fleischer, Klaus (1997b), S. 14

Kunde „betritt“ über eine virtuelle Schalterhalle eine klassische Bankfiliale. Mittels eines Mausklicks geben virtuelle Angestellte Informationen über die Bank sowie über die einzelnen Leistungen (siehe Abbildung 42).[641]

Abbildung 42: Homepage der Security First Network Bank
Quelle: www.sfnb.com, 05.01.2000

Die Security First Network Bank erfüllt entsprechend der Definition in dieser Arbeit alle Kriterien einer virtuellen Bank. Sie agiert ausschließlich über das Medium Internet.

Der Auftritt der Vielzahl von nationalen und internationalen Kreditinstituten im Internet stellt eine Form der *virtuellen Präsenz* in diesem Medium dar. Dem Kunden wird damit die Möglichkeit geboten, Bankgeschäfte über das

[641] Vgl. Erlingheuser, Bernd (1998), S. 51

Internet abzuwickeln, jedoch handelt es sich bei diesen Instituten um keine virtuelle Bank.

Im Jahre 1998 haben sieben Sparda-Banken[642] eine Direktbank in Form einer gemeinsamen Tochtergesellschaft gegründet, die seit April 1999 als *NetBank AG* ausschließlich über das Internet agiert. Diese gestaltet als unabhängiges Institut eigenständig ihre Geschäftspolitik[643] und ist ebenfalls eine virtuelle Bank (siehe Abbildung 43).[644]

Die NetBank bietet unter der Dachmarke *netgic* als zentrales Produkt das *netgic Konto* mit Dispositionskredit, das Sparkonto, die Termineinlage sowie das Abwicklungskonto für das Wertpapierdepot. Daneben werden sonstige Finanzdienstleistungen wie zum Beispiel Versicherungen, Bausparverträge und Fonds angeboten. Zudem wird das *netgic*-Angebot der NetBank zusammen mit verschiedenen Kooperationspartnern mit Produkten wie zum Beispiel Musik-CDs zu einem elektronischen Marktplatz ausgebaut.

---

642 In Deutschland gibt es 16 Sparda-Banken. Vgl. o. V. (1999f), S. 18; Die früheren Eisenbahn-Spar-und Darlehenskassen waren ursprünglich sui generis Branchebanken. Sie entwickelten sich von dieser Position über eine Bank für alle Angehörigen des öffentlichen Dienstes hin zu einer Konsumentenbank. Vgl. Hahn, Oswald (1988), S. 177; Hinsichtlich ihrer historischen Entwicklung vgl. Hörbelt, Franz-Josef (1992), S. 601; Seit den siebziger Jahren nehmen die Sparda-Banken auch Angehörige aus anderen Bereichen des öffentlichen Dienstes als Mitglieder auf. Vgl. Aschhoff, Gunther/Henningsen, Eckart (1995), S. 62; Die Gesamtzahl der Mitglieder von insgesamt 1,6 Millionen im Jahr 1997 entspricht nahezu der Kundenzahl. Die durchschnittliche Bilanzsumme der Sparda-Banken beträgt DM 3,1 Milliarden. Vgl. Otto, Klaus-Friedrich (1998), S. 4; Die durchschnittliche Bilanzsumme aller Kreditgenossenschaften in Deutschland beträgt zum Vergleich DM 402 Millionen im Jahr 1997. Vgl. BVR (Hrsg.) (1997a), S. 39

643 Vgl. o. V. (1999f), S. 18; O. V. (1998k), S. 6; Die NetBank hat ein Grundkapital von DM 10 Millionen und beschäftigt insgesamt zehn Mitarbeiter. Vgl. www.netbank.de, 19.04.1999

644 Ein genereller Verzicht auf das Direct Mailing, das heißt die Abwicklung von Bankgeschäften mittels Brief, ist auch bei der NetBank nicht möglich. Für die Kontoeröffnung bedarf es einer Unterschrift auf dem Kontoeröffnungsantrag von Seiten des Kunden. Vgl. www.netbank.de, 03.05.1999. Eine sogenannte digitale Unterschrift ist hierfür nicht ausreichend. Vgl. hierzu ausführlich Raskin, Peter (2000), S. 225 ff.; Häcker, Joachim (1998), S. 70; Das Problem einer sogenannten *digitalen Signatur* oder *digitalen Unterschrift* besteht darin, daß eine Überprüfung der Zusammengehörigkeit der digitalen Unterschrift mit dem Unterschreibenden nicht erfolgt. Beim realen Personalausweis wird eine eindeutige Identifikationsprüfung durch die Ausgabe über eine amtliche Stelle sowie durch das Lichtbild ermöglicht. Vgl. Bauer, Alfred (1998), S. 463; Engel-Flechsig, Stefan (1998), S. 198 ff.; Anderer, Boris (1998), S. 30 f.; Appel, Wolfgang Philipp/Tebbe, Regina (1999), S. 68 ff.; O. V. (1998h), S. 19

Abbildung 43: Homepage der NetBank

Quelle: www.netbank.de, 05.01.2000

Eine Besonderheit bildet das kostenfreie Angebot von individualisierten Informationen. Der NetBank-Kunde kann sich entsprechend seinem gewünschten Profil eine eigene Homepage mit Informationen zu Börsenkursen oder Nachrichten aus Politik, Wirtschaft, Kultur oder Sport zusammenstellen. Diese individualisierten Informationen erhält der Kunde auf den World Wide Web-Seiten der NetBank oder zum Teil per E-Mail und Handy.[645]

[645] Vgl. o. V. (1999d), o. S.; Zur Thematik der Individualisierung von Internetpräsentationen vgl. Heigl, Christian (2000), S. 299 ff.

2 Direct Banking-Modelle für die Kreditgenossenschaften

Jede Kreditgenossenschaft als rechtlich und wirtschaftlich selbständiges Kreditinstitut ist frei in der Entscheidung über den Einsatz und die Ausgestaltung des Direct Banking. Für die strategische und operative Umsetzung des Direct Banking stehen das Institutionelle Modell und das Integrative Modell zur Disposition.

Nachfolgend werden die beiden Direct Banking-Modelle aus Sicht der Kreditgenossenschaften diskutiert und jeweils in Bezug zur Gesamtstrategie für die Kreditgenossenschaften gesetzt.

2.1 Institutionelles Modell aus Sicht der Kreditgenossenschaften

Das Institutionelle Modell beinhaltet, daß ein Kreditinstitut eigenständig als Direktbank am Markt agiert. Das Merkmal der Direktbank besteht in der ausschließlichen Fokussierung auf den Direktvertriebsweg und der entsprechenden Ausrichtung des gesamten Instituts auf diesen Vertriebsweg.[646] Aus Sicht der Kreditgenossenschaften besitzt das Institutionelle Modell in zwei Ausprägungen Relevanz, in Form einer Direktbank für den gesamten genossenschaftlichen FinanzVerbund und in Form einer Direktbank als Tochter einer oder mehrerer Kreditgenossenschaften.

2.1.1 Direktbank für den gesamten genossenschaftlichen FinanzVerbund

Eine Direktbank für den gesamten genossenschaftlichen FinanzVerbund besitzt die Möglichkeit, sich als eigenständiges Institut mit einem individuellen Profil am Markt zu plazieren. Dadurch kann sich diese genossenschaftliche Direktbank klar gegenüber den Wettbewerbern differenzieren und positionieren.

Die Strategie einer zentral agierenden genossenschaftlichen Direktbank steht allerdings im Widerspruch zum Subsidiaritätsprinzip[647] und vor allem zu den Kernkompetenzen der Kreditgenossenschaften. Durch eine zentrale genossenschaftliche Direktbank wird die Fokussierung der Kreditgenossenschaften auf einen eng begrenzten regionalen Markt unterlaufen. Eine genossenschaftliche Direktbank würde in direkten Wettbewerb zu

[646] Siehe hierzu Kapitel IV1.2 Direktbanken, S. 133 ff.
[647] Siehe hierzu Kapitel II2.4 Subsidiaritätsprinzip, S. 18

den einzelnen Kreditgenossenschaften vor Ort treten. Die Folge dieses selbstinduzierten Wettbewerbs wären Kannibalisierungseffekte. Die Strategie einer Differenzierung der Kreditgenossenschaften mit einer Fokussierung auf den regionalen Markt und das Instrument des Retention Marketing würden sich in einer zentral ausgerichteten genossenschaftlichen Direktbank nicht widerspiegeln. Eine zentrale Direktbank für den gesamten genossenschaftlichen FinanzVerbund stellt aus den angeführten Gründen daher keine relevante Strategie für die Kreditgenossenschaften dar.

2.1.2 Direktbank als Tochter einer oder mehrerer Kreditgenossenschaften

Die Gründung einer Direktbank als Tochter einer oder mehrerer Kreditgenossenschaften bildet die zweite Alternative im Rahmen des Institutionellen Modells.

Für eine oder mehrere Kreditgenossenschaften wäre die Gründung einer Direktbank mit enormen Investitionen verbunden. Vor allem ergeben sich dadurch hohe Kosten, daß sich eine neu am Markt plazierte Direktbank über die Akquisition von Neukunden einen eigenen Kundenstamm schaffen muß. Den angeführten Kosten müssen mittelfristig entsprechende Erlöse gegenüberstehen. Aufgrund der Marktenge im Direktbankgeschäft muß dies jedoch kritisch gesehen werden. Zudem steht die Strategie der Neukundenakquisition im Widerspruch zu der strategischen Ausrichtung der Kreditgenossenschaften, die in einer regionalen Fokussierung und einer Intensivierung bestehender Kundenbeziehung besteht. An Stelle einer Forcierung des Retention Marketing müßten die Kreditgenossenschaften in eine Strategie der Neukundengewinnung investieren. Analog zu einer zentral agierenden genossenschaftlichen Direktbank würden Kannibalisierungseffekte gegenüber dem oder den Mutterinstituten auftreten.

Aus diesen Gründen bildet auch eine Direktbank als Tochter einer oder mehrerer Kreditgenossenschaften keine relevante Strategie für die Kreditgenossenschaften.

2.2 Integratives Modell aus Sicht der Kreditgenossenschaften

Das Integrative Modell besteht aus einer Kombination des Direct Banking und der traditionellen Vertriebswege. Diese Kombination ermöglicht den Kreditgenossenschaften, ihre regionale Verwurzelung als Kernkompetenz zu erhalten und zugleich dem Kundenwunsch nach einem Direct Banking-Angebot zu entsprechen.

Eine Untersuchung der *Gesellschaft für Konsumforschung* zeigt die Nutzung der einzelnen Vertriebswege für die Durchführung von Bankgeschäften und die Kommunikation mit Kreditinstituten (siehe Abbildung 44).[648]

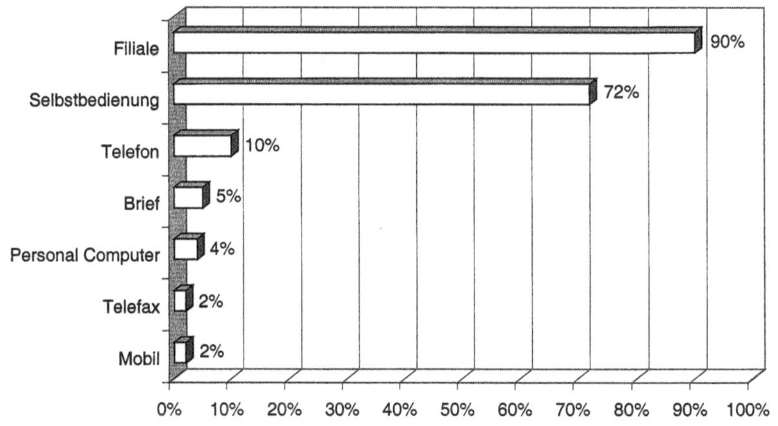

Abbildung 44: Geschäftsabwicklung und Kommunikation mit Kreditinstituten

Quelle: Eigene Darstellung, Daten entnommen aus GfK (Hrsg.) (1998), S. 8

Mit 90% präferiert die überwiegende Mehrheit der Kunden die Durchführung von Bankgeschäften und die Kommunikation mit „ihrem" Kreditinstitut über den stationären Vertriebsweg. Daneben belegt die Nutzung der Selbstbedienungsstellen mit 72% die inzwischen hohe Technikaffinität der Bankkunden. Die Kommunikation und Durchführung von Transaktionen über das Telefon mit 10%, den Brief mit 5% und den Personal Computer

[648] Vgl. GfK (Hrsg.) (1998), S. 8

mit 4% sowie das Telefax mit 2% zeigen, daß ein nicht unerheblicher Teil der Kunden die Vertriebsinstrumente des Direct Banking nutzt.

Dieses Ergebnis steht in Einklang mit einer Untersuchung des *Spiegel-Verlages*. Danach wollen 88% der Kunden auf die persönliche Beratung durch ihr Kreditinstitut nicht verzichten.[649] Insbesondere die Kunden der Kreditgenossenschaften legen weiterhin großen Wert auf die persönliche Kunde-Bank-Beziehung.[650] Die Untersuchung zeigt eine insgesamt positive Einstellung in bezug auf das Direct Banking. Dabei ist die klare Tendenz erkennbar, daß vor allem Kunden in den Altersgruppen von 14-29 Jahren und 30-49 Jahren eine besonders starke Affinität zu Direct Banking-Angeboten haben.[651] Allerdings sehen mit 83% die große Mehrzahl der Bankkunden das Direct Banking nur dann als sinnvoll an, wenn es *zusätzlich* zum bisherigen Bankservice angeboten wird.[652] Die Kunden präferieren beispielsweise bei größeren Geldanlagen oder individueller Kreditaufnahme das persönliche Vieraugengespräch mit ihrem Kundenbetreuer. Die Motive des Kunden liegen in der individuellen Betreuung, der Kompetenz und der persönlichen Vertrauensbasis.[653]

Das Integrative Modell besitzt gegenüber einer *reinen* Direktbank den Vorteil, daß es dem Kunden freistellt, wahlweise den stationären oder den elektronischen Vertriebsweg zu nutzen.[654] Durch diese Wahlfreiheit erhält der Kunde ein hohes Maß an Flexibilität bei seiner Entscheidung für einen Vertriebsweg.[655] Das Integrative Modell weist nach *Bartmann* als weitere Vorteile gegenüber den Direktbanken folgende Merkmale auf:

- Das Erscheinungsbild des Kreditinstituts gegenüber dem Kunden ist einheitlich.
- Das Kreditinstitut behält einen engen Kundenkontakt und profitiert gleichzeitig von den Kostenvorteilen der elektronischen Vertriebswege.

---

[649] Generell besteht mit zunehmendem Alter eine stärkerer Wunsch nach Beratung: 14-29 Jahre: 80%, 30-39 Jahre: 86%, 50-64 Jahre: 92%, über 65 Jahre: 95%. Vgl. Spiegel (Hrsg.) (1996), S. 95

[650] Vgl. Genossenschaftsverband Bayern (Hrsg.) (1997), S. 21

[651] Vgl. Spiegel (Hrsg.) (1996), S. 95 f.

[652] Vgl. Spiegel (Hrsg.) (1996), S. 95

[653] Vgl. Heitmüller, Hans-Michael (1996), S. 24

[654] Vgl. Martin, Andreas (1996), S. 22

[655] Vgl. Pischulti, Helmut (1997), S. 115

- Die Gesamtbanksteuerung wird durch das einheitliche Management wesentlich erleichtert und erlaubt global optimierte Preisstrategien.[656]

Die Kosten für das Direct Banking im Rahmen des Integrativen Modells dürften unter den Kosten für die Neugründung einer eigenständigen Direktbank liegen. Vor allem entfällt im Integrativen Modell eine Neuakquisition von Kunden. Hingegen können sich aber große Probleme durch die Integration in tradierte Bankstrukturen ergeben.

Der Wechsel der Bank 24 vom Institutionellen hin zum Integrativen Modell in Form der Deutsche Bank 24 scheint den Erfolg dieses Modells zu belegen. Nachdem die Deutsche Bank ihre Direktbanktochter Bank 24 im Jahre 1995 gegründet hatte, erfolgte Anfang 1999 eine Aufhebung der Trennung des Filial- und Direktvertriebs, um den bestehenden Kundenwünschen zu entsprechen. Mit der Gründung der Deutsche Bank 24 AG wurde das Direktbank- und Filialbankgeschäft unter einem Dach innerhalb des Deutsche Bank-Konzerns zusammengeführt.[657]

Das Integrative Modell bringt die Kernkompetenzen der Kreditgenossenschaften in Form der Fokussierung auf einen regionalen Markt und der Integration in die dezentrale Struktur des genossenschaftlichen Finanz-Verbundes zur Geltung. Das Institutionelle Modell hingegen steht diesen besonderen Wesensmerkmalen der Kreditgenossenschaften entgegen. Die Integration des Direct Banking unterstützt die Wettbewerbsstrategie der Kreditgenossenschaften in Form der Differenzierung im regionalen Markt. Sie steht im Einklang mit der Mehrzahl der Kundenwünsche nach dem persönlichen und direkten Vertrieb und bildet dadurch einen wichtigen Aspekt der Kundenbindung im Rahmen des Retention Marketing.

[656] Vgl. Bartmann, Dieter (1996), S. 19

3 Multiple Channel als Vertriebsmodell für die Kreditgenossenschaften

Das Integrative Modell beinhaltet die Einbindung des Direct Banking in den bestehenden Vertrieb. Die Integration sollte allerdings kein eindimensionales additives Hinzufügen eines weiteren Vertriebsweges darstellen, wie dies in der Praxis häufig der Fall ist. Die Problematik des additiven Aufbaus von Direct Banking-Instrumenten zeigt beispielsweise eine Studie der *Diebold Management-Beratung*. Keine der untersuchten Universalbanken konnte durch die Einführung des Telefon Banking die angestrebten Rationalisierungsvorteile erzielen.[658]

Das Integrative Modell erfordert deshalb die Veränderung der bestehenden Vertriebsstrukturen und führt zu einem neuen Gesamtvertriebsmodell für die Kreditgenossenschaften. Daraus leitet sich für die Kreditgenossenschaften die Frage nach dem Wesen und der Gestaltung dieses Vertriebsmodell sowie nach den Auswirkungen auf die existierende Betriebsstruktur ab.

Den Ausgangspunkt der Betrachtung bilden die Kundenpräferenzen[659] sowie die Kosten dieses Vertriebsmodells. Dem folgt eine Diskussion der Restrukturierung und Redimensionierung[660] der traditionellen Vertriebsstrukur der Kreditgenossenschaften als Notwendigkeit für die strategische und operative Umsetzung dieses Vertriebsmodells. Abschließend werden die Konsequenzen für die Betriebsstruktur der Kreditgenossenschaften betrachtet.

[657] Vgl. Holtrop, Thomas (1999), S. 13; Otto, Klaus-Friedrich (1999), S. 4; O. V. (1998e), S. 6

[658] Vgl. o. V. (1995e), S. 2

[659] Vgl. Betsch, Oskar (1999c), S. 23

[660] Vgl. Betsch, Oskar (1999b), S. 104; In einem Vergleich der strukturellen Veränderungen im Einzelhandel mit dem Veränderungen im Kreditsektor kommt *Bruhn* zu dem Ergebnis, daß sich die Banken und Sparkassen künftig stärker auf die angebots- und nachfrageseitigen Wettbewerbsveränderungen konzentrieren müssen, um durch entsprechende Aktivitäten bestehende und potentielle Kundengruppen an ihr Unternehmen binden zu können. Banken und Sparkassen müssen vor allem, wie der Einzelhandel, ihre Vertriebsformen an diese neuen Anforderungen ausrichten. Vgl. Bruhn, Manfred (1997a), S. 40; Betsch, Oskar (1999b), S. 100; Betsch, Oskar (1999a), S. 25

3.1 Modell des Multiple Channel

Eine Untersuchung der *Dresdner Bank* prognostiziert die Vertriebswegepräferenzen der Kunden im Privatkundengeschäft bis zum Jahr 2010 entsprechend der in Abbildung 45 dargestellten Ausprägung.

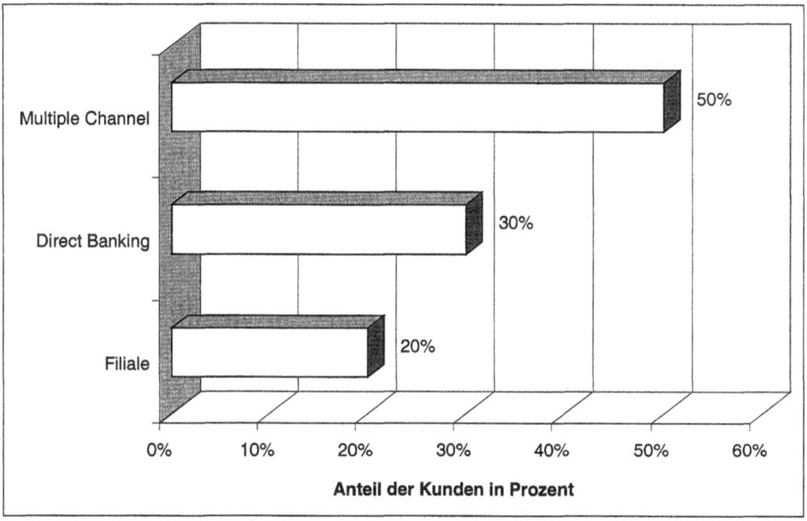

Abbildung 45: Vertriebswegepräferenzen im Privatkundengeschäft bis 2010

Quelle: Eigene Darstellung, Daten entnommen aus einer Untersuchung der Dresdner Bank, in: Otto, Klaus-Friedrich (1996), S. 5

Einem Kundensegment von circa 20%, das nahezu ausschließlich den traditionellen Zugang zu Finanzdienstleistungen über den stationären Vertrieb vorzieht, stehen circa 30% der Kunden gegenüber, die Direct Banking bevorzugen und auf mitarbeiterbediente, stationäre Vertriebsstellen verzichten. Die Mehrzahl der Kunden mit circa 50% präferiert die Wahlmöglichkeit im Vertrieb. Neben dem Direct Banking legen diese Kunden auch weiterhin Wert auf die Zweigstelle in ihrer Nähe.[661] Eine

[661] Vgl. Otto, Klaus-Friedrich (1996), S. 5; Zu einem ähnlichen Ergebnis kommt eine Untersuchung des *Deutschen Sparkassen- und Giroverbandes*. Danach wollen circa 15-20% der Kunden nahezu vollständig auf den stationären Vertrieb verzichten. Dem gegenüber wünschen sich circa 40% der Kunden ausschließlich den traditionellen stationären Vertrieb. Mit 40-45% legt die Mehrzahl der Kunden wert auf mehrere parallele Vertriebswege. Vgl. Busatta, Jörg et altera (1997), S. 25; Bereits

Studie von *Booz Allen & Hamilton* kommt zu ähnlichen Ergebnissen, wobei der „Multikanalkunde" in dieser Untersuchung mit circa 60-80% zu Lasten von sogenannten Filialtraditionalisten mit 10-20% noch stärker dominiert.[662]

3.1.1 Begriff des Multiple Channel

Multiple Channels stellen ein paralleles Nebeneinander von Vertriebswegen mit dem Ziel einer umfassenden *Kundennähe* dar. Diese Nähe zum Kunden bedingt nicht notwendigerweise räumliche Nähe, sondern ist im Sinne einer Verfügbarkeit des Kreditinstituts für das jeweilige Kundenbedürfnis zu interpretieren. Für den Kunden eröffnet sich dadurch die Möglichkeit, den für ihn situativ besten Zugang zum Kreditinstitut zu wählen.[663] Notwendig ist eine Doppelstrategie, bei der einerseits die Kosten der Geschäftsstellen reduziert werden und zugleich die Vertriebsorientierung der Mitarbeiter gestärkt wird. Daneben wird das Direct Banking als alternativer Vertriebsweg aufgebaut beziehungsweise erweitert.[664]

3.1.2 Leistungskomplexität und Kosten im Multiple Channel

Für die strategische Positionierung der traditionellen Vertriebskanäle und des Direct Banking sind primär zwei Kriterien maßgebend:

- Komplexität der Leistungen, die den Kunden in Verbindung mit dem jeweiligen Vertriebskanal geboten werden,
- Kosten, die mit der Einrichtung und dem Betrieb des jeweiligen Vertriebskanals verbunden sind.[665]

Für eine erfolgreiche Integration des Direct Banking ist die angeführte Neustrukturierung des bestehenden Vertriebssystems erforderlich, um nicht durch einen additiven „Anbau" zusätzlicher Vertriebswege lediglich

heute haben 20% aller Bankkunden lediglich alle drei Monate oder seltener persönlichen Kontakt mit ihrem Kreditinstitut, weitere 29% nur einmal im Monat. Vgl. Köcher, Renate (1998), S. 246 f.; Siehe hierzu auch Kapitel II4.2.4 Abnehmende Kundenbindung, S. 48

662 Vgl. Pauluhn, Burkhardt (1998b), S. 563

663 Vgl. Simon, Markus/Crameri, Mario (1998), S. 70; Mit Ausnahme von Bargeldtransaktionen an der Kasse sowie der Legitimation bei der Eröffnung der Bankverbindung müssen bei keiner Bankdienstleistung Kunde und Bank am selben Ort gleichzeitig sein. Vgl. Pauluhn, Burkhardt (1998b), S. 559

664 Vgl. Krupp, Georg (1996), S. 250

665 Vgl. Pauluhn, Burkhardt (1998b), S. 565

die Gesamtkosten zu erhöhen. Die Vielzahl der Vertriebskanäle und deren Gewichtung stehen dabei im Spannungsfeld von Leistungskomplexität und Vertriebskosten (siehe Abbildung 46).

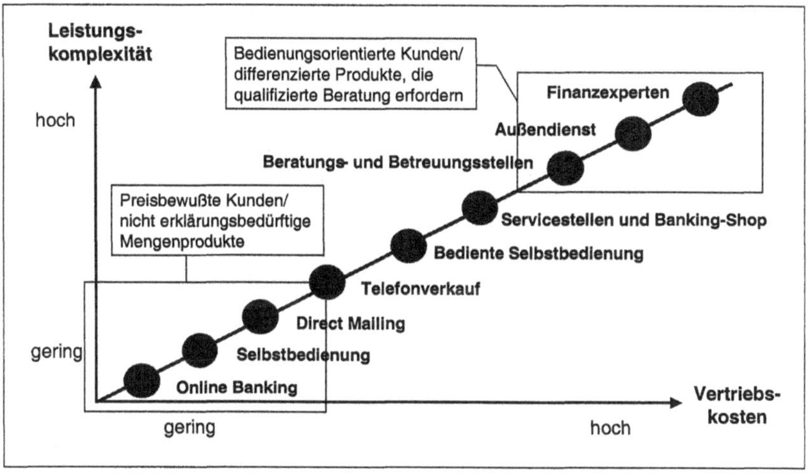

Abbildung 46: Strategische Positionierung des Direct Banking im Multiple Channel

Quelle: Eigene Darstellung, in Anlehnung an Pauluhn, Burkhardt (1998b), S. 565; Betsch, Oskar (1988b), S. 42; Betsch, Oskar (1995b), S. 27

Der bedienungsorientierte Kunde besitzt einen Bedarf an differenzierten Produkten und qualifizierter Beratung, die sich durch einen hohen Komplexitätsgrad auszeichnen. Für diese Kunden eignen sich als Zugangswege die Beratungs- und Betreuungsstellen, ein qualifizierter Außendienst oder spezielle Finanzexperten. Dem gegenüber bieten sich für preisbewußte Kunden mit einem Bedarf an nicht erklärungsbedürftigen Mengenprodukten die Vertriebskanäle des Direct Banking an, die tendenziell Leistungen mit einer geringeren Komplexität aufweisen und mit niedrigeren Vertriebskosten belegt sind.

Das Ziel des Multiple Channel-Management muß neben dem Kundennutzen in einem straffen Kostenmanagement bestehen (siehe Abbildung 47).

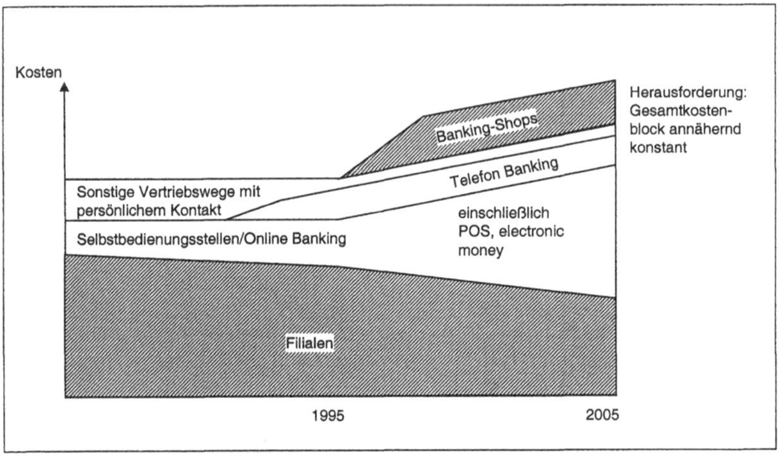

Abbildung 47: Kosten im Multiple Channel

Quelle: Coopers & Lybrand, in: Pauluhn, Burkhardt (1998b), S. 566

Der Gesamtkostenblock der Vertriebswege sollte annähernd konstant bleiben, die Vertriebskanäle des Direct Banking müssen durch Einsparungen im traditionellen stationären Vertrieb finanziert werden.[666]

3.2 Neustrukturierung des stationären Vertriebs im Multiple Channel der Kreditgenossenschaften

Multiple Channel als Vertriebsmodell ermöglichen den Kreditgenossenschaften, sowohl den bestehenden und zukünftigen Kundenpräferenzen zu entsprechen als auch die Kosten in einem betriebswirtschaftlich relevanten Maß zu gestalten.

Der erste Schritt der strategischen Umsetzung des Multiple Channel-Modells besteht für die Kreditgenossenschaften in einer Neustrukturierung des stationären Vertriebsnetzes[667]. Der zweite Schritt erfordert den

[666] Vgl. Pauluhn, Burkhardt (1998b), S. 566

[667] Die Kreditgenossenschaften unterhielten 1998 in Deutschland ein Netz von 16.139 Zweigstellen. Mit insgesamt 18.388 Bankstellen verfügen sie über das dichteste Bankstellennetz nicht nur in Deutschland, sondern in Europa. Neben den personenbesetzten Zweigstellen stellen sie ihren Kunden rund 13.000 Geldausgabeautomaten zur Verfügung. Siehe hierzu Kapitel II5.3 Allgemeiner Verwaltungsaufwand, S. 54 f.; Im Jahr 1996 waren 29% der Bankstellen der Kreditgenossenschaften mit lediglich einem Mitarbeiter belegt. Die Hälfte aller Zweigstellen hatten zwei bis vier Mitarbeiter. Nur 21% der Zweigstellen waren mit mehr als vier Mitarbeitern besetzt.

abgestimmten Einsatz des Direct Banking. Die Ziele der Integration des Direct Banking bei Kreditgenossenschaften sollten in der Erhöhung des Kundennutzens mit dem Ziel der Kundenbindung und der Ausnutzung von Rationalisierungmöglichkeiten im Privatkundengeschäft zur Realisierung von Kostensenkungspotentialen liegen.[668]

Das additive an Stelle eines substitutiven Hinzufügens weiterer Vertriebskanäle zu der *bestehenden* Vertriebsstruktur führt zu einem undifferenzierten Vertriebs- und Leistungsangebot. Dieses Angebot ist aus Sicht der Kunden wenig stimmig und erhöht zugleich die Gesamtvertriebskosten bei

---

Vgl. BVR (Hrsg.) (1997b), S. 2; Die absolute Zahl der Zweigstellen im Jahre 1996 betrug 16.977. Vgl. Deutsche Bundesbank (Hrsg.) (1997a), S. 104; Nach Auskunft von Herrn Volker Wilkens, Mitarbeiter des Bundesverbandes der Deutschen Volksbanken und Raiffeisenbanken, am 11.05.1999 sind aktuellere Daten nicht verfügbar, da diese Daten lediglich in unregelmäßigen Abständen erhoben werden.

[668] Siehe hierzu ausführlich Kapitel V Strategische und operative Umsetzung des Direct Banking bei den Kreditgenossenschaften, S.185 ff.

Die ortsunabhängige Nutzbarkeit des Direct Banking tangiert das *Regionalprinzip*, das eine Wettbewerbseingrenzung bei den Kreditgenossenschaften darstellt und sich aus der Mitgliederbezogenheit des Förderungsauftrags ableitet. Eine Begrenzung der Geschäftstätigkeit der Kreditgenossenschaften ergibt sich aus dem Statut über die Sicherungseinrichtung des Bundesverbandes der Deutschen Volksbanken und Raiffeisenbanken. Danach ist der Einzugsbereich der Kreditgenossenschaften geographisch abgegrenzt, eine Erweiterung oder eine Standortverlagerung ist nicht möglich. Vgl. Krönung, Hans-Dieter/Fichelscher, Andreas (1996), S. 50; Siehe hierzu ausführlich Kapitel Prinzipien der Genossenschaften; Aufgrund diverser Insolvenzen einiger Kreditgenossenschaften, die unter anderem aus ortsfremder Geschäftstätigkeit herrühren, achten die regionalen Prüfungsverbände auf die Einhaltung dieses Grundsatzes. Vgl. BVR (Hrsg.) (1987), S. 88; Betsch, Oskar (1988b), S. 117; Genossenschaftsverband Bayern (Hrsg.) (1997), S. 50 f.; Zeyer, Fred (1999), S. 32; Kollbach, Walter (1992), S. 580 f.

Während das Regionalprinzips im stationären und mobilen Vertrieb problemlos beachtet werden kann, wird dieses Prinzip nachhaltig durch das Angebot des Direct Banking in Frage gestellt. Dabei wird der Einzugsbereich der Kreditgenossenschaften zwar nicht durch eine Standortverlagerung aufgehoben, aber durch die überregionale Kommunikations- und Transaktionsmöglichkeiten der Kunden erweitert. Neben dem Telefon Banking wird vor allem durch die Präsenz der Kreditgenossenschaften im global nutzbaren Internet das Regionalprinzip in seiner bisherigen Konsistenz unterlaufen. Für die Lösung dieser Problematik stehen den Kreditgenossenschaften nach Ansicht des Verfasser zwei Möglichkeiten zur Verfügung. Die Kreditgenossenschaften können das Regionalprinzip durch einen völligen Verzicht des Direct Banking gewährleisten. Diese Alternative entspricht allerdings nicht den bestehenden und zukünftigen Markterfordernissen und führt zu enormen Wettbewerbsnachteilen für die Kreditgenossenschaften. Daher kann das Regionalprinzip lediglich durch einen freiwilligen Verzicht der Kreditgenossenschaften, außerhalb ihres jeweiligen Einzugsbereichs Kunden im Rahmen des Direct Banking aktiv zu akquirieren, gewahrt bleiben.

den Kreditgenossenschaften. Daraus ergibt sich für die Kreditgenossenschaften die Notwendigkeit, durch eine zielgruppenorientierte Neustrukturierung des stationären Vertriebs ein Einsparungspotential für die Integration des Direct Banking zu erzielen.

Die stationären Vertriebswege der Kreditgenossenschaften sollten deshalb entsprechend dem von *Betsch* entwickelten *Drei-Banken-Modell*[669] in eine Technikbank, Servicebank und Beratungs- und Betreuungsbank differenziert werden. Dieses Modell beinhaltet auf der Grundlage der unterschiedlichen Kundenbedürfnisse die Trennung der Routine- und Beratungstätigkeit in mehrere eigenständige stationäre Vertriebswege.[670]

Im folgenden werden die konkrete Neugestaltung des stationären Vertriebs im Rahmen eines Multiple Channel-Modells für die Kreditgenossenschaften diskutiert und in Selbstbedienungsstelle und bediente Selbstbedienung, Servicestelle und Banking-Shop sowie in Beratungs- und Betreuungsstelle unterschieden.

3.2.1 Selbstbedienungsstelle und bediente Selbstbedienung

Unter *Selbstbedienungsstellen* (Technikbank) werden Zweigstellen verstanden, die ausschließlich mit Automatensystemen ausgestattet sind und eine selbständige Durchführung von Bankgeschäften durch den Kunden ermöglichen. Die Funktionsbreite der Automatensysteme reicht von Einzelfunktionsterminals wie etwa Geldausgabeautomat oder Kontoauszugsdrucker bis hin zu Mehrfunktionsterminals, die neben der Geldausgabefunktion auch Kontostände übermitteln oder die Durchführung von Überweisungen ermöglichen (siehe Tabelle 4).[671]

669 *Betsch* differenziert ursprünglich zwischen einer Automaten- beziehungsweise Selbstbedienungszweigstelle, einer Mischzweigstelle mit den unterschiedlichen Teilbereichen Technik- (Selbstbedienungs-) und Beratungsbereich und einem Betreuungs- und Beratungszentrum. Grundlegend vgl. Betsch, Oskar (1988b), S. 42 ff.; Betsch, Oskar (1995b), S. 27 ff.; Betsch, Oskar (1996), S. 12 f.; Betsch, Oskar (1997d), S. 712 ff.

670 Vgl. Betsch, Oskar (1995b), S. 27; Die Volksbank Lahr hat dieses Konzept durch die Trennung in eine Beraterbank, Servicebank und Selbstbedienungsbank mit dem Ziel einer Erhöhung der Kundenzufriedenheit umgesetzt. Vgl. Basler, Manfred (1998), S. 71 f.

671 Vgl. Büschgen, Hans E. (1997), S. 94

Leistungsangebot	Selbstbedienungsgestützte Routineleistungen ▪ Zahlungsverkehr, Kontoführung ▪ Erweiterte Produktpalette (zum Beispiel Spargeschäft)
Standort	Geschäftsstelle, in denen eine betriebswirtschaftlich sinnvolle Auslastung zu erwarten ist
Zahl der Mitarbeiter	Keine Mitarbeiter
Öffnungszeiten	24 Sunden pro Tag

Tabelle 4: Selbstbedienungsstelle bei Kreditgenossenschaften
Quelle: Eigene Darstellung, in Anlehnung an BVR (Hrsg.) (1999b), S. 85

Die Erfolgskriterien einer Selbstbedienungsstelle bilden die Verfügbarkeit rund um die Uhr, die Diskretion, Preisvorteile, die Freisetzung von Mitarbeitern beziehungsweise der Einsatz für ertragreichere Beratungstätigkeit sowie die vollständige Rationalisierung der Zahlungsverkehrsbearbeitung. Die Kreditgenossenschaften müssen allerdings beachten, daß sich die Ausgestaltung der Technik im Routine- und Basisgeschäft mit den Interessen der Kunden deckt und nicht gegen sie gerichtet ist.[672]

Alternativ besteht die Möglichkeit des Einsatzes der sogenannten *bedienten Selbstbedienung*. Darunter wird die Integration des Selbstbedienungsbereichs in die Räumlichkeit der Kundenbetreuung verstanden, wodurch der Kunde bei Bedarf die Unterstützung des Mitarbeiters des Kreditinstituts nutzen kann (siehe Tabelle 5).[673]

[672] Vgl. Betsch, Oskar (1995b), S. 28; Betsch, Oskar (1996), S. 12
[673] Vgl. Geisenhofer, Klaus Peter/Engelhardt, Jörg (1997b), S. 332; Geisenhofer, Klaus Peter/Engelhardt, Jörg (1997a), S. 16; Hümmer, Ulrike (1997b), S. 104; Strohmaier, Jürgen/Maier, Barbara (1997), S. 58; Hoch, Stefan (1997), S. 64; Heinz, Hagen (1997), S. 62; Siehe hierzu auch Kapitel III1.1 Begriff und Systematisierung des Vertriebs, S. 79

Leistungsangebot	▪ Selbstbedienungsgestützt: Zahlungsverkehr, Kontoführung ▪ Information, Auftragsannahme ▪ Selbstbedienungsservice erfolgt während der Öffnungszeiten bei Bedarf mit Bedienungsunterstützung durch Personal ▪ Erweiterte Selbsbedienungsmöglichkeiten (erweiterte Produktpalette, multimediagestützte Beratung)
Standort	▪ Ländliche Standorte mit geringerem Geschäftspotential ▪ Stadtrandlagen mit hoher Kundenfrequenz
Zahl der Mitarbeiter	1 Mitarbeiter
Qualifikation der Mitarbeiter	Angelerntes Personal für die Bedienung und Unterstützung
Öffnungszeiten	Selbstbedienungsmöglichkeiten 24 Stunden pro Tag; frequenzorientierte Öffnungszeiten

Tabelle 5: Bediente Selbstbedienung bei Kreditgenossenschaften
Quelle: Eigene Darstellung, in Anlehnung an BVR (Hrsg.) (1999b), S. 85

Die Mitarbeiter stehen für Informationen, Hilfestellung und Beratungsgespräche zur Verfügung.[674] Dadurch kann ein abrupter Übergang bei der Neustrukturierung der Zweigstellen der Kreditgenossenschaften vom persönlichen zum unpersönlichen Vertrieb vermieden und die Akzeptanz durch die Kunden erhöht werden.

3.2.2 Servicestelle und Banking-Shop

Die größeren Zweigstellen mit mehr als einem oder zwei Mitarbeitern sollten gestärkt und in sogenannte Servicestellen umstrukturiert werden.[675] Unter *Servicestellen* sind Zweigstellen zu verstehen, in denen die über die elementaren Grundbedürfnisse hinausgehenden Leistungen offeriert werden. Es handelt sich um weitgehend standardisierte Angebote im überschaubaren Anlage-, Finanzierungs- und Versicherungsbereich, der dem Bedarf einer Vielzahl von Kunden entspricht. Sie sind erklärungsbe-

[674] Vgl. o. V. (1998a), S. 86 f.
[675] Vgl. Betsch, Oskar (1997a), o. S.

dürftig und werden im Rahmen einer Beratung initiativ verkauft (siehe Tabelle 6).[676]

Leistungsangebot	▪ Selbstbedienungs- und/oder bedienungsgestützt: Zahlungsverkehr, Kontoführung ▪ Informationen, Auftragsannahme ▪ Nicht erklärungsbedürftige Standardprodukte ▪ Persönliche Beratung im Aktiv- und Passivgeschäft unter Einbeziehung von Verbundprodukten ▪ Auf Kundenanforderung: Persönliche Beratung durch qualifizierte Bankmitarbeiter nach Terminvereinbarung; gegebenenfalls auch qualifizierte Beratungsleistungen mit Mitarbeitern aus den Beratungsstellen nach Terminvereinbarung
Standort	Ländliche Standorte mit geringerem Geschäftspotential; Stadtlagen mit hoher Kundenfrequenz, Stadtlagen nach Marktpotential
Zahl der Mitarbeiter	1 bis 5 Mitarbeiter
Qualifikation der Mitarbeiter	▪ Angelerntes Personal für die Bedienung ▪ Bankkaufleute, angelerntes Personal für Standardberatungen
Öffnungszeiten	Frequenzorientierte Öffnungszeiten

Tabelle 6: Servicestelle bei Kreditgenossenschaften
Quelle: Eigene Darstellung, in Anlehnung an BVR (Hrsg.) (1999b), S. 86 f.

Eine besondere Ausprägung der Servicestelle bildet der *Banking-Shop*. Dabei handelt es sich um eine Servicestelle, die bei einem Supermarkt angesiedelt und in ihrer Gestaltung diesem Ambiente angepaßt ist.[677] Die Konsumenten können ohne Extrawege und zu Öffnungszeiten, die sich an den Öffnungszeiten des Supermarktes orientieren, ihre Bankgeschäfte erledigen.[678]

676 Vgl. Betsch, Oskar (1995b), S. 29; Betsch, Oskar (1996), S. 13

677 Vgl. Grohmann, Herbert (1998), S. 406 ff.; Pauluhn, Burkhardt (1998a), S. 90 ff.; Fries, Eberhard (1998), S. 66 ff.; O. V. (1998d), S. 84 f.; Speziell zu Banking-Shops in den USA vgl. Flur, Dorlisa K./Ledet, Elizabeth A./McCoy, Molly (1996), S. 76 ff.

678 Vgl. Leitermann, Hubert (1998), S. 623 ff.; Grohmann, Herbert (1998), S. 406

Nachdem deutsche Kreditinstitute in den achtziger Jahren Zweigstellen mit ihrer herkömmlichen Struktur auch in traditionellen Warenhäusern etabliert hatten, zogen sie sich Anfang der neunziger Jahre wieder zurück. Der konzeptionelle Fehler bestand in dem Versuch, traditionelle Filialen in ein anderes Umfeld zu verlagern. Auch in den USA war dieses Konzept erst Anfang der neunziger Jahre ausgereift. Gegenwärtig existieren dort circa 4.100 Bankfilialen in Supermärkten gegenüber erst 675 am Ende der achtziger Jahre. Damit sind in den USA bereits circa 5% aller Filialen Banking-Shops. In Deutschland etablieren sich vor allem die Deutsche Bank, die Commerzbank sowie die HypoVereinsbank mit ihren Banking-Shops.[679]

Die Grundlage für den Erfolg dieser Vertriebsform bildet ein Standort mit einer hohen Kundenfrequenz, wie es in der Regel nur bei dem Angebot von Lebensmitteln in einem Supermarkt gegeben ist.[680] Die möglichen Merkmale eines Banking-Shop für die Kreditgenossenschaften zeigt Tabelle 7 auf.

Leistungsangebot	▪ Geldausgabeautomat, erweiterte Selbstbedienungsmöglichkeiten ▪ Standardprodukte ▪ Informationen, Auftragsannahme
Standort	Einkaufszentren, Supermärkte, eventuell Tankstellen
Zahl der Mitarbeiter	1 bis 2 Mitarbeiter
Qualifikation der Mitarbeiter	▪ Angelerntes Personal für die Bedienung ▪ Bankkaufleute
Öffnungszeiten	Frequenzorientierte Öffnungszeiten angepaßt an die Öffnungszeiten an den Leistungsorten

Tabelle 7: Banking-Shop bei Kreditgenossenschaften

Quelle: Eigene Darstellung, in Anlehnung an BVR (Hrsg.) (1999b), S. 87

[679] Vgl. Fries, Eberhard (1998), S. 67

[680] Allerdings besitzen lediglich rund 600 Selbstbedienungsmärkte in Deutschland ein überdurchschnittlich hohes Erfolgspotential, da sie eine jährliche Frequenz von mehr als einer Million Kunden aufweisen. Vgl. Grohmann, Herbert (1998), S. 406 f.; Pauluhn, Burkhardt (1998a), S. 90 ff.; Fries, Eberhard (1998), S. 67

Die Gestaltung dieser Servicestellen entsprechend traditioneller Zweigstellen wird nicht erfolgreich sein.[681] Vielmehr erfordert ein Banking-Shop frequenzorientierte Öffnungszeiten, die an die Öffnungszeiten am Leistungsort angepaßt sind.[682] Diese bilden einen wichtigen Vorteil gegenüber den traditionellen Zweigstellen der Kreditgenossenschaften, da sie aufgrund der geringen Kundenfrequenz nicht auf die Mehrzahl der Zweigstellen übertragbar sind. Das Leistungsprogramm sollte neben Selbstbedienungsmöglichkeiten im Zahlungsverkehr auch die Beratung bei Standardprodukten umfassen.

Für die Eröffnung von Banking-Shops können zwei unterschiedliche Strategien gewählt werden. Die *offensive* Strategie strebt vor allem die Vergrößerung des Marktanteils mit dem Ziel an, neue Kunden zu akquirieren und neue Märkte zu erschließen. Aufgrund des begrenzten Angebots an geeigneten Standorten kann auch die „Sicherung" des Standorts mit einem Banking-Shop angestrebt werden. Die *defensive* Strategie erweist sich als sinnvoll, wenn ein Ersatz für unwirtschaftliche, traditionelle Zweigstellen gesucht wird. Dabei kann der Banking-Shop für die Kunden mehrerer bisheriger Zweigstellen eingerichtet werden, um dadurch eine Verbesserung der Kosten-/Erlösrelation zu erzielen.[683] In Abhängigkeit von der jeweiligen Marktsituation sollten die Kreditgenossenschaften eine der aufgezeigten Strategien wählen.

Als Beispiel für einen Banking-Shop einer Kreditgenossenschaft kann der B@nk & Shop der Volksbank Dreieich angeführt werden, der im März 1999 im toom-Markt Egelsbach eröffnet wurde. Dieser Banking-Shop ist durchgehend mit zwei Mitarbeitern von Montag bis Samstag analog den Öffnungszeiten des Einkaufsmarktes besetzt. Neben der Selbstbedienungsausstattung findet auch Beratung in einem abgetrennten Beratungsraum statt. Des weiteren können die Kunden einen Internet-Terminal nutzen, wodurch ein Einstieg und der Umgang mit diesem Medium ermöglicht wird. Das Produktangebot umfaßt die Standardleistungen im Zahlungsverkehr.[684]

[681] Vgl. Betsch, Oskar (1999b), S. 104
[682] Vgl. BVR (Hrsg.) (1999b), S. 87
[683] Vgl. Leitermann, Hubert (1998), S. 622 f.
[684] Nach Angaben von Frau Petra Klar, Mitarbeiterin der Volksbank Dreieich, 27.03.1999

3.2.3 Beratungs- und Betreuungsstelle

Die dritte Form des stationären Vertriebs für die Kreditgenossenschaften sollten Beratungs- und Betreuungsstellen bilden. Unter *Beratungs- und Betreuungsstellen* werden Geschäftsstellen verstanden, in denen primär Spezialleistungen vorgehalten werden, die lediglich von einer kleinen Zielgruppe regelmäßig beansprucht werden. Andere Zielgruppen nehmen hingegen diese Leistungen niemals oder lediglich selten in Anspruch. Das Ziel besteht nicht in der Erstellung von Einzelleistungen, sondern in dem Angebot von kompletten Problemlösungen im Sinne eines Financial Engineering (siehe Tabelle 8).[685]

Leistungen	▪ Erweitertes Produktangebot im Aktiv-, Passiv- und Dienstleistungsgeschäft unter Berücksichtigung von Verbundprodukten ▪ Qualifizierte Beratungsleistungen im Privatkundengeschäft ▪ Spezialisierte Beratungsleistungen und ganzheitlich ausgerichtete Privatkundenbetreuung unter Einbeziehung der gesamten Produktpalette des genossenschaftlichen FinanzVerbundes
Standort	Zentrale, gut erreichbare Lagen im Marktgebiet; Innenstädte
Zahl der Mitarbeiter	mindestens 4 bis 8 Mitarbeiter
Qualifikation der Mitarbeiter	▪ Angelerntes Personal für die Bedienung ▪ Bankkaufleute, angelerntes Personal für die Beratung ▪ Qualifizierte Privatkundenberater
Öffnungszeiten	Durchgängige Öffnungszeiten

Tabelle 8: Beratungs- und Betreuungsstelle bei Kreditgenossenschaften
Quelle: Eigene Darstellung, in Anlehnung an BVR (Hrsg.) (1999b), S. 88 f.

Für die Kreditgenossenschaften bieten sich hierfür in erster Linie die Hauptgeschäftsstellen an.[686] Daneben müssen, in Abhängigkeit von der Kundenstruktur und den regionalen Rahmenbedingungen, einige wenige weitere Zweigstellen mit einer entsprechenden Kapazität ausgestattet

[685] Vgl. Betsch, Oskar (1995b), S. 29; Betsch, Oskar (1996), S. 13
[686] Vgl. Betsch, Oskar (1997a), o. S.

werden. Ergänzend besteht die Möglichkeit des gezielten Einsatzes eines bankeigenen Außendienstes, sofern ein entsprechendes Markt- und Kundenpotential gegeben ist.[687]

Für den Geschäftsbereich einer spezialisierten Vermögensberatung werden nach einer Untersuchung des *Bundesverbandes der Deutschen Volksbanken und Raiffeisenbanken* und *A.T. Kearney* mindestens zwei Berater als erforderlich angesehen. Das Anlagevolumen sollte sich auf mindestens DM 85 Millionen belaufen. Von jedem Anlageberater sollten circa 150 Kunden mit einem durchschnittlichen Anlagevolumen von DM 285.000 betreut werden. Die Bilanzsumme der Kreditgenossenschaft sollte bei mindestens DM 500 Millionen liegen.[688]

3.2.4 Kosten und Erlöse des neustrukturierten stationären Vertriebs

Die Untersuchung des *Bundesverbandes der Deutschen Volksbanken und Raiffeisenbanken* und *A.T. Kearney* zeigt die Kosten- und Erlössituation der unterschiedlichen Geschäftsstellentypen auf (siehe Tabelle 9).[689]

Geschäfts-stellentyp	**Durchschnittliche Erlöse**	**Durchschnittliche Kosten**	**Durchschnittlicher Deckungsbeitrag**
Selbstbedienungs-stelle	73	62	11
Servicestelle	733	434	299
Banking-Shop	963	370	593
Beratungs- und Betreuungsstelle	3.113	1.604	1.510

Tabelle 9: Durchschnittlicher Deckungsbeitrag nach Geschäftsstellentyp (in Tausend DM und pro Jahr)

Quelle: Eigene Berechnungen und Darstellung, Daten entnommen aus BVR (Hrsg.) (1999b), S. 91

Die höchsten Deckungsbeiträge werden in Beratungs- und Betreuungsstellen erzielt, die niedrigsten in Selbstbedienungsstellen. Der Grund für

[687] Grundlegend zum Außendienst von Kreditinstituten vgl. Betsch, Oskar (1976), S. 9 ff., Betsch, Oskar (1989), S. 17 f.; Betsch, Oskar (1999f), S. 1997 ff.; Reichel, Horst Christopher (1992), S. 23 ff.; Des weiteren vgl. zum Beispiel Bastam, Ina/Seuferle, Walter (1995), S. 297 ff.; Pauluhn, Burkhardt (1995b), S. 338 ff.

[688] Vgl. BVR (Hrsg.) (1999b), S. 72

[689] Vgl. BVR (Hrsg.) (1999b), S. 91

die geringen Deckungsbeiträge in Selbstbedienungsstellen liegt im Leistungsangebot, das vor allem den defizitären Zahlungsverkehr umfaßt. In Beratungs- und Betreuungsstellen werden hingegen provisions- und zinsertragsstarke Geschäfte durchgeführt, aus denen ein hoher Deckungsbeitrag resultiert.

Einen nahezu doppelt so hohen Deckungsbeitrag erzielen Banking-Shops gegenüber den traditionelleren Servicestellen. Ursächlich hierfür ist die Struktur der Banking-Shops mit ihrer relativ hohen Kundenfrequenz und der den räumlichen Gegebenheiten angepaßten Öffnungszeiten. Vor allem zeichnen sich die Mitarbeiter in Banking-Shops in der Regel durch eine hohe Kommunikationsfähigkeit sowie durch eine starke Verkaufsorientierung aus, die sich in entsprechend höheren Erlösen und Deckungsbeiträgen niederschlägt. Aus diesem Grunde sollten die Kreditgenossenschaften anstreben, traditionelle Zweigstellen bei gegebener Marktsituation durch Banking-Shops zu substituieren. Insgesamt führt die Neustrukturierung der Geschäftsstellen in unterschiedliche Typen dazu, daß über alle Geschäftsstellentypen hinweg positive Deckungsbeiträge erzielt werden können.

3.3 Preismodelle und Produktstrategien bei Multiple Channels

Die Integration des Direct Banking in die bestehende Vertriebsstruktur der Kreditgenossenschaften und die Neuausrichtung hin zum Multiple Channel-Modell erfordert eine Anpassung der Produkt- und Preispolitik. Dabei ergeben sich vor allem für die Preispolitik unterschiedliche Problembereiche.

Eine differenzierte Preisgebung bei den einzelnen Vertriebswegen eröffnet den Kunden die Möglichkeit, eine umfassende Beratung im stationären Vertrieb wahrzunehmen, um im Anschluß daran die Transaktionen zu niedrigeren Preisen über einen der Direct Banking-Vertriebskanäle abzuwickeln. Die gezielte Nutzung von „Hochpreis-Vertriebskanälen“ und „Niedrigpreis-Vertriebskanälen“ im Multiple Channel-Modell durch die Kunden führt zu „Kannibalisierungseffekten“ zwischen den einzelnen Vertriebswegen.[690] Durch eine undifferenzierte Preispolitik werden hingegen

[690] Unter *Kannibalisierungseffekt* wird dabei das gezielte Ausnutzen von Preisvorteilen einzelner Vertriebskanäle durch die Kunden und die Nutzung des mit unterschiedli-

die Kostenvorteile bei Direct Banking-Vertriebskanälen nicht in Form von niedrigeren Preisen an die Kunden weitergeben. Die Kunden, die vorwiegend die für die Kreditgenossenschaften kostengünstigeren Vertriebswege nutzen, werden nicht „belohnt“.

Für die Lösung dieser Problembereiche werden nachfolgend bankbetriebliche Preismodelle betrachtet. Darauf aufbauend werden Ansätze für Produktstrategien und adäquate Preismodelle im Multiple Channel der Kreditgenossenschaften diskutiert.

3.3.1 Bankbetriebliche Preismodelle

Bankbetriebliche Preismodelle stellen einen Ansatz zur Preissetzung für ein bestimmtes Produkt, für eine Produktgruppe oder für das Produktangebot eines Kreditinstituts dar. Die Bezugsbasis eines bankbetrieblichen Preismodells bildet das Preisobjekt. Die Bezugsbasis der Preissetzung kann die Quantität einer Leistung sein, ein Produkt, eine Aktivität, eine Zeiteinheit oder ein Ergebnis. Die Abgrenzung zwischen den einzelnen Bezugsbasen ist nicht immer eindeutig. Vielmehr werden in der bankbetrieblichen Praxis häufig verschiedene der angeführten Preisbasen miteinander zu einer kombinierten Preisbasis zusammengeführt.[691]

Die von *Bernet* unterschiedenen bankbetrieblichen Preismodelle stützen sich auf eine oder mehrere der angeführten Preisbasen. Für die angesprochenen Problembereiche werden folgende Preismodelle näher betrachtet:

- Volumen-Modell
- Ticket-Fee-Modell
- Flat-Fee-Modell
- Zeit-Modell
- Performance-Modell[692]

chen Kosten verbundenen Leistungsangebots der verschiedenen Vertriebskanäle verstanden.

[691] Vgl. Bernet, Beat (1996), S. 259 ff.

[692] Die weiteren bankbetrieblichen Preismodelle bilden das Club-Modell, das Bereitstellungskosten-Modell und das Positionslisten-Modell, die aber geringere Praxisrelevanz besitzen. Vgl. Bernet, Beat (1996), S. 263 ff.

Das *Volumen-Modell* stellt das in der bankbetrieblichen Praxis am weitesten verbreitete Preismodell dar. Dabei werden die Preise als Funktion von Wert- oder Volumengrößen festgelegt.

Das *Ticket-Fee-Modell* oder auch *Transaktionspreis-Modell* basiert auf einer Transaktionsgebühr. Der Preis berechnet sich auf der Grundlage der Transaktionsdurchführung und ist unabhängig vom Wertvolumen der Transaktion.

Das *Flat-Fee-Modell* stellt ein Preismodell dar, bei dem Leistungspakte mit einem Festpreis, sogenannten „Flat-Fees", angeboten werden. Der Kunde zahlt für ein festgelegtes Leistungsbündel einen festen Preis, der unabhängig ist von der Menge oder dem Wertvolumen der beanspruchten Leistung.

Das *Zeit-Modell* basiert auf dem Ansatz, daß Kreditinstitute bei einer Reihe von Bankprodukten als zentrales Element die Ressource Zeit in Verbindung mit Wissen und Können zur Verfügung stellen. Klassische Beispiele für solche Produkte sind Beratungsleistungen. Analog zu anderen Beratungsleistungen wie bei Anwälten, Unternehmens- oder Steuerberatern ist dem Kunden ein *Zeittarif* in Rechnung zu stellen.

Im *Performance-Modell* wird der Preis für ein Bankprodukt als Anteil an einem definierten Nutzen festgelegt. Unter dem Begriff Performance wird insbesondere der monetäre Erfolg umschrieben, der für einen Kunden in einer definierten Zeitperiode aus einem Bankprodukt resultiert.[693]

3.3.2 Strategien für die Produktpolitik

Für die Analyse der unterschiedlichen Preismodelle im Multiple Channel-Modell ist als Pedant eine Betrachtung der strategischen Möglichkeiten der Produktpolitik erforderlich. Unter *Produktpolitik* wird dabei die Gesamtheit der geschäftspolitischen Entscheidungen und Maßnahmen zur Gestaltung der einzelnen absatzfähigen Leistungen sowie des gesamten Leistungsprogramms verstanden.[694] Das Bankprodukt oder die Bankleistung besteht aus den einzelnen Bausteinen Beratung, Service und Abwicklung (siehe Abbildung 48).[695]

[693] Vgl. Bernet, Beat (1996), S. 264 ff.
[694] Vgl. Betsch, Oskar (1999e), S. 1475
[695] Vgl. Platzek, Heinz-Jörg (1997), S. 21

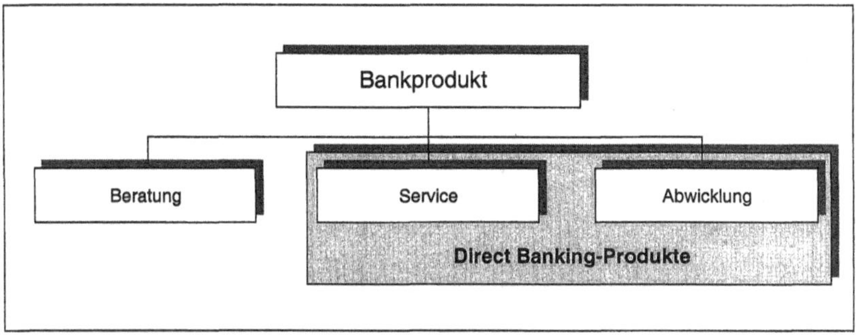

Abbildung 48: Bausteine eines Bankprodukts
Quelle: Eigene Darstellung, in Anlehnung an Stojan, Michael (1998), S. 443; Platzek, Heinz-Jörg (1997), S. 21

Im Multiple Channel-Modell können die Vertriebskanäle anhand der Komplexität der einzelnen Leistungen unterschieden werden. Während sich bei den traditionellen Vertriebswegen, mit Ausnahme der Selbstbedienungsstellen, das Bankprodukt aus den angeführten Basisbausteinen zusammensetzt, entfällt beim Direct Banking die Beratung. Aus diesem Grunde sollten Direct Banking-Produkte nachfolgende Leistungsmerkmale aufweisen:

- Hohe Standardisierbarkeit
- Transparenz und Selbsterklärbarkeit
- Vom Kunden erkennbares Nutzenprofil
- Hoher Bekanntheitsgrad beim Kunden
- Überschaubare Anzahl von Produkten
- Modulare Zusammensetzung der Produktpalette[696]

Die Beratungsleistung muß beim Multiple Channel-Modell innerhalb der gesamten Leistungsabnahme neu positioniert werden, wobei die Skala von der reinen Leistungsabnahme zu Discount-Preisen über die Standardberatung zu Standardpreisen bis hin zur Spezialberatung mit entsprechender Honorierung reichen kann.[697] Für die Gestaltung und Umset-

[696] Vgl, Pischulti, Helmut (1996), S. 13; Hessler, Andrea (1998), S. 36; Reichart, Markus (1998), S. 28 f.
[697] Vgl. Kuhn, Wolfgang (1998), S. 471

zung der Produktpolitik können Kreditinstitute verschiedene Strategien wählen:

- Bündelungsstrategie
- Entbündlungsstrategie
- Strategie der gemischten Bündelung
- Strategie des Produktbaukastens[698]

Diese Produktstrategien werden nachfolgend im Kontext zur adäquaten Preispolitik betrachtet.

3.3.3 Kombination von Preismodellen und Produktstrategien

Bankprodukte werden bei der *Bündelungsstrategie* zu Paketen zusammengefaßt und mit einem einheitlichen Preis versehen, der sämtliche Preise der im Paket enthaltenen Einzelprodukte abdeckt. Das Kreditinstitut segmentiert dadurch den Markt in Käufer und in Nicht-Käufer des Produkts. Durch die Bündelung der Leistung wird versucht, die Preisbereitschaft der Nachfrager optimal abzuschöpfen, indem Kunden, die lediglich einige Einzelleistungen nachfragen würden, das gesamte Bündel kaufen. Das adäquate Preismodell für eine Bündelungsstrategie bildet das Flat-Fee-Modell, bei dem für das Leistungsbündel ein fester Preis festgelegt wird.

Die *Entbündelung* bildet die der Bündelung von Produkten entgegengesetzte Strategie und wird am Finanzmarkt vor allem von Non und Near Banks eingesetzt. Aufgrund von andersgelagerten Kostenstrukturen können diese Anbieter die Einzelprodukte zu Preisen anbieten, die Kreditinstitute wegen des hohen Fixkostenanteils häufig nur im Paket verkaufen können. Die Entbündelungsstrategie korrespondiert mit dem Ticket-Fee- oder Transaktionspreis-Modell. Hier werden die einzelnen Leistungen jeweils separat mit einem Preis versehen.

Die *Strategie der gemischten Bündelung* umfaßt sowohl Produktbündel als auch in diesen enthaltene Produkte, die zusätzlich einzeln angeboten werden. Die Voraussetzung für diese Strategie sind das Vorhandensein von getrennten Kundensegmenten für das einzelne Produkt und für das Produktbündel sowie eine detaillierte Kenntnis der segmentspezifischen

[698] Vgl. Bernet, Beat (1998a), S. 371

Preisbereitschaft für das Einzelprodukt und das Produktbündel. Diese produktpolitische Strategie ergänzt sich mit einem kombinierten Flat-Fee- und Ticket-Fee-Modell.

Die *Strategie des Produktbaukastens* enthält Elemente der Bündelung und der Entbündelung. Bei der Bündelungsstrategie wird eine Anzahl von Finanzprodukten zu einem einheitlichen, standardisierten Produktangebot zusammengefaßt. Im Rahmen von Produktbaukästen werden Einzelprodukte standardisiert und dem Nachfrager maßgeschneiderte Lösungen angeboten, die auf diesen standardisierten Produktmodulen aufbauen.[699] Der Nachfrager kann sich bei dem Produktbaukasten aus den verschiedenen Einzelprodukten ein Gesamtpaket zusammenstellen, das aber *nicht alle* drei Leistungsbausteine des Bankprodukts enthalten muß.[700] Der Paketpreis ergibt sich als der Summe der Einzelpreise, während beim Produktbündel die Zusammensetzung des Paketes und der Preis vorgegeben ist.[701] Dieses Modell korrespondiert mit dem Ticket-Fee-Preismodell für den Service und die Abwicklung als Bestandteile des Direct Banking-Bankprodukts. Für die Beratung können verschiedene Preismodelle herangezogen werden.[702]

Die Strategie des Produktbaukastens in Verbindung mit dem Ticket-Fee-Modell kann einen Ansatzpunkt für das Angebot von Direct Banking-Produkten im Multiple Channel-Modell bilden.

3.3.4 Produkt- und preispolitische Ansätze für das Multiple Channel-Modell von Kreditgenossenschaften

Die Direct Banking-Produkte im Multiple Channel-Modell setzen sich zusammen aus den Komponenten Service und Abwicklung. Auf die Beratung, die ein Bestandteil der traditionellen Vertriebskanäle mit Ausnahme der Selbstbedienungsstellen ist, wird verzichtet. Die Vermischung der unterschiedlichen Basisbausteine des Bankprodukts durch die Kunden führt zu dem angesprochenen Dilemma des Kannibalisierungseffektes.

---

699 Vgl. Bernet, Beat (1998a), S. 371 f.

700 Vgl. Diller, Hermann (1993), S. 270; Betsch, Oskar (1995b), S. 21; Siehe hierzu Kapitel IV3.3.2 Strategien für die Produktpolitik, S. 172 f.

701 Vgl. Bernet, Beat (1998a), S. 371 f.

702 Vgl. Kuhn, Wolfgang (1998), S. 472 ff.; Siehe hierzu nachfolgend Kapitel IV3.3.4 Produkt- und preispolitische Ansätze für das Multiple Channel-Modell von Kreditgenossenschaften, S. 175 ff.

Der Ansatz für eine transparente Lösung könnte in einer Bepreisung der einzelnen Komponenten, das heißt auch der Beratung, liegen.[703]

Bei der Untersuchung von unterschiedlichen Preismodellen für Beratungsleistungen diskutiert *Kuhn* das Volumen-Modell, das Flat-Fee-Modell, das Zeit-Modell und das Performance-Modell mit jeweils unterschiedlichen Varianten. Im Volumen-Preismodell wird die Beratungsmenge im Relation zum Preis gesetzt. Der Vorteil dieses Modells besteht darin, daß es als Instrument der Kundenbindung beispielsweise in Form von Beratungsgutschriften bei bestimmten Abnahmemengen eingesetzt wird. Der gravierendste Nachteil ist aber in der Abhängigkeit des Ertragsstromes von externen, nicht von der Bank zu beeinflussenden Einflußgrößen (beispielsweise Börsenzyklen) zu sehen. Das Flat-Fee-Modell, bei dem für die Beratungsleistung als eindeutig definiertes Leistungspaket ein bestimmter Preis festgelegt ist, bietet den Vorteil, daß die bankbetriebliche Kalkulation der Preise zu einer markt- und verursachergerechten Fixkostenzuordnung führt. Der Nachteil dieses Preismodells besteht in den sinkenden Deckungsbeiträgen bei steigender Nutzung der Beratungsleistungen sowie der geringen Transparenz für den Kunden. Die Bepreisung von Beratungsleistungen im Rahmen eines Zeitmodells weist den Vorteil auf, daß eine Anzahl von Leistungen, die dem Kunden häufig nicht direkt verrechnet werden können, individuell und leistungsgerecht in Rechnung gestellt wird. Neben der Vermögensanlageberatung kann sich dies auch auf die Vermittlung von Fördermitteln, zinsgünstigen Darlehen und spezifischen Steuersparkonstruktionen beziehen. Im Performance-Modell ergibt sich der Preis von Beratungsleistungen erst ex post in Abhängigkeit von dem erzielten Kundennutzen. Ein negativer Nutzen aus der Beratung kann im Extremfall in der Konsequenz sogar zu einem Nullpreis oder zu einer Preiserstattung führen. Für das Kreditinstitut ergibt sich der Vorteil, daß sie bei einer außerordentlich guten Beratung, die sich in einem überdurchschnittlichen Erfolg für den Kunden auswirkt, entsprechend hohe Erlöse erzielen kann. Der gravierende Nachteil besteht aber darin, daß das Kreditinstitut nicht abschätzen kann, ob der im nachhinein erzielte Preis die Kosten überhaupt annähernd decken kann. Vor allem sind eine Budgetierung und Kalkulation der Beratungsleistung auf der Basis eines

[703] Vgl. Kuhn, Wolfgang (1998), S. 471

performancebasierten Preismodells nahezu unmöglich.[704] In der Praxis wurde die Trennung von Bankprodukten mit und ohne Beratung zum Beispiel von der Dresdner Bank umgesetzt. Der Kunde kann dabei entscheiden, ob er lediglich eine Wertpapierorderabwicklung wählt und/oder in welchem Umfang er die Beratung in Anspruch nehmen möchte.[705]

Durch die Strategie des Produktbaukastens in Kombination mit dem Tikket-Fee-Modell können Kannibalisierungseffekte zwischen „Hochpreis-" und „Niedrigpreis"-Vertriebskanälen vermieden werden. Die Kunden bezahlen bei der Nutzung den jeweiligen Preis, wobei Kunden belohnt werden, die vorwiegend die mit niedrigen Kosten verbundenen Vertriebskanäle nutzen. Auf diese Weise verlieren für diese Kunden die Angebote der Direktbanken an Attraktivität. Eine konsequente Umsetzung dieses Ansatzes erfordert zugleich eine Bepreisung der Beratung als eigenständige Leistung. Dadurch kommt in besonderen Maße der Vorteil des Multiple Channel-Modells zur Geltung. Der Kunde kann, je nach Bedarf, bei komplexen Finanzproblemen die Kompetenz seines Kreditinstituts in Anspruch nehmen und muß auf Beratungsleistungen im Gegensatz zu einer Geschäftsbeziehung mit Direktbanken nicht verzichten. Daneben besitzt der Kunde den Vorteil, daß Transaktionen ausschließlich über ein einziges Konto oder ein einziges Depot ablaufen.

Diese Form der Differenzierung ermöglicht zugleich preispolitische Spielräume bei den Kunden, so daß die Kreditgenossenschaften ihre Preise nicht generell auf das Niveau von Direktbanken absenken müssen. Ansonsten würde den Kreditgenossenschaften ein nicht unbeträchtlicher Teil ihrer Ertragsbasis entzogen werden.[706]

Der Ansatz des Produktbaukastens mit der Bepreisung der einzelnen Basiskomponenten des Bankprodukts, also auch der Beratung, dürfte aber gegenwärtig an der fehlenden Akzeptanz der Kunden scheitern. Durch die bisher vorherrschende preispolitische Tendenz der Ausgleichspreisgestaltung mit der teilweisen unentgeltlichen Bereitstellung von Leistungskomponenten fehlt der Mehrzahl der Bankkunden das Verständnis für ein

[704] Vgl. hierzu ausführlich Kuhn, Wolfgang (1998), S. 472 ff.
[705] Vgl. Stojan, Michael (1998), S. 447 f.
[706] Die Kreditgenossenschaften beziehen beispielsweise rund 50% ihrer Provisionserträge aus dem Zahlungsverkehr. Vgl. BVR (Hrsg.) (1999a), S. 23; Siehe hierzu ausführlich Kapitel II5.2 Provisionsspanne, S. 52 f.

Preis-/Leistungsverhältnis.[707] Diese sind deshalb nicht bereit, für die Beratung als eigenständige Leistung einen Preis zu bezahlen. Ein Ansatzpunkt kann das Angebot einer Verrechnung von Beratungsleistungen bilden, sofern der Kunde im Anschluß an die Beratung das Geschäft bei der Kreditgenossenschaft abschließt. Dadurch verliert die Beratung und anschließende Abwicklung der Transaktion über niedrigpreisige Vertriebskanäle an Attraktivität und ein Verständnis für die Beratung als „werthaltige" Leistung wird beim Kunden geschaffen. Für die Nutzung von Direct Banking-Vertriebskanälen können die Kunden alternativ zu niedrigeren Preisen auch in Form von Bonuspunkten „belohnt" werden.[708] Dadurch können die Kreditgenossenschaften vermeiden, daß die Kunden, die diese Vertriebskanäle nicht nutzen, höhere Kosten als „Strafe" empfinden und ein negatives Image in bezug auf diese Vertriebskanäle aufgebaut wird.

3.4 Integration des Direct Banking in den Betrieb der Kreditgenossenschaften

Die Integration des Direct Banking in den bestehenden Bankbetrieb führt für die Kreditgenossenschaften zu der Frage nach dem „Make-or-Buy". Neben der Eigenerstellung existiert für die Kreditgenossenschaften die Alternative des Outsourcing von Funktionen und Leistungsbereichen des Direct Banking.

Der Begriff *Outsourcing* ergibt sich aus den drei Wortbestandteilen „Outside-resource-using" und bezieht sich allgemein auf die Entscheidung zwischen der Eigenerstellung oder dem Fremdbezug von Produkten und Leistungen.[709] Im engeren Sinne beinhaltet das Outsourcing die rechtliche und/oder organisatorische Auslagerung von Geschäftsbereichen.[710] Im

---

[707] Vgl. Platzek, Heinz-Jörg (1997), S. 21; Betsch, Oskar (1999d), S. 1456

[708] Zu Bonus-Modellen bei Kreditinstituten vgl. zum Beispiel Betsch, Oskar (1999d), S. 1458 f.; Schlechthaupt, Wolf-Dieter/Gygax, Markus (1998), S. 493 ff.

[709] Mit dem Begriff des Outsourcing ist die Diskussion um „Make-or-Buy" verbunden. Der Make-or-Buy-Begriff bildet hierbei den übergeordneten Terminus, das Outsourcing stellt eine besondere Art beziehungsweise einen Teil der Make-or-Buy-Entscheidung dar. Vgl. Bliesener, Max-Michael (1994), S. 278; Zum Thema „Make-or-Buy" vgl. zum Beispiel Knolmayer, Gerhard (1994), S. 316 ff.; Fischer, Marc (1994), S. 291 ff.; Raffée, Hans (1995), S. 171

[710] Vgl. Unrath, Reinhold (1996), S. 8; Betsch, Oskar (1998b), S. 38; Zu den rechtlichen Aspekten des Outsourcing bei Kreditinstituten vgl. Trappehl, Bernhard (1998), S. 54 ff.

Rahmen des Outsourcing wird zwischen dem internen und externen Outsourcing differenziert.

- *Internes Outsourcing* beinhaltet eine Verlagerung von Tätigkeiten innerhalb eines Unternehmens auf einen anderen Bereich (Inhouse-Outsourcing).[711] Der Bereich, der diese Leistungen übernimmt, kann sowohl in das Unternehmen integriert als auch in unterschiedlichem Maße selbständig sein.[712]
- *Externes Outsourcing* bedeutet die Auslagerung in ein rechtlich selbständiges und kapitalmäßig unabhängiges Unternehmen.[713]

Für die Kreditgenossenschaften wird in dieser Arbeit das externe Outsourcing betrachtet und im folgenden vereinfacht von Outsourcing gesprochen. Die Kreditgenossenschaften können zwischen dem Outsourcing an ein Unternehmen innerhalb des genossenschaftlichen FinanzVerbundes und Outsourcing an ein oder mehrere externe Unternehmen wählen (siehe Abbildung 49).

Das Outsourcing im Direct Banking kann sich auf zwei Leistungsbereiche beziehen. Die erste Möglichkeit bildet das Outsourcing der organisatorischen Einheit, welche die Schnittstelle zwischen dem Kreditinstitut und dem Kunden darstellt. Als Beispiele können das Call Center im Telefon Banking oder der Provider, bei dem die Internetseiten abgelegt sind, angeführt werden.

---

711 Vgl. Unrath, Reinhold (1996), S. 9; *Schneider* spricht auch von sogenanntem „Indoor-Outsourcing". Vgl. Schneider, Hermann (1996), S. 6; Die Verselbständigung von organisatorischen Einheiten wird auch in Abgrenzung zum Outsourcing als „Ausgliederung" bezeichnet. Vgl. Klimpke, Thomas (1997), S. 35

712 Zum Beispiel eine Tochter- oder Beteiligungsgesellschaft.

713 Vgl. Unrath, Reinhold (1996), S. 9; Schneider, Hermann (1996), S. 6; Klein, Walter (1995), S. 559; Zaugg, Robert J. (1998), S. 346; Nach einer Studie der *International Data Corporation* betrugen die weltweiten Ausgaben für Outsourcing-Services im Jahre 1997 circa US$ 89 Milliarden, bis zum Jahr 2002 wird mit einem Anstieg auf bis zu US$ 142 Milliarden gerechnet. Davon umfaßten die Ausgaben allein in den USA US$ 47 Milliarden im Jahr 1997 und werden voraussichtlich US$ 76 Milliarden im Jahr 2002 umfassen. Der weltweite Anteil des Outsourcing der Informationstechnologie am gesamten Outsourcing betrug 37% im Jahr 1997. Vgl. International Data Corporation (Hrsg.) (1998a), S. 1

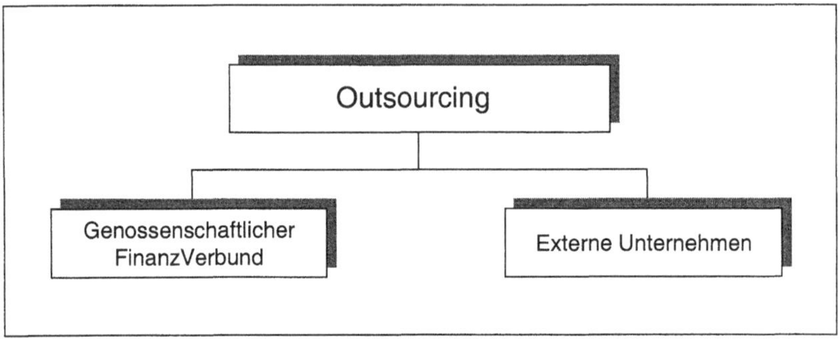

Abbildung 49: Outsourcing bei Kreditgenossenschaften

Quelle: Eigene Darstellung

Die zweite Möglichkeit bildet das Outsourcing des Bereichs, in dem Leistungen für das Direct Banking hergestellt und abgewickelt werden. Als Beispiel im genossenschaftlichen FinanzVerbund kann die *bws bank* genannt werden. Diese übernimmt im genossenschaftlichen FinanzVerbund den Wertpapierservice und die Abwicklung für die Kreditgenossenschaften.[714]

Das Outsourcing des Direct Banking beinhaltet sowohl Chancen als auch Risiken für die Kreditgenossenschaften. Die *Chancen des Outsourcing* liegen in den Bereichen Geschäftsprozesse, Technik und Kosten (siehe Abbildung 50).[715]

Das zentrale Argument für das Outsourcing des Direct Banking bildet für die Kreditgenossenschaften die Möglichkeit, sich weiterhin auf ihre Kernkompetenzen zu konzentrieren.[716] An Stelle der technischen Umsetzung von Informationstechnologien beispielsweise für das Internet Banking können die Kreditgenossenschaften den Fokus auf die aktive Beratung und Betreuung ihrer Kunden vor Ort legen.

---

[714] Des weiteren bietet die bws bank als neutraler Serviceanbieter auch Kreditinstituten außerhalb des genossenschaftlichen FinanzVerbundes ihre Dienstleistungen an. Vgl. Gissel, Ralf (1998), S. 36 f.; Auch der BVR sieht die Weiterentwicklung des Outsourcingangebots sowie die Konzentration auf der Zulieferebene durch die Reduzierung auf zwei der bis dato sechs genossenschaftlichen Rechenzentralen als dringendes Handlungsfeld der Zukunft an. Vgl. Kral, Fritz (1999b), S. 31; Kral, Fritz (1999a), S. 2

[715] Vgl. Lohmann, Lutz (1998), S. 87 ff.

[716] Vgl. Burr, Wolfgang (1996), S. 40

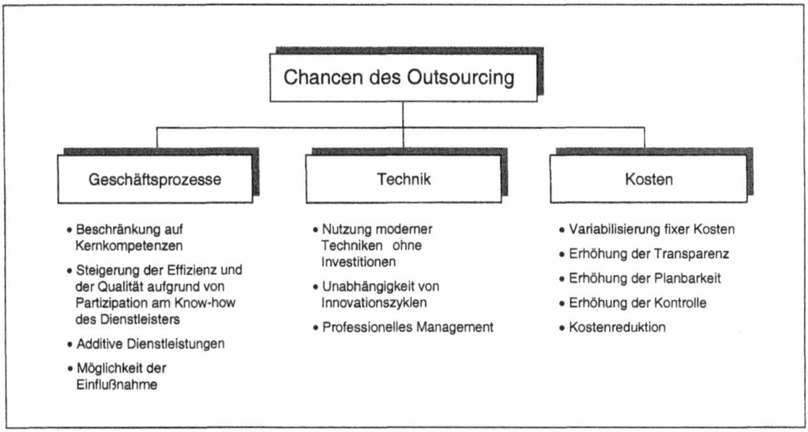

Abbildung 50: Chancen des Outsourcing

Quelle: Eigene Darstellung, in Anlehnung an Lohmann, Lutz (1998), S. 87

Durch den Fremdbezug des Direct Banking können die Kreditgenossenschaften am Know-how des Anbieters partizipieren. Die Leistung des externen Unternehmens bildet dessen Kernkompetenz, weshalb die Leistung eine höhere Qualität gegenüber einer Eigenerstellung der Kreditgenossenschaften aufweisen sollte.[717]

Das Direct Banking erfordert hohe Investitionen in moderne Techniken wie zum Beispiel in die Call Center-Technologie.[718] Durch den Fremdbezug der Leistungen vermeiden die Kreditgenossenschaften diese Kosten und können gleichzeitig an der innovativen Technik partizipieren. Vor allem Kreditgenossenschaften mit kleinen Betriebsgrößen können ihren Kunden auf diese Weise Dienstleistungen des Direct Banking anbieten. Durch das Outsourcing der technischen Ausstattung erlangen die Kreditgenossenschaften eine Unabhängigkeit von Innovationszyklen, die in der Informationstechnologie eine zunehmende Dynamik entwickeln. Neben der Technologie können die Kreditgenossenschaften auch den Service des Anbieters nutzen.

[717] Vgl. Barth, Tilmann/Hertweck, Andreas (1997), S. 27; Wieneke, Herbert/Prätsch, Joachim/Beckröge, Lutz (1996), S. 204

[718] Vgl. Moskorsch, Hans-Arthur (1997), S. 36; Unrath, Reinhold (1996), S. 12; Wieneke, Herbert/Prätsch, Joachim/Beckröge, Lutz (1996), S. 204

Das Outsourcing des Direct Banking führt zu einer Variabilisierung der fixen Kosten. Die regelmäßig zu leistenden Zahlungen an den Dienstleister führen zu einer Transparenz, die Kontrolle und Planbarkeit der Leistungen wird erhöht.[719] Durch die zeit- und qualitätsgerechte Bereitstellung der nachgefragten Leistungen können zudem Kosten reduziert werden. Das vorhandene Know-how des Kerngeschäfts des externen Unternehmens kann ebenfalls zu einer Kostenreduktion führen.

Die *Risiken des Outsourcing* werden getrennt nach Geschäftsprozessen, Dienstleister sowie Sicherheits- und Rechtsaspekten in Abbildung 51 aufgezeigt.[720]

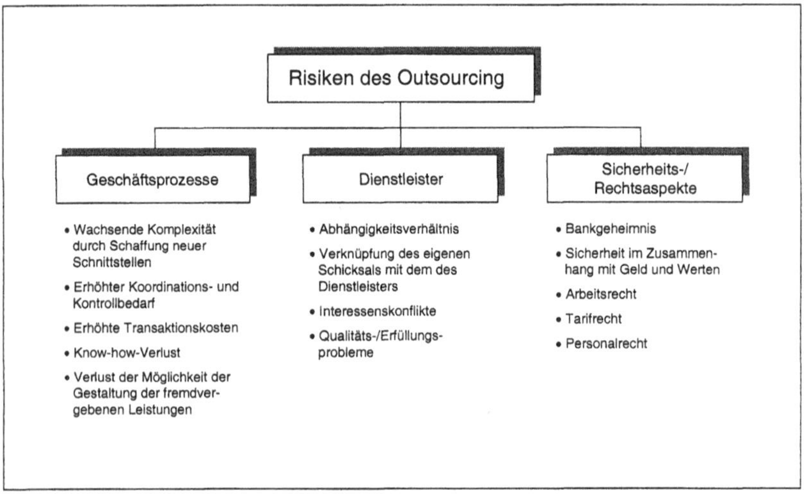

Abbildung 51: Risiken des Outsourcing

Quelle: Eigene Darstellung, in Anlehnung an Lohmann, Lutz (1998), S. 90

Die unterschiedlichen Vertriebskanäle im Multiple Channel-Modell erfordern ein Schnittstellenmanagement für die Geschäftsprozesse. Vor allem beim Outsourcing des Direct Banking ist ein verstärkter Koordinations- und Kontrollaufwand notwendig. Daraus resultiert eine Erhöhung der

719 Vgl. Barth, Tilmann/Hertweck, Andreas (1997), S. 27; Wieneke, Herbert/Prätsch, Joachim/Beckröge, Lutz (1996), S. 204; Moskorsch, Hans-Arthur (1997), S. 36; Unrath, Reinhold (1996), S. 12

720 Vgl. Lohmann, Lutz (1998), S. 90 ff.

Transaktionskosten, die zu einem Anstieg an Stelle einer Reduktion der Kosten führen können.[721]

Das Outsourcing des Direct Banking kann zu einem Verlust von Kompetenzen führen, wodurch sich die Kreditgenossenschaften in ein erhöhtes Abhängigkeitsverhältnis zu den externen Unternehmen begeben. Damit verbunden ist das Risiko wachsender Kosten aufgrund von Preiserhöhungen des Anbieters.[722]

Die Möglichkeiten der Einflußnahme werden ebenfalls beschränkt. Die Kreditgenossenschaften müssen beispielsweise die Nutzungszeiten des externen Call Centers akzeptieren, auch wenn die Kunden veränderte Nutzungszeiten im Zeitverlauf präferieren würden.[723] Durch eine entsprechende Vertragsgestaltung kann die Kreditgenossenschaft das Risiko mindern, aber nicht ausschließen.

Des weiteren kann es durch die vertragliche Bindung des externen Anbieters an mehrere Kunden zu Interessenskonflikten kommen.[724] Bei Kapazitätsengpässen in einem Call Center können beispielsweise die Kunden der einzelnen Vertragspartner unterschiedlich berücksichtigt werden.

Die Kreditgenossenschaften haben durch die Auslagerung von vertrauensempfindlichen Informationen etwa im Rahmen des Database Marketing bankspezifische Sicherheitsbedürfnisse, die aus der Geheimhaltungspflicht und dem Bankgeheimnis herrühren. Die Rechtsaspekte, denen beim Outsourcing Beachtung geschenkt werden muß, betreffen vor allem das Arbeits-, Tarif- und Personalrecht.[725]

Die Kreditgenossenschaften können das Direct Banking sowohl in Form einer Eigenerstellung als auch im Rahmen des Outsourcing integrieren.

Für die Eigenerstellung des Direct Banking sprechen vor allem die Erhaltung und Entwicklung von Know-how innerhalb der Kreditgenossenschaft,

[721] Vgl. Barth, Tilmann/Hertweck, Andreas (1997), S. 27; Unrath, Reinhold (1996), S. 12; Wieneke, Herbert/Prätsch, Joachim/Beckröge, Lutz (1996), S. 204

[722] Vgl. Barth, Tilmann/Hertweck, Andreas (1997), S. 27; Moskorsch, Hans-Arthur (1997), S. 36; Wieneke, Herbert/Prätsch, Joachim/Beckröge, Lutz (1996), S. 204

[723] Vgl. Lohmann, Lutz (1998), S. 91

[724] Vgl. Moskorsch, Hans-Arthur (1997), S. 36

[725] Vgl. Czurda, Henrik/Dörig, Adolf (1997), S. 41 f.; Sieverding, Andrés (1996), S. 37; Unrath, Reinhold (1996), S. 12; Wieneke, Herbert/Prätsch, Joachim/Beckröge, Lutz (1996), S. 204

die Gewährleistung der Sicherheit der vertrauensempfindlichen Daten sowie die Vermeidung der Abhängigkeit gegenüber dem Dienstleister.

Das Outsourcing des Direct Banking ermöglicht den Kreditgenossenschaften, sich auf ihre Kernkompetenzen zu konzentrieren. Zudem können sie am Know-how des Anbieters partizipieren. Vor allem vermeiden die Kreditgenossenschaften hohe und regelmäßige Investitionen in die sich rasch entwickelnde Informationstechnologie. Daneben führt die Externalisierung zu einer Transparenz, Kontrolle und Planbarkeit der Kosten des Direct Banking für die Kreditgenossenschaften.

Das Direct Banking bildet einen wesentlichen Bestandteil eines Multiple Channel-Modells für die Kreditgenossenschaften. Deshalb sollten die Kreditgenossenschaften das Direct Banking zu einer Kernkompetenz entwickeln. Dies erfordert aber nicht notwendigerweise die Eigenerstellung und technische Umsetzung durch die Kreditgenossenschaften. Vielmehr sollten sich die Kreditgenossenschaften unternehmensindividuell in Abhängigkeit von der Betriebsstruktur und -größe sowie der regionalen Marktlage für die Eigenerstellung oder das Outsourcing des Direct Banking entscheiden.

V STRATEGISCHE UND OPERATIVE UMSETZUNG DES DIRECT BANKING BEI DEN KREDITGENOSSENSCHAFTEN

Die strategische und operative Umsetzung des Direct Banking sollte die Kernkompetenzen der Kreditgenossenschaften zur Geltung bringen und mit der Gesamtstrategie im Einklang stehen. Aus diesem Grunde bedarf das Direct Banking in seiner strategischen und operativen Umsetzung einer Fokussierung auf den regionalen Markt und sollte in seiner Ausprägung die Gesamtstrategie widerspiegeln. Dadurch können sich die Kreditgenossenschaften vor allem gegenüber den national agierenden Direktbanken differenzieren.

Eine detaillierte Diskussion der einzelnen Ausprägungen des Direct Banking kann aufgrund der heterogenen Struktur der Kreditgenossenschaften nicht erfolgen. Die Berliner Volksbank mit einer Bilanzsumme von DM 28,6 Milliarden und der Präsenz in der Bundeshauptstadt Berlin sieht sich beispielsweise anderen Notwendigkeiten gegenüber und besitzt andere Möglichkeiten der Gestaltung als die Mehrzahl der Kreditgenossenschaften mit einer Bilanzsumme von bis zu DM 250 Millionen (53,9%).

Aufgrund der verschiedenen Zielrichtungen und Zielsetzungen wird in der Diskussion der strategischen und operativen Umsetzung zwischen dem Outbound Direct Banking und Inbound Direct Banking unterschieden.

Das *Outbound Direct Banking* beinhaltet die aktive Kommunikation und Distribution mittels Direct Mailing und Outbound Telefon Banking durch ein Kreditinstitut.

Das *Inbound Direct Banking* umfaßt die aktive Kommunikation von Seiten der Kunden mittels Inbound Telefon Banking und Internet Banking für die Erlangung von Informationen und die Durchführung von Bankgeschäften (siehe Abbildung 52).

Im Rahmen des Multiple Channel-Modells der Kreditgenossenschaften erfolgt eine Diskussion des Outbound Direct Banking und das Inbound Direct Banking. Dabei werden vor allem die Zielsetzung und Strategie sowie die Leistungen, Kosten und die technische Umsetzung der einzelnen Direct Banking-Instrumente für die Kreditgenossenschaften betrachtet.

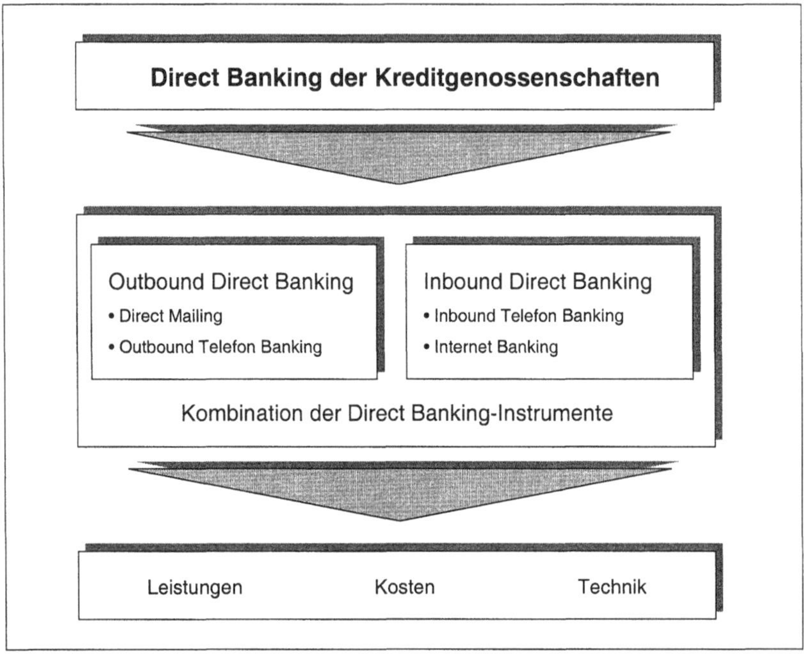

Abbildung 52: Strategische und operative Umsetzung des Direct Banking bei den Kreditgenossenschaften

Quelle: Eigene Darstellung

Abschließend wird der kombinierte Einsatz der Direct Banking-Instrumente im Multiple Channel-Modell der Kreditgenossenschaften diskutiert.

1 Outbound Direct Banking für die Kreditgenossenschaften

Das Outbound Direct Banking dient der aktiven Kommunikation der Kreditgenossenschaften mit ihren aktuellen und potentiellen Kunden und umfaßt die Instrumente Direct Mailing und Outbound Telefon Banking sowie deren Kombination.

1.1 Direct Mailing der Kreditgenossenschaften

Das Direct Mailing stellt die gezielte schriftliche Einzelansprache mit einer Direct Mail dar.[726]

1.1.1 Strategie, Leistungen und Kosten des Direct Mailing

Das Direct Mailing bietet den Kreditgenossenschaften die Chance, die vorhandenen Geschäftsbeziehungen zu intensivieren.[727] Durch regelmäßige Informationen wird dem Kunden mittels Direct Mailing „seine" Kreditgenossenschaft in Erinnerung gerufen. Dadurch kann die Kreditgenossenschaft dem Trend der abnehmenden persönlichen Kundenkontakte[728] durch eine aktive und kontinuierliche Kommunikation[729] mit dem Kunden entgegensteuern. Das Direct Mailing kann drei unterschiedliche Zielsetzungen verfolgen; den Direktvertrieb, den Vorverkauf und die Erhöhung des Kundenservice.[730]

Das Ziel des *Direktvertriebs* mittels Direct Mailing besteht in dem mit geringen Kosten verbundenen Verkauf wenig erklärungsbedürftiger Produkte. Bei einstufigen Direct Mails erfolgt der Absatz durch ein Auftragsschreiben, das ein Bestandteil der Direct Mail bildet und das der Kunde unterschrieben an die Kreditgenossenschaft zurücksendet. Eine hohe Bedeutung besitzen Direct Mails bei Wiederanlagen beispielsweise von Termingeldern oder Sparanlagen.[731] Zweistufige Direct Mails zielen darauf ab, im ersten Schritt ein Interesse beim Kunden auszulösen. Mit einer zweiten Direct Mail wird das Angebot konkretisiert und idealerweise ein Abschluß realisiert.[732] Alternativ kann das Direct Mailing in der ersten

[726] Siehe hierzu Kapitel III2.1 Direct Mailing, S. 89 ff.
[727] Vgl. Pix, Manfred/Zinn, Bernd (1995), S. 451
[728] Vgl. Köcher, Renate (1998), S. 246
[729] Vgl. Schäli, Stephan D. (1998), S. 244
[730] Vgl. Effert, Detlef (1997b), S. 177 f.
[731] Vgl. Schlehan, Frank (1995), S. 483
[732] Vgl. Effert, Detlef (1997b), S. 184 f.

Stufe als Vorbereitung auf das nachgeschaltete Outbound Telefon Banking eingesetzt werden.[733] Die Tabelle 10 zeigt exemplarisch den Erfolg des einstufigen und zweistufigen Direct Mailing bei Kreditgenossenschaften anhand der Abschlußquoten bei unterschiedlichen Produkten auf.

	Sparanlage	**Anschaffungs-darlehen**	**Eurochequekarte**
Einstufig	1,4%	4%	11%
Zweistufig	6%	8%	29%

Tabelle 10: Abschlußquoten bei ein- und zweistufigen Direct Mailing
Quelle: Eigene Darstellung, in Anlehnung an Harguth, Nicole (1997), o. S.

Im Multiple Channel-Modell eignet sich das Direct Mailing zudem als *Vorverkaufsmedium*. Das Ziel besteht in der Vereinbarung eines konkreten Beratungstermins mit einem Kundenbetreuer in einer Geschäftsstelle. Dadurch wird eine Steuerung der Kundenkontakte erreicht,[734] die auf der Initiative der Kreditgenossenschaften basiert und eine Konzentration des Einsatzes der Beratungsleistungen ermöglicht. Zudem wird der Kunde der Kreditgenossenschaft durch das Direct Mailing bereits über den Sachverhalt vorab informiert, im anschließenden Beratungsgespräch kann zielgerichtet eine Lösung für sein individuelles Finanzproblem gefunden werden.

Im *Servicebereich* dient das Direct Mailing der gezielten Versorgung von Kunden der Kreditgenossenschaft mit Informationen beispielsweise über neue Leistungsangebote. Daneben kann mittels des Direct Mailing die Kundenbindung erhöht werden, indem die Kreditgenossenschaft bei wichtigen Anlässen für ihre Kunden, wie zum Beispiel Heirat oder Jubiläen,[735] persönliche Anschreiben versendet.[736] Der Kundenservice kann durch den Einsatz von sogenannten organisatorisch-technischen Briefen beispielsweise für die Versendung von neuen Eurochequekarten erhöht werden. Ein Besuch bei der relevanten Geschäftsstelle entfällt und der Kunde kann sich die Anfahrtszeit und -kosten zu seiner Kreditgenossenschaft ersparen. Gleichzeitig führt das Direct Mailing zu einer Entlastung des

[733] Siehe hierzu ausführlich Kapitel V1.2 Outbound Telefon Banking, S. 192 ff.
[734] Vgl. Effert, Detlef (1997b), S. 177 f.
[735] Vgl. Schlehan, Frank (1995), S. 482 f.
[736] Vgl. Effert, Detlef (1997b), S. 178

stationären Vertriebs von Routinetätigkeiten. Die qualifizierten Berater der Kreditgenossenschaft, die häufig den von ihnen betreuten Kunden individuelle Briefe schreiben,[737] können sich auf die Beratung als ihr Kerngeschäft konzentrieren und die Kosten aus dieser Form der Kapazitätsbindung können vermieden werden.

Neben dem Brief können die Kreditgenossenschaften E-Mails für die aktive Ansprache von Kunden nutzen. Der Einsatz von E-Mails für die aktive Kundenpflege besitzt mehrere Vorteile für die einzelne Kreditgenossenschaft. Das Institut kann sich den technikaffinen Kunden als innovationsfreudig und aufgeschlossen gegenüber den neuen Technologien präsentieren. Notwendig ist allerdings eine gezielte Auswahl der Kunden. Zudem verursacht die Versendung von E-Mails keine Porto-, Papier und Druckkosten. Der Nachteil des Einsatzes von E-Mails für die aktive Kundenansprache liegt in der begrenzten Gestaltungs- und Präsentationsfähigkeit der Ansprache. Zudem besitzt gegenwärtig, gemessen an den Online-Konten,[738] nur eine relativ geringe Zahl der Kunden einen Internet-Anschluß und eine entsprechende E-Mail-Adresse.

Die Kosten des Direct Mailing, die im Direktvertrieb sowohl durch den reinen Kontakt als auch für den Abschluß von Bankgeschäften entstehen, liegen deutlich unter den vergleichbaren Kosten beim stationären Vertrieb (siehe Tabelle 11).

Vertriebsweg	Kontaktkosten	Abschlußkosten
E-Mailing	DM 0	DM 20 bis 30
Direct Mailing	DM 2 bis 3	DM 20 bis 30
Geschäftsstelle	DM 50	DM 50 bis 100

Tabelle 11: Kosten des E-Mailing, Direct Mailing und über die Geschäftsstelle

Quelle: Eigene Darstellung, eigene Berechnung; Harguth, Nicole (1997), o. S.

Der Vorteil des Direct Mailing besteht für die Mehrzahl der Kreditgenossenschaften in der Unterstützung des stationären Vertriebs im Rahmen des Multiple Channel-Modells. Vor allem die Verkaufsvorbereitungsfunktion und die Servicekomponente des Direct Mailing bilden die wesentlichen

[737] Vgl. Schlehan, Frank (1995), S. 478 f.
[738] Siehe hierzu Kapitel V2.2.3 Kreditgenossenschaften im Internet, S. 211 f.

Bestandteile aus Sicht der Kreditgenossenschaften. Der Direktvertriebsaspekt rückt im Multiple Channel-Modell eher in den Hintergrund. Die Kreditgenossenschaften können durch die kombinierte Kommunikation über den direkten und stationären Vertriebskanal die Vorteile des Multiple Channel-Vertriebs zur Geltung bringen und sich gegenüber dem Angebot der Direktbanken klar positionieren und differenzieren.

Die Risiken des Direct Mailing können in einer Verärgerung der Kunden bestehen, die aus nicht gepflegten Datenbeständen resultieren. Die Verwendung von falschen Anreden oder die Gratulation zu falschen Anlässen führt in der Regel zu einem Mißfallen bei den Kunden. Das Ergebnis kann ein Imageverlust sein und sich kontraproduktiv auf die Kundenbindung auswirken. Des weiteren ist ein Schnittstellenmanagement erforderlich, um Abstimmungsdefizite bei den unterschiedlichen Vertriebskanälen zu vermeiden. Vor allem bei Direct Mails, die automatisch durch die EDV angestoßen werden, ist eine Benachrichtigung der zuständigen Mitarbeiter der Kreditgenossenschaft erforderlich.

Insgesamt sollte dem Direct Mailing im Multiple Channel-Modell der Kreditgenossenschaften eine flankierende und ergänzende Funktion als Unterstützung für die traditionellen Vertriebswege zukommen.

1.1.2 Technische Umsetzung des Direct Mailing

Die Voraussetzung für eine zielgerichtete Kundenansprache bildet das Database Marketing[739], das in das bestehende Marketing der Kreditgenossenschaft implementiert und integriert werden sollte. Daneben existieren Angebote im genossenschaftlichen FinanzVerbund, auf die vor allem Kreditgenossenschaften mit einem gering ausgeprägten eigenständigen Marketing und entsprechend ausgebildeten Mitarbeitern zurückgreifen können.

Der *Deutsche Genossenschafts-Verlag* bietet den Kreditgenossenschaften die Möglichkeit, Direct Mailing-Aktionen durchzuführen. Dabei werden zwei Varianten differenziert:[740]

---

[739] Siehe Kapitel III2.1.2 Database Marketing, S. 91 f.

[740] Nach Auskunft von Herrn Braun, Mitarbeiter des DG-Verlags, am 21.07.1998; Dieses Angebot umfaßt keine Kombination mit dem Telefon Banking zur Unterstützung von Direct Mailing-Aktionen. Dies schließt jedoch nicht aus, daß dies von einzelnen Kreditgenossenschaften eigenständig durchgeführt wird.

- Der DG-Verlag führt zentrale Direct Mailing-Aktionen durch, die Kreditgenossenschaften können sich daran beteiligen. Die Adreßdaten werden von den genossenschaftlichen Rechenzentralen zur Verfügung gestellt, die Federführung liegt beim DG-Verlag.
- Alternativ werden Direct Mailing-Aktionen individuell auf die Bedürfnisse der einzelnen Kreditgenossenschaften zugeschnitten. Die Federführung hat in diesem Falle die jeweilige Kreditgenossenschaft inne.

Die *genossenschaftlichen Rechenzentralen*, auf deren Großrechnern die operativen Datenbestände der Mehrzahl der Kreditgenossenschaften liegen, stellen für die Realisierung des Direct Mailing auf der Basis des Database Marketing ihren jeweiligen Partnerbanken verschiedene Lösungsansätze zur Verfügung (siehe Tabelle 12).[741]

Ansatz	**Database Marketing**	
	Zentral	**Dezentral**
GRZ		•
RBG	•	•
GAD	•	•
RWG	•	•
FIDUCIA	•	•

Tabelle 12: Database Marketing der genossenschaftlichen Rechenzentralen

Quelle: Heigl, Christian/Lamaack, Thorsten (1999), S. 13

Mit Ausnahme der GRZ Genossenschafts-Rechenzentrale Norddeutschland GmbH, Lehrte, bieten die genossenschaftlichen Rechenzentralen ihren Partnerinstituten eine zentrale und eine dezentrale Form des Database Marketing. Die GRZ beschränkt ihr Angebot auf ein dezentrales Database Marketing.

Die zentrale Lösung beinhaltet eine Auswertung, die im Auftrag einer Kreditgenossenschaft direkt in der Rechenzentrale am Großrechner, auf dem alle Daten aus dem operativen Geschäft vorhanden sind, durchge-

[741] Die nachfolgenden Ausführungen basieren auf einer Untersuchung am *Institut für Betriebswirtschaftslehre, Finanzierung und Bankbetriebslehre der Technischen Universität Darmstadt*, die in dem Zeitraum von Oktober 1998 bis März 1999 durchgeführt wurde. Vgl. Heigl, Christian/Lamaack, Thorsten (1999), S. 12 ff.

führt wird. Die RWG GmbH Datenverarbeitungsgesellschaft, Stuttgart, stellt zusätzlich eine zentrale Auswertungsmöglichkeit zur Verfügung, die komplexere Abfragen und Analysen im Bereich des Data Mining[742] umfaßt.

Die FIDUCIA Informationszentrale AG, Karlsruhe, arbeitet derzeit als einzige Rechenzentrale am Aufbau eines Data Warehouses[743]. In diesem ganzheitlichen Informationssystem werden alle kundenrelevanten Informationen aus allen Vertriebskanälen bei der FIDUCIA zentral zusammengefaßt. Dies beinhaltet die Daten über die Kunden beziehungsweise deren Konten und Produkte, Transaktionsdaten, Daten der Verbundpartner und Informationen aus den Beratungsgesprächen.[744]

1.2 Outbound Telefon Banking der Kreditgenossenschaften

Das Outbound Telefon Banking dient ebenso wie das Direct Mailing der aktiven Kundenansprache von Seiten des Kreditinstituts.[745]

1.2.1 Strategie und Leistungen des Outbound Telefon Banking

Die vorrangige Zielsetzung des Outbound Telefon Banking sollte für die Kreditgenossenschaften die Erhöhung der Nutzungsintensität bei bestehenden Geschäftsverbindungen sowie eine Aktivierung der Geschäftsbeziehungen zu Kunden mit Mehrfachbankverbindungen bilden. Ebenso wie das Direct Mailing kann das Outbound Telefon Banking für den Direktvertrieb, den Vorverkauf und den Kundenservice eingesetzt werden.

Das Outbound Telefon Banking eignet sich im Rahmen des *Direktvertriebs* vor allem bei Wiederanlagen, für die keine Beratung erforderlich ist.[746] Dabei kann die Wirkung des Outbound Telefon Banking durch die Kombination mit dem Direct Mailing erhöht werden. Die beiden Instrumente werden sequentiell eingesetzt mit den Zielen:

- Höhere Aufmerksamkeit beim Kunden durch den Wechsel des Mediums
- Stärkere Aktivierung der Zielgruppe durch die Kombination der Medien

[742] Siehe hierzu Kapitel III2.1.2 Database Marketing, S. 91 f.
[743] Siehe hierzu Kapitel III2.1.2 Database Marketing, S. 91 f.
[744] Vgl. Heigl, Christian/Lamaack, Thorsten (1999), S. 14
[745] Siehe hierzu Kapitel III2.2.1 Begriff und Arten des Telefon Banking, S. 93 f.
[746] Vgl. Pleister, Christopher (1998), S. 12

- Verringerung der Streuverluste[747]
- Vorbereitung des Kunden auf den Anruf des Bankmitarbeiters

Vor allem das letzte Ziel besitzt aufgrund von Vorbehalten der Kunden gegenüber dem Outbound Telefon Banking große Bedeutung. Nach einer Untersuchung der *Gesellschaft für Konsumforschung* hinsichtlich der Einstellung der Verbraucher in Deutschland zu aktivem telefonischem Verkauf und aktiver telefonischer Beratung lehnen 70% der Befragten *unerwartete* telefonische Kaufangebote ab. Eine telefonische Beratung zu Anlagemöglichkeiten oder Versicherungsprodukten können sich lediglich 8% der Befragten vorstellen.[748] Durch eine Vorabinformation mittels Direct Mailing können die Kunden auf einen Anruf von Seiten der Kreditgenossenschaft vorbereitet werden.

Des weiteren kann das Outbound Telefon Banking für den *Vorverkauf* eingesetzt werden, indem aktiv von Seiten der Kreditgenossenschaft ein Termin mit dem Kunden für eine persönliche Beratung in einer Geschäftsstelle vereinbart wird. Ergänzend können auch hier dem Kunden mittels Direct Mail Informationen zugesandt werden.

Durch regelmäßige Kundenbefragungen über beispielsweise neue Leistungen oder Vertriebsangebote kann die Kreditgenossenschaft relativ rasch auf die Wünsche der Kunden reagieren. Diese Form des *Kundenservice* kann durch gezielte Änderungen beispielsweise im Leistungsangebot zu einer Erhöhung der Kundenzufriedenheit und einer Stärkung der Kundenbindung beitragen.

Ebenso wie das Direct Mailing eröffnet auch das Outbound Telefon Banking den Kreditgenossenschaften die Chance, durch eine aktive Kommunikation mit den Kunden einer zunehmenden Anonymisierung entgegenzuwirken. Vor allem durch die aktive Terminvereinbarung im Rahmen des Vorverkaufs können die Kreditgenossenschaften die besonderen Vorteile des Multiple Channel-Modells zur Geltung bringen. Das Risiko des Outbound Telefon Banking besteht in der geringen Akzeptanz oder sogar Verärgerung der Kunden durch unerwartete Anrufe von Seiten der Kreditgenossenschaft. Deshalb bedarf es eines geplanten und gezielten Einsatzes des Outbound Telefon Banking. Vor allem müssen auch die besonde-

[747] Vgl. Töpfer, Armin/Greff, Günter (1987), S. 15
[748] Vgl. o. V. (1999g), S. 20

ren rechtlichen Aspekte des Outbound Telefon Banking berücksichtigt werden.

Aufgrund der Gefährdung der Willens- und Entschlußfreiheit des Umworbenen wird die gezielte Ansprache von Nichtkunden im Rahmen des Outbound Telefon Banking als wettbewerbsrechtlich bedenklich eingestuft. Da das Outbound Telefon Banking als ein Typ des Gesamtkomplexes *Werbung mittels telekommunikationstechnischer Einrichtungen* wettbewerbsrechtlich zur Kategorie *Kundenfang* gehört, fällt es unter die Generalklausel des § 1 des Gesetzes über den unlauteren Wettbewerb.[749] Eine gezielte Ansprache von Nichtkunden ist deshalb nicht erlaubt.[750]

1.2.2 Kosten des Outbound Telefon Banking

Die Kosten der Eigenerstellung des Outbound Telefon Banking sind nach Praxiserfahrungen mit DM 2.500 pro Person für die Rekrutierung und Ausbildung der Mitarbeiter in einem Call Center anzusetzen. Ein Mitarbeiter führt insgesamt circa 1.800 Kundengespräche pro Jahr, so daß sich circa DM 1,40 fixe Personalkosten pro Kundengespräch ergeben. Die Kosten eines Telefonteams pro Monat belaufen sich bei acht Teilzeitkräften, die sich vier Arbeitsplätze im Time-Sharing teilen, auf insgesamt rund DM 8.900 (Personal-, Sach- und sonstige Kosten). Bei circa 1.600 Kundengesprächen (acht Personen mit jeweils 200 Kundengesprächen pro Monat) ergeben sich circa DM 5,60 pro Kundengespräch.[751] Die Kosten eines Kundengesprächs im Rahmen des Outbound Telefon Banking gegenüber eines Anrufs durch einen Kundenberater zeigt Tabelle 13.

Outbound Telefon Banking	Anruf durch Kundenberater
DM 7,00 (DM 5,60 plus DM 1,40)	DM 12,00

Tabelle 13: Kosten des Outbound Telefon Banking
Quelle: Eigene Darstellung, in Anlehnung an Effert (1997b), S. 193

Die Kosten eines Anrufs im Rahmen des Outbound Telefon Banking sind mit DM 7,00 um circa 42% niedriger als Anrufe, die von einem Kundenbe-

[749] Vgl. Reinhuber, Nikolaus (1995), S. 108 f.
[750] Vgl. Effert, Detlef/Schmid, Walter (1995), S. 429
[751] Vgl. Effert (1997b), S. 193

rater durchgeführt werden. Daneben können sie durch die entsprechende Ausbildung der Mitarbeiter professioneller abgewickelt werden.

Der notwendige Bedarf an Mitarbeitern für das Outbound Telefon Banking kann anhand des Kundenbestandes ermittelt werden. Dabei wird zugrundegelegt, daß jeder Kunde einmal pro Jahr telefonisch kontaktiert wird. Für die Bestimmung der Mitarbeiterzahl sind einige Erfahrungen aus der Praxis zu berücksichtigen.

- Ein Mitarbeiter im Call Center führt circa 1.800 Kundengespräche pro Jahr. In der Regel werden circa sechs Gespräche bei Terminvereinbarungen und fünf Kundengespräche beim Direktvertrieb oder dem Vorverkauf durchgeführt.
- Der Datenbestand des Instituts ist teilweise nicht gepflegt, weshalb circa 20% der Adressen für das Outbound Telefon Banking entfallen.
- Für Kunden unter 18 Jahren und über 65 Jahre eignet sich der Einsatz des Outbound Telefon Banking nur beschränkt. Vor allem bei älteren Kunden besteht ein Mißtrauen gegenüber dieser Form des Kundenkontakts. Zudem können diese Anrufe zu Mißverständnissen bei älteren Kunden führen.
- Kunden im unteren Mengensegment bilden keine zweckmäßige Zielgruppe für das Outbound Telefon Banking, da die zu erwartenden Deckungsbeiträge negativ sind.

Daraus resultiert in summa, daß insgesamt circa 70% des gesamten Kundenbestandes für eine aktive Ansprache über das Telefon entfallen (siehe Tabelle 14).[752]

[752] Vgl. Effert, Detlef (1997a), S. 16; Die angenommen varibalen und fixen Kosten belaufen sich auf DM 7,00 pro Anruf. Siehe hierzu Tabelle 13, S. 194

Kreditinstitute mit		
10.000 Kunden, wovon 70% entfallen	30.000 Kunden, wovon 70% entfallen	50.000 Kunden, wovon 70% entfallen
3.000 Kunden, die durch Outbound Telefon Banking angesprochen werden	9.000 Kunden, die durch Outbound Telefon Banking angesprochen werden	15.000 Kunden, die durch Outbound Telefon Banking angesprochen werden
Einsatz von circa 2 Teilzeitkräften	Einsatz von circa 5 Teilzeitkräften	Einsatz von circa 8 Teilzeitkräften
DM 21.000 pro Jahr	DM 63.000 pro Jahr	DM 105.000 pro Jahr

Tabelle 14: Kosten des Outbound Telefon Banking bei unterschiedlicher Kundenzahl

Quelle: Eigene Darstellung, in Anlehnung an Effert, Detlef (1997a), S. 17

Die Kosten der aktiven Kundenansprache durch das Outbound Telefon Banking belaufen sich für eine Kreditgenossenschaft mit 10.000 Kunden auf circa DM 21.000, für ein Institut mit 30.000 Kunden auf DM 63.000 und für ein Institut mit 50.000 Kunden auf circa DM 105.000.

2 Inbound Direct Banking für die Kreditgenossenschaften

Während das Outbound Direct Banking der aktiven zielgerichteten Ansprache der Kunden von Seiten der Kreditgenossenschaft dient, besteht die Aufgabe des Inbound Direct Banking in einem verstärkten Service durch eine Erhöhung der Verfügbarkeit und eine Erweiterung des Vertriebs von Bankleistungen der Kreditgenossenschaften.

2.1 Inbound Telefon Banking der Kreditgenossenschaften

Das Inbound Telefon Banking zeichnet sich dadurch aus, daß die Initiative vom Kunden ausgeht und der Kunde das Kreditinstitut anruft.[753]

2.1.1 Strategie für das Inbound Telefon Banking

Das Ziel des Inbound Telefon Banking besteht vor allem in einer Erhöhung des Kundenservice sowie einer Entlastung der Mitarbeiter im stationären Vertrieb von Routinetätigkeiten.

Die Kreditgenossenschaften können aufgrund der Flexibilität, Schnelligkeit, zeitlichen Verfügbarkeit und Bequemlichkeit des Inbound Telefon Banking die Servicelücken füllen, die im traditionellen stationären Vertrieb offen bleiben. Die Bankgeschäfte können von zu Hause, vom Büro oder von unterwegs erledigt werden. Gleichzeitig entfallen für die Kunden die Anfahrtszeit, die Parkplatzsuche und die Fahrtkosten. Daneben bietet die Zentralisierung der Anrufe in einem Call Center den Kreditgenossenschaften die Möglichkeit, Mitarbeiter im stationären Vertrieb von Routinetätigkeiten zu entlasten und freie Kapazitäten für anspruchsvolle Beratungsleistungen zu schaffen.[754]

Die Risiken des Inbound Telefon Banking liegen in der zunehmenden Anonymisierung der Bankgeschäfte zwischen den Kunden und den Kreditgenossenschaften. Des weiteren müssen Sicherheitsaspekte bei der Abwicklung des Inbound Telefon Banking beachtet werden.[755]

---

[753] Siehe hierzu Kapitel III2.2.1 Begriff und Arten des Telefon Banking, S. 93 f.

[754] Vor der Einführung des Inbound Telefon Banking gingen beispielsweise bei der Volksbank Hameln in der Hauptstelle pro Tag rund 30 bis 40 Anrufe zur Abfrage des Kontostands ein. Nach der Einführung des Inbound Telefon Banking ist die Zahl dieser Anrufe deutlich gesunken. Vgl. Wiedbrauck, Heinz-Walter (1996), S. 158

[755] Bei jedem Kundenanruf sollte ein Abgleich von Kontonummer, Name des Kunden und einem Geheimwort erfolgen. Daneben können die geführten Telefonate für

2.1.2 Leistungen im Inbound Telefon Banking

Das Angebot des Inbound Telefon Banking kann von den Kreditgenossenschaften gestaltet werden in Leistungen für die Einstiegsphase und Leistungen bei einer Erweiterungen des Inbound Telefon Banking (siehe Tabelle 15).

Leistungen für die Einstiegsphase	▪ Kontostands-/Umsatzabfragen ▪ Überweisungen ▪ Daueraufträge ▪ Verfügungs- und Kartensperren ▪ Einfache Produktinformationen ▪ Konditionen- und Gebühreninformationen ▪ Terminvereinbarungen ▪ Sortenbestellung
Erweiterungen	▪ Anlageinformationen ▪ Anlage von Festgeldern ▪ Wertpapierorders

Tabelle 15: Leistungen im Inbound Telefon Banking

Quelle: Eigene Darstellung, in Anlehnung an Jung, Natalie (1994), S. 42; Pleister, Christopher (1998), S. 12

Das Angebot in der Einstiegsphase umfaßt vor allem die Leistungen des Zahlungsverkehrs wie beispielsweise Kontostands- und Umsatzabfragen oder Überweisungen. Daneben erlangt die Durchführung von Anlagen- und Wertpapierorders zunehmend an Bedeutung, wodurch dem Wettbewerb der Discount Broker erfolgreich begegnet werden kann. Die Stadtsparkasse München wickelt beispielsweise über das Inbound Telefon Banking, das im Jahr 1994 eingeführt wurde, inzwischen rund ein Drittel ihres Aktienumsatzes ab.[756]

Die Produktnutzung des Inbound Telefon Banking bei Kreditgenossenschaften kann exemplarisch an den Call Centern der *GGB Gesellschaft für genossenschaftliches Bankenmarketing* betrachtet werden. An diesen

„Zweifelsfälle" oder Reklamationen aufgezeichnet und gespeichert werden. Vgl. Pischulti, Helmut (1993), S. 24

[756] Vgl. Brunner, Werner (1998), S. 677 f.

Call Centern sind insgesamt rund zweihundert Kreditgenossenschaften unterschiedlicher Größenordnung angeschlossen (siehe Abbildung 53).

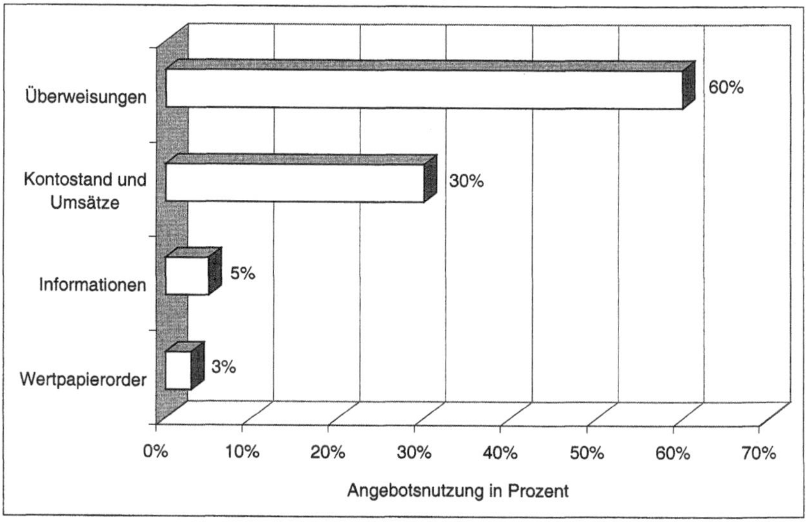

Abbildung 53: Nutzung des Inbound Telefon Banking bei Kreditgenossenschaften

Quelle: Eigene Darstellung

Mit circa 60% bilden die Überweisungen das am häufigsten genutzte Leistungsangebot. Rund 30% der Kunden nutzen das Telefon Banking für die Abfrage des Kontostands und der Umsätze und rund 5% für die Anfrage nach unterschiedlichen Informationen. Die Durchführung von Wertpapierorders bildet mit circa 3% das bisher am geringsten genutzte Angebot.[757] Zu einem ähnlichen Ergebnis kam eine Untersuchung von *A.T. Kearney*. Danach beschränken sich die Kunden im wesentlichen auf drei Dienstleistungen. Die Kontostands- und Umsatzabfragen umfassen rund 70% bis 80% aller Transaktionen. Daneben nehmen rund 20% der Kunden Überweisungen vor. Die übrigen Angebote werden nur in geringem Maße von den Kunden in Anspruch genommen.[758]

---

[757] Diese Ausführungen basieren auf der persönlichen Befragung von Herrn Harry Keller, Geschäftsführer des Call Center der GGB Gesellschaft für genossenschaftliches Bankenmarketing, am 11.03.1999.

[758] Vgl. Pöschke, Harald/Bußmann, Johannes (1995), S. 30; Bund, Stefan (1997), S. 142

Deutliche Unterschiede in der Nutzung des Inbound Telefon Banking existieren allerdings in Abhängigkeit von der gewählten Kommunikationsform. Nach einer Untersuchung des *Spiegel-Verlages* beispielsweise kommt für 60% der Befragten Inbound Telefon Banking nur in Frage, wenn der Kunde mit einem Menschen und nicht mit einem Computer telefonieren kann.[759]

In der Praxis wird das Inbound Telefon Banking vorwiegend in Form der Mensch-Maschine-Kommunikation für die Abfrage von Informationen verwendet. Für die Durchführung von Transaktionen wie beispielsweise Überweisungen wird von vielen Kunden die Mensch-Mensch-Kommunikation bevorzugt, da sie diese Art von Informationen keinem Sprachcomputer anvertrauen wollen. Während beispielsweise 52% der Kunden der Stadtsparkasse München das Inbound Telefon Banking für Überweisungen nutzen, reduziert sich die Inanspruchnahme bei der Mensch-Maschine-Kommunikation auf 7%.[760]

2.1.3 Kosten des Inbound Telefon Banking

Die Kosten einer Eigenerstellung des Inbound Telefon Banking mit Mensch-Mensch-Kommunikation werden bei einer angenommenen Nutzung von 20.000 Kunden im Jahr exemplarisch betrachtet. Für die Einrichtung eines Call Centers belaufen sich die Kosten auf einmalig circa DM 350.000, die laufenden jährlichen Kosten auf circa DM 500.000 (siehe Tabelle 16).[761]

[759] Vgl. Spiegel (Hrsg.) (1996), S. 94
[760] Vgl. Brunner, Werner (1998), S. 677 f.

Einmalige Kosten Gesamt circa DM 350.000	▪ Telefonanlage mit Call Center-Lösungen (zum Beispiel Auswertungen, Kundenhistorie) ▪ Hardware und Software für die Arbeitsplätze ▪ Personal, inklusive Ausbildung ▪ Markteinführung
Laufende Kosten (circa 20.000 Nutzer pro Jahr) Gesamt circa DM 500.0000	Nutzungsunabhängig ▪ Abschreibungen ▪ Wartung ▪ Kommunikation ▪ Raummiete ▪ Führungskoordination Nutzungsabhängig ▪ Telefonkosten ▪ Personalkosten ▪ Schulungskosten ▪ Materialkosten

Tabelle 16: Kosten des Inbound Telefon Banking mit Mensch-Mensch-Kommunikation

Quelle: Eigene Darstellung, in Anlehnung an Effert, Detlef (1994), S. 54

Die Kosten eines Telefon Banking-Angebots mit Mensch-Maschine-Kommunikation würden sich bei einer vergleichbaren Nutzung auf circa DM 100.000 pro Jahr belaufen[762] und damit lediglich 20% der vergleichbaren Kosten der Mensch-Mensch-Kommunikation ausmachen.[763]

[761] Vgl. Effert, Detlef (1994), S. 54

[762] Vgl. Effert, Detlef (1994), S. 55

[763] Andere Untersuchungen kommen zu ähnlichen Ergebnissen. Danach macht die technische Ausstattung rund 15% der laufenden Kosten aus, rund 85% der laufenden Kosten sind Personalkosten. Vgl. o. V. (1998c), S. 59

2.1.4 Arten des Inbound Telefon Banking für die Kreditgenossenschaften

Das Inbound Telefon Banking kann anhand der unterschiedlichen Kommunikationsformen Mensch-Maschine, Mensch-Mensch und der Kombination beider Formen unterschieden werden. Für die Kreditgenossenschaften weisen die verschiedenen Arten des Inbound Telefon Banking sowohl Vorteile als auch Nachteile auf.

Das *Telefon Banking mit Mensch-Maschine-Kommunikation* eröffnet für die Kreditgenossenschaften die Möglichkeit, für ihre Kunden 24 Stunden und an sieben Tagen der Woche verfügbar zu sein. Die Kosten für diese Art des Telefon Banking sind relativ gering, den hohen Kosten der Einführung und Installation stehen vergleichsweise niedrige Kosten für den Betrieb entgegen. Aufgrund der stark standardisierten Vorgänge beim Ablauf sowie bei der Sprech- und Eingabegeschwindigkeit wird der Kunde in seinen Nutzungsmöglichkeiten beschränkt. Diese Form des Telefon Banking wird deshalb von vielen Kunden nicht akzeptiert, sie präferieren das Gespräch mit einem Menschen.

Das *Telefon Banking mit Mensch-Mensch-Kommunikation* bietet den Kunden der Kreditgenossenschaften durch den persönlichen Kontakt ein höheres Serviceerlebnis als bei der Steuerung eines Computers mittels Tastatur oder Stimme. Der Mitarbeiter im Call Center kann flexibel und individuell auf die Wünsche der Kunden eingehen. Daneben eröffnet diese Form des Telefon Banking auch die Integration von Outbound-Leistungen. Die Kosten im Vergleich zu der Mensch-Maschine-Variante sind allerdings bedeutend höher.

Die *Kombination Mensch-Maschine- und Mensch-Mensch-Telefon Banking* bietet dem Kunden die Möglichkeit, zwischen einer der angeführten Kommunikationsformen zu wählen. Die Kreditgenossenschaft kann die Servicebereitschaft erhöhen und dem Kunden die Flexibilität und Individualität der persönlichen Kommunikation mit einem Mitarbeiter gewähren. Beispielsweise wird in dem Zeitraum von 6:00 und 22:00 Uhr die Mensch-Mensch-Kommunikation, zwischen 22:00 und 6:00 Uhr die Mensch-Maschine-Kommunikation angeboten. Die Kosten dieser Form des Telefon Banking liegen ebenfalls deutlich über einer rein technischen Lösung und können sich in Abhängigkeit vom Auslastungsgrad über oder unter den Kosten der ausschließlichen Mensch-Mensch-Kommunikation bewegen.

Der relativ geringen Akzeptanz des Inbound Telefon Banking mit Mensch-Maschine-Kommunikation durch die Kunden stehen die niedrigen Kosten gegenüber. Sofern aber das Angebot des Inbound Telefon Banking mit Mensch-Mensch-Kommunikation für die einzelne Kreditgenossenschaft betriebswirtschaftlich tragbar erscheint, sollte diese Art des Telefon Banking gewählt werden. Alternativ kann eine Kombination der angeführten Formen angeboten werden.

2.1.5 Technische Umsetzung des Telefon Banking

Neben der Eigenerstellung des Outbound und Inbound Telefon Banking[764] können die Kreditgenossenschaften das Telefon Banking innerhalb des genossenschaftlichen FinanzVerbundes oder an ein/mehrere externe Unternehmen ausgliedern.[765]

2.1.5.1 Telefon Banking im genossenschaftlichen FinanzVerbund

Im genossenschaftlichen FinanzVerbund werden verschiedene Telefon Banking-Lösungen angeboten. Für die Mehrheit der Kreditgenossenschaften wird die Datenverarbeitung von einer der fünf genossenschaftlichen Rechenzentralen übernommen. Der gesamte Datenbestand der Kreditgenossenschaft, auf den beim Telefon Banking zugegriffen wird, befindet sich auf den jeweiligen Zentralrechnern. Aus diesem Grunde sind alle Rechenzentralen in das Angebot des Telefon Banking im genossenschaftlichen FinanzVerbund involviert (siehe Tabelle 17).[766]

Die FIDUCIA Informationszentrale, die RWG Datenverarbeitungsgesellschaft und die RBG Rechenzentrale Bayerischer Genossenschaften stellen ihren Partnerbanken Telefon Banking mit *Mensch-Maschine-Kommunikation* in Form eines zentralen und eines dezentralen[767] Call

[764] Siehe hierzu Kapitel V1.2.2 Kosten des Outbound Telefon Banking, S. 194 ff. und Kapitel V2.1.3 Kosten des Inbound Telefon Banking, S. 200 ff.

[765] Zu den Chancen und Risiken des Outsourcing von Funktionen und Leistungen siehe auch Kapitel IV3.4 Integration des Direct Banking in den Betrieb der Kreditgenossenschaften, S. 178 ff.

[766] Vgl. Heigl, Christian/Lamaack, Thorsten (1999), S. 12

[767] Das dezentrale Telefon Banking steht seit dem Jahr 1994 den Partnerbanken der FIDUCIA zur Verfügung. Vorwiegend findet dieses System Verwendung bei größe-

Center zur Verfügung. Die Kunden wählen sich bei einer zentralen Lösung über eine zentrale Rufnummer ein. Durch die Vergabe unterschiedlicher Nebenstellen an die teilnehmenden Kreditgenossenschaften wird eine bankindividuelle Begrüßung ermöglicht.[768] Die dezentrale Möglichkeit besteht darin, einen derartigen Computer direkt in der jeweiligen Kreditgenossenschaft aufzustellen und über eine Datenschnittstelle mit der Rechenzentrale zu verbinden.

Ansatz	**Telefon Banking**		
	Mensch-Maschine	**Mensch-Mensch**	**Kombination**
GRZ	-	Zentral	Gemeinsame Lösung in Zusammenarbeit mit der DG Bank
RBG	-	Dezentral / Zentral	
GAD	Zusammenarbeit mit der WGZ	Zentral	-
RWG	Zusammenarbeit mit der GZ-Bank	Dezentral / Zentral	-
FIDUCIA	Zusammenarbeit mit der GZ-Bank und einigen Partnerbanken	Dezentral / Zentral	(Optional bei dezentraler Lösung)

Tabelle 17: Telefon Banking im genossenschaftlichen FinanzVerbund
Quelle: Heigl, Christian/Lamaack, Thorsten (1999), S. 12; O. V. (2000), S. 22

Die GAD Gesellschaft für automatische Datenverarbeitung hat zusammen mit der Westdeutschen Genossenschafts-Zentralbank ein Call Center für Telefon Banking in Form der *Mensch-Mensch-Kommunikation* verwirk-

ren Volksbanken mit städtisch strukturiertem Gebiet. Es handelt sich hierbei um einen Sprachcomputer auf Personal Computer-Basis, der vor Ort installiert wird und in das Bankverfahren über eine Datenschnittstelle eingebunden wird. Der Anrufer wird durch eine „Sprachkonserve" menüartig geführt. Eventuelle Abfragen (etwa Kontostand, Umsätze) werden ebenfalls per Sprachaufzeichnung an den Kunden weitergegeben. Aufgrund der erforderlichen Investitionen für die Einrichtung des dezentralen Sprachcomputers durch die Kreditgenossenschaften wurde von der FIDUCIA zusätzlich eine zentrales Telefon Banking entwickelt. Vgl. Barthelmeß, Wilhelm K. (1997), S. 12

768 Dieses System ist im Saarland seit Januar 1996 in Betrieb, ein flächendeckendes Angebot mit zentralen Telefon Banking-Leistungen ist für alle FIDUCIA-Partnerbanken seit Januar 1997 verfügbar. Vgl. Barthelmeß, Wilhelm K. (1997), S. 12

licht.[769] Daneben bieten die Gesellschaft für automatische Datenverarbeitung und die GRZ Genossenschafts-Rechenzentrale Norddeutschland GmbH ihren Partnerbanken ein zentrales Telefon Banking-System.[770]

Die FIDUCIA betreibt seit Ende 1998 das Genossenschaftliche Service Center GSC. Dieses wurde zusammen mit der ehemaligen Südwestdeutschen Genossenschafts-Zentralbank[771] und anderen Partnerbanken mit der Zielsetzung aufgebaut, Inbound- und Outbound-Leistungen anzubieten. Die Basis für den Vertrieb von Outbound-Leistungen bildet das Database Marketing[772]. In diesem Bereich soll vor allem das Data Warehouse der FIDUCIA eingesetzt werden.[773] Die RWG Datenverarbeitungsgesellschaft stellt zusammen mit der GZ-Bank, Frankfurt am Main/Stuttgart, ihren Partnerbanken Telefon Banking mit Mensch-Mensch-Kommunikation über ein Call Center zur Verfügung.[774]

Die Genossenschafts-Rechenzentrale Norddeutschland und die DG BANK betreiben seit Oktober 1997 ein Call Center mit *Mensch-Mensch- und Mensch-Maschine-Kommunikation.*[775] Der Kunde kann über eine bankeigene 0180 Servicenummer anrufen und nach der individuellen Begrüßung entscheiden, ob er seine Bankgeschäfte entweder mit dem Sprachcomputer oder in einem persönlichen Gespräch mit einem Mitarbeiter des Call Center erledigen möchte.[776] Aufbauend auf dieser gemein-

---

[769] Das Call Center der Gesellschaft für automatische Datenverarbeitung und der Westdeutschen Genossenschafts-Zentralbank bietet in der Zeit zwischen 7:00 Uhr und 23:00 Uhr eine reine Mensch-Mensch-Kommunikation, nur die Eingabe der Geheimnummer (PIN) erfolgt über die Tastatur des Telefons. Außerhalb dieser Zeiten steht ein Sprachcomputer zur Verfügung, mit dem keine Transaktionen durchgeführt werden können. Vgl. Heigl, Christian/Lamaack, Thorsten (1999), S. 14

[770] Vgl. Heigl, Christian/Lamaack, Thorsten (1999), S. 14

[771] Die Südwestdeutsche Genossenschafts-Zentralbank hat zum 31.12.1999 mit der Genossenschaftszentralbank Stuttgart fusioniert. Siehe hierzu Kapitel II3.3 Genossenschaftliche Zentralbanken, S. 29 f.

[772] Siehe hierzu Kapitel III2.1.2 Database Marketing, S. 91 ff.

[773] Vgl. FIDUCIA (Hrsg.) (1997), S. 12; Heigl, Christian/Lamaack, Thorsten (1999), S. 14; Siehe hierzu auch Kapitel III2.1.2 Database Marketing, S. 91 f.

[774] Vgl. Heigl, Christian/Lamaack, Thorsten (1999), S. 14; O. V. (2000), S. 22

[775] Vgl. GRZ (Hrsg.) (1996), S. 15; Pleister, Christopher (1998), S. 9; Dieses Call Center wurde ursprünglich 1996 von dem Genossenschaftlichen Rechenzentrum Kassel gegründet. Dieses Rechenzentrum hat Mitte 1999 mit der FIDUCIA Informationszentrale fusioniert. Vgl. GRK (Hrsg.) (1996), S. 35; GRK (Hrsg.) (1997), S. 40

[776] Die persönliche Kommunikation mit einem Mitarbeiter des Call Center ist täglich in der Zeit von 6.30 Uhr und 22.00 Uhr möglich. Außerhalb dieser Zeit steht den Kunden ausschließlich der Sprachcomputer zur Verfügung. Vgl. GRK (Hrsg.) (1996), S. 35

samen technischen Basis differiert der Leistungsumfang beziehungsweise der Ablauf des Call Center geringfügig in Abhängigkeit von den Anbietern.[777] Die Rechenzentrale Bayerischer Genossenschaften nimmt als dritte Rechenzentrale an diesem Call Center teil.[778]

2.1.5.2 Telefon Banking über externe Anbieter

Die *GGB Gesellschaft für genossenschaftliches Bankenmarketing* stellt ein Beispiel für einen externen Anbieter des Telefon Banking dar. Die GGB betreibt sieben Call Center mit eigenständigen Betriebsstätten und 170 Mitarbeitern für rund zweihundert, vorwiegend kleinere Kreditgenossenschaften.[779] Das erste und zugleich größte Call Center firmiert unter *Service Direkt Telemarketing Verwaltungsgesellschaft mbH* und wurde im Juni 1996 in Weinheim gegründet.[780] Das Call Center bietet mit seinen 60 Mitarbeitern in den Hauptzeiten die Mensch-Mensch-Kommunikation.[781] Der Kunde wählt sich über eine Servicenummer mit einer entsprechenden Nebenstelle ein und wird anschließend bankindividuell begrüßt. Aufgrund der Verknüpfung mit allen genossenschaftlichen Rechenzentralen haben die Mitarbeiter Zugang zu den adäquaten Daten.

Das Angebot umfaßt sowohl Inbound als auch Outbound-Leistungen. Im wesentlichen werden alle Produkte im Bereich des Zahlungsverkehrs zur

[777] Ein eingehender Anruf kann aufgrund der gewählten Telefonnummer sofort einem der drei Anbieter zugeordnet werden, wodurch sich auch der Leistungsumfang bestimmt. So erfolgt beispielsweise bei der Call Center-Lösung der DG BANK als erstes eine Legitimation im Mensch-Maschine-Dialog, anschließend wird vom Interactive Voice Response-System der aktuelle Kontostand angesagt. Zusätzlich besteht die Möglichkeit, Wertpapiergeschäfte zu tätigen. Hierfür wird der Kunde automatisch mit dem zentralen Wertpapier-Call Center der DG BANK verbunden. Vgl. Heigl, Christian/Lamaack, Thorsten (1999), S. 14; Eine technische Besonderheit der Call Center-Lösung der DG Bank besteht darin, daß die dezentralen automatischen Call Center der einzelnen Kreditgenossenschaften durch Schnittstellen zu allen Rechenzentralen des Geschäftsgebiets der DG Bank in dieses System integriert werden können. Vgl. Pleister, Christopher (1998), S. 12

[778] Vgl. Heigl, Christian/Lamaack, Thorsten (1999), S. 14

[779] Die nachfolgenden Ausführungen basieren auf der persönlichen Befragung von Herrn Harry Keller, Geschäftsführer der Service Direkt Telemarketing SDT, am 11.05.1999

[780] Daran nehmen zum Beispiel die Volksbanken Weinheim, Mosbach, Bad Vilbel, Darmstadt sowie die Frankfurter Volksbank und die Raiffeisenbank Erlenkofen teil.

[781] In dem Zeitraum von 6.00 und 22.00 Uhr wird ausschließlich die Mensch-Mensch-Kommunikation angeboten, zwischen 22.00 und 6.00 Uhr die Mensch-Maschine-Kommunikation.

Verfügung gestellt, daneben können auch Wertpapierorders durchgeführt werden.[782] Zudem besteht sowohl im Inbound- wie auch im Outboundbereich die Möglichkeit, Termine zu vereinbaren.

Für die Teilnahme an diesem Call Center müssen die einzelnen Kreditgenossenschaften jeweils ein Mindestkontingent von 10% ihrer Girokonten einbringen und jeweils einen fixen Betrag pro Konto bezahlen. Alternativ werden die Kosten nach der Kontaktzeit, die durchschnittlich bei circa zwei Minuten liegt, mit DM 1,00 bis DM 1,50 pro Gesprächsminute berechnet.

2.2 Internet Banking der Kreditgenossenschaften

Das T-Online Banking und das Internet Banking bilden Formen des Online Banking. Eine langfristige Strategie für die Kreditgenossenschaften sollte allerdings auf eine Form des Online Banking ausgerichtet sein, um die Fehl-allokationen von Investitionen in beide Technologien zu vermeiden. Aus diesem Grunde werden das T-Online Banking und das Internet Banking vorab gegenübergestellt.

2.2.1 T-Online Banking versus Internet Banking

Hinsichtlich der Nutzung durch den Kunden differieren das T-Online Banking und Internet Banking nur unwesentlich.[783] Die bestehenden Unterschiede beruhen vor allem auf den zugrundeliegenden Netzen T-Online und dem Internet.

Der wesentliche Unterschied des T-Online gegenüber dem Internet besteht darin, daß es sich bei T-Online um ein geschlossenes Netz handelt.[784] Daraus ergeben sich geringere Sicherheitsanforderungen für das T-Online Banking.[785] Hingegen besitzt das Internet den Vorteil, daß der Zugriff global möglich ist. Das Angebot von T-Online kann dem gegenüber nur national genutzt werden.[786] Zudem benötigt der Kunde für das T-Online Banking eine Software, die vorab auf seinem Personal Computer

[782] Siehe hierzu auch Kapitel V2.1.2 Leistungen im Inbound Telefon Banking, S. 198 ff.
[783] Siehe hierzu auch Kapitel III2.3 Online Banking, S. 101 ff.
[784] Vgl. Alpar, Paul (1998), S. 300 f.; Tanenbaum, Andrew S. (1997), S. 833; Zum Begriff des geschlossenen Netzes vgl. Sietmann, Richard (1997), S. 178
[785] Siehe hierzu Kapitel III2.3.2.4 Sicherheit des Internet Banking, S. 112 f.
[786] Vgl. Alpar, Paul (1998), S. 306; Birkelbach, Jörg (1998), S. 63

installiert werden muß.[787] Für das Internet Banking verwendet der Kunde einen Browser, den er generell für den Zugriff auf das World Wide Web einsetzt.[788] Einen Überblick über die wesentlichen Unterschiede zwischen T-Online und Internet zeigt Tabelle 18.

T-Online	Internet
Geschlossenes Netz, höhere Sicherheit	Offenes Netz, höhere Anforderungen an die Sicherheit
Software für Online Banking notwendig	Keine Software notwendig (Browser)
Beschränkung auf nationalen Zugang	Keine Beschränkung, globaler Zugang
Beschränkung auf Angebote in T-Online	Keine Beschränkung, Zugang zu allen Diensten im Internet (zum Beispiel World Wide Web, E-Mail)

Tabelle 18: Unterschiede zwischen dem T-Online und dem Internet
Quelle: Eigene Darstellung

Die Stärken des T-Online bilden seine Zuverlässigkeit, die bundesweite Nutzung zum Ortstarif und die geringen Sicherheitsbedenken der Benutzer beim Einkauf und dem Online Banking, da die *Deutsche Telekom* den Abrechnungsdienst übernimmt und das Netz kontrolliert. Für global agierende Unternehmen und Kunden besteht der gravierende Nachteil, daß das Angebot nur national genutzt werden kann.[789]

Aufgrund des weltumspannenden Netzes weist das Internet Banking den Vorteil des unbeschränkten Zugriffs auf das eigene Konto auf.[790] Zudem

[787] Dabei kann es sich um ein spezielles Programm des Kreditinstituts des Kunden oder eines kommerzieller Software-Herstellers handeln. Vgl. Altmann, Ralph (1997), S. 29 ff.

[788] Das World Wide Web stellt eine verteilte Client-/Server-Applikation dar. Der Client, der als Browser bezeichnet wird, läuft lokal auf dem Rechner des Anwenders. Er hat die Aufgabe, aus dem Internet bezogene Dokumente darzustellen und bildet gleichzeitig eine Schnittstelle, über die er den Transfer mit weiteren Dokumenten auslösen kann. Beispiele für Browser sind der Netscape Navigator oder der Microsoft Internet Explorer. Vgl. Kaiser, Thomas M./Vogler, Petra/Österle, Hubert (1996), S. 141; Das Internet Banking erfolgt, indem der Nutzer die Hompage seines Kreditinstituts über den Browser aufruft und in diesem Dokument seine Bankgeschäfte wie etwa die Durchführung einer Überweisung tätigt. Diese Transaktion wird dann an den Server des Kreditinstitutes oder einer zuständigen Rechenzentrale weitergeleitet.

[789] Vgl. Alpar, Paul (1998), S. 306

[790] Vgl. Birkelbach, Jörg (1998), S. 19

existieren die umfangreichen Möglichkeiten der Information und Kommunikation über das Internet und in verstärktem Maße auch die Möglichkeiten des Electronic Commerce. Dadurch nimmt die Bedeutung des Internet stark zu.

Die Attraktivität von T-Online wird insgesamt sinken, da vor allem das Online Banking als wichtigste Anwendung des Dienstes auch im Internet auf breiter Basis verfügbar sein wird.[791] Das Internet wird T-Online mittelfristig ablösen,[792] T-Online wird zukünftig seine Rolle als Internet-*Dienstleister* weiter ausbauen.[793] Auf der Basis von HBCI als einheitliche Datenschnittstelle wird auch das T-Online Banking zugunsten des Internet Banking mittelfristig an Bedeutung verlieren. Die nachfolgenden Ausführungen fokussieren sich deshalb auf das für die Kreditgenossenschaften langfristig bedeutendere Internet Banking.

2.2.2 Strategie für das Internet Banking

Das Internet Banking bietet den Kreditgenossenschaften die Chance, ihren Kunden Finanzdienstleistungen 24 Stunden und sieben Tage in der Woche zur Verfügung zu stellen. Der Kunde kann sich über das Leistungsangebot sowie die Kreditgenossenschaften selbst informieren. Für die Kreditgenossenschaften entstehen durch das Online Banking relativ geringe Kosten. Bei der Durchführung einer Transaktion im Zahlungsverkehr werden keine personellen Kapazitäten gebunden. Vielmehr übernimmt der Kunde die Tätigkeit des Bankmitarbeiters beispielsweise beim Ausfüllen einer Überweisung. Die eingegebenen Daten werden anschließend direkt an den entsprechenden Zentralrechner übermittelt. Daneben kann die Kreditgenossenschaft an der wachsenden Popularität des Internet und des Electronic Commerce partizipieren und bei technikaffinen Kunden einen Imagegewinn erzielen.

Die Risiken des Internet Banking liegen vor allem in der Gewährleistung der Datensicherheit, die aufgrund der offenen Struktur des Internet durch den möglichen Zugriff von Unberechtigten gefährdet wird. Die verschiedenen Sicherungstechnologien weisen aber einen hohen Entwicklungsstandard auf, der dieses Risiko zunehmend in den Hintergrund treten läßt.

---

[791] Vgl. Birkelbach, Jörg (1998), S. 17; Alpar, Paul (1998), S. 306

[792] Vgl. Schmidt, Uwe (1998), S. 19

Eine absolute Sicherheit kann es nicht geben, allerdings auch nicht bei Transaktionen, die beispielsweise über geschlossene Netze wie das T-Online abgewickelt werden. Ein weiteres Risiko des Internet Banking können „vermeintliche" Fehlinvestition bilden, wenn das Internet Banking in der Einführungsphase gegebenenfalls nur eine geringe Resonanz bei den Kunden der einzelnen Kreditgenossenschaften erhält. Die Entwicklung der Internet-Nutzerzahlen läßt allerdings einen deutlichen Anstieg in den nächsten Jahren erwarten.[794] Eine kontinuierliche Entwicklung und Zunahme der Erfahrung mit der Umsetzung dieser Technologie und den Interdependenzen zwischen den anderen Vertriebswegen erscheint deshalb insgesamt vorteilhafter als die Einführung des Internet Banking in mittlerer oder ferner Zukunft in Rahmen eines „Gewaltaktes".

Das Internet Banking ermöglicht den Kreditgenossenschaften in besonderer Weise, ihre regionale und lokale Kompetenz in das Direct Banking einzubringen. Das strategische Ziel der Kreditgenossenschaften sollte darin bestehen, in der virtuellen Welt des Internet die regionale Kompetenz und Kundennähe der realen Welt widerzuspiegeln. Die Internetpräsenz sollte sich daher an den Präferenzen der Kunden und Interessenten vor Ort orientieren. Idealerweise schaffen die Kreditgenossenschaften einen regionalen Marktplatz,[795] in dessen Mittelpunkt sie sowohl als Anbieter von Finanzdienstleistungen sowie als Anbieter von sogenannten Value-Added-Services[796] stehen.

[793] T-Online war im Jahr 1998 der Markführer unter den Internet-Dienstleistern, die den Zugang zu dem Medium ermöglichen. Vgl. o. V. (1999i), S. 20

[794] Vgl. Heigl, Christian (2000), S. 299 f.

[795] Ein elektronischer Marktplatz ist analog zur realen Welt aus ökonomischer Sicht ein Platz des Austauschs, an dem sich Angebot und Nachfrage treffen und die Vertriebskanäle digital sind. Vgl. Schinzer, Heiko (1998), S. 1160; Sellers, Rick (1994), S. 52; Schapp, Stephen (1999), S. 523; *Illik* spricht von einem elektronischen Markt als den „(...) gedanklichen Ort des Zusammentreffens von Angebot und Nachfrage". Illik, J. Anton (1998), S. 12; Der elektronische Marktplatz dient als Intermediär zwischen den räumlich getrennten Anbietern und Nachfragern. Eine besondere Ausprägung eines elektronischen Marktplatzes bildet eine sogenannte *Shopping-Mall*. Hierunter wird ein Einkaufszentrum verstanden, in dem verschiedene Geschäfte unter dem Dach und der Organisation des Einkaufszentrums betrieben werden. Gegen eine Gebühr, zum Beispiel in Form einer Miete oder eines prozentualen Anteils am Umsatz, wird die benötigte Infrastruktur zur Verfügung gestellt. Vgl. Ecker, Thomas/Moormann, Jürgen (1998), S. 104 f.

[796] *Value-Added-Services* oder sogenannte *Zusatzservices* bilden eine besondere Form des Service, bei dem die Bankleistung nicht im originären Sinne unterstützt wird. Vgl. Homburg, Christian/Hippen, Frank/Beutin, Nikolas (1998), S. 70; Meffert,

2.2.3 Kreditgenossenschaften im Internet

Nach einer vom Verfasser durchgeführten Untersuchung waren im Mai 1999 1.137 deutsche Kreditinstitute im Internet mit einer eigenen Hauptpräsentationsseite beziehungsweise einer sogenannten Homepage vertreten (siehe Abbildung 54).[797]

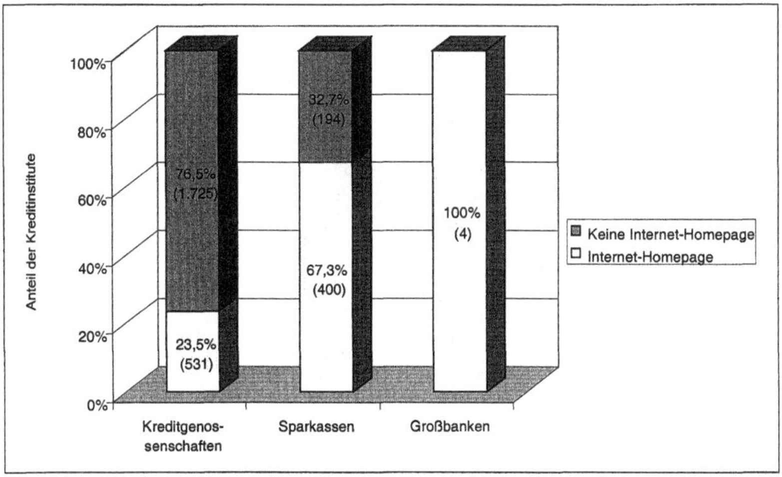

Abbildung 54: Anzahl deutscher Kreditinstitute im Internet (Mai 1999)

Quelle: Eigene Darstellung, Daten entnommen aus *www.dino-online.de*, *www.sparkasse.de*, *www.bdb.de*, 01.05.1999

Während alle Großbanken im Internet präsent sind und mehr als 67% der Sparkassen ebenfalls einen eigenen Internetauftritt besitzen, sind lediglich 23,5% der Kreditgenossenschaften[798] mit einer eigenen Homepage

Heribert/Burmann, Christoph (1998), S. 388 f.; *Schmidt* spricht auch von sogenannten „produkt-begleitenden" Leistungen. Vgl. Schmidt, Klaus (1997), S. 54; Zum Servicebegriff siehe Fußnote 257, S. 71

[797] Die Untersuchung wurde auf der Grundlage des Internet-Branchenführers *www.dino-online.de,* der zentralen Internet-Seite der Sparkassen *www.spakasse.de* und der zentralen Internet-Seite des Bundesverbandes deutscher Banken *www.bdb.de* durchgeführt.

[798] Nach einer vom Verfasser durchgeführten Untersuchung verteilt sich die Internetpräsenz der Kreditgenossenschaften in Deutschland, gegliedert nach Bundesländern, wie folgt: Bayern (275 Kreditgenossenschaften), Baden-Württemberg (123), Nordrhein-Westfalen (43), Niedersachsen (36), Hessen (20), Rheinland-Pfalz (14), Schleswig-Holstein (4), Mecklenburg-Vorpommern (4), Thüringen (3), Sachsen (3), Sachsen-Anhalt (2), Berlin (1), Saarland (1), Hamburg (1), Brandenburg (1), Bremen (0); Daten entnommen aus *www.dino-online.de*, 01.04.1999

im Internet vertreten. Der deutliche Rückstand der Kreditgenossenschaften gegenüber ihren Wettbewerbern spiegelt sich auch in dem Anteil der Online-Kontoverbindungen deutscher Kreditinstitute wider (siehe Abbildung 55).

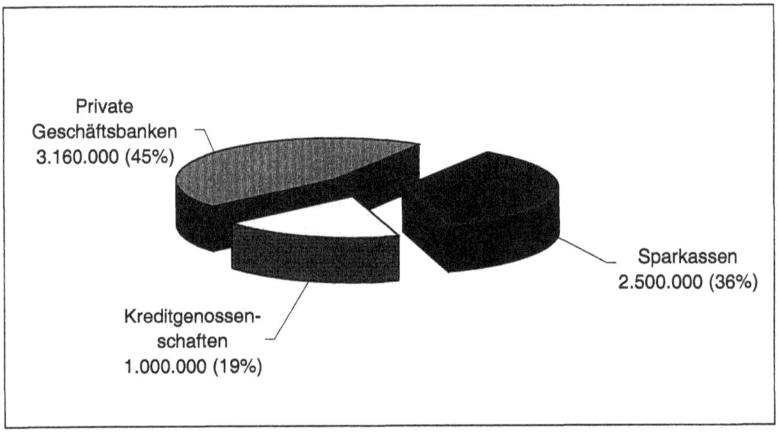

Abbildung 55: Online-Konten bei deutschen Kreditinstituten (Ende 1998)
Quelle: Eigene Darstellung, Daten entnommen aus o. V. (1999a), S. 149

Die Kreditgenossenschaften weisen gegenüber den privaten Geschäftsbanken und vor allem den Sparkassen als ihren direkten regionalen Konkurrenten deutliche Wettbewerbsnachteile auf. Während bei den privaten Geschäftsbanken mehr als drei Millionen Online-Konten geführt werden und bei den Sparkassen als Marktführer im Privatkundengeschäft 2,5 Millionen Online-Konten existieren, liegen die Kreditgenossenschaften mit lediglich einer Million Online-Konten deutlich im Hintertreffen. Eine Forcierung des Internet Banking ist für die Kreditgenossenschaften deshalb unerläßlich.

2.2.4 Leistungen im Internet Banking

Das Internet Banking-Modell von Kreditinstituten kann allgemein in einen Informationsbereich und einen Transaktionsbereich unterschieden werden (siehe Abbildung 56).

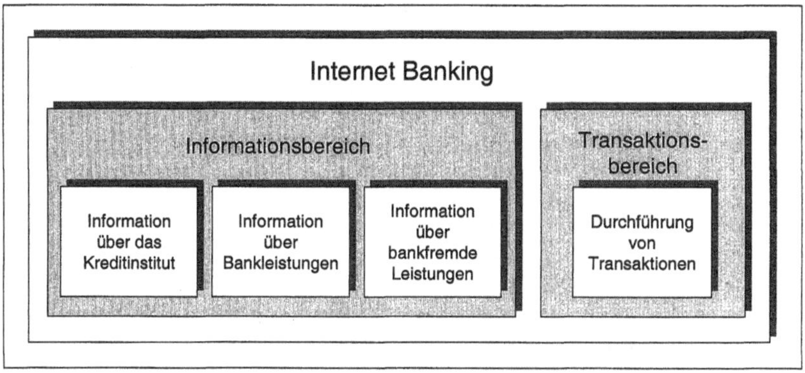

Abbildung 56: Internet Banking-Modell von Kreditinstituten
Quelle: Eigene Darstellung

Der *Transaktionsbereich* beinhaltet die Durchführung von vertrauensempfindlichen informativen (zum Beispiel Kontostand) und monetären Transaktionen. Dabei besteht nur ein geringes Differenzierungspotential gegenüber den Konkurrenten am Markt. Im *Informationsbereich* bieten die Kreditinstitute den Besuchern der Internetseiten Informationen über das Kreditinstitut selbst, Informationen über Bankleistungen sowie Informationen über bankfremde Leistungen. Durch kundenorientierte Informationen und vor allem durch sogenannte Value-Added-Services können sich die Kreditgenossenschaften in diesem Bereich gegenüber ihren Wettbewerbern abgrenzen.

2.2.4.1 Informationen im Internet Banking

Verschiedene Arten von Finanzdienstleistungen, die über das Internet abwickelt werden können, und das Interesse an diesen Leistungen zeigt die siebte sogenannte *W3B-Umfrage* auf. Im Oktober und November 1998 wurden insgesamt 16.755 deutschsprachige europäische WWW-Nutzer nach ihrem Interesse und ihrer Bereitschaft befragt, Finanzgeschäfte über das Internet abzuwickeln (siehe Abbildung 57).[799]

[799] Vgl. Fittkau, Susanne/Maaß, Holger (1999), S. 16; Fittkau, Susanne/Maaß, Holger (1998), o. S.

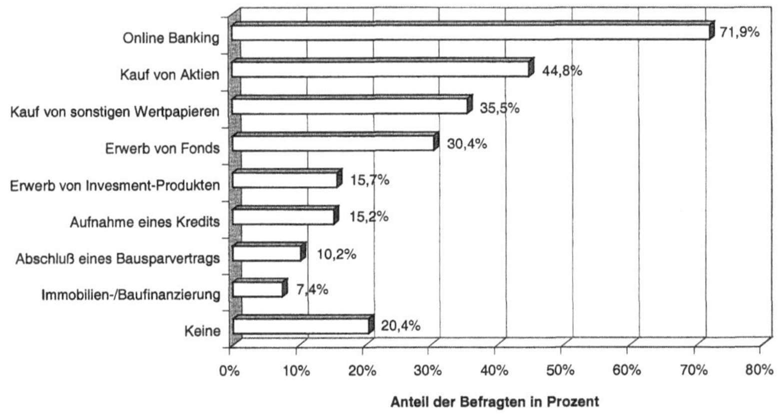

Abbildung 57: Interesse an der Durchführung von Finanzgeschäften über das Internet

Quelle: Eigene Darstellung, Daten entnommen aus Fittkau & Maaß, in: O. V. (1999e), S. 4

Die Studie belegt ein hohes Interesse an dem Abschluß und der Durchführung von Finanzgeschäften über das Internet. Danach würden 71,9% der Befragten Online Banking über das Internet durchführen. Des weiteren können sich 44,8% den Kauf von Aktien und 35,5% den Kauf von sonstigen Wertpapieren über das Internet vorstellen. An dem Erwerb von Fonds zeigen 30,4% und an dem Kauf von anderen Investment-Produkten über das Internet 15,7% der Befragten Interesse. Schließlich wären 15,2% zur Aufnahme eines Kredits, 10,2% zum Abschluß eines Bausparvertrages und 7,4% zum Abschluß einer Immobilien- oder einer Baufinanzierung bereit. Dem gegenüber lehnen 20,4% der Befragten die Abwicklung von Bankgeschäften über das Internet gänzlich ab.

Im Zeitraum vom September und Oktober 1998 wurden am *Institut für Betriebswirtschaftslehre, Finanzierung und Bankbetriebslehre der Technischen Universität Darmstadt* der Internetauftritt von mehr als 100 Kreditgenossenschaften analysiert.[800] Dabei wird getrennt zwischen dem

[800] Die Datenquelle für die Untersuchung bildete der Internetauftritt von insgesamt 103 Kreditgenossenschaften. Für die Auswertung wurde der Internet-Branchendienst

Transaktionsbereich[801] und dem Informationsbereich, der bei den Kreditgenossenschaften drei Bestandteile umfaßt:

- Informationen, die sich mit der Kreditgenossenschaft als Institut sowie dem genossenschaftlichen FinanzVerbund im weitesten Sinne befassen,
- Informationen, die über das Leistungsangebot der Kreditgenossenschaft Aufschluß geben,
- Informationen, die keinen direkten bankspezifischen Bezug haben.[802]

Der Teilbereich *Institutsspezifische Informationen* umfaßt die Darstellung des eigenen Instituts und spezieller Serviceleistungen mit konkretem Bezug zur Kreditgenossenschaft (siehe Abbildung 58).

Der Besucher erhält hier vor allem Informationen über die Kreditgenossenschaft sowie ihre Zweigstellen und Mitarbeiter. Des weiteren finden sich in Textform abgefaßte Erläuterungen zur Genossenschaftsidee, dem Unternehmensleitbild und der Unternehmensgeschichte.[803]

---

www.dino-online.de herangezogen, da hier die größte Anzahl an Verweisen auf Kreditgenosseschaften im Internet zur Verfügung stand. Im September 1998 waren insgesamt 435 Volksbanken und Raiffeisenbanken aufgeführt. Die untersuchten 103 Kreditgenossenschaften entsprachen somit zum Untersuchungszeitpunkt rund einem Viertel der im Internet mit einer eigenen Homepage vertretenen Kreditgenossenschaften. Vgl. Heigl, Christian/Tsanopoulos, Konstantin (1999b), S. 57 ff.

801 Siehe hierzu Kapitel V2.2.4.2 Transaktionen im Internet Banking, S. 218 ff.

802 Hinsichtlich des allgemeinen strukturellen Aufbaus des Internet Banking-Modells von Kreditinstituten siehe Abbildung 56, S. 213

803 Vgl. Heigl, Christian/Tsanopoulos, Konstantin (1999b), S. 58

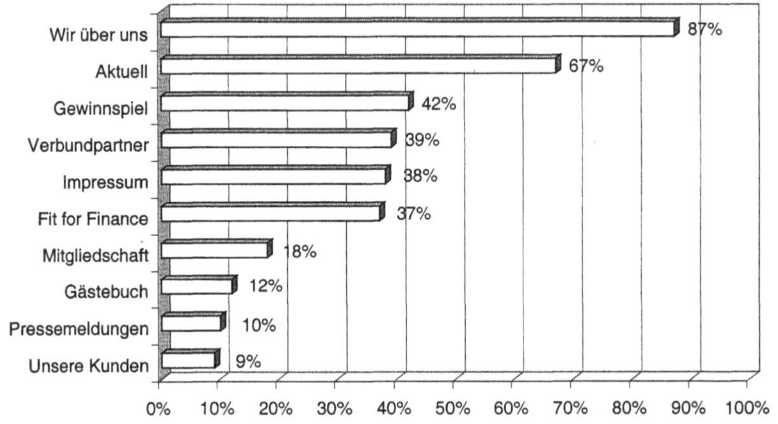

Abbildung 58: Institutsspezifische Themen im Internetangebot der Kreditgenossenschaften

Quelle: Heigl, Christian/Tsanopoulos, Konstantin (1999b), S. 59

Bei den *produktspezifischen Themenbereichen* werden primär Informationselemente von zentralen Internetangeboten wie beispielsweise das VRnet des Bundesverbandes der Deutschen Volksbanken und Raiffeisenbanken[804] von den Kreditgenossenschaften verwendet (siehe Abbildung 59).

Die Informationen über die institutseigenen Produkte und Dienstleistungen sind umfangreich und entsprechen der universalbanktypischen Sortimentsbreite. Die angeführten Themen zeigen eine allgemeine Bandbreite auf, Informationen zu mehr als acht der genannten Produkte werden ausschließlich von Instituten mit mehr als fünfzig Seiten Gesamtumfang[805] angeboten. Eine Ausrichtung der Seiten auf spezifische Zielgruppen, etwa Kunden und Nicht-Kunden, ist nicht gegeben.[806]

[804] Siehe hierzu Kapitel V2.2.5 Technische Umsetzung des Internet Banking, S. 223 ff.

[805] Das durchschnittliche Internetangebot der Kreditgenossenschaften besteht aus 59 Seiten. Eine Seitenzahl von 50 kann als Trennmarke zwischen einem durchschnittlichen und einem umfangreichen Internetangebot angesehen werden. Rund 66% der Kreditgenossenschaften verwenden für ihren Internetauftritt mehr als 50 Seiten.

[806] Vgl. Heigl, Christian/Tsanopoulos, Konstantin (1999b), S. 58

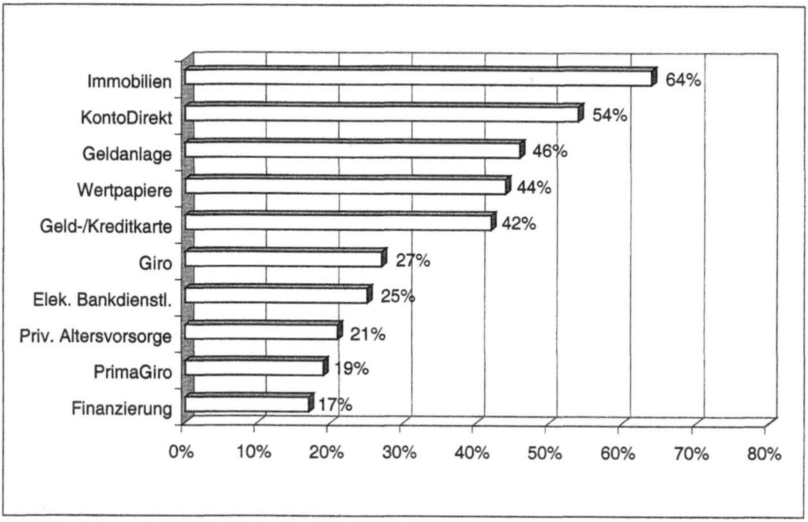

Abbildung 59: Produktspezifische Themen im Internetangebot der Kreditgenossenschaften

Quelle: Heigl, Christian/Tsanopoulos, Konstantin (1999b), S. 59

Mit einem Anteil von 76% dominieren bei den Kreditgenossenschaften im Informationsbereich ihrer Internetpräsenz die bankspezifischen Themen. Die produktspezifischen und institutsspezifischen Informationen halten sich dabei die Waage. Der Anteil an institutsspezifischen Informationen sollte in Zukunft qualitativ verbessert und insgesamt deutlich reduziert werden. Die Präsentation von Unternehmensbroschüren belegt ein zum Teil geringes oder falsches Verständnis über das Medium Internet. Des weiteren bedarf es eines verstärkten Angebots an interaktiven Elementen im produktspezifischen Bereich wie zum Beispiel Berechnungstableaus.

Die *bankneutralen Informationen* beinhalten allgemeine Ausführungen zu Finanzthemen. Des weiteren sind Themenbereiche wie zum Beispiel Jugend, Unterhaltung und Veranstaltungen im Internetauftritt der untersuchten Kreditgenossenschaften vertreten (siehe Abbildung 60).

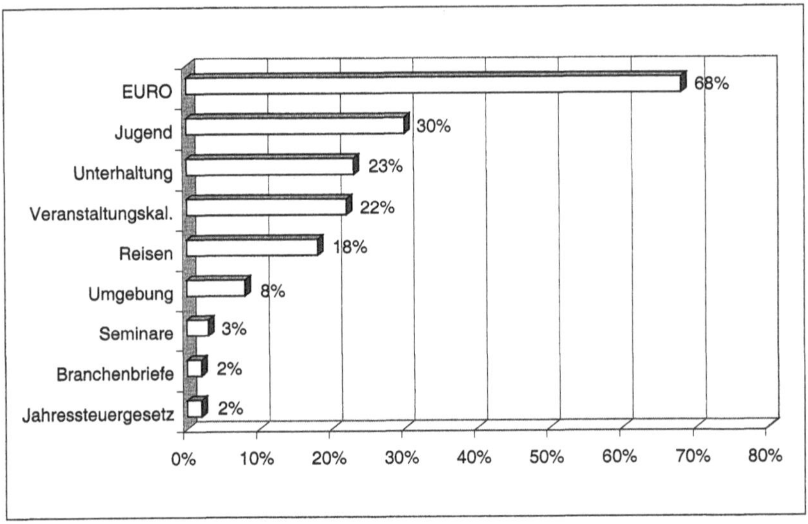

Abbildung 60: Bankneutrale Themen im Internetangebot der Kreditgenossenschaften

Quelle: Heigl, Christian/Tsanopoulos, Konstantin (1999b), S. 59

Die nicht-bankspezifischen Themen umfassen 24% des gesamten Informationsangebots der Kreditgenossenschaften im Internet. Für eine zukünftige Profilierung und Differenzierung ist es für die Kreditgenossenschaften erforderlich, diesen Bereich zu erweitern und regionale Kompetenz aufzubauen. Die Schaffung eines elektronischen Marktplatzes bietet für die Kreditgenossenschaft die Möglichkeit, neben den Kunden weitere Besucher für die eigenen Seiten und somit neue potentielle Kunden zu gewinnen.

2.2.4.2 Transaktionen im Internet Banking

Im Transaktionsbereich werden vertrauensempfindliche informative (etwa Kontostand) und monetäre Transaktionen (etwa Überweisung) durchgeführt.[807] Rund 68% der im Internet vertretenen Kreditgenossenschaften

[807] Zu den rechtlichen Aspekten vgl. Häcker, Joachim (1998), S. 54 ff.; Godefroid, Christoph (1999a), S. 106 ff.; Godefroid, Christoph (1999b), S. 215 ff.; Koch, Christian (1998), S. 52 ff.; Seidel, Uwe M. (1997), S. 37 ff.; Reinhuber, Nikolaus (1995), S. 98 ff.; Moser, Hubertus (1995), S. 606 ff.

stellen ihren Kunden diesen Service zur Verfügung.[808] Hinsichtlich der Nutzung kann zwischen hardwareunabhängigen und hardwareabhängigen Systemen unterschieden werden.

Bei *hardwareunabhängigen Systemen* wird ein bestimmtes Programmteil (Java-Applet)[809] vom zentralen Server des jeweiligen Rechenzentrums auf den Personal Computer des Kunden geladen. Mittels dieses Java-Applets kann der Internet-Kunde Zugriff auf sein Konto erlangen. Die Autorisierung erfolgt über die Eingabe einer PIN-Nummer innerhalb einer zu Beginn des Vorgangs erscheinenden Anmeldemaske. Die Übertragung von persönlichen Daten und die Durchführung von monetären Transaktionen bedarf der Eingabe der TAN-Nummer.[810] Die Kreditgenossenschaften bieten insgesamt fünf hardwareunabhängige Systeme mit unterschiedlichem Funktionsumfang an (siehe Tabelle 19).

Hardwareabhängige Systeme benötigen für die Autorisierung und Durchführung des Internet Banking spezielle Hardwarekomponenten, die von dem jeweiligen Kreditinstitut zur Verfügung gestellt werden. Dieses System wird etwa von der Raiffeisenbank-Volksbank Mainz eG und der Volksbank Aachen Süd eG eingesetzt, das mit einer PIN-Internet-Lösung auf dem HBCI-Standard basiert.[811] Der Kunde benötigt für die Autorisierung eine Diskette mit einer achtstelligen PIN-Nummer oder einer Chipkarte mit einer sechsstelligen PIN-Nummer und ein entsprechendes Kartenlesegerät. Gegenüber den Java-Applet-basierten Systemen ist für die Freigabe einer Transaktion keine weitere Autorisierungskennung, etwa in Form der TAN-Nummer, notwendig.[812]

---

[808] Vgl. Heigl, Christian/Tsanopoulos, Konstantin (1999b), S. 58; Die Durchführung von Zahlungsverkehrsleistungen wurde zum Vergleich im Jahr 1998 von insgesamt 78% der deutschen Kreditinstitute über das Internet angeboten. Vgl. Roßbach, Peter/Braun, Thomas (1998), S. 518

[809] Siehe hierzu auch Fußnote 520, S. 113

[810] Vgl. Heigl, Christian/Tsanopoulos, Konstantin (1999b), S. 58 f.; Siehe hierzu auch Kapitel III2.3.1.3 Sicherheit des T-Online Banking, S. 105 ff

[811] Dieser Standard enthält Spezifikationen allgemeiner und technischer Art, die eine sichere und multibankfähige Schnittstelle zwischen dem Kunden- und dem Bankensystem zur Durchführung von Online Banking festlegen. Siehe hierzu Kapitel III2.3.2.4 Sicherheit des Internet Banking, S. 112 ff.

[812] Dies hat für die Kreditgenossenschaft den Vorteil, daß die Verwaltung der TAN-Nummern überflüssig wird. Vgl. Heigl, Christian/Tsanopoulos, Konstantin (1999b), S. 59

Transaktionsmöglichkeiten	**VRnet-ban-king-bayern**	**Geno-direkt**	**Glo-bal-ban-king**	**Gadeg**	**Grz-nord**
Zahlungsverkehr					
Anzeigen/Übersicht/Auswahl					
Konten	•	•	•	•	•
Umsätze	•	•	•	•	•
Überweisungen			•	•	•
Daueraufträge			•		
Aufträge					
Einzelüberweisung	•	•	•	•	•
Sammelüberweisung			•		
Dauerauftrag - Neu			•		
Dauerauftrag - Ändern			•		
Geldanlage					
VR-Cash - Überweisung[813]	•				
VR-Cash - Auflösung	•				
VR-Cash - Abrufung Teilbetrag	•				
Festgeld	•				
Zielsparplan Plus	•				
Depotverwaltung					
Depotübersicht		•			
Depotbewertung		•			
Bestellungen					
Formulare					
EC-Scheck	•		•	•	•
Verrechnungsscheck	•		•		
TAN-Liste	•		•	•	•
Karten					
Bank-Karte/EC-Karte	•		•		
Bank-Karte online	•		•		
Verwaltung					
Kontowechsel	•				
Mitteilung	•	•	•	•	•
PIN-Änderung	•	•	•	•	•
TAN-Liste sperren			•		
Online-Hilfe	•	•	•	•	•

Tabelle 19: Transaktionsumfang des Java-Applet-basierten Internet Banking bei den Kreditgenossenschaften (Ende 1998)[814]

Quelle: Heigl, Christian/Tsanopoulos, Konstantin (1999b), S. 58

[813] VR-Cash ist ein Festgeldkonto mit täglicher Fälligkeit.

[814] Die Systeme sind jeweils mit den Abkürzungen der zuständigen Rechenzentralen benannt. Im einzelnen sind dies: vrnetbankingbayern der Rechenzentrale Bayerischer Genossenschaften eG, genodirekt der FIDUCIA Informationszentrale AG, global-banking der Genossenschaftliches Rechenzentrum Kassel GmbH, gadeg der Gesellschaft für automatische Datenverarbeitung eG und grznord der Genossenschafts-Rechenzentrale Nord GmbH.

Die Durchführung von Online Banking muß von den Kreditgenossenschaften verstärkt angeboten werden, da hier im Gegensatz zu alternativen Vertriebskanälen die Kosten pro Transaktion deutlich niedriger sind.[815] Ein Markanteil von lediglich 19% der Online-Konten in Deutschland ist zu gering. Die Kreditgenossenschaften sollten in Zukunft in ihr Internetangebot die Möglichkeit des Online Banking integrieren, eine Internetpräsenz mit einer reinen Informationsfunktion entspricht nicht mehr den Kundenpräferenzen und allgemeinen Marktgegebenheiten.

Für den Einstieg in das Internet Banking und für Kreditgenossenschaften mit beschränkten personellen und technischen Möglichkeiten bietet sich ein Ansatz an, der von verschiedenen Kreditgenossenschaften gewählt wurde. Die Titelseite der Homepage weist neben einer Verzweigung zum Transaktionsbereich noch zwei weitere Verzweigungen zu den Informationsseiten auf. Ein Navigationsbalken und eine Graphik komplettieren die Titelseite. Der Transaktionsbereich wird dadurch auf wenige graphische und textliche Elemente reduziert.[816] Dem Kunden wird durch dieses Angebot die Möglichkeit gewährt, Online Banking über das Internet durchzuführen. Die Kreditgenossenschaften können auf diese Weise ohne großen gestalterischen und organisatorischen Aufwand Internet Banking anbieten. Die Pflege kann von einer Rechenzentrale durchgeführt werden.

Aufgrund der Anonymisierung der elektronischen Vertriebskanäle besteht die Notwendigkeit der Kundenbindung vor allem im Internet Banking.[817] Im Informationsbereich der Internetpräsenz ergibt sich für die Kreditgenossenschaften die Chance, einen Zusatznutzen für die Kunden und Besucher der Internetseiten durch nachfolgende Instrumente zu schaffen.

- Interaktive Elemente
- Eingabefelder mit E-Mail-Verknüpfung
- Links (Sprungmarken) zu anderen Homepages
- Branchenfremde Zusatzdienste

Einen wichtigen Bestandteil zur Erhöhung des Nutzens im Internetangebot bildet der Einsatz von *interaktiven Elementen.* Hierzu zählen Berechnungsprogramme (zum Beispiel Berechnung der persönlichen Rente, der

[815] Siehe hierzu Kapitel III3.2 Kosten des Direct Banking bei den Kreditgenossenschaften, S. 121 f.
[816] Vgl. Heigl, Christian/Tsanopoulos, Konstantin (1999b), S. 57

Versorgungslücke oder eines Vorsorgeplans zur Finanzierung des Ruhestands), Nachrichtenticker (zum Beispiel Abfrage aktueller Kurse einzelner Wertpapiere), Suchmaschinen, Gewinnspiele und die Möglichkeit des Downloads von Software. Durch das Angebot von *Eingabefeldern mit E-Mail-Verknüpfung* kann der Kunde oder Besucher der Internetseiten der Kreditgenossenschaft zu unterschiedlichen Themen zusätzliche Unterlagen oder Formulare anfordern. Des weiteren kann ein Zusatznutzen gewährt werden durch sogenannte *Links (Sprungmarken) zu Homepages* von anderen Anbietern im Internet. Im Hinblick auf die Surfermentalität der Internet-Nutzer ist dies als besonders wichtig anzusehen. Schließlich kann durch das Angebot von *branchenfremden Diensten* beispielsweise in Form von Informationen über regionale Kultur- oder Sportveranstaltungen ein Zusatznutzen für die Kunden und Besucher der kreditgenossenschaftlichen Internetseiten geschaffen werden.[818]

2.2.4.3 Kommunikation im Internet Banking

Die Nutzung von E-Mails ist unter zwei Gesichtspunkten zu betrachten. Zum einen werden E-Mails von Kunden und Interessierten an die Kreditgenossenschaft geschickt. Diese können entweder frei formuliert sein oder auf der Basis eines Formulars gezielt bestimmte Aspekte ansprechen, etwa weitere Informationen zu einzelnen Produkten. Daneben können E-Mails als Direct Mail eingesetzt werden und an Kunden und potentielle Neukunden versendet werden.[819]

Eine von der Fachzeitschrift *geldinstitute* durchgeführte Studie zeigt allerdings starke Mängel im Umgang mit E-Mails auf, die an Kreditinstitute unterschiedlichster Provinience versendet wurden. Kein Institut besitzt ein Verfahren, das gewisse Qualitätsstandards vorsieht. Weder Zeitvorgaben noch inhaltliche Richtlinien sind erkennbar. Insbesondere bei Anfragen zum Thema Sicherheit von Transaktionen ist dies äußerst problematisch, da hier gegebenenfalls auch Haftungsaspekte berücksichtigt werden

[817] Vgl. Reimann, Eckhard (1996), S. 29
[818] Vgl. Heigl, Christian/Tsanopoulos, Konstantin (1999a), S. 28 ff.
[819] Siehe hierzu ausführlich Kapitel V1.1.1 Strategie, Leistungen und Kosten des Direct Mailing, S. 187 ff.

müssen.[820] Das Angebot der E-Mail-Kommunikation erzwingt deshalb Strukturveränderungen.[821]

Kreditgenossenschaften, die in ihrer Internetpräsenz die Möglichkeit der E-Mail-Kommunikation anbieten, müssen rasch und verzögerungsfrei auf die Fragen ihrer Kunden und Interessenten reagieren. Da die Mehrzahl der Kundenanfragen die Aspekte Konditionen, Sicherheit und Leistungsangebote betreffen,[822] sollten diese Themen in einfachen und gut verständlichen Textbausteinen zusammengefaßt und bei Anfragen dem Kunden „individuell gestaltet" umgehend zugeschickt werden. Daneben kann die E-Mail-Kommunikation als aktives Instrument des Beschwerdemanagements[823] eingesetzt werden, um durch Maßnahmen auf der Grundlage dieser Informationen die Kundenzufriedenheit zu erhöhen.

2.2.5 Technische Umsetzung des Internet Banking

Das Internet Banking wird für die Kreditgenossenschaften zentral angeboten. Daneben können die Kreditgenossenschaften im Rahmen des technischen Ablaufs auch eigene oder externe Lösungen nutzen.

2.2.5.1 Zentrales Internet Banking für die Kreditgenossenschaften

Der Bundesverband der Deutschen Volksbanken und Raiffeisenbanken bietet über die zentrale Verbundseite *www.VRnet.de* den Zugang zu einem gemeinsamen Internetangebot der Kreditgenossenschaften und des genossenschaftlichen FinanzVerbundes.[824] Dieses Angebot ist seit Janu-

---

[820] Vgl. o. V. (1998m), S. 18. Eine weitere Untersuchung hinsichtlich der Antwortzeiten wurde von *Focus-Online* durchgeführt. Eine Frankfurter Bank erhielt eine elektronische Beschwerde. Nachdem keine Antwort erfolgte, wurde das Kreditinstitut zu einer Stellungnahme aufgefordert. Das Ergebnis war, daß lediglich ein Mitarbeiter der Bank täglich die e-mails liest, sie ausdruckt und per Hauspost in die Abteilungen verschickt. Erst dort wird eine Antwort verfaßt. Anschließend tippt der e-mail-Betreuer die Reaktion wieder in das Netz. Bei diesem Medienbruch sind lange Antwortzeiten vorprogrammiert. Vgl. Klingsporn, Bert/Hoffmann, Martin (1997), S. 45

[821] Vgl. Klingsporn, Bert/Hoffmann, Martin (1997), S. 45

[822] Vgl. o. V. (1998m), S. 18

[823] Zum Beschwerdemanagement vgl. zum Beispiel Gruber, Dietmut/Kern, Corinna (1998), S. 16 ff.; Büdel, Sabine (1997), S. 1 ff.; Netzel, Werner/Ebner, Rosemarie (1997), S. 291 ff.; Stauss, Bernd (1995), Sp. 226 ff.

[824] Vgl. Rodewald, Bernd (1998), S. 30; Manger, Richard (1997), S. 27; Kehl, Axel/Sahl, Peter (1997), S. 8; BVR (Hrsg.) (1996a), S. 39

ar 1997 im Internet verfügbar und wird bundesweit beworben (siehe Abbildung 61).[825]

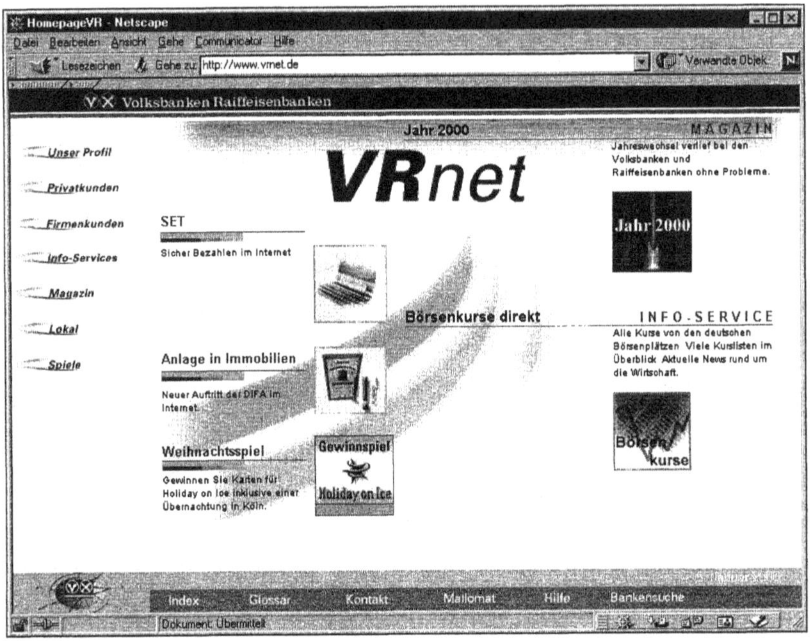

Abbildung 61: Zentrale Verbundseite des genossenschaftlichen Finanz-Verbundes im Internet

Quelle: www.VRnet.de, 05.01.2000

Das VRnet ermöglicht den Kreditgenossenschaften und Verbundunternehmen einen gemeinsamen Auftritt im Internet und berücksichtigt dadurch die Besonderheiten des dezentralen Verbundsystems der genossenschaftlichen Bankengruppe.[826] Die Gestaltung des Internetangebots der einzelnen Kreditgenossenschaften sowie der Verbundunternehmen bleibt aber ausschließlich in deren Entscheidungsbereich.[827]

Die Homepage *www.VRnet.de* bietet dem Nutzer zum einen allgemeine Informationen über den genossenschaftlichen FinanzVerbund, zum ande-

[825] Vgl. Kehl, Axel/Sahl, Peter (1997), S. 8; BVR (Hrsg.) (1996a), S. 39
[826] Vgl. Manger, Richard (1997), S. 27; Kehl, Axel/Sahl, Peter (1997), S. 8; BVR (Hrsg.) (1996a), S. 39
[827] Vgl. Kehl, Axel/Sahl, Peter (1997), S. 8

ren die Möglichkeit, über die sogenannte „Bankensuchfunktion" zu der interessierenden Primärbank weitergeleitet zu werden.[828] Die Suchkriterien bilden der Name der Kreditgenossenschaft, die Stadt oder Gemeinde, die Telefonvorwahl oder die Postleitzahl. Des weiteren kann der Nutzer direkt zu den genossenschaftlichen Verbundunternehmen weitergeleitet werden.[829]

Die Mehrzahl der Kreditgenossenschaften, die nicht mit einer eigenen Homepage im Internet präsent sind, wird über das VRnet einbezogen. Der Internet-Nutzer erhält über das Bankensuchsystem die Adresse und Telefonnummer der Kreditgenossenschaften.[830] Allerdings waren im VRnet zum Jahresende 1998 lediglich 300 Kreditgenossenschaften mit einer eigenen Homepage zu finden, 162 Institute konnten mittels E-Mail von Kunden kontaktiert werden. Mit 1.311 Kreditgenossenschaften war die überwiegende Mehrheit der Institute lediglich mit ihrer Anschrift im Internet vertreten, 483 Institute wurden überhaupt nicht erfaßt.

2.2.5.2 Technischer Ablauf und Kosten des Internet Banking

Im Rahmen der Nutzung des Internet Banking gelangt der Kunde mit einem Modem und über einen beliebigen Provider (zum Beispiel T-Online, American Online) in das Internet. Dort wählt er mittels eines Browsers die Adresse seiner Kreditgenossenschaft. Daraufhin wird eine Verbindung mit dem Internet-Server der jeweiligen genossenschaftlichen Rechenzentrale aufgebaut, auf dem die Homepage abgelegt ist. Der Kunde erreicht von dieser Homepage aus per Mausklick die Seiten des Servers, auf denen er mittels Java-Applet Internet Banking-Transaktionen durchführen kann. Erst hier muß er sich mit seiner Persönlichen Identifikationsnummer anmelden und identifizieren. Die Transaktionsseiten greifen anschließend auf den Zentralrechner der genossenschaftlichen Rechenzentrale zu, auf dem alle Daten der jeweiligen Kreditgenossenschaft liegen.[831] Zum Schutz der Daten vor unbefugten externen Zugriffen befindet sich zwi-

[828] Die genossenschaftliche Bankensuchfunktion kann über T-Online und das Internet genutzt werden. Vgl. Gottwald, Dieter (1998), S. 38

[829] Vgl. Kehl, Axel/Sahl, Peter (1997), S. 9 f.; BVR (Hrsg.) (1996a), S. 39

[830] Vgl. Gottwald, Dieter (1998), S. 38; Kehl, Axel/Sahl, Peter (1997), S. 10

[831] Vgl. Heigl, Christian/Lamaack, Thorsten (1999), S. 16

schen dem Internet-Server und dem Zentralrechner eine sogenannte Firewall (siehe Abbildung 62).[832]

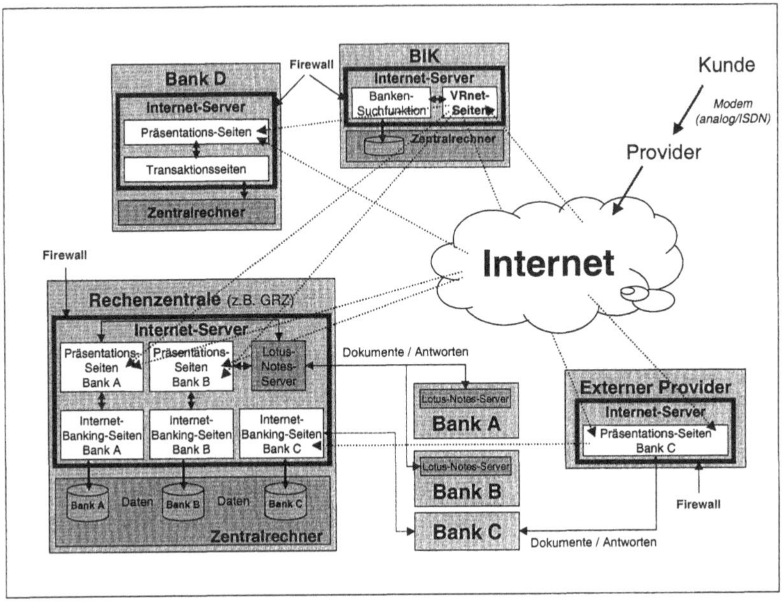

Abbildung 62: Technische Struktur und Funktionsweise des Internet Banking im genossenschaftlichen FinanzVerbund

Quelle: Eigene Darstellung, in Anlehnung an Heigl, Christian/Lamaack, Thorsten (1999), S. 16

Zwischen den Präsentationsseiten und den Transaktionsseiten der Kreditgenossenschaften besteht ein wesentlicher Unterschied. Die Transaktionsseiten müssen gegenwärtig aus technischen Gründen auf dem Internet-Server der Rechenzentrale liegen, da jede Änderung auf diesen Seiten eine Anpassung der Firewall nach sich zieht und somit bei mehreren externen Seiten der Änderungskosten für die Rechenzentrale zu hoch wären.

Die Präsentationsseiten, die der Selbstdarstellung, der Beschreibung von Produktinformationen sowie sonstigen Angeboten und Informationen die-

[832] Siehe hierzu auch Fußnote 519, S. 113

nen, können auch von den Kreditgenossenschaften selbst oder einem externen Provider erstellt werden.[833]

Die Kosten einer Präsentation im Internet sind abhängig vom Umfang des Auftritts. Einen Überblick über einmalige und laufende Kosten gibt Tabelle 20.

	Einmalige Kosten	**Monatliche Kosten**	**Geeignet für**
Einfache Präsentation	bis DM 3.000	DM 20 bis 50	Privat, Kleinunternehmen
Vollpräsentation	DM 2.000 bis 10.000	DM 150 bis 750	Klein- und mittelständische Unternehmen
Hauseigenes System	DM 20.000 bis 50.000	DM 2.000 bis 20.000	Mittelständisches Unternehmen
Großsystem	ab DM 100.000	ab DM 20.000	Großunternehmen

Tabelle 20: Kosten für die Präsentation im Internet
Quelle: Bode, Ulrich (1997), S. 75

Die Ausprägungen der Kosten in Abhängigkeit von einfachen Präsentationen bis hin zu eigenen Großsystemen zeigen eine große Bandbreite auf. Den größten Teil der Kosten bilden dabei die Personalkosten für die Erstellung und Pflege der Präsentation im Internet. In Abhängigkeit von dem Anspruchsgrad des Internetauftritts können die Kosten auch deutlich höher als die hier angeführten liegen.[834]

Kreditgenossenschaften, die sich mit einem eigenen Angebot im Internet präsentieren möchten, erhalten in Abstimmung mit dem Bundesverband der Deutschen Volksbanken und Raiffeisenbanken sowohl vom DG-Verlag als auch von den Rechenzentralen Unterstützung für eine derartige Präsentation. Der DG-Verlag bietet den Kreditgenossenschaften ein Grundausstattungspaket, das neben allgemeinen Informationen zum Internet und zum VRnet spezielle Module für die Gestaltung von Texten und Graphiken umfaßt. Die jeweiligen Rechenzentralen stellen entweder ent-

[833] Vgl. Heigl, Christian/Lamaack, Thorsten (1999), S. 16; Siehe Bank C in Abbildung 62, S. 226
[834] Vgl. Bode, Ulrich (1997), S. 75

sprechende Speicherplätze auf einem von der Rechenzentrale betreuten Internet-Server zur Verfügung oder sind im Aufbau eines bankeigenen Servers beratend tätig. Die Zielsetzung dieser engen Kooperation besteht darin, den einzelnen Kreditgenossenschaften einen mit niedrigen Kosten verbundenen und unkomplizierten Einstieg in dieses neue Medium zu ermöglichen und kostenträchtige, vielfältige Insellösungen zu vermeiden.[835]

[835] Vgl. Gottwald, Dieter (1998), S. 38; Kehl, Axel/Sahl, Peter (1997), S. 10; BVR (Hrsg.) (1996a), S. 40

3 Kombination der Direct Banking-Instrumente im Multiple Channel-Modell der Kreditgenossenschaften

Das Multiple Channel-Modell eröffnet den Kunden der Kreditgenossenschaften die Möglichkeit, über unterschiedliche Vertriebswege mit ihrer Bank zu kommunizieren und ihre Bankgeschäfte durchzuführen. Innerhalb des Direct Banking wird zwischen dem Outbound Direct Banking und dem Inbound Direct Banking unterschieden. Das Outbound Direct Banking dient den Kreditgenossenschaften für die aktive Kundenansprache, das Inbound Direct Banking ermöglicht den Kunden die Kontaktaufnahme mit ihrer Kreditgenossenschaft.

Durch das *Outbound Direct Banking* in Form des Direct Mailing und des Outbound Telefon Banking kann eine Intensivierung bestehender Kundenbeziehungen angestrebt werden. Dadurch steht es im Einklang mit der kreditgenossenschaftlichen Gesamtstrategie, die auf eine Erhöhung der Kundenbindung abzielt. Die unterschiedlichen Zielsetzungen des Outbound Direct Banking bilden der Direktvertrieb, der Vorverkauf und die Erhöhung des Kundenservice. Sowohl durch das Direct Mailing als auch durch das Outbound Telefon Banking sowie durch die Kombination der beiden Instrumente kann eine Realisierung der angeführten Instrumente erreicht werden. Für die Kreditgenossenschaften bildet im Multiple Channel-Modell der Vorverkauf die wichtigste Zielsetzung. Durch eine Vereinbarung von Terminen für die Beratung kann der persönliche Kundenkontakt in der Geschäftsstelle als Wettbewerbsvorteil gegenüber den Direktbanken zur Geltung gebracht werden.

Unter dem Aspekt der Kosten weist das Direct Mailing deutliche Vorteile gegenüber dem Outbound Telefon Banking auf. Vor allem für kleinere Kreditgenossenschaften mit relativ niedrigen Kundenzahlen erweist sich die dauerhafte Einrichtung des Outbound Telefon Banking als weniger sinnvoll. Statt dessen kann für einzelne Aktionen auf das Angebot im genossenschaftlichen FinanzVerbund zurückgegriffen werden. Das Direct Mailing ist hingegen für die überwiegende Mehrzahl der Kreditgenossenschaften als Distributions- und vor allem Kommunikationsinstrument geeignet. Neben dem Vertrieb und dem Vorverkauf besitzt das Direct Mailing als organisatorisch-technischer Brief hohen Servicewert für die Kunden. Bei beiden Instrumenten muß eine Schnittstellensteuerung erfolgen, um die einzelnen Aktionen ganzheitlich in einem Multiple Channel-Modell umzusetzen. Insgesamt kommt dem Outbound Direct Banking unterstützende Funktion im einem Multiple Channel-Modell der Kreditgenossenschaften zu.

Das *Inbound Direct Banking* dient der Erhöhung des Kundenservice sowie der Entlastung der Mitarbeiter von Routinetätigkeiten im stationären Vertrieb. Durch die hohe zeitliche Verfügbarkeit können die Servicelücken im stationären Vertrieb gefüllt werden.

Das Inbound Telefon Banking bildet aufgrund der nahezu vollständigen Ausstattung der privaten Haushalte mit Telefon das derzeit wichtigste Instrument im Inbound Direct Banking. Vor allem bei der Mensch-Mensch-Kommunikation besteht eine geringe Hemmschwelle bei der Nutzung durch die Kunden. Der Einsatz des Inbound Telefon Banking besitzt deswegen für die Mehrzahl der Kreditgenossenschaften Relevanz als Instrument des Inbound Direct Banking. Hingegen bestehen deutliche Unterschiede bei den Kosten in Abhängigkeit von der Kommunikationsform. Aufgrund der hohen Personalkosten im Rahmen der Mensch-Mensch-Kommunikation überschreiten die Kosten deutlich die des Inbound Telefon Banking in Form der Mensch-Maschine-Kommunikation. Die Kreditgenossenschaften sollten im Inbound Direct Banking ihren Kunden aber dennoch das Inbound Telefon Banking in Form der Mensch-Mensch-Kommunikation als Vertriebsweg zur Verfügung stellen. Denn Investitionen in das Inbound Telefon Banking in Form der Mensch-Maschine-Kommunikation sind mit dem hohen Risiko behaftet, daß diese Form des Telefon Banking aufgrund der geringen Kundenpräferenz nicht akzeptiert und nur in beschränkten Umfang genutzt wird.

Die enorme Zunahme der Internetanschlüsse und der verstärkte berufliche Umgang mit dem Internet führen mittelfristig zu einer wachsenden Nutzung des Internet Banking. Dabei weist das Internet Banking für die Kreditgenossenschaften den Vorteil der geringeren Kosten gegenüber dem Inbound Telefon Banking auf. Zugleich steht das Internet Banking den Kunden rund um die Uhr zur Verfügung.

Die Kreditgenossenschaften sollten eine Präsenz im Internet mit einer eigenen Homepage anstreben, bei der die Durchführung von Online-Transaktionen gewährleistet wird. Eine Internetpräsenz, die lediglich informativen Charakter besitzt, weist weder einen betriebswirtschaftlichen Vorteil für die Kreditgenossenschaften auf noch entspricht sie dem aktuellen Standard. Für den Einstieg in das Internet Banking kann die jeweilige Kreditgenossenschaft eine einfache Ausführung mit wenigen Internetseiten wählen, bei der die Möglichkeit der Durchführung von Transaktionen gewährleistet wird und sich dadurch Rationalisierungspotentiale eröffnen. Die rasche Einführung und sukzessive Entwicklung des Internet Banking führen bei den Kreditgenossenschaften zu einer steigenden Lernkurve im Umgang mit diesen Vertriebsweg. Daneben trägt das Angebot durch kommunikationspolitische Maßnahmen zu einem positiven Technik-Image bei. Für die vorwiegend kleinen Kreditgenossenschaften mit einer geringen Mitarbeiterzahl, die nicht über das technische Know-how verfügen, erweisen sich gegebenenfalls regionale Kooperationen mit anderen Kreditgenossenschaften als sinnvoll, um eine gemeinsame Internetpräsenz zu schaffen. Insgesamt sollten die Kreditgenossenschaften die Möglichkeit nutzen, sich durch eine entsprechende Internetpräsenz als regionaler Kompetenzträger zu plazieren und sich dadurch erfolgreich gegenüber den überregional agierenden Wettbewerbern abzugrenzen.

Durch das Angebot des Inbound Direct Banking können die Kreditgenossenschaften den Service für ihre Kunden erhöhen und die bestehenden, vor allem "abwanderungsgefährdeten" Kunden stärker an ihr Institut binden. Den Kunden, die sich bereits für eine Direktbank entschieden haben, können die Kreditgenossenschaften durch das Angebot des Direct Banking in einem Multiple Channel-Modell eine Alternative bieten und sie gegebenenfalls zurückgewinnen.

Insgesamt besitzt das Inbound Direct Banking für die Kreditgenossenschaften stärkere Bedeutung als das Outbound Direct Banking und sollte deswegen forciert werden. Das Outbound Direct Banking sollten die Kreditgenossenschaften für die aktive Kommunikation mit den Kunden im Multiple Channel-Modell und als Instrument gegen eine Anonymisierung durch das Inbound Direct Banking einsetzen.

Schließlich kann Inbound Direct Banking mittelbar auch zu einer Umsetzung des Förderungsauftrags beitragen. Die Entlastung der Mitarbeiter von Routinetätigkeiten, die aus der Nutzung des Inbound Direct Banking durch die Kunden resultiert, kann zu einer Erhöhung der Beratungskapazitäten im stationären Vertrieb führen. Dadurch wird die Voraussetzung geschaffen, um die Mitglieder der Kreditgenossenschaften im Rahmen einer privaten Finanzplanung ganzheitlich zu beraten und somit eine Förderleistung zu erbringen.

VI ZUSAMMENFASSUNG

Die Konzeption des Direct Banking als Vertriebsstrategie für die Kreditgenossenschaften bildete das Ziel dieser Arbeit. Für die Diskussion wurde diese Zielsetzung in verschiedene Einzelziele gegliedert.

Eine Strategie für die Kreditgenossenschaften wird bestimmt durch deren Kernkompetenzen und durch die aktuelle Situation im Privatkundengeschäft. Letztere ist durch eine Vielzahl neuer Wettbewerber sowie durch den Wandel im Kundenverhalten und der Kundenpräferenzen gekennzeichnet. Daneben wird die Entwicklung der Informationstechnologie zu einem bestimmenden Faktor in diesem Markt. Die Kernkompetenzen der Kreditgenossenschaften stellen ihre dezentrale Position im genossenschaftlichen FinanzVerbund sowie die Fokussierung auf einen engen regionalen Markt und eine damit verbundene Kundennähe dar.

Eine Fokussierung auf einen begrenzten regionalen Raum sollte sich auch in einer Strategie für die Kreditgenossenschaften widerspiegeln. Aufgrund der bestehenden Nachteile in der Kostenstruktur erweist sich die Differenzierung mit Zielgruppenorientierung im Rahmen einer Konzentration auf den regionalen Markt als eine geeignete Strategie für die Kreditgenossenschaften, um Wettbewerbsvorteile gegenüber den Konkurrenten zu erlangen. Für die Umsetzung dieser Strategie besitzt das Retention Marketing Relevanz. Durch eine verstärkte Kundenorientierung mit dem Ziel einer Erhöhung der Kundenzufriedenheit können die Kunden verstärkt an die jeweilige Kreditgenossenschaft gebunden werden.

Inwieweit das Direct Banking eine geeignete Vertriebsstrategie für die Kreditgenossenschaften ist, wurde anhand der Kriterien Kundenpräferenzen und Kosten der einzelnen Vertriebswege betrachtet.

Die Kunden der Kreditgenossenschaften besitzen eine hohe Präferenz für das Direct Banking. Dies wird durch die große Zahl an Kunden, die von den Kreditgenossenschaften zu Direktbanken gewechselt sind, sowie durch empirische Untersuchungen belegt. Die Mehrzahl der Kunden haben ein starkes Interesse am Telefon Banking und Online Banking. Dabei existieren kaum Unterschiede zwischen den regionalen Standorten. Daneben belegen Untersuchungen, daß die Kosten von Transaktionen über das Direct Banking deutlich unter den Kosten von personenbesetzten Geschäftsstellen liegen. Insgesamt stellt das Direct Banking daher für die

Kreditgenossenschaften sowohl unter dem Aspekt der Kundenpräferenzen als auch der Kosten eine geeignete Vertriebsstrategie dar.

Die Realisierung des Direct Banking kann in Form von unterschiedlichen Modellen, dem Institutionellen Modell und dem Integrativen Modell, erfolgen. Während das Institutionelle Modell eine eigenständige Institution in Form einer Direktbank darstellt, wird im Integrativen Modell das Direct Banking in ein Institut mit einer stationären Vertriebsstruktur integriert.

Die Kreditgenossenschaften können zwischen dem Institutionellen und Integrativen Modell wählen. Das Institutionelle Modell kann in Form einer bundesweit agierenden Direktbank für den gesamten genossenschaftlichen FinanzVerbund umgesetzt werden. Dies würde aber nicht im Einklang mit der Gesamtstrategie der Kreditgenossenschaften stehen. Ebenso würde die Gründung einer Direktbank durch eine oder mehre Kreditgenossenschaften der angeführten Strategie widersprechen. Hingegen kann das Direct Banking im Integrativen Modell mit den Kernkompetenzen der Kreditgenossenschaften und den Kundenpräferenzen in Einklang gebracht werden.

Die Integration des Direct Banking erfordert für die Kreditgenossenschaften eine Neustrukturierung des bestehenden Vertriebs im Sinne eines Multiple Channel-Modells, wodurch eine umfassende Kundennähe über verschiedene Vertriebswege erreicht werden kann. Der stationäre Vertrieb sollte dabei auf der Grundlage der unterschiedlichen Kundenbedürfnisse in Selbstbedienungsstellen, Servicestellen und Beratungs- und Betreuungsstellen getrennt werden. Hinsichtlich der Integration des Direct Banking in den Bankbetrieb besteht für die Kreditgenossenschaften neben der Eigenerstellung die Möglichkeit des Outsourcing innerhalb des genossenschaftlichen FinanzVerbundes oder an ein/mehrere externe Unternehmen.

Im Rahmen der strategischen und operativen Umsetzung des Direct Banking für die Kreditgenossenschaften wird zwischen dem Outbound und dem Inbound Direct Banking unterschieden. Das Ziel des Outbound Direct Banking besteht in der aktiven Ansprache der Kunden durch die Kreditgenossenschaften. Dabei wird das Direct Mailing oder das Outbound Telefon Banking als Instrument verwendet. Neben dem aktiven Direktvertrieb können durch den Vorverkauf die besondere Vorteile des Multiple Channel-Modells zur Geltung gebracht werden.

Das Inbound Direct Banking eröffnet den Kunden die Möglichkeit, mittels Inbound Telefon Banking und Internet Banking die Kreditgenossenschaft zu kontaktieren und Transaktionen abzuwickeln. Dadurch wird die Servicebereitschaft der Kreditgenossenschaften erhöht und insbesondere durch das Internet Banking werden Rationalisierungspotentiale eröffnet.

Die Kreditgenossenschaften müssen ihren strategischen Fokus auch in Zukunft auf ihren regionalen Markt legen und können durch die Integration des Direct Banking in ein Multiple Channel-Modell ihre Kunden an sich binden.

LITERATURVERZEICHNIS

Achenbach, Horst (1992)
Das Privatkundengeschäft gestern - heute - morgen, Direktmarketing Akademie für Finanzdienstleistungen (Hrsg.), Schriftenreihe Nr. 1, Band 1, Hamm (Westfalen), 1992

Adrian, Reinhold/Heidorn, Thomas (1996)
Der Bankbetrieb, 14. Auflage, Wiesbaden, 1996

Adrion, Elisabeth (1997)
Ertragsorientiertes Retail Banking, Zürich, Universität, Dissertation, Bern et altera, 1997

Alpar, Paul (1998)
Kommerzielle Nutzung des Internet, 2. Auflage, Berlin et altera, 1998

Althaus, Günter (1998)
Kernkompetenz: Kundenorientierung, in: Unternehmensführung in Genossenschaftsbanken: Erfolgsfaktoren jenseits von Managementmoden, Herzog, Rainer (Hrsg.), Wiesbaden, 1998, S. 224-245

Altmann, Ralph (1997)
Finanz-Adventure, in: c't report: Geld online, Nr. 2, 1997, S. 28-42

Ambros, Hans (1995)
Virtual Reality - Virtual Banking, Wien, 1995

Anderer, Boris (1998)
Wer bist Du? Sichere Identifikation im World Wide Web, in: bank und markt, Nr. 3, 1998, S. 30-31

App, Michael (1996)
Das Verfahren beim Zusammenschluß von Genossenschaftsbanken, in: Zeitschrift für das gesamte Kreditwesen, Nr. 18, 1996, S. 870-872

Appel, Wolfgang Philipp/Tebbe, Regina (1999)
Digitale Signatur: Eigenschaften, Verfahren und Potentiale von elektronischen Unterschriften, in: Zeitschrift für Führung und Organisation, Nr. 2, 1999, S. 68-72

Arnold, Wolfgang (1997)

Geldautomatenpreise - eine Entgegnung der privaten Banken, in: bank und markt, Nr. 9, 1997, S. 25-26

Aschhoff, Gunther/Henningsen, Eckart (1995)

Das deutsche Genossenschaftswesen: Entwicklung, Struktur, wirtschaftliches Potential, 2. Auflage, Frankfurt am Main, 1995

Augsburger Aktienbank (Hrsg.) (1995)

Geschäftsbericht 1994/95, Augsburg, 1995

Ausfelder, Richard (1996)

Die Einführung des Telefonbanking als Vertriebswege-Entscheidung von Kreditinstituten, Frankfurt am Main et altera, 1996

Bachem, Achim/Heesen, Rainer/Pfenning, Jörg-Thomas (1996)

Digitales Geld für das Internet, in: Zeitschrift für Betriebswirtschaft, Nr. 6, 1996, S. 667-713

Bacher, Urban (1996)

Produktstraffung und KontoDirekt: Alternative zur Direktbank?, in: bank und markt, Nr. 5, 1996, S. 8-12

Bacher, Urban (1998)

Kreditgenossenschaften: 1000 Banken sind zu klein für die große Zukunft, in: Zeitschrift für das gesamte Kreditwesen, Nr. 19, 1998, S. 1088-1089

Baldi, Stefan/Achleitner, Ann-Kristin (1998)

Sicherheit im Internet-Banking, in: Banking und Electronic Commerce im Internet; Burkhardt, Thomas/Lohmann, Karl (Hrsg.), Berlin, 1998, S. 235-285

Bank 24 (Hrsg.) (1995)

Geschäftsbericht 1995 der Bank 24 AG, Bonn, 1995

Barney, Jay (1991)

Firm Resources and Sustained Competitive Advantage, in: Journal of Management, Nr. 1, 1991, S. 99-119

Bartels, Günther/Breitschuh, Axel (1997)
Moderne Kundenbindungsinstrumente, in: Bankinformation, Nr. 9, 1997, S. 36-44

Barthelmeß, Wilhelm K. (1997)
Telefonbanking der FIDUCIA - ein Realisierungsbericht, in: Bankinformation, Nr. 2, 1997, S. 12-16

Barthelmeß, Wilhelm K. (1998)
Auf dem Weg zum E-Commerce, in: geldinstitute, Nr. 9, 1998, S. 18-22

Barth, Tilmann/Hertweck, Andreas (1997)
Stärkt Outsourcing die Wettbewerbskraft?, in: Gablers Magazin, Nr. 6-7, 1997, S. 25-29

Bartmann, Dieter (1995)
Home Banking: Künftige Relevanz aus Sicht der Kreditinstitute, in: Electronic Banking im Vertrieb, Ploenzke (Hrsg.), Wiesbaden, 1995, S. 83-96

Bartmann, Dieter (1996)
David gegen Goliath, in: geldinstitute, Nr. 6, 1996, S. 18-20

Basler, Manfred (1998)
Zu Kundennähe und Kundenzufriedenheit, in: Bankinformation, Nr. 7, 1998, S. 71-74

Bastam, Ina/Seuferle, Walter (1995)
Mobiler Vertrieb für Finanzdienstleistungen, in: Handbuch Finanzvertrieb, Betsch, Oskar/Wiechers, Rüdiger (Hrsg.), Frankfurt am Main, 1995, S. 297-309

Bastian, Harald (1996)
Internet, in: Zeitschrift für Führung und Organisation, Nr. 6, 1996, S. 380-381

Bates, Donald L./Eldredge, David L. (1980)
Strategy and Policy, Dubuque, 1980

Bauer, Alfred (1998)
Trust Center - Banken als „Paßbehörde“, in: Betriebswirtschaftliche Blätter, Nr. 10, 1998, S. 463-464

Baumann, Horst (1964)
Die Volksbanken, Frankfurt am Main, 1964

Baumgartl, Gerhard (1979)
Die Funktion des Förderungsauftrages in § 1 Genossenschaftsgesetz, Erlangen-Nürnberg, Universität, Dissertation, Nürnberg, 1979

Becker, Jochen (1998)
Marketing-Konzeption, Grundlagen des strategischen und operativen Marketing-Managements, 6. Auflage, München, 1998

Becker, Lutz (1997)
Mit Firewalls geben Sie Hackern keine Chance, in: Bank Magazin, Nr. 8, 1997, S. 44-45

Becker, Thomas (1997)
Reicht ein Standort aus?, in: bank und markt, Nr. 10, 1997, S. 27-29

Benölken, Heinz/May, Gerhard (1994)
Telefonbanking und Telemarketing bei Banken & Versicherungen, in: Banken & Versicherungen, Nr. 1, 1994, S. 8-14

Benölken, Heinz/Wings, Heinz (1994)
Lean-Banking - Wege zur Marktführerschaft, Wiesbaden, 1994

Bentele, Karlheinz (1999)
Kooperation im Back-Office - eine alternative zur Fusion?, in: bank und markt, Nr. 1, 1999, S. 19-21

Berchtold, Horst (1995)
Zweigstellen und Mengengeschäft, in: Handbuch Finanzvertrieb, Betsch, Oskar/Wiechers, Rüdiger (Hrsg.), Frankfurt am Main, 1995, S. 197-215

Berliner Volksbank (Hrsg.) (1999)
Pressemitteilung der Berliner Volksbank, www.berliner-volksbank.de, 23.11.1999

Berndt, Holger (1996)
Die GeldKarte läutet eine neue Ära im Zahlungsverkehr ein, in: Sparkasse, Nr. 9, 1996, S. 394-397

Berndt, Holger (1997)
Freier Wettbewerb für Geldautomatenpreise, in: bank und markt, Nr. 8, 1997, S. 37-38

Bernet, Beat (1995)
Strategische Optionen im Retail Banking, in: Retail Banking, Bernet, Beat/Schmid, Peter (Hrsg.), Wiesbaden, 1995, S. 25-45

Bernet, Beat (1996)
Bankbetriebliche Preispolitik, Zürich, Universität, Dissertation, Bern et altera, 1996

Bernet, Beat (1998a)
Bündelung und Entbündelung von Finanzprodukten, in: Handbuch Privatkundengeschäft, Betsch, Oskar/van Hooven, Eckart/Krupp, Georg (Hrsg.), Frankfurt am Main, 1998, S. 369-385

Bernet, Beat (1998b)
Konzeptionelle Grundlagen des modernen Relationship Banking, in: Relationship Banking: Kundenbeziehungen profitabler gestalten, Bernet, Beat/Held, Peter P. (Hrsg.), Wiesbaden, 1998, S. 3-36

Betge, Peter (1996)
Bankbetriebslehre, Berlin et altera, 1996

Betsch, Oskar (1976)
Bankaußendienst, Frankfurt am Main, 1976

Betsch Oskar (1988a)
Grenzen der Zweigstelle, in: bank und markt, Nr. 5, 1988, S. 5-14

Betsch, Oskar (1988b)
Strukturwandel und Wettbewerb am Bankenmarkt, Stuttgart, 1988

Betsch, Oskar (1989)
Entwicklungsschritte beim Vertrieb von Finanzdienstleistungen, in: Vertriebshandbuch für Finanzdienstleistungen, Betsch, Oskar/Otto, Klaus-Friedrich (Hrsg.), Frankfurt am Main, 1989, S. 11-27

Betsch, Oskar (1992a)
Allfinanz: eine (un)mögliche Chance, in: bank und markt, Nr. 11, 1992, S. 15-21

Betsch, Oskar (1992b)
Fusionen bei Kreditgenossenschaften - wann lohnen sie sich und wie macht man es richtig?, in: bank und markt, Nr. 8, 1992, S. 12-19

Betsch, Oskar (1993)
Strategische Optionen von Kreditgenossenschaften, in: Zeitschrift für das gesamte Genossenschaftswesen, Nr. 1, 1993, S. 7-16

Betsch, Oskar (1995a)
Anspruch und Wirklichkeit der Beratung vermögender Privatkunden - eine Profilierungschance für Genossenschaftsbanken durch das Angebot von Privater Finanzplanung, in: Zeitschrift für das gesamte Genossenschaftswesen, Nr. 1, 1995, S. 5-16

Betsch, Oskar (1995b)
Lean Marketing - Der Weg zur virtuellen Bank, Direktmarketing Akademie für Finanzdienstleistungen (Hrsg.), Hamm/Westfalen, 1995

Betsch, Oskar (1995c)
Wettbewerbsveränderungen auf den Finanzdienstleistungsmärkten und der Umbruch der Vertriebssysteme, in: Handbuch Finanzvertrieb, Betsch, Oskar/Wiechers, Rüdiger (Hrsg.), Frankfurt am Main, 1995, S. 3-21

Betsch, Oskar (1996)
Vertrieb der Zukunft: ohne den Banktresen?, in: bank und markt, Nr. 3, 1996, S. 10-14

Betsch, Oskar (1997a)
Anforderungen an das genossenschaftliche Bankmarketing, in: Marketingthemen 1998, Genossenschaftsverband Rheinland e.V. (Hrsg.), Köln, 1997, o. S.

Betsch, Oskar (1997b)
Retention-Marketing im Retail Banking, in: Visionen im Bankmanagement: Festschrift für Professor Dr. Leo Schuster, Hörter, Steffen/Wagner, Andreas (Hrsg.), München, 1997, S. 291-309

Betsch, Oskar (1997c)
Total Quality Banking und DIN ISO 9000 ff. - Modeerscheinung und Widerspruch zugleich?, in: Umbruch und Wandel: Herausforderungen

zur Jahrhundertwende, Festschrift für Professor Dr. Carl Zimmerer, Claussen, Carsten P./Hahn , Oswald/Kraus, Willy (Hrsg.), München, Wien, 1997, S. 217-231

Betsch, Oskar (1997d)

Vom stationären Vertrieb zur virtuellen Bank?, in: Banken in globalen und regionalen Umbruchsituationen, Festschrift für Johann Heinrich von Stein zum 60. Geburtstag, Hummel, Detlev/Bühler, Wilhelm/Schuster, Leo (Hrsg.), Stuttgart, 1997, S. 706-722

Betsch, Oskar (1998a)

Privatkundengeschäft quo vadis?, in: Handbuch Privatkundengeschäft, Betsch, Oskar/van Hooven, Eckart/Krupp, Georg (Hrsg.), Frankfurt am Main, 1998, S. 1275-1292

Betsch, Oskar (1998b)

Wertschöpfungsorientierte Prozeßgestaltung in der Bankproduktion in Verbindung mit einem Outsourcing-Konzept, in: Wertschöpfungsorientierte Prozeßgestaltung in der Bankproduktion in Verbindung mit einem Outsourcing-Konzept, GGB Gesellschaft für genossenschaftliches Bankenmarketing (Hrsg.), Stuttgart, 1998, S. 19-53

Betsch, Oskar (1999a)

Eine Neuausrichtung des Privatkundengeschäfts ist unabdingbar, in: Frankfurter Allgemeine Zeitung, 11.01.1999, S. 25

Betsch, Oskar (1999b)

Entwicklungen und Perspektiven des Privatkundengeschäfts, in: Finanzierung Leasing Factoring, Nr. 3, 1999, S. 99-106

Betsch, Oskar (1999c)

Irrtümer und Wahrheiten im Privatkundengeschäft, in: bank und markt, Nr. 4, 1999, S. 18-24

Betsch, Oskar (1999d)

Preispolitik, in: Enzyklopädisches Lexikon des Geld-, Bank- und Börsenwesens, Cramer, Jörg E. et altera (Hrsg.), Band 2, Frankfurt am Main, 1999, S. 1454-1459

Betsch, Oskar (1999e)
Produkt- und Sortimentspolitik, in: Enzyklopädisches Lexikon des Geld-Bank- und Börsenwesens, Cramer, Jörg E. et altera (Hrsg.), Band 2, Frankfurt am Main, 1999, S. 1475-1482

Betsch, Oskar (1999f)
Vertriebspolitik, in: Enzyklopädisches Lexikon des Geld-, Bank- und Börsenwesens, Cramer, Jörg E. et altera (Hrsg.), Band 2, Frankfurt am Main, 1999, S. 1993-2003

BIK (Hrsg.) (1997)
Betriebswirtschaftliches Institut der Deutschen Kreditgenossenschaften BIK GmbH: Geschäftsbericht 1997, Frankfurt am Main, 1997

Biland, Hans Peter (1998)
Den Kunden im Netz orten und fixieren, in: Schweizer Bank, Nr. 6, 1998, S. 12-15

Birkelbach, Jörg/Spetsmann, Hartwig (1994)
Finanzinformationen und Wertpapieranalysen per Computer: Auf dem Information-Highway schneller an die Börsen der Welt, Wiesbaden, 1994

Birkelbach, Jörg (1995)
Financial Services im Internet, in: Die Bank, Nr. 7, 1995, S. 388-393

Birkelbach, Jörg (1996)
Cyber Finance, in: geldinstitute, Nr. 3, 1996, S. 24-33

Birkelbach, Jörg (1997)
Cyber Finance, Wiesbaden, 1997

Birkelbach, Jörg (1998)
Onlinebanking: Bangeschäfte rund um die Uhr, Köln, 1998

Blank, Rainer (1998)
VW-Bank - Keine reine Autobank, in: bank und markt, Nr. 5, 1998, S. 20-23

Blessing, Martin (1998)
Leistungsangebot und Privatkunden - strukturierte Beratung als Ansatzpunkt einer erfolgreichen Kundenbeziehung, in: Handbuch Privat-

kundengeschäft, Betsch, Oskar/van Hooven, Eckart/Krupp, Georg (Hrsg.), Frankfurt am Main, 1998, S. 317-332

Bliesener, Max-Michael (1994)
Outsourcing als mögliche Strategie zur Kostensenkung, in: Betriebswirtschaftliche Forschung und Praxis, Nr. 4, 1994, S. 277-290

Blomeyer, Wolfgang (1980)
Der gesetzliche Förderungsauftrag der Genossenschaften im Wandel, in: Zeitschrift für das gesamte Genossenschaftswesen, Nr. 1, 1980, S. 22-38

Bode, Ulrich (1997)
Die Informationsrevolution: Wegweiser für Führungskräfte, Wiesbaden, 1997

Boehler, Heymo (1997)
Marktsegmentierung als Basis eines Direct-Marketing-Konzepts, in: Handbuch Direct Marketing, Dallmer, Heinz (Hrsg.), 7. Auflage, Wiesbaden, 1997, S. 439-450

Börner, Christoph J. (1998)
Bankenfusionen, in: Das Wirtschaftsstudium, Nr. 1, 1998, S. 47

Boettcher, Erik (1983)
Hermann Schultze-Delitzsch und der privatwirtschaftliche Förderungsauftrag der deutschen Genossenschaften, in: Zeitschrift für das gesamte Genossenschaftswesen, Nr. 2, 1983, S. 91-104

Bohm, Rainer/Werner, Harald/König, Tatjana (1998)
Segmentierung von Privatkunden: nicht nach dem Geschäftsvolumen, in: bank und markt, Nr. 11, 1998, S. 24-27

Bonerz, Michael/Lambrecht, Ulrich/Jacob, Philip (1997)
Homebanking im World Wide Web, in: Betriebswirtschaftliche Blätter, Nr. 3, 1997, S. 112-116

Boos, Hans-Christian/Sauer, Andreas (1995)
Kapitalmarktresearch auf dem Information Highway, in: Die Bank, Nr. 10, 1995, S. 591-594

Botteri, Tullio (1985)
Der genossenschaftliche Förderauftrag und seine Eignung zur Kennzeichnung des Genossenschaftsbetriebs, in: Zeitschrift für das gesamte Genossenschaftswesen, Nr. 3, 1985, S. 153-156

Braatz, Frank (1997)
Elektronische Geldbörsen erobern einen neuen Markt, in: Bank Magazin: ORGA-Spezial, Nr. 4, 1997, S. S2-S5

Braun, Heike/Husmann, Nele/Kahlen, Rudolf (1999)
Wer ist der Beste?, in Capital, Nr. 1, 1999, S. 138-157

Brinkmann, Thomas (1998)
Servicepolitik als Mittel zur Erhöhung der Kundenzufriedenheit und -bindung in Banken, Erlangen-Nürnberg, Universität, Dissertation, 1997, Frankfurt am Main, 1998

Broschinski, Gregor (1997)
Produktivitätsfaktoren einer Call Center-Vermögensberatung, in: Die Bank, Nr. 5, 1997, S. 265-269

Brüne, Jim (1997)
Netbanker: Online Banking Research Prospectus, in: http://www.netbanker.com/research.html, 04.09.1997, o. S.

Bruhn, Manfred (1997a)
Der Strukturwandel im deutschen Einzelhandel - Lerneffekte für Banken und Sparkassen, in: Das Privatkundengeschäft - Die Achillesferse deutscher Kreditinstitute, Rolfes, Bernd/Schierenbeck, Henner/Schüller, Stephan (Hrsg.), Frankfurt am Main, S. 15-42

Bruhn, Manfred (1997b)
Marketing, 3. Auflage, Wiesbaden, 1997

Brunner, Werner (1998)
Call-Center - Direktbank in der Bank -, in: Handbuch Privatkundengeschäft, Betsch, Oskar/van Hooven, Eckart/Krupp, Georg (Hrsg.), Frankfurt am Main, 1998, S. 667-682

Buchholz, Angelika (1998)
Die Euphorie ist verflogen: Optimistische Direktbank-Prognosen haben sich bisher nicht erfüllt, in: Süddeutsche Zeitung, 12.01.1998, S. 15

Büdel, Sabine (1997)
Aktives Beschwerdemanagement in Banken am Beispiel des Privatkundengeschäfts eines großen Kreditinstituts, Frankfurt am Main, 1997

Bühler, Wilhelm (1996)
Kundenbindung oder Kunden-Neugewinnung, in: Bankinformation, Nr. 11, 1996, S. 20-21

Büschgen, Hans E. (1983)
Zeitgeschichtliche Problemfelder des Bankwesens der Bundesrepublik Deutschland, in: Deutsche Bankengeschichte, Aschhoff, Gunther et altera (Hrsg.), Band 3, Frankfurt am Main, 1983, S. 349-409

Büschgen, Hans E. (1993)
Bankbetriebslehre: Bankgeschäfte und Bankmanagement, 4. Auflage, Wiesbaden, 1993

Büschgen, Hans E. (1995)
Bankmarketing, Düsseldorf, 1995

Büschgen, Hans E. (1997)
Das kleine Banklexikon, 2. Auflage, Düsseldorf, 1997

Büschgen, Hans E. (1998)
Bankbetriebslehre: Bankgeschäfte und Bankmanagement, 5. Auflage, Wiesbaden, 1998

Büschgen, Hans E. (1999)
Im Wandel: Das deutsche Altersvorsorgesystem, in: Bankinformation, Nr. 2, 1999, S. 2-9

Buhl, Hans Ulrich/Will, Andreas/Visser, Voler (1998)
Virtualisierung des Bangeschäfts, in: Kundenzufriedenheit und Kundenbindung: Strategien und Instrumente von Finanzdienstleistern, Müller, Stefan/Strothmann, Helmuth (Hrsg.), München, 1998, S. 391-410

Bund, Stefan (1997)
Bilanz nach fünf Jahren, in: Betriebswirtschaftliche Blätter, Nr. 3, 1997, S. 141-143

Bungenstock, Wilfried/Reents, Börchert (1998)
Ordnungspolitische und strukturpolitische Überlegungen des Genossenschaftsverbandes Berlin-Hannover zum Thema Fusionen, in: Bankinformation, Nr. 11, 1998, S. 15-20

Burchard, Ulrich/Bongartz, Ulrich (1998)
Fusionen: Der Reiz des schnellen Wachstums, in: Die Bank, Nr. 7, 1998, S. 392-396

Burgmaier, Stefanie (1997)
Verbindung zur Mutter, in: Wirtschaftswoche, Nr. 13, 1997, S. 130-131

Burgmaier, Stefanie (1999)
Kleine Schritte, in: Wirtschaftswoche, Nr. 10, 1999, S. 70-71

Burr, Wolfgang (1996)
Electronic Banking: integrieren oder ausgliedern?, in: bank und markt, Nr. 12, 1996, S. 36-40

Busatta, Jörg et altera (1997)
Handbuch s-direkt: Geschäftspolitik und Rechtsfragen, Stuttgart, 1997

BVR (Hrsg.) (1983)
Bericht Zahlen '83, Bonn, 1983

BVR (Hrsg.) (1987)
Bericht Zahlen '87, Bonn, 1987

BVR (Hrsg.) (1989)
Bericht Zahlen '89, Bonn, 1989

BVR (Hrsg.) (1990)
Bericht Zahlen '90, Bonn, 1990

BVR (Hrsg.) (1991)
Bericht Zahlen '91, Bonn, 1991

BVR (Hrsg.) (1992)
Bericht Zahlen '92, Bonn, 1992

BVR (Hrsg.) (1993)
Bericht Zahlen '93, Bonn, 1993

BVR (Hrsg.) (1994)
Bericht Zahlen '94, Bonn, 1994

BVR (Hrsg.) (1995)
Bericht Zahlen '95, Bonn, 1995

BVR (Hrsg.) (1996a)
Bericht Zahlen '96, Bonn, 1996

BVR (Hrsg.) (1996b)
Leitfaden KontoDirekt, Wiesbaden, 1996

BVR (Hrsg.) (1997a)
Bericht Zahlen '97, Bonn, 1997

BVR (Hrsg.) (1997b)
Mitteilung des BVR, Bonn, 17.11.1997, S. 1-2

BVR (Hrsg.) (1998)
Bericht Zahlen '98, Bonn, 1998

BVR (Hrsg.) (1999a)
Bündelung der Kräfte: Ein Verbund – eine Strategie, Band 1, Bonn, 1999

BVR (Hrsg.) (1999b)
Bündelung der Kräfte: Ein Verbund – eine Strategie, Band 2, Bonn, 1999

Cannon, J. Thomas (1968)
Business Strategy and Policy, New York, 1968

Chmielewicz, Klaus (1994)
Forschungskonzeptionen der Wirtschaftswissenschaft, 3. Auflage, Stuttgart, 1994

Cocca, Theodoro D. (1998)
Cyber-Finanzmarkt mit Regulierungsbedarf, in: Schweizer Bank, Nr. 10, 1998, S. 59-61

Croll, Willi (1981)
Förderungsauftrag und Gegenwartserfordernisse, in: Zeitschrift für das gesamte Genossenschaftswesen, Nr. 3, 1981, S. 195-203

Czurda, Henrik/Dörig, Adolf (1997)
Wie sicher ist Outsourcing?, in: Schweizer Bank, Nr. 7, 1997, S. 40-42

Dahlhausen, Volker/Siebald, Ralph (1995)
Discount-Broking in den USA und in Deutschland, in: bank und markt, Nr. 4, 1995, S. 28-33

Dahlhoff, Denise (1997)
Ideenreichtum statt Preiskampf, in: geldinstitute, Nr. 10, 1997, S. 26-29

Dallmer, Heinz (1995)
Direct Marketing, in: Handbuch des Marketing, Tietz, Bruno/Köhler, Richard/Zentes, Joachim (Hrsg.), 2. Auflage, Stuttgart, 1995, Sp. 477-492

Dallmer, Heinz (1997)
System des Direktmarketing - Entwicklung und Zukunftsperspektiven, in: Handbuch Direct Marketing, Dallmer, Heinz (Hrsg.), 7. Auflage, Wiesbaden, 1997, S. 3-19

Dannenberg, Marius (1998)
Direkte Kundenansprache, in: Banken und Sparkassen, Nr. 6, 1998, S. 26-28

Darmstädter Volksbank (Hrsg.) (1998)
Geschäftsbericht 1998, Darmstadt, 1998

Daum, Wolfgang/Schulte, Heinz-Werner/Geisler, Erwin (1997)
Erfahrungen mit S-Direkt, in: geldinstitute, Nr. 1-2, 1997, S. 16-17

Day, George S./Reibstein David J./ Gunther, Robert E. (1997)
Wharton on Dynamic Competitive Strategy, New York, 1997

Dembach, Hilmar/Feder, Irene (1998)
Organisation der DV-Landschaft in der genossenschaftlichen Bankengruppe, in: Zeitschrift für das gesamte Kreditwesen, Nr. 18, 1998, S. 1045-1046

Determann, Lorenz/Rey, Michael (1999)
Chancen und Grenzen des Data Mining im Controlling, in: Zeitschrift für Führung und Organisation, Nr. 3, 1999, S. 143-150

Deutsche Bundesbank (Hrsg.) (1990)
Bankenstatistik, Frankfurt am Main, 1990

Deutsche Bundesbank (Hrsg.) (1993)
Die Ertragslage der westdeutschen Kreditinstitute im Jahre 1992, in: Monatsbericht, August 1993, S. 29-53

Deutsche Bundesbank (Hrsg.) (1994)
Bankenstatistik, Frankfurt am Main, 1994

Deutsche Bundesbank (Hrsg.) (1995a)
Bankenstatistik, Frankfurt am Main, 1995

Deutsche Bundesbank (Hrsg.) (1995b)
Die Ertragslage der westdeutschen Kreditinstitute im Jahre 1994, in: Monatsbericht, Frankfurt am Main, Oktober 1995, S. 19-45

Deutsche Bundesbank (Hrsg.) (1996)
Bankenstatistik, Frankfurt am Main, 1996

Deutsche Bundesbank (Hrsg.) (1997a)
Bankenstatistik, Frankfurt am Main, 1997

Deutsche Bundesbank (Hrsg.) (1997b)
Monatsbericht, Frankfurt am Main, August 1997

Deutsche Bundesbank (Hrsg.) (1998a)
Bankenstatistik, Frankfurt am Main, Juli 1998

Deutsche Bundesbank (Hrsg.) (1998b)
Die Ertragslage der westdeutschen Kreditinstitute im Jahre 1997, in: Monatsbericht, Frankfurt am Main, August 1998, S. 29-58

Deutsche Bundesbank (Hrsg.) (1998c)
Entwicklung des Bankensektors und Marktstellung der Kreditinstitutsgruppen seit Anfang der neunziger Jahre, in: Monatsbericht, Frankfurt am Main, März, 1998, S.33-64

Deutsche Bundesbank (Hrsg.) (1999a)
Bankenstatistik, Frankfurt am Main, Juli 1999

Deutsche Bundesbank (1999b)
Die Ertragslage der deutschen Kreditinstitute, in: Monatsbericht, Frankfurt am Main, Juli 1999, S. 27-57

Deutsche Bundesbank (Hrsg.) (1999c)
Zur privaten Vermögenssituation seit Beginn der neunziger Jahre, in: Monatsbericht, Frankfurt am Main, Januar 1999, S. 33-50

DG Bank (Hrsg.) (1997)
Vertriebsinformation für Mitarbeiter der Kreditgenossenschaften: KontoDirekt - Wertpapiere, Frankfurt am Main, 1997

DSGV (Hrsg.) (1996)
Jahresbericht Deutscher Sparkassen- und Giroverband 1996 in Zahlen, Bonn, 1996

DSGV (Hrsg.) (1998)
Jahresbericht Deutscher Sparkassen- und Giroverband 1998, Bonn, 1998

Deutz, Julian (1997)
Privatkundengeschäft großer Filialbanken: neue Anforderungen an die Vertriebswegepolitik und deren Auswirkungen auf die Bankorganisation, Koblenz, Universität, Dissertation, 1996, Frankfurt am Main et altera, 1997

Dieckhöner, Bruno (1992a)
Bankwesen, genossenschaftliches, in: Genossenschafts Lexikon, Mändle, Eduard/Swoboda, Walter (Hrsg.), Wiesbaden, 1992, S. 48-49

Dieckhöner, Bruno (1992b)
Bundesverband der Deutschen Volksbanken und Raiffeisenbanken (BVR), in: Genossenschafts Lexikon, Mändle, Eduard/Swoboda, Walter (Hrsg.), Wiesbaden, 1992, S. 93-94

Dieckhöner, Bruno (1992c)
Kreditgenossenschaften, in: Genossenschafts Lexikon, Mändle, Eduard/Swoboda, Walter (Hrsg.), Wiesbaden, 1992, S. 389-390

Dieckhöner, Bruno (1992d)
Volksbanken, in: Genossenschafts Lexikon, Mändle, Eduard/Swoboda, Walter (Hrsg.), Wiesbaden, 1992, S. 702-703

Dieckhöner, Bruno/Dominik, Dieter G. (1999)
Konsolidiertes Wachstum im Vorfeld der Europäischen Währungsunion, in: Bankinformation, Nr. 5, 1999, S. 48-58

Dietz, Volker (1995)
Technologie-Entwicklung im Bereich Home Banking, in: Electronic Banking im Vertrieb, Ploenzke (Hrsg.), Wiesbaden, 1995, S. 263-294

Diller, Hermann (1993)
Preisbaukästen als preispolitische Option, in: Wirtschaftwissenschaftliches Studium, Nr. 6, 1993, S. 270-275

Disselbeck, Kai (1998)
Depot-B-Geschäft: Die Kreditgenossenschaften können es doch!, in: bank und markt, Nr. 12, 1998, S. 14-15

Döller, Ralph (1997)
Geldanlage per KontoDirekt, in: Bankinformation, Nr. 2, 1997, S. 25-26

Döller, Ralph (1998)
Das Angebot neuer Vertriebswege durch die Volksbanken und Raiffeisenbanken, in: Bankinformation, Nr. 12, 1998, S. 20-24

Drewes, Winfried/Drewes, Guido (1995)
Electronic Banking, in: Handwörterbuch des Bank- und Finanzwesens, Gerke, Wolfgang/Steiner, Manfred (Hrsg.), 2. Auflage, Stuttgart, 1995, Sp. 489-500

Dube, Jürgen (1992)
Rechenzentralen, genossenschaftliche, in: Genossenschafts Lexikon, Mändle, Eduard/Swoboda, Walter (Hrsg.), Wiesbaden, 1992, S. 540-541

Dube, Jürgen (1993)
Computer für Genossenschaften: Die Geschichte der genossenschaftlichen Rechenzentralen, Wiesbaden, 1993

Dubs, Peter (1998)
Strategisches Kundenmanagement und Retention Marketing im Retail Banking, in: Relationship Banking: Kundenbeziehungen profitabler gestalten, Bernet, Beat/Held, Peter P. (Hrsg.), Wiesbaden, 1998, S. 69-89

Dülfer, Eberhard (1984)
Betriebswirtschaftslehre der Kooperative: Kommunikation und Entscheidungsbildung in Genossenschaften und vergleichbaren Organisationen, Göttingen, 1984

Dülfer, Eberhard (1989)
Konzeption und Kodifikation der „Genossenschaft" bei Hermann Schulze Delitzsch, in: Zeitschrift für das gesamte Genossenschaftswesen, Nr. 2, 1989; S. 93-101

Düren, Harald (1996)
Außenseiter drängen ins Bankgeschäft, in: Bankinformation, Nr. 11, 1996, S. 42-44

Durstberger, Herbert/Most, Susanne (1996)
Strategieentwicklung in Banken: ein congenialer Planungsprozeß, Wiesbaden, 1996

Ecker, Thomas/Moormann, Jürgen (1998)
Die Bank als Betreiberin einer elektronischen Shopping-Mall, in: Internet Banking: Der Bankvertrieb im Umbruch, Lange, Thomas A. (Hrsg.), Wiesbaden, S. 101-130

Effert,Detlef (1994)
Phone Banking, , Direktmarketing Akademie für Finanzdienstleistungen (Hrsg.), Hamm/Westfalen, 1994

Effert, Detlef (1997a)
Aufbau aktives Telefon-Team, Hamm (Westfalen), 1997

Effert, Detlef (1997b)
Bestandsaufnahme und Analyse des Direktmarketing, in: Die neuen Vertriebswege – Strukturwandel und Perspektiven, DSGV (Hrsg.), Stuttgart, 1997, S. 176-201

Effert, Detlef/Schmid, Walter (1995)
Bestandsaufnahme und Analyse des Direktmarketing, in: Handbuch Finanzvertrieb, Betsch, Oskar/Wiechers, Rüdiger (Hrsg.), Frankfurt am Main, 1995, S. 423-443

Eichhorn, Franz-Josef/Binsch, Mario/Frank, Michael (1997)
Discount Brokerage: Die Akzeptanz bei jungen Anlegern, in: Die Bank, Nr. 7, 1997, S. 410-413

Eichhorn, Franz-Josef (1998)
Discount Broker: Erreicht das Marketing die richtigen Zielgruppen?, in: bank und markt, Nr. 2, 1998, S. 12-14

Eichwald, Berthold (1997)
Präsenz vor Ort auch beim Electronic Banking ein Plus, in: Bankinformation, Nr. 2, 1997, S. 16-17

Eilenberger, Guido (1996)
Bankbetriebswirtschaftslehre, 6. Auflage, München, Wien, 1996

Ellgering, Ingo (1998)
Rationalisierung versus moderne Kundenbetreuung, in: Betriebswirtschaftliche Blätter, Nr. 12, 1998, S. 564-565

Engel-Flechsig, Stefan (1998)
Digitale Unterschrift im Electronic Commerce, in: Finanzierung Leasing Factoring, Nr. 5, 1998, S. 198-201

Engelhardt, Werner H./Witte, Petra (1990)
Direktvertrieb im Konsumgüter- und Dienstleistungsbereich: Abgrenzung und Umfang, Stuttgart, 1990

Epple, Manfred H. (1998)
Werbeerfolg bei Banken - von der Rationalität zur Emotion, in: Handbuch Privatkundengeschäft, Betsch, Oskar/van Hooven, Eckart/Krupp, Georg (Hrsg.), Frankfurt am Main, 1998, S. 995-1005

Erler, Horst (1995)
Direktmarketing für Bestands- und Neukunden, in: Handbuch Finanzvertrieb, Betsch, Oskar/Wiechers, Rüdiger (Hrsg.), Frankfurt am Main, 1995, S. 465-475

Erlingheuser, Bernd/Johannsen, Wolfgang/Klein, Marion (1996)
Banking auf dem elektronischen Marktplatz, in: bank und markt, Nr. 11, 1996, S. 12-17

Erlingheuser, Bernd (1998)
Virtuelle Schalterhalle - Die Bank von morgen, in: Internet Banking: Der Bankvertrieb im Umbruch, Lange, Thomas A. (Hrsg.), Wiesbaden, S. 35-58

Faust, Helmut (1969)
Genossenschaftswesen, Stuttgart et altera, 1969

Faust, Helmut (1977)
Geschichte der Genossenschaftsbewegung: Ursprung und Aufbruch der Genossenschaftsbewegung in England, Frankreich und Deutschland sowie ihre weitere Entwicklung im deutschen Sprachraum, 3. Auflage, Frankfurt am Main, 1977

Fehr, Peter/Kerner, Simone/Kruse, Olaf (1998)
Bankloyalität und Database Marketing - Kundenbindung auf Knopfdruck?, in: Zeitschrift für das gesamte Kreditwesen, Nr. 7, 1998, S. 337-344

FIDUCIA (Hrsg.) (1996)
Die Bank im Spannungsfeld der Informationstechnologie, Karlsruhe, 1996

FIDUCIA (Hrsg.) (1997)
FIDUCIA Informationszentrale AG: Geschäftsbericht 1997, Karlsruhe, 1997

Fink, Dietmar (1997)
Einführung in das Electronic Marketing – von der Technik zum Nutzen, in: Marketing-Management mit Multimedia: neue Medien, neue Märkte, neue Chancen, Warmser, Christoph/Fink, Dietmar H. (Hrsg.), Wiesbaden, S. 13-27

Fischer, Marc (1994)
Make-or-Buy der Distributionsleistung, in: Betriebswirtschaftliche Forschung und Praxis, Nr. 4, 1994, S. 291-315

Fittkau & Maaß (Hrsg.) (1998)
Die 7. W3B-Umfrage, www.w3b.de, 08.03.1999, o. S.

Fittkau, Susanne/Maaß, Holger (1999)
Zielgruppen für Online-Werbung und -Vertrieb: Entwicklung und Trends, in: transfer - Werbeforschung & Praxis, Nr. 1, 1999, S. 16-19

Fleischer, Klaus (1992a)
Mitgliedergeschäfte, genossenschaftliche, in: Genossenschafts Lexikon, Mändle, Eduard/Swoboda, Walter (Hrsg.), Wiesbaden, 1992, S. 450-451

Fleischer, Klaus (1992b)

Regionalprinzip, genossenschaftliches, in: Genossenschafts Lexikon, Mändle, Eduard/Swoboda, Walter (Hrsg.), Wiesbaden, 1992, S. 545-546

Fleischer, Klaus (1996)

Banking im Internet - vom Marketing zur Businessrealität, in: bank und markt, Nr. 10, 1996, S. 33-35

Fleischer, Klaus (1997a)

T-Online und Internet-Banking - zukunftsweisend, in: bank und markt, Nr. 12, 1997, S. 16-20

Fleischer, Klaus (1997b)

Virtual Banking - mehr als eine Vision, in: Bank Magazin, Nr. 3, 1997, S. 12-14

Flur, Dorlisa K./Ledet, Elizabeth A./McCoy, Molly (1996)

Supermarket banks, in: The McKinsey Quarterly, Nr. 4, 1996, S. 76-83

Folz, Willibald/Bacher, Urban (1995)

KontoDirekt: Die Schwäche zur Stärke machen, in: Bankinformation, Nr. 19, 1995, S. 22-28

Folz, Willibald/Hofstetter, Erich (1998)

Für Fusionen: Rechtliche Vorgaben, in: Bankinformation, Nr. 11, 1998, S. 6-8

Foullong, Uwe/Raab, Hans-Jürgen (1997)

Pro und Contra: Sind Direktbanken Investitionsruinen?, in: Bank Magazin, Nr. 4, 1997, S. 20-21

Fries, Eberhard (1998)

Bank? Shop!, in: geldinstitute, Nr. 1-2, 1998, S. 66-68

Frowein, Dietrich-Kurt (1995)

Bank-Produktpolitik, in: Handwörterbuch des Bank- und Finanzwesens, Gerke, Wolfgang/Steiner, Manfred (Hrsg.), 2. Auflage, Stuttgart, 1995, Sp. 218-228

GAD (Hrsg.) (1996)
GAD Gesellschaft für automatische Datenverarbeitung eG: Geschäftsbericht 1996, Münster, 1996

GAD (Hrsg.) (1997)
GAD Gesellschaft für automatische Datenverarbeitung eG: Geschäftsbericht 1997, Münster, 1997

Gaertner, Armin (1995)
Die Entwicklung des Direktbankgeschäfts in Deutschland, in: Direktbanken: Die moderne Bankverbindung, Allgemeine Deutsche Direktbank AG/Hafner, Bernhard (Hrsg.), Frankfurt am Main, 1995, S. 40-44

Gall, Gerhart (1998)
Ambiente am Point of Sale, in: Handbuch Privatkundengeschäft, Betsch, Oskar/van Hooven, Eckart/Krupp, Georg (Hrsg.), Frankfurt am Main, 1998, S. 1067-1083

Garmhausen, Thomas (1997)
Internet-Banking, in: Banken & Versicherungen, Nr. 1, 1997, S. 26-28

Gasser, William/Janelli, Luciano (1998)
Banking in Euroland, in: Österreichisches Bankarchiv, Nr. 10, 1998, S. 768-772

Gates, Bill (1996)
Der Weg nach vorn, München, 1996

Gehrmann-Stein, Brigitte (1995)
Von Btx/Datev-J zum Home Personal Computer, in: Electronic Banking im Vertrieb, Ploenzke (Hrsg.), Wiesbaden, 1995, S. 143-163

Geihs, Kurt (1995)
Client/Server-Systeme: Grundlagen und Architekturen, Bonn, 1995

Geisenhofer, Klaus Peter/Engelhardt, Jörg (1997a)
Bediente Selbstbedienung, in: Banken & Versicherungen, Nr. 2, 1997, S. 16-17

Geisenhofer, Klaus Peter/Engelhardt, Jörg (1997b)
Moderne Lösungen für Kleinstfilialen, in: Betriebswirtschaftliche Blätter, Nr. 7, 1997, S. 332-333

Genossenschaftsverband Bayern (Hrsg.) (1997)
Strategie 2000+: Situation und Perspektiven der Volksbanken und Raiffeisenbanken in Bayern, München, 1997

George, Thea (1995/96)
security for the future, in: banking technology, Nr. 12-1, 1995/96, S. 16

Gerke, Wolfgang (1999)
Altersvorsorge - ein einträgliches Geschäft für Kreditinstitute, in: Bank Magazin, Nr. 5, 1999, S. 32

Gewald, Stefan (1996)
Ein Konzept auf dem Weg zu breiter Akzeptanz, in: geldinstitute, Nr. 7-8, 1996, S. 8-10

GfK (Hrsg.) (1998)
Akzeptanz und Marktpotentiale des Direktvertriebs von Finanzdienstleistungen, Nürnberg, 1998

Giesler, Harry (1992)
Direkt-Marketing bei Banken: ein Instrument der Qualitätspolitik, Freiburg/Breisgau, Universität, Dissertation, Wiesbaden, 1992

Gissel, Ralf (1998)
Wertpapierservice durch bws bank, in: Bankinformation, Nr. 3, 1998, S. 36-38

Godefroid, Christoph (1999a)
Ausgewählte Rechtsfragen der Internet-Nutzung, Teil 1, in: Finanzierung Leasing Factoring, Nr. 3, 1999, S. 106-111

Godefroid, Christoph (1999b)
Ausgewählte Rechtsfragen der Internet-Nutzung, Teil 2, in: Finanzierung Leasing Factoring, Nr. 5, 1999, S. 215-221

Godschalk, Hugo (1998)
Multifunktionskarten - auf dem Weg zum offenen Standard?, in: cards Karten cartes, Nr. 1, 1998, S. 23-26

Göttgens, Sabine (1999)
Marktpolitische Positionierung von Direktbanken, Köln, Universität, Dissertation, Köln, 1999

Gottwald, Dieter (1998)

Btx- und Internet-Server des BIK, in: Bankinformation, Nr. 3, 1998, S. 38-43

Greff, Günter (1987)

Telefonmarketing, in: Direktmarketing mit neuen Medien, Greff, Günter/Töpfer, Armin (Hrsg.), Landsberg am Lech, 1987, S. 65-83

Grimm, Rüdiger (1995)

Datenautobahn - was ist das?, in: Bankinformation, Nr. 10, 1995, S. 9-14

GRK (Hrsg.) (1996)

Genossenschaftliches Rechenzentrum Kassel GmbH: Geschäftsbericht 1996, Kassel, 1996

GRK (Hrsg.) (1997)

Genossenschaftliches Rechenzentrum Kassel GmbH: Geschäftsbericht 1997, Kassel, 1997

Groffmann, Hans-Dieter (1997)

Das Data Warehouse Konzept, in: HMD Handbuch der modernen Datenverarbeitung: Theorie und Praxis der Wirtschaftsinformatik, Nr. 195, 1997, S. 8-17

Grohmann, Herbert (1998)

Banking in Supermärkten expandiert, in: Die Bank, Nr. 7, 1998, S. 406-408

Großkopf, Werner (1990)

Der Förderungsauftrag moderner Genossenschaftsbanken und seine Umsetzung in die Praxis, Frankfurt am Main, 1990

Großkopf, Werner (1995)

Subsidiarität, Ökonomie und Genossenschaften - eine Trilogie - , in: Hundert Jahre Genossenschaftliches Spitzeninstitut: zum hundertjährigen Jubiläum der DG Bank Deutsche Genossenschaftsbank, Sonderheft der Zeitschrift für das gesamte Genossenschaftswesen, Göttingen, 1995

Gruber, Dietmut/Kern, Corinna (1998)

Beschwerden: mehr als ein „Störfaktor", in: bank und markt, Nr. 2, 1998, S. 16-21

Grüger, Wolfgang (1995)

Genossenschaftsbankensystem, in: Handwörterbuch des Bank- und Finanzwesens, Gerke, Wolfgang/Steiner, Manfred (Hrsg.), 2. Auflage, Stuttgart, 1995, Sp. 872-879

Grüger, Wolfgang (1998a)

Die Kreditgenossenschaften im Wettbewerb der Bankengruppen, in: Zeitschrift für das gesamte Kreditwesen, Nr. 18, 1998, S. 992-995

Grüger, Wolfgang (1998b)

Von der Notgemeinschaft zum künftigen Privatkundengeschäft der Genossenschaftsbanken - Herausforderungen und Strategien, in: Handbuch Privatkundengeschäft, Betsch, Oskar/van Hooven, Eckart/Krupp, Georg (Hrsg.), Frankfurt am Main, 1998, S. 41-52

Grundmann, Wolfgang (1993)

Telefon Banking: ein Service besonderer Art oder eher Kostenbremse?, in: bank und markt, Nr. 9, 1993, S. 17-20

GRZ (Hrsg.) (1996)

GRZ Genossenschafts-Rechenzentrale Norddeutschland GmbH: Geschäftsbericht 1996, Hannover, 1996

GRZ (Hrsg.) (1997)

GRZ Genossenschafts-Rechenzentrale Norddeutschland GmbH: Geschäftsbericht 1997, Hannover, 1997

Güde, Udo (1995)

Geschäftspolitik der Sparkassen: Grundlagen und aktuelle Probleme, 6. Auflage, Stuttgart, 1995

Gundlach, Werner (1992)

Verbundunternehmen, kreditgenossenschaftliche, in: Genossenschafts Lexikon, Mändle, Eduard/Swoboda, Walter (Hrsg.), Wiesbaden, 1992, S. 675-676

Gushurst, Egon (1992)

Prüfungsverbände, in: Genossenschafts Lexikon, Mändle, Eduard/Swoboda, Walter (Hrsg.), Wiesbaden, 1992, S. 525-526

Gushurst, Klaus-Peter/Tilmes, Rolf/Ulrich, Jörg (1996)

Direct Banking als Zwischenstufe, in: Bank Magazin, Nr. 7, 1996, S. 46-49

Gushurst, Klaus-Peter/Tilmes, Rolf (1996)

Potentialorientiertes Vertriebsmanagement im Retail Banking, in: Bankinformation, Nr. 9, 1996, S. 30-34

Gutenberg, Erich (1955)

Grundlagen der Betriebswirtschaftslehre: Der Absatz, Band 2, Berlin et altera, 1955

Gutsche, Alfried H. (1991)

Werbemittel und Anspracheformen: Direct-Mail, in: Handbuch Direct Marketing, Dallmer, Heinz (Hrsg.), 6. Auflage, Wiesbaden, 1991, S. 189-194

Häcker, Joachim (1998)

Internet-Banking: Gestaltungsformen - Rechtsfragen - Sicherheitsaspekte, Tübingen, Universität, Dissertation, Wiesbaden, 1998

Hafner, Bernhard (1999)

Direktbanken als Herausforderung, in: Finanzierung Leasing Factoring, Nr. 2, 1999, S. 50-55

Hagedorn, Jürgen/Bissantz, Nicolas/Mertens, Peter (1997)

Data Mining (Datenmustererkennung): Stand der Forschung und Entwicklung, in: Wirtschaftsinformatik, Nr. 6, 1997, S. 601-612

Hahn, Oswald (1977)

Die Führung des Bankbetriebes, Stuttgart et altera, 1977

Hahn, Oswald (1980)

Die Unternehmensphilosophie einer Genossenschaftsbank, Tübingen, 1980

Hahn, Oswald (1981)
Struktur der Bankwirtschaft: Banktypologie und Universalbanken, Band 1, 2. Auflage, Berlin, 1981

Hahn, Oswald (1988)
„Die Position der Sparda-Banken" - Kritische Betrachtung eines Bankentyps -, in: Zeitschrift für das gesamte Genossenschaftswesen, Nr. 3, 1988, S. 176-188

Hahn, Oswald (1990a)
Der Förderungsauftrag der Genossenschaften, in: Genossenschaftswesen: Hand- und Lehrbuch, Laurinkari, Juhani/Brazda, Johann (Hrsg.), München, Wien, 1990, S. 86-95

Hahn, Oswald (1990b)
Elektronische Bankdienstleistungen, Veranstaltungen des Forschungsinstituts für Genossenschaftswesen an der Universität Erlangen-Nürnberg, Band 12, Nürnberg

Hahn, Oswald (1996)
Die genossenschaftliche Bankwirtschaft der Bundesrepublik Deutschland, in: Zeitschrift für das gesamte Genossenschaftswesen, Nr. 3, 1996; S. 164-178

Hahn, Oswald (1998)
Kreditgenossenschaften: Guter Rückschritt ist besser als falscher Fortschritt, in: Zeitschrift für das gesamte Kreditwesen, Nr. 15, 1998, S. 855-856

Hake, Andrea/Keck, Markus (1999)
Digitales Geld für das Internet, in: Bank Magazin, Nr. 4, 1999, S. 84-86

Halsch, Gerhard (1995)
Marktsegementierung als Marketingstrategie von Kreditinstituten unter besonderer Berücksichtigung jugendlicher Zielgruppen, Göttingen, Universität, Dissertation, Göttingen, 1995

Hanewald, Dorthe/Styppa, Robert (1998)
Klippen für Bankkunden beim Cyberbanking, in: Betriebswirtschaftliche Blätter, Nr. 6, 1998, S. 296-297

Hanselmann, Martin (1999)
Mit Internet die Dunkelziffer senken, in: Schweizer Bank, Nr. 4, 1999, S. 46-52

Harguth, Nicole (1997)
Direktmarketing als Vertriebsstrategie, in: Marketingthemen 1998, Genossenschaftsverband Rheinland e.V. (Hrsg.), Köln, 1998, o. S.

Hartmann-Wendels, Thomas/Pfingsten, Andreas/Weber, Martin (1998)
Bankbetriebslehre, Berlin et altera, 1998

Hassels, Matthias (1997)
Data Based Marketing - Voraussetzung für bedarfsgerechte Produktbündel, in: Das Privatkundengeschäft - Die Achillesferse deutscher Kreditinstitute, Rolfes, Bernd/Schierenbeck, Henner/Schüller, Stephan (Hrsg.), Frankfurt am Main, S. 125-138

Heigl, Christian (1996)
Direct Banking und Virtuelles Banking: Eine Begriffsbestimmung, in: Prognosen über die Entwicklung des Direct Banking/Electronic Banking und die Konsequenzen für die Finanzdienstleister, GGB Gesellschaft für genossenschaftliches Bankenmarketing (Hrsg.), Stuttgart, 1996, S. 9-11

Heigl, Christian/Schubert, Alexander (1998)
Mut zum Risiko: Gibt es Sicherheit im Internet Banking?, in: geldinstitute, Nr. 6, 1998, S. 48-59

Heigl, Christian/Lamaack, Thorsten (1999)
IT-Outsourcing im genossenschaftlichen FinanzVerbund, in: geldinstitute, Nr. 6, 1999, S. 12-16

Heigl, Christian/Tsanopoulos, Konstantin (1999a)
Added Value im Internetangebot der Volks- und Raiffeisenbanken, in: geldinstitute, Nr. 3, 1999, S. 28-30

Heigl, Christian/Tsanopoulos, Konstantin (1999b)
Anbieter auf dem elektronischen Marktplatz der Region, in: Bank Magazin, Nr. 5, 1999, S. 59-61

Heigl, Christian (2000)
Strategische Modelle im Internet Banking, in: Bankarchiv, Nr. 4, 2000, S. 299-304

Hein, Manfred (1993)
Einführung in die Bankbetriebslehre, 2. Auflage, München, 1993

Heinz, Hagen (1997)
Bediente Selbstbedienung, in: Bankinformation, Nr. 2, 1997, S. 62-63

Hein, Michaela/Barthel, Dirk (1997)
Mit Telemarketing Kunden binden, in: Bank Magazin, Nr. 1, 1997, S. 48-49

Heinke, Eberhard (1992)
Zentralbanken, genossenschaftliche, in: Genossenschafts Lexikon, Mändle, Eduard/Swoboda, Walter (Hrsg.), Wiesbaden, 1992, S. 748-750

Heitmüller, Hans-Michael (1996)
Direktvertrieb im Sparkassenverbund - ein strategisches Doppel, in: bank und markt, Nr. 10, 1996, S. 12-14

Held, Peter P. (1998)
Relationship Banking als strategische Erfolgsposition, in: Relationship Banking: Kundenbeziehungen profitabler gestalten, Bernet, Beat/Held, Peter P. (Hrsg.), Wiesbaden, 1998, S. 37-66

Henderson, Bruce D. (1991)
The Origin of Strategy, in: Strategy: seeking and securing competitive advantage, Montgomery, Cynthia A./Porter, Michael E. (Hrsg.), 1991, S. 3-9

Hessler, Andrea (1998)
Strategischer Spagat, in: absatzwirtschaft, Nr. 8, 1998, S. 34-41

Heumann, Dieter W. (1998)
Bankenlandschaft im Umbruch, in: Sparkasse, Nr. 9, 1998, S. 394

Hilgert, Heinz (1998)
Die Zentralbank als Wertpapier-Dienstleister für die Primärstufe, in: Zeitschrift für das gesamte Kreditwesen, Nr. 18, 1998, S. 1013-1015

Hinterhuber, Hans H. (1992)
Strategische Unternehmungsführung: Strategisches Denken: Visionen, Unternehmungspolitik, Strategie, 5. Auflage, Berlin, New York, 1992

Hoch, Stefan (1997)
Rückbesinnung auf alte Stärken durch die Öffnung für die Moderne, in: Bankinformation, Nr. 2, 1997, S. 64-66

Hölzel, Rolf-Dieter (1987)
Database -Marketing, in: Direktmarekting mit neuen Medien, Greff, Günter/Töpfer, Armin (Hrsg.), Landsberg am Lech, 1987, S. 85-92

Hörbelt, Franz-Josef (1992)
Sparda-Banken in: Genossenschafts Lexikon, Mändle, Eduard/Swoboda, Walter (Hrsg.), Wiesbaden, 1992, S. 601

Hofmann, Georg Rainer/Fajen, Rüdiger (1997)
Internet-Banking für Platzbanken: Die Verbände sind gefragt, in: bank und markt, Nr. 12, 1997, S. 22-24

Hofmann, Norbert (1995)
Menschliche Nähe: Das Angebot der Discount-Broker wird immer breiter und differenzierter, in: Wirtschaftswoche, Nr. 44, 1995, S. 35-38

Hofmann, Norbert (1997)
Kursbuch Telebanking, Frankfurt am Main, 1997

Holtrop, Thomas (1999)
Deutsche Bank 24: Die Strategie für den Aufbau, in: bank und markt, Nr. 10, 1999, S. 13-17

Homburg, Christian/Rudolph, Bettina (1995)
Theoretische Perspektiven der Kundenzufriedenheit, in: Kundenzufriedenheit: Konzepte - Methoden - Erfahrungen, Simon, Herrmann/Homburg, Christian (Hrsg.), Wiesbaden, 1995, S. 29-49

Homburg, Christian/Werner, Harald (1997)
Messung und Management von Kundenzufriedenheit am Beispiel von Finanzdienstleistungen, in: Finanzierung Leasing Factoring, Nr. 3, 1997, S. 89-96

Homburg, Christian/Hippen, Frank/Beutin, Nikolas (1998)
Kundenbindung durch Zusatzservice, in: Bank Magazin, Nr. 5, 1998, S. 70-71

Homburg, Christian/Werner, Harald (1998)
Messung und Management von Kundenzufriedenheit und Kundenbindung im Finanzdienstleistungsbereich, in: Kundenzufriedenheit und Kundenbindung: Strategien und Instrumente von Finanzdienstleistern, Müller, Stefan/Strothmann, Helmuth (Hrsg.), München, 1998, S. 163-178

Hübner, Ralph (1996)
Der Chip auf dem Sprung?, in: geldinstitute, Nr. 10, 1996, S. 50-52

Hufeld, Felix/Wassiluk, Michael (1997)
Banken im Veränderungsprozeß, in: Qualitätsmanagement-Report der Banken, Duvvuri, Stefan A./Schäfer, Thomas (Hrsg.), Wiesbaden, 1997, S. 3-33

Huldi, Christian (1995)
Strategisches Direktmarketing, in: Direkt Marketing, Nr. 5, 1995, S. 6-11

Hümmer, Ulrike (1997a)
Volle Garantie, in: geldinstitute, Nr. 4-5, 1997, S. 40-42

Hümmer, Ulrike (1997b)
Drei Zonen für mehr Zeit, in: geldinstitute, Nr. 6, 1997, S. 104-105

Hüppin, Frédy-Christian (1995)
Database Marketing im Retail-Banking, Bern et altera, 1995

Hunke, Guido (1996)
Senioren - Zielgruppe mit Ertragspotential, in: Bank Magazin, Nr. 5, 1996, S. 8-12

Iannace, Giorgio (1995)
Die neue Rolle des Bereichs "elektronischer Vertrieb" im Privatkundenbereich und künftige Entwicklungsszenarien, in: Electronic Banking im Vertrieb, Ploenzke (Hrsg.), Wiesbaden, 1995, S. 333-352

Illik, J. Anton (1998)
Electronic Commerce - eine systematische Bestandsaufnahme, in: HMD Handbuch der modernen Datenverarbeitung: Theorie und Praxis der Wirtschaftsinformatik, Nr. 199, 1998, S. 10-24

Inkmann, Franz (1997)
KontoDirekt - das Modell der Zukunft, in: Bankinformation, Nr. 2, 1997, S. 32-34

Institut für Demoskopie Allensbach (Hrsg.) (1996)
Wettbewerb am Bankenmarkt: Marktpositionen der Kreditgenossenschaften und ihrer Wettbewerber, Allensbach, 1996

International Data Corporation (Hrsg.) (1998a)
Outsourcing Markets and Trends in the United States and Worldwide, 1995-2002, Framingham/Massachusetts, 1998

International Data Corporation (Hrsg.) (1998b)
The Global Market Forecast for Internet Usage and Commerce, Framingham/Massachusetts, 1998

Jacob, Adolf-Friedrich (1990)
Kosten- und Erlösstrukturen im Zahlungsverkehr des Privatkundengeschäfts: eine theoretische Studie auf empirischer Basis, Stuttgart, 1990

Jochimsen, Reimut (1998)
Finanzplatz Deutschland vor großen Herausforderungen, in: Handbuch des Bankmarketing, Süchting, Joachim/Heitmüller, Hans Michael (Hrsg.), 3. Auflage, Wiesbaden, 1998, S. 27-47

Jung, Natalie (1994)
Telefon-Banking als neuer Baustein im Vertriebssystem von Banken, Direktmarketing Akademie für Finanzdienstleistungen (Hrsg.), Hamm/Westfalen, 1994

Kaiser, Thomas M./Vogler, Petra/Österle, Hubert (1996)
Middleware der Zukunft: Internet- und Intranet-Technologien, in: Middleware: Grundlagen, Produkte und Anwendungsbeispiele für die Integration heterogener Welten, Österle, Hubert/Riehm, Rainer/Vogler, Petra (Hrsg.), Braunschweig, 1996, S. 137-164

Kabel, Peter (1997)
„Erste Adresse" im Internet, in: GRZ Nachrichten, Nr. 34, 1997, S. 8-9

Kasten, Lars/Reents, Börchert (1999)
Vertriebscontrolling, in: Bankinformation, Nr.1, 1999, S. 66-70

Kayas, Othmar (1996)
Sicherheit im Internet: Risikoanalyse - Strategien - Firewalls, Bergheim, 1996

Kehl, Axel/Sahl, Peter (1997)
Mit VRnet im Internet, in: Bankinformation, Nr. 3, 1997, S. 8-10

Keller, Bernd/Krüger, Stephan/Wagner, Ulrike (1999)
Zusatzanwendungen bei Chipkarten: vor allem als elektronischer Fahrschein, in: cards Karten cartes, Nr. 1, 1999, S. 31-34

Keller, Hans Ueli (1995a)
Strategisches Kundenmanagement und Retention Marketing, in: Retail Banking: Visionen, Konzepte und Strategien für die Zukunft, Bernet, Beat/Schmid, Peter (Hrsg.), Wiesbaden, 1995, S. 87-104

Keller, Hans Ueli (1995b)
Telefon-Marketing - ein erster Schritt in Richtung neue Kommunikation mit der Bank, in: Handbuch Finanzvertrieb, Betsch, Oskar/ Wiechers, Rüdiger (Hrsg.), Frankfurt am Main, 1995, S. 487-501

Klatt, Edmund et altera (1984)
Wörterbuch Englisch, Berlin et altera, 1984

Klein, Walter (1995)
Organisation von Funktionsausgliederungen, in: Handbuch Bankorganisation, von Stein, Johann Heinrich/Terrahe, Jürgen (Hrsg.), Wiesbaden, 1995, S. 555-564

Klein-Heßling, Reinhild (1992)
Die Wettbewerbsfähigkeit der Kreditgenossenschaften: eine Analyse unter besonderer Berücksichtigung des mittelständischen Firmenkundengeschäfts, Münster, Universität, Dissertation, Münster, 1992

Klimaschewski, Johann (1997)
Der Computer als Gesprächspartner, in: Banken & Versicherungen, Nr. 1, 1997, S. 52-53

Klimpke, Thomas (1997)
Wesentliche Aspekte zur Optimierung des Outsourcing-Prozesses, in: Outsourcing in Banken und Sparkassen: Strategien, rechtliche Grundlagen, Praxisbeispiele, Deutscher Sparkassen Verlag (Hrsg.), Stuttgart, 1997, S. 33-57

Klingen, Johannes S. (1975)
Company Strategy, Farnborough, 1975

Klingsporn, Bert/Hoffmann, Martin (1997)
Wenn Kunden mehr als nur Nummern sind, in: Bank Magazin, Nr. 7, 1997, S. 44-45

Klöppelt, Henning (1996)
International Private Banking - ein Markt für Anspruchsvolle, in: Die Bank, Nr. 4, 1996, S. 201-207

Kluge, Arnd Holger (1991)
Geschichte der deutschen Bankgenossenschaften, Frankfurt am Main, 1991

Klusak, Gustav (1964)
Die Raiffeisen-Kreditgenossenschaften, Frankfurt am Main, 1964

Knauber, Nicole/Kuloglu, H. Cenap/Podrazil, Ulrich M. (1997)
Kundenorientierung durch Marktsegmentierung, in: Die Bank, Nr. 5, 1997, S. 300-304

Knolmayer, Gerhard (1994)
Zur Berücksichtigung von Transaktions- und Koordinationskosten in Entscheidungsmodellen für Make-or-Buy-Probleme, in: Betriebswirtschaftliche Forschung und Praxis, Nr. 4, 1994, S. 316-332

Kobmann, Werner (1997)
Outsourcing-Strategie für Geldinstitute, in: Banken & Versicherungen, Nr. 6, 1997, S. 8-11

Kobmann, Werner (1999)

Wie rentabel ist ein Kunde? Data Warehouses sagen es, in: bank und markt, Nr. 3, 1999, S. 27-31

Koch, Christian (1998)

Auswirkungen des Informations- und Kommunikationsdienste-Gesetzes auf den Geschäftsbetrieb der Banken, in: Finanzierung Leasing Factoring, Nr. 2, 1998, S. 52-60

Koch, Thomas/Wünderlich, Jens (1998)

Abschlußorientierte Beratung, in: Banken & Versicherungen, Nr. 3, 1998, S. 96-97

Köcher, Renate (1997)

Zur aktuellen Attraktivität der Direktbanken, in: Bankinformation, Nr. 2, 1997, S. 4-6

Köcher, Renate (1998)

Veränderung der Kundenstruktur und Kundenbedürfnisse, in: Handbuch Privatkundengeschäft, Betsch, Oskar/van Hooven, Eckart/Krupp, Georg (Hrsg.), Frankfurt am Main, 1998, S. 249-261

Köhler, Horst (1998)

Von der Vorsorgeinrichtung zum Privatkundengeschäft der europäischen Sparkassen - Probleme und Lösungen, in: Handbuch Privatkundengeschäft, Betsch, Oskar/van Hooven, Eckart/Krupp, Georg (Hrsg.), Frankfurt am Main, 1998, S. 21-40

Körnert, Jan/Sitz, Christian (1997)

Heutige Rechtsform der Deutschen Genossenschaftsbank und das Streben von Beteiligten nach einer Rechtsformänderung, in: Zeitschrift für das gesamte Genossenschaftswesen, Nr. 2, 1997, S. 94-106

Kohlhausen, Martin (1998)

Perspektiven der Universalbanken deutscher Tradition im kommenden Jahrhundert, in: Zeitschrift für das gesamte Kreditwesen, Nr. 6, 1998, S. 255-258

Kollbach, Walter (1992)
Sicherungseinrichtungen für Kreditgenossenschaften, in: Genossenschafts Lexikon, Mändle, Eduard/Swoboda, Walter (Hrsg.), Wiesbaden, 1992, S. 580-581

Konold, Rolf (1978)
Die Problematik einer Mehrstufigkeit im kreditgenossenschaftlichen Verbund, Nürnberg, 1978

Kotler, Philip (1994)
Marketing Management: Analysis, Planning, Implementation, and Control, Englewood Cliffs, NJ, 1994

Kotler, Philip/Bliemel, Friedrich W. (1992)
Marketing-Management: Analyse, Planung, Umsetzung und Steuerung, 7. Auflage, Stuttgart, 1992

Krakow, Peter (1995)
Passives Telefon Banking als Kundenservice und Rationalisierungsinstrument, in: Handbuch Finanzvertrieb, Betsch, Oskar/Wiechers, Rüdiger (Hrsg.), Frankfurt am Main, S. 502-518

Kral, Fritz (1999a)
Die Genossen müssen an morgen denken, in: Handelsblatt, 17.05.1999, S. 2

Kral, Fritz (1999b)
Ortsbanken und Verbundinstitutionen aufeinander angewiesen, in: Handelsblatt, 17.05.1999, S. 31

Krause, Ralf (1998)
Direct Banking, Stuttgart, 1998

Krauße, Holger (1997)
Elektronische Geldbörsen International - Unterschiede, Gemeinsamkeiten, Chancen, in: cards Karten cartes, Nr. 1, 1997, S. 8-14

Kreileder, Manfred (1997)
Zielgruppenforschung in einem sich wandelnden Bankenmarkt, in: bank und markt, Nr. 2, 1997, S. 28-31

Kreutzer, Ralf T. (1991)

Database-Marketing - Erfolgsstrategie für die 90er Jahre, in: Handbuch Direct Marketing, Dallmer, Heinz (Hrsg.), 6. Auflage, Wiesbaden, 1991, S. 623-642

Kreuzer, Martin (1998)

Elektronische Bankvertriebswege: die zukünftige Entwicklung und Bedeutung elektronischer Kommunikationskanäle und ihre Eignung zum Absatz von Bankleistungen im Privatkundengeschäft, Regensburg, Universität, Dissertation, 1996, Heidelberg, 1998

Krönung, Hans-Dieter/Fichelscher, Andreas (1996)

Technologische Revolution und Regionalprinzip, in: Bank Magazin, Nr. 7, 1996, S. 50-53

Krüger, Uwe (1998)

Kundenorientierung und Kundenbindung aus Sicht einer Sparkasse, in: Kundenzufriedenheit und Kundenbindung: Strategien und Instrumente von Finanzdienstleistern, Müller, Stefan/Strothmann, Helmuth (Hrsg.), München, 1998, S. 115-130

Krümmel, Hans-Jakob (1964)

Bankzinsen: Untersuchungen über die Preispolitik von Universalbanken, Köln et altera, 1964

Krupp, Georg (1995)

Allfinanzpolitik, in: Handwörterbuch des Bank- und Finanzwesens, Gerke, Wolfgang/Steiner, Manfred (Hrsg.), 2. Auflage, Stuttgart, 1995, Sp. 55-67

Krupp, Georg (1996)

Zukunftsorientierte Vertriebsführung im Privatkundengeschäft, in: Die Banken auf dem Weg ins 21. Jahrhundert: Strategien und Konzepte, International Bankers Forum (Hrsg.), Wiesbaden, 1996, S. 245-267

Kruschev, Wesselin (1998)

Bedarfsorientierte Beratung als Instrument zur Kundenakquisition, in: Die Bank, Nr. 6, 1998, S. 352-356

Kuckelkorn, Dieter (1995)
Btx-Banking: Zukunftsmarkt mit Detailproblemen, in: bank und markt, Nr. 3, 1995, S. 10-15

Kuhn, Erwin/Dietrich, Anke (1998)
Zusammenarbeit zwischen Genossenschaftsbanken, in: Bankinformation, Nr. 11, 1998, S. 2-4

Kuhn, Wolfgang (1984)
Das Nichtmitgliedergeschäft der Kreditgenossenschaften, Erlangen-Nürnberg, Universität, Dissertation, Nürnberg, 1984

Kuhn, Wolfgang (1998)
Erfolgversprechende Ansätze bei der Konditionierung von Beratungs-Leistungen, in: Handbuch Privatkundengeschäft, Betsch, Oskar/van Hooven, Eckart/Krupp, Georg (Hrsg.), Frankfurt am Main, 1998, S. 469-479

Kuschel, Jane (1998)
Electronic Commerce - eine allgemeine Übersicht, in: Bankinformation, Nr. 9, 1998, S. 22-24

Kyas, Othmar (1996a)
Internet professionell: Technologische Grundlagen und praktische Nutzung, Bonn, 1996

Kyas, Othmar (1996b)
Sicherheit im Internet: Risikoanalyse - Strategien - Firewalls, Bergheim, 1996

Lange, Hans J. (1998)
Beziehungsmarketing im Privatkundengeschäft, in: Handbuch Privatkundengeschäft, Betsch, Oskar/van Hooven, Eckart/Krupp, Georg (Hrsg.), Frankfurt am Main, 1998, S. 967-977

Lange, Thomas A. (1994)
Strategien im Telefon-Banking, in: Banking & Finance, Nr. 1, 1994, S. 6-11

Lange, Thomas A. (1998)
Internet Banking - Eine Potentialanaylse, in: Internet Banking, Lange, Thomas (Hrsg.), Wiesbaden, 1998, S. 15-34

Langham, Matthew (1997)

Sicherheit für Online-Banking, in: geldinstitute, Nr. 11-12, 1997, S. 68-69

Leffson, Ulrich (1980)

Bemerkungen zum Förderungsbegriff, in: Zeitschrift für das gesamte Genossenschaftswesen, Nr. 1, 1980, S. 70-74

Leichtfuß, Reinhold (1998)

Wie wichtig ist die Größe? - Die Entwicklung der Erfolgsfaktoren im Privatkundengeschäft, in: Handbuch Privatkundengeschäft, Betsch, Oskar/van Hooven, Eckart/Krupp, Georg (Hrsg.), Frankfurt am Main, 1998, S. 93-106

Leischner, Sven (1999)

Elektronische Zahlungssysteme im Internet: Formen und Bewertung, in: transfer - Werbeforschung & Praxis, Nr. 1, 1999, S. 2-6

Leitermann, Hubert (1998)

Bankfilialen in Supermärkten, in: Handbuch Privatkundengeschäft, Betsch, Oskar/van Hooven, Eckart/Krupp, Georg (Hrsg.), Frankfurt am Main, 1998, S. 619-629

Lindauer, Hartmut (1992)

Geschäftsstellen unter Kosten- und Vertriebsaspekten, in: Bankinformation, Nr. 11, 1992, S. 39-44

Lipfert, Helmut (1987)

Förderungsorientierte Mehrleistung als Kreditgenossenschaftliche Herausforderung, in: Kreditgenossenschaftlicher Förderungsauftrag heute, Göttingen, 1987

Lohmann, Lutz (1998)

Banklogistik: Logistigsysteme und –prozesse in Banken, Darmstadt, Technische Universität, Dissertation, Berlin, 1998

Lohmer, Reinhard/Ness, Werner (1995)

Ein PC auf der Karte, in: cards Karten cartes, Nr. 3, 1995, S. 30-32

Ludwig, Karl-Hartmann (1992)

Deutscher Genossenschaftsverband (Schulze-Delitzsch) e. V., in: Genossenschafts Lexikon, Mändle, Eduard/Swoboda, Walter (Hrsg.), Wiesbaden, 1992, S. 126-128

Mändle, Eduard (1992)

Nichtmitgliedergeschäft, rechtliche Regelung, in: Genossenschafts Lexikon, Mändle, Eduard/Swoboda, Walter (Hrsg.), Wiesbaden, 1992, S. 475

Mahler, Alwin/Göbel, Gregor (1996)

Internetbanking: Das Leistungsspektrum, in: Die Bank, Nr. 8, 1996, S. 488-492

Mahler, Alwin/Theileis, Ulrich (1995)

Btx im Privatkundengeschäft - ein aktueller Marktüberblick, in: bank und markt, Nr. 3, 1995, S. 5-9

Manger, Richard (1997)

Genossenschaftlicher Vertrieb: Chancen im Osten?, in: bank und markt, Nr. 5, 1997, S. 24-28

Martin, Andreas (1996)

Bedrohen Direktbanken das Filialbankgeschäft? „Qualifiziert beraten wird der Kunde nur in der Filiale“, in: geldinstitute, Nr. 7-8, 1996, S. 22-25

Martin, Andreas (1997)

Direct Banking als Herausforderung für Volksbanken und Raiffeisenbanken, in: Direct Banking: Eine Herausforderung für den genossenschaftlichen Finanzverbund, Turner, George (Hrsg.), Berlin, 1997, S. 13-18

Maschmeyer, Carsten/Butterwegge, Stephan (1995)

Vertrieb von Finanzdienstleistungen über unabhängige Vermittler in Form von Strukturvertrieben, in: Handbuch Finanzvertrieb, Betsch, Oskar/Wiechers, Rüdiger (Hrsg.), Frankfurt am Main, 1995, S. 323-337

Massfeller, Norbert M. (1995)
Finanzdienstleistungen und Finanzdienstleistungsvertrieb durch Produzenten, in: Handbuch Finanzvertrieb, Betsch, Oskar/Wiechers, Rüdiger (Hrsg.), Frankfurt am Main, 1995, S. 905-914

Massfeller, Norbert M. (1998)
Incentives für den Karteneinsatz, in: Handbuch Privatkundengeschäft, Betsch, Oskar/van Hooven, Eckart/Krupp, Georg (Hrsg.), Frankfurt am Main, 1998, S. 811-821

Mattes, Helmut/Zipf, Rudolf (1988)
Unternehmungspolitik, in: Geld-, Bank- und Börsenwesen, Kloten, Norbert/von Stein, Johann Heinrich (Hrsg.), 38. Auflage, Stuttgart, 1988, S. 681-705

Matzler, Kurt/Hinterhuber, Hans H./Handlbaur, Gernot (1997)
Erfolgspotential Kundenzufriedenheit (I), in: Das Wirtschaftsstudium, Nr. 7, 1997, S. 645-650

Mauerer, Anton (1996)
Die Partnerschaft zwischen Sparkassen und Kunden, in: Sparkasse, Nr. 6, 1996, S. 275-278

MacCarthy, Daniel J./Minichiello, Robert J./Curran, Joseph R. (1979)
Business Policy and Strategy, Homewood, 1979

McDonald, John (1963)
Strategy in poker, business, & war, New York, NY, 1963

Meffert, Heribert (1995)
Dienstleistungsmarketing, in: Handbuch des Marketing, Tietz, Bruno/Köhler, Richard/Zentes, Joachim (Hrsg.), 2. Auflage, Stuttgart, 1995, Sp. 454-469

Meffert, Heribert (1997)
Marktorientierte Unternehmensführung und Direct Marketing, in: Handbuch Direct Marketing, Dallmer, Heinz (Hrsg.), 7. Auflage, Wiesbaden, 1997, S. 33-52

Meffert, Heribert (1998)
Marketing: Grundlagen marktorientierter Unternehmensführung, 8. Auflage, Wiesbaden, 1998

Meffert, Heribert/Burmann, Christoph (1998)
Value-Added-Services im Privatkundengeschäft der Banken, in: Handbuch Privatkundengeschäft, Betsch, Oskar/van Hooven, Eckart/Krupp, Georg (Hrsg.), Frankfurt am Main, 1998, S. 387-396

Mentzl, Ronald (1996)
Ruf doch mal an, in: geldinstitute, Nr. 3, 1996, S. 34-36

Mertens, Peter (1994)
Virtuelle Unternehmen, in: Wirtschaftsinformatik, Nr. 2, 1994, S. 169-172

Mertens, Peter (1998)
Elektronischer Verkauf, in: Wirtschaftsinformatik, Nr. 1, S. 5

Meyer, Anton/Dornach, Frank (1995)
Das Deutsche Kundenbarometer - Qualität und Zufriedenheit, in: Kundenzufriedenheit: Konzepte - Methoden - Erfahrungen, Simon, Herrmann/Homburg, Christian (Hrsg.), Wiesbaden, 1995, S. 161-178

Meyer, Anton/Ertl, Robert (1998)
Kundenorientierung als Wettbewerbsvorteil, in: Handbuch Privatkundengeschäft, Betsch, Oskar/van Hooven, Eckart/Krupp, Georg (Hrsg.), Frankfurt am Main, 1998, S. 171-188

Meyer, Lambert/Janssen, Frank (1998)
KontoDirekt-Call Center (III), in: Bankinformation, Nr. 3, 1998, S. 17-20

Meyer-Hentschel, Gundolf (1997)
Kundenbindung durch Werbung, in: Bankinformation, Nr. 9, 1997, S. 25-27

Michael, Carsten (1998)
Der große Wurf steht noch aus, in: Bank Magazin, Nr. 10, 1998, S. 10-13

Michalk, Claus/Dilling, Holger (1998)
Wettbewerber im Informationszeitalter, in: Handbuch Privatkundengeschäft, Betsch, Oskar/van Hooven, Eckart/Krupp, Georg (Hrsg.), Frankfurt am Main, 1998, S. 79-91

Miller, Mark (1997)
Nur Vielkönner haben künftig eine Chance, in: Betriebswirtschaftliche Blätter, Nr. 7, 1997, S. 319-320

Moll, Hans-Werner (1997)
Vertrieb von Finanzdienstleistungen - Kundenbindung und Kundenzufriedenheit, in: Bankinformation, Nr. 5, 1997, S. 14-20

Morschhäuser, Berthold (1995)
Ganz direkt oder doch stationär?, in: Direktbanken: Die moderne Bankverbindung, Allgemeine Deutsche Direktbank AG/Hafner, Bernhard (Hrsg.), Frankfurt am Main, 1995, S. 19-27

Morschheuser, Petra (1998)
Call Center, in: Wirtschaftswissenschaftliches Studium, Nr. 9, 1998, S. 477-479

Moser, Hubertus (1995)
Rechtsfragen des Electronic Banking, in: Handbuch Finanzvertrieb, Betsch, Oskar/Wiechers, Rüdiger (Hrsg.), Frankfurt am Main, 1995, S. 604-635

Moskorsch, Hans-Arthur (1997)
Outsourcing – ein Dauerthema?, in: geldinstitute, Nr. 3, 1997, S. 34-36

Mülhaupt, Ludwig (1971)
Strukturwandlungen im westdeutschen Bankwesen, Wiesbaden, 1971

Müller, Rudolf/Piel, Hubert (1996)
„KontoDirekt": Viele Freiräume unter einer Dachmarke, in: Bank Magazin, Nr. 5, 1996, S. 20-22

Münch, Isabel (1997)
Mit dem Chip auf Nummer sicher?, in: geldinstitute, Nr. 11-12, 1997, S. 72-75

Münkner, Hans-H. (1992)
Prinzipien, genossenschaftliche, in: Genossenschafts Lexikon, Mändle, Eduard/Swoboda, Walter (Hrsg.), Wiesbaden, 1992, S. 509-511

Netzel, Werner/Ebner, Rosemarie (1997)
Beschwerden als Instrument zur Kundenbindung, in: Betriebswirtschaftliche Blätter, Nr. 6, 1997, S. 291-294

Niemann, Klaus D. (1995)
Client/Server-Architektur, Braunschweig, Wiesbaden, 1995

Nieschlag, Robert/Dichtl, Erwin/Hörschgen, Hans (1994)
Marketing, 17. Auflage, Berlin, 1994

Nilsson, Ragnar (1998)
Electronic Retailing bei Karstadt - my-world ein Jahr nach dem Start, in: HMD Handbuch der modernen Datenverarbeitung: Theorie und Praxis der Wirtschaftsinformatik, Nr. 199, 1998, S. 65-74

Noelle, Thomas/Noelle, Birgit (1986)
Chancen und Grenzen genossenschaftlicher Selbsthilfe, in: Zeitschrift für das gesamte Genossenschaftswesen, Nr. 1, 1986; S. 14-22

Nowak, Richard (1997)
HBCI - technischer Standard für das Homebanking, in: Betriebswirtschaftliche Blätter, Nr. 3, 1997, S. 116-120

Oellerking, Claus/Holzgrabe, Manfred (1990)
Sparkassen und Genossenschaftsbanken im Spannungsverhältnis zwischen Moral und Ökonomie: Strukturelemente, Organisationsgrundsätze und Geschäftspolitik, Frankfurt am Main et altera, 1990

Ost, Friedhelm (1996)
Zwischen Regulierung und Deregulierung, in: Beilage der Frankfurter Allgemeinen Zeitung, 06.02.1996, S. B1

Otte, Max (1999)
Erfolgsfaktoren und Stolpersteine von Fusionen und Übernahmen, in: Frankfurter Allgemeine Zeitung, 31.05.1999, S. 30

Ottenthal, Stefan/Strunk, Günther (1998)
Besteuerung im Internet läßt viele Fragen offen, in: Bank Magazin, Nr. 9, 1998, S. 44-46

Otto, Klaus-Friedrich (1995)
Direkt aufdringlich dynamisch, in: bank und markt, Nr. 11, 1995, S. 4

Otto, Klaus-Friedrich (1996)
Freier Weg für freie Kunden ..., in: bank und markt, Nr. 12, 1996, S. 4-5

Otto, Klaus-Friedrich (1998)
Es wären über 50 Milliarden, in: bank und markt, Nr. 4, 1998, S. 4

Otto, Klaus-Friedrich (1999)
Weil es die Deutsche Bank so macht, in: bank und markt, Nr. 3, 1999, S. 4

O. V. (1995a)
Direktbanken: Kundenprofil, in: Die Bank, Nr. 11, 1996, S. 700

O. V. (1995b)
Elektronische Geldbörse - eine große kollektive Marketingaktion, in: bank und markt, Nr. 7, 1995, S. 23-24

O. V. (1995c)
Genossenschaftsinstitute bieten dezentrales „Konto Direkt" an, in: Handelsblatt, 16.11.1995, S. 35

O. V. (1995d)
Quelle Bank fühlt sich als Zweitbank wohl, in: Frankfurter Allgemeine Zeitung, 09.11.1995, S. 26

O. V. (1995e)
Universalbanken verfehlen beim Telefon Banking ihr Ziel, in: geldinstitute, Nr. 4-5, 1995, S. 22-23

O. V. (1996a)
Die ganze Bank direkt, in: bank und markt, Nr. 12, 1996, S. 6

O. V. (1996b)
Direktbanking pro und kontra, in: Die Bank, Nr. 2, 1996, S. 112-113

O. V. (1996c)
Feuerwände gegen Internet-Hacker, in: bank und markt, Nr. 11, 1996, S. 41

O. V. (1996d)
Internet statt Filiale?, in: com!, Nr. 7, 1996, S. 10-14

O. V. (1996e)
Mit der Chip-Technologie auf Erfolgskurs, in: geldinstitute, Nr. 7-8, 1996, S. 62-64

O. V. (1997a)
An Tankstellen wenig Konkurrenz für die Bank Girotel, in: bank und markt, Nr. 3, 1997, S. 6-7

O. V. (1997b)
Der Wettbewerb unter den Direktbanken wird noch härter werden, in: Frankfurter Allgemeine Zeitung, 30.04.1997, S. 25

O. V. (1997c)
Die Hypo- und Vereinsbank kennt keine heiligen Kühe, in: Frankfurter Allgemeine Zeitung, 23.10.1997, S. 28

O. V. (1997d)
Die Vereinsbank verkauft die Advance Bank, in: Frankfurter Allgemeine Zeitung, 22.10.1997, S. 26

O. V. (1997e)
Ein sanftes Diktat des Stärksten?, in: bank und markt, Nr. 3, 1997, S. 7-8

O. V. (1997f)
Eine beispiellose Bankkarriere: Das Telefon als Instrument zu mehr Kundenservice, in: geldinstitute, Nr. 1, 1997, S. 40-48

O. V. (1997g)
Elektronische Geldbörse, in: Finanzierung Leasing Factoring, Nr. 2, 1997, S. 80-81

O. V. (1997h)
Internet-Banking soll eine breite technische Basis erhalten, in: Frankfurter Allgemeine Zeitung, 14.11.1997, S. 30

O. V. (1997i)
Kapazitätsplanung im Call Center, in: geldinstitute, Nr. 3, 1997, S. 48-53

O. V. (1997j)
„Kaufen Sie doch Lose!", in: FINANZtest, Nr. 12, 1997, S. 19-20

O. V. (1997k)
„Steuer-Sofortprogramm“ gefordert „Direct Banking“ statt Direktbank, in: Bankinformation, Nr. 6, 1997, S. 2-4

O. V. (1997l)
Und immer wieder: die Preise, in: bank und markt, Nr. 1, 1997, S. 15

O. V. (1997m)
Und woher das Geld „direkt“?, in: bank und markt, Nr. 2, 1997, S. 11

O. V. (1997n)
Verzicht auf eine zentrale Direktbank, in: Handelsblatt, 15.05.1997, S. 19

O. V. (1997o)
Zwischen Zaudern und Zocken, in: FINANZtest, Nr. 12, 1997, S. 12-18

O. V. (1998a)
Bediente Selbstbedienung in der Praxis, in: geldinstitute, Nr. 7-8, 1998, S. 86-87

O. V. (1998b)
Comdirect Bank erzielt dieses Jahr einen Gewinn, in: Frankfurter Allgemeine Zeitung, 03.12.1998, S. 24

O. V. (1998c)
Computer-Telefonintegration im Call Center: Servicevorteile für den Bankkunden, in: Schweizer Bank, Nr. 8, 1998, S. 58-59

O. V. (1998d)
Der Bankshop im Vertriebswege-Mix, in: geldinstitute, Nr. 7-8, 1998, S. 84-85

O. V. (1998e)
„Deutsche Bank 24 AG“: Vertriebswegemix wie bei den Verbünden, in: bank und markt, Nr. 12, 1998, S. 6

O. V. (1998f)
Die genossenschaftlichen Zentralbanken 1997, in: Zeitschrift für das gesamte Kreditwesen, Nr. 18, 1998, S. 1048-1053

o. V. (1998g)
Dienst am Kunden wird groß geschrieben, in: Institut der deutschen Wirtschaft, Nr. 5, 1998, S. 2

o. V. (1998h)
Digitale Signaturen stehen vor der Marktreife, in: Frankfurter Allgemeine Zeitung, 09.03.1998, S. 19

o. V. (1998i)
Direktbanken verspüren kräftigen Rückenwind, in: Handelsblatt, 20./21.11.1998, S. 20

o. V. (1998j)
Genossenschaftsbanken streiten über Aufgaben und Führungspositionen, in: Frankfurter Allgemeine Zeitung, 12.08.1998, S. 22

o. V. (1998k)
Gleich übers Internet - die achtzehnte Sparda-Bank, in: bank und markt, Nr. 4, 1998, S. 6

o. V. (1998l)
„Großes Wachstumspotential für Direktbanken", in: bank und markt, Nr. 9, 1998, S. 27

o. V. (1998m)
Wie reagieren Banken auf E-Mail-Anfragen?, in: geldinstitute, Nr. 7-8, 1998, S. 18-20

o. V. (1998n)
Zufriedene Bankkunden, in: Die Bank, Nr. 9, 1998, S. 570-571

o. V. (1999a)
Der Boom hält an, in: Die Bank, Nr. 3, 1999, S. 149

o. V. (1999b)
Die Kontoführung mit Computer spart Geld, in: Frankfurter Allgemeine Zeitung, 19.05.1999, S. 31

o. V. (1999c)
Kreditgenossenschaften mit einer Million Onlinekonten, in: bank und markt, Nr. 2, 1999, S. 6

O. V. (1999d)
Kunde werden; in: http://www.netbank.de, 14.06.1999, o. S.

O. V. (1999e)
Neue Studie „Online-Finanzdienstleistungen", geldinstitute, Nr. 4-5, 1999, S. 4

O. V. (1999f)
Sieben Sparda-Banken gründen eine Direktbank, in: Frankfurter Allgemeine Zeitung, 05.03.1999, S. 18

O. V. (1999g)
Telefonakquisition unbeliebt, in: bank und markt, Nr. 4, 1999, S. 20

O. V. (1999h)
Unternehmensprofil, www.telekom.de, 08.04.1999, o. S.

O. V. (1999i)
Zahl der Internet-Nutzer jetzt 8,5 Millionen, in: Frankfurter Allgemeine Zeitung, 25.02.1999, S. 20

O. V. (1999j)
Zahlen aus den Direktbanken, in: bank und markt, Nr. 2, 1999, S. 10-11

O. V. (2000)
GZB-Bank und SGZ-Bank schließen sich zur GZ-Bank zusammen, in: Frankfurter Allgemeine Zeitung, 02.02.2000, S. 22

Palass, Brigitta (1996)
Checkpoint zum Dschungel, in: managermagazin, Nr. 9, 1996, S. 154-161

Parasuraman, A./Zeithaml, Valarie A./Berry,Leonard L. (1985)
A Conceptual Model of Service Quality and Its Implications for Future Research, in: Journal of Marketing, Nr. 4, 1985, S. 41-50

Pauluhn, Burkhardt (1995a)
Allfinanz als Organisationsaufgabe, in: Handbuch Bankorganisation, von Stein, Johann Heinrich/Terrahe, Jürgen (Hrsg.), 2. Auflage, Wiesbaden, 1995

Pauluhn, Burkhardt (1995b)
Allfinanz und mobiler Vertrieb, in: Handbuch Finanzvertrieb, Betsch, Oskar/Wiechers, Rüdiger (Hrsg.), Frankfurt am Main, 1995, S. 338-354

Pauluhn, Burkhardt (1998a)
Der Supermarkt - Die Alternative?, in: geldinstitute, Nr. 4-5, 1998, S. 90-92

Pauluhn, Burkhardt (1998b)
Multiple Channels als Komfortlösung, in: Handbuch Privatkundengeschäft, Betsch, Oskar/van Hooven, Eckart/Krupp, Georg (Hrsg.), Frankfurt am Main, 1998, S. 557-572

Pechlaner, Harald (1994)
Private Banking in Deutschland, Österreich und der Schweiz, in: Österreichisches Bankarchiv, Nr. 6, 1994, S. 448-453

Pérez, Elena (1997)
Kundenzufriedenheit im Vertriebscontrolling der Zukunft, in: Bankinformation, Nr. 5, 1997, S. 28-32

Pester, Marion (1995)
Dimensionen strategischer Kooperationen, in: Zeitschrift für das gesamte Genossenschaftswesen, Nr. 2, 1995, S. 190-197

Piel, Hubert (1998)
Integriertes Call Center (III), in: Bankinformation, Nr. 3, 1998, S. 13-17

Pischulti, Helmut (1993)
Das Telefon - wird es ein eigenständiger Vertriebsweg?, in: bank und markt, Nr. 12, 1993, S. 22-27

Pischulti, Helmut (1994)
Direct-Mailing im Kreditgewerbe: nicht für alle(s), in: bank und markt, Nr. 11, 1994, S. 28-34

Pischulti, Helmut (1995)
Direktbank - Bank der Zukunft, in: Direktbanken - Die moderne Bankverbindung, Allgemeine Deutsche Direktbank AG/Hafner, Bernhard (Hrsg.), Frankfurt am Main, 1995, S. 4-11

Pischulti, Helmut (1996)
Produktpolitik bei Direktbanken - ein systematischer Überblick, in: bank und markt, Nr. 5, 1996, S. 13-16

Pischulti, Helmut (1997)
Das Direktbankgeschäft, Frankfurt am Main, 1997

Pix, Manfred/Zinn, Bernd (1995)
Strategische Dimensionen und Formen des Direktmarketing, in: Handbuch Finanzvertrieb, Betsch, Oskar/Wiechers, Rüdiger (Hrsg.), Frankfurt am Main, 1995, S. 444-464

Platzek, Heinz-Jörg (1997)
Preispolitik im Privatkundengeschäft der neunziger Jahre, in: bank und markt, Nr. 1, 1997, S. 19-22

Platzek, Thomas (1997)
Mystery Shopping, in: Wirtschaftswissenschaftliches Studium, Nr. 7, 1997, S. 364-366

Pleister, Christopher (1992)
DG BANK Deutsche Genossenschaftsbank, in: Genossenschafts Lexikon, Mändle, Eduard/Swoboda, Walter (Hrsg.), Wiesbaden, 1992, S. 132-133

Pleister, Christopher (1998)
KontoDirekt-Call Center (I) - Lösung der DG Bank, in: Bankinformation, Nr. 3, 1998, S. 9-13

Pohl, Manfred (1993)
Bankensysteme und Bankenkonzentrationen von den 1850er Jahren bis 1918: Allgemeine Entwicklungslinien, in: Europäische Bankengeschichte, Pohl, Manfred (Hrsg.), Frankfurt am Main, 1993, S. 218-233

Polysius, Kai Uwe (1998)
Der Point of Sale im Internet: Cybercash als deutscher Standard, in: cards Karten cartes, Nr. 1, 1998, S. 31-34

Popper, Karl R. (1966)
Logik der Forschung, 2. Auflage, Tübingen, 1966

Porter, Michael E. (1980)
Competitive strategy, New York, 1980

Porter, Michael E. (1991)
How Competitive Forces Shape Strategy, in: Strategy: seeking and securing competitive advantage, Montgomery, Cynthia A./Porter, Michael E. (Hrsg.), 1991, S. 11-25

Porter Micheal E. (1996)
What is Strategy?, in: Harvard Business Review, Nr. 11-12, 1996, S. 61-78

Pöschke, Harald/Bußmann, Johannes (1995)
Telefonbanking als strategisches Produkt, in: Die Bank, Nr. 1, 1995, S. 30-33

Prätsch, Joachim/Sievers, Rainer (1997)
Filialbanken und ihr Direktbankangebot, in: Bank Magazin, Nr. 6, 1997, S. 24-26

Prahalad, C. K./Hamel, Gary (1990)
The Core Competence of the Corporation, in: Harvard Business Review, Nr. 3, 1990, S. 79-91

Preißler, Stefan (1999)
Kundenpflege statt Anrufbeantworter, in: bank und markt, Nr. 5, 1999, S. 70-71

Priesemann, Johannes (1998)
Herausforderungen an das Bankgeschäft - Triebkräfte für einen Strukturwandel im Bankensektor, in: Österreichisches Bankarchiv, Nr. 11, 1998, S. 870-873

Priewasser, Erich (1996)
Bankbetriebslehre, 5. Auflage, München, Wien, 1996

Quelle Bank (Hrsg.) (1995)
Geschäftsbericht Quelle Bank 1995, Nürnberg, 1995

Quinn, James B./Hilmer, Frederick G. (1995)
Strategic outsourcing, in: McKinseyQuarterly, Nr. 1, 1995, S. 48-69

Raab, Hans-Jürgen (1996)
Das Beratungskonzept, in: Die Bank, Nr. 5, 1996, S. 280-282

Raab, Hans-Jürgen (1996)
Direktbankgeschäft: Kein besseres Argument als die Preise?, in: bank und markt, Nr. 9, 1996, S. 10-12

Raffée, Hans (1993)
Gegenstand, Methoden und Konzepte der Betriebswirtschaftslehre, in: Vahlens Kompendium der Betriebswirtschaftslehre, Bitz, Michael/Dellmann, Klaus/Domsch, Michel/Egner, Henning (Hrsg.), Band 1, München, 1993, S. 1-46

Raffée, Hans (1995)
Grundprobleme der Betriebswirtschaftslehre, 9. Auflage, Göttingen, 1995

Ramin, Jutta (1997)
Marketingschwerpunktaktion 1997 der Volksbanken und Raiffeisenbanken, in: Bankinformation, Nr. 2, 1997, S. 8-9

Rapp, Andreas (1998)
Tendenzen und Visionen im Internetbanking, in: bank und markt, Nr. 3, 1998, S. 10-15

Raskin, Peter (2000)
Das Regionalprinzip und (neue) elektronische Vertriebswege im Retailbanking, Darmstadt, Dissertation, Technische Universität, Darmstadt, 2000

Raudszus, Frank (1995)
Homebanking - einfach am Rechenzentrum vorbei?, in: bank und markt, Nr. 10, 1995, S. 45-47

RBG (Hrsg.) (1996)
RBG Rechenzentrale Bayerischer Genossenschaften eG: Geschäftsbericht 1996, München, 1996

RBG (Hrsg.) (1997)
RBG Rechenzentrale Bayerischer Genossenschaften eG: Geschäftsbericht 1997, München, 1997

Reichart, Markus (1998)
Produktmanagement bei Direktbanken: auf die Zielgruppe ausrichten, in: bank und markt, Nr. 8, 1998, S. 25-29

Reichel, Horst Christopher (1992)
Die Intensivierung des Bankaußendienstes, Erlangen, Universität, Dissertation, 1991, Frankfurt am Main et altera, 1992

Reichherzer, Manfred (1996)
Smart Cards erobern als „Geldbörse“ die Welt, in: Sparkasse, Nr. 9, 1996, S. 400-403

Reif, Holger (1996)
Cyber-Dollars: Elektronisches Geld im Internet, in: c't, Nr. 5, 1996, S. 144-149

Reimann, Eckhard (1996)
Daten bündeln - Kunden binden, in: Bank Magazin, Nr. 3, 1996, S. 8-11

Reimers-Mortensen, Sabine/Disterer, Georg (1997)
Strategische Optionen für Direktbanken, in: Die Bank, Nr. 3, 1997, S. 132-139

Reinhuber, Nikolaus (1995)
Das Recht des Vertriebs, in: Handbuch Finanzvertrieb, Betsch, Oskar/Wiechers, Rüdiger (Hrsg.), Frankfurt am Main, 1995, S. 97-115

Reuker, Jens (1995)
Die strategisch-technische Dimension des Electronic Banking, in: Handbuch Finanzvertrieb, Betsch, Oskar/Wiechers, Rüdiger (Hrsg.), Frankfurt am Main, 1995, S. 554-568

Ringli, Alex/Ebnet, Michaela (1998)
Eine neue Dimension der Kundenähe, in: Schweizer Bank, Nr. 11, 1998, S. 66-69

Rodewald, Bernd (1995)
„Direct“ und „Discount“: Positionen und Umsetzung in der Genossenschaftsorganisation, in: bank und markt, Nr. 10, 1995, S. 8-14

Rodewald, Bernd (1996)

Das Wertpapiergeschäft im FinanzVerbund, in: Bankinformation, Nr. 5, 1996, S. 2-4

Rodewald, Bernd (1997)

Die neue Dachmarke KontoDirekt: Geschäftspolitische Rahmenbedingungen, in: Bankinformation, Nr. 2, 1997, S. 2-3

Rodewald, Bernd (1998)

Die Genossen im Wettbewerb: den Direktbanken überlegen?, in: bank und markt, Nr. 6, 1998, S. 26-31

Roggenkämper, Bernd (1999)

Kunden systematisch gewinnen und halten, in: Bank Magazin, Nr. 4, 1999, S. 22-24

Rolfes, Bernd (1997)

Die Ertragszukunft im Privatkundengeschäft, in: Das Privatkundengeschäft - Die Achillesferse deutscher Kreditinstitute, Rolfes, Bernd/Schierenbeck, Henner/Schüller, Stephan (Hrsg.), Frankfurt am Main, S. 1-14

Ronzal, Wolfgang (1996)

Die kleinen Dinge schätzt der Kunde, in: Bank Magazin, Nr. 8, 1996, S. 26-28

Rosenberg, Richard M. (1994)

Success Components for the 21st Century, in: Bank Management, Nr. 1, 1994, S. 32-38

Roßbach, Peter/Braun, Thomas (1998)

Stand und Perspektiven des Internet-Banking, in: Sparkasse, Nr. 11, 1998, S. 515-521

Rottenbacher, Arndt (1994)

Strategische Neuausrichtung des Privatkundengeschäfts in den neunziger Jahren, Stuttgart, 1994

Rühli, Edwin (1995)

Ressourcenmanagement, Strategischer Erfolg dank Kernkompetenzen, in: Die Unternehmung, Nr. 2, 1995, S. 91-105

Ruhland, Johannes M. (1999)
Database Marketing - Konzepte und Anwendungen, in: Das Wirtschaftsstudium, Nr. 1, 1999, S. 92-98

RWG (Hrsg.) (1996)
RWG GmbH Datenverarbeitungsgesellschaft: Geschäftsbericht 1996, Stuttgart, 1996

RWG (Hrsg.) (1997)
RWG GmbH Datenverarbeitungsgesellschaft: Geschäftsbericht 1997, Stuttgart, 1997

Sandmann, Hartmut (1996)
Jung, ledig, selbstbewußt ... sucht Bank mit Ideen!, in: Bank Magazin, Nr. 5, 1996, S. 13-19

Schäfer, Henry (1999)
Dauerhafte Geschäftsbeziehungen, Finanzdienstleistungen und Kundenbindungsstrategien, in: Österreichisches Bankarchiv, Nr. 1, 1999, S. 15-25

Schäli, Stephan D. (1998)
Kernkompetenzen im Private Banking: Aus der Perspektive grosser Bankinstitute in der Schweiz, St. Gallen, Universität, Dissertation, Bern et altera, 1998

Schär, Johann Friedrich (1920)
Genossenschaftliche Reden und Schriften, Basel, 1920

Schanz, Günther (1988)
Methodologie für Betriebswirte, 2. Auflage, Stuttgart, 1988

Schapp, Stephen (1996)
Die Chipkarte als Schlüssel zu elektronischen Bankdienstleistungen, in: cards Karten cartes, Nr. 3, 1996, S. 15-20

Schapp, Stephen (1999)
Zahlungstransaktionen am elektronischen Marktplatz, in: Handbuch Informationstechnologie in Banken, Moormann, Jürgen/Fischer, Thomas (Hrsg.), Wiesbaden, 1999, S. 521-538

Schappert, Oswald (1998)

Integrierte Call Center als Trumpf, in: Betriebswirtschaftliche Blätter, Nr. 8, 1998, S. 398-403

Scharnbacher, Kurt/Kiefer, Guido (1996)

Kundenzufriedenheit: Analyse, Meßbarkeit und Zertifizierung, München, Wien, 1996

Scheidl, Karl (1993)

Die Geschäftsbanken, in: Geld-, Bank- und Börsenwesen, Kloten, Norbert/von Stein, Johann Heinrich, 39. Auflage, Stuttgart, 1993, S. 216-258

Scheidler, Volker (1996)

Analyse und Klassifikation Virtueller Banken im internationalen Vergleich, Veröffentlichungen des Instituts für Betriebswirtschaftslehre, Finanzierung und Bankbetriebslehre an der Technischen Hochschule Darmstadt, Betsch, Oskar (Hrsg.), Nr. 1, Darmstadt, 1996

Schierenbeck, Henner (Hrsg.) (1994)

Bank- und Versicherungslexikon, München, Wien, 1994

Schierenbeck, Henner (1994)

Neuorientierung der Vertriebssysteme für Banken, in: Neue Wege im Vertrieb - Die grosse Herausforderung für die Banken, Tagungsband zum 1. Basler Bankentag, 18.11.1993, Bern et altera, 1994, S. 4-57

Schiffer, Stefan/Templ, Josef (1997)

Internetdienste, in: Informatik-Handbuch, Rechenberg, Peter/Pomberger, Gustav (Hrsg.), München, Wien, 1997, S. 839-855

Schiller, Bettina/Birkenfeld, Elmar (1999)

Produkt- und Preispolitik der Direktbanken, in: geldinstitute, Nr. 3, 1999, S. 22-26

Schinzer, Heiko (1998)

Elektronische Marktplätze, in: Das Wirtschaftsstudium, Nr. 10, 1998, S. 1160-1174

Schlechthaupt, Wolf-Dieter/Gygax, Markus (1998)
Kundenbindung mit Bonus-Banking, in: Handbuch Privatkundengeschäft, Betsch, Oskar/van Hooven, Eckart/Krupp, Georg (Hrsg.), Frankfurt am Main, 1998, S. 481-503

Schlehan, Frank (1995)
Zentrales Direktmarketing zur Filialunterstützung, in: Handbuch Finanzvertrieb, Betsch, Oskar/Wiechers, Rüdiger (Hrsg.), Frankfurt am Main, 1995, S. 476-486

Schmid, Carsten (1996)
Outbound Call Center, in: geldinstitute, Nr. 9, 1996, S. 28-31

Schmid, Peter (1995)
Kundenorientiertes Verkaufen im Retail Banking, in: Retail Banking: Visionen, Konzepte und Strategien für die Zukunft, Bernet, Beat/Schmid, Peter (Hrsg.), Wiesbaden, 1995, S. 71-86

Schmidhuber, Heinrich (1996)
Die Notwendigkeit eines kreditwirtschaftlichen Leistungsangebots und Wettbewerbs in der Fläche, in: Genossenschaften: Leitbilder und Perspektiven, Genossenschaftsverband Bayern (Hrsg.), München, 1996, S. 126-147

Schmidt, Albrecht (1997)
Die Advance Bank als Bestandteil der Privatkundenstrategie der Vereinsbank, in: Banken in globalen und regionalen Umbruchsituationen, Festschrift für Johann Heinrich von Stein zum 60. Geburtstag, Hummel, Detlev/Bühler, Wilhelm/Schuster, Leo (Hrsg.), Stuttgart, 1997, S. 723-731

Schmidt, Ina (1996a)
Den „Hackern" das Handwerk legen, in: Bank Magazin, Nr. 8, 1996, S. 35-38

Schmidt, Ina (1996b)
Phänomen Direktbank, in: geldinstitute, Nr. 3, 1996, S. 12-13

Schmidt, Ina (1999)
Besserer Service durch den direkten Draht zum Kunden, in: Bank Magazin, Nr. 2, 1999, S. 44-45

Schmidt, Klaus (1997)
„Value-added Services", in: Marketing Journal, Nr. 1, 1997, S. 54-57

Schmidt, Uwe (1998)
Technikkompetenz der Genossenschaftsbanken, in: Bankinformation, Nr. 2, 1998, S. 17-21

SchmidtBank (Hrsg.) (1998)
Bericht über das Geschäftsjahr 1998, Hof an der Saale, 1998

Schneider, Günter (1995)
Homebanking per Btx Service und Telefonbanking - Vertriebswege der Zukunft, in: Handbuch Finanzvertrieb, Betsch, Oskar/Wiechers, Rüdiger (Hrsg.), Frankfurt am Main, 1995, S. 569-578

Schneider, Hermann (1996)
Outsourcing von Gebäude- und Verwaltungsdiensten: Unternehmenspolitik - Projektmanagement - Vertragsarbeit, Stuttgart, 1996

Schneider, Robert (1997)
Sicherheit mit Smart-Cards, in: Banken & Versicherungen, Nr. 1, 1997, S. 30-31

Schneider, Uwe H./Singhof, Bernd (1998)
Die Entwicklung des deutschen und europäischen Bankrechts im Privatkundengeschäft - Regulierung oder Überregulierung?, in: Handbuch Privatkundengeschäft, Betsch, Oskar/van Hooven, Eckart/Krupp, Georg (Hrsg.), Frankfurt am Main, 1998, S. 149-170

Schneider, Walter (1989)
Gedanken zur Zweigstellenpolitik und Zweigstellenstruktur einer Genossenschaftsbank, in: bank und markt, Nr. 10, S. 5-14

Schrader, Angelika (1997)
Grüße von der Lottofee: Kunden der Sparda-Bank sparen beim Telefonbanking Gebühren und Zeit, in: Banken & Versicherungen, Nr. 1, 1997, S. 36-39

Schühle, Karin (1997)
Call Center - Vertriebsweg für Bankprodukte, in: GRZ Diskussionsforum 97, Genossenschafts-Rechenzentrale Nordeutschland GmbH (Hrsg.), Lehrte, 1997, S. 65-77

Schüring, Hendrik (1991)
Database-Marketing: Einsatz von Datenbanken für Direktmarketing, Verkauf und Werbung, Landsberg am Lech, 1991

Schulte, Bernd H. (1998)
Citibank: Die Zweigstelle als „privates Konsulat"?, in: bank und markt, Nr. 12, 1998, S. 30-36

Schuster, Leo (1993)
Lean Banking - Modewort oder Notwendigkeit?, Diskussionsbeiträge der Wirtschaftswissenschaftlichen Fakultät Ingolstadt, Nr. 34, Ingolstadt, 1993

Schuster, Leo (1995)
Trends im deutschen Bankwesen, in: Zeitschrift für das gesamte Kreditwesen, Nr. 18, 1995, S. 918-923

Schuster, Leo (1997)
Die Genossenschaftsbanken im Spannungsfeld zwischen Ideologie und wirtschaftlichem Erfolgszwang, in: Österreiches Bankarchiv, Nr. 4, 1997, S. 246-250

Schuster, Leo (1998)
Newcomer im Privatkundengeschäft, in: Handbuch Privatkundengeschäft, Betsch, Oskar/van Hooven, Eckart/Krupp, Georg (Hrsg.), Frankfurt am Main, 1998, S. 65-78

Schuster, Rolf/Färber, Johannes/Eberl, Markus (1997)
Digital Cash: Zahlungssysteme im Internet, Berlin et altera, 1997

Schwammborn, Ute (1997)
Qualitätsmanagement als integraler Bestandteil von Veränderungsstrategien, in: Qualitätsmanagement-Report der Banken, Duvvuri, Stefan A./Schäfer, Thomas (Hrsg.), Wiesbaden, 1997, S. 393-409

Schwarz, Hans (1997)
Produktpolitik im Privatkundengeschäft - Die Herausforderung für regionale Institute, in: Das Privatkundengeschäft - Die Achillesferse deutscher Kreditinstitute, Rolfes, Bernd/Schierenbeck, Henner (Hrsg.), Frankfurt am Main ,1997, S. 91-99

Schween, Olaf/Klein, Sebastian (1996)
Strategisches Controlling bei Direktbanken, in: bank und markt, Nr. 5, 1996, S. 18-22

Seidel, Uwe M. (1997)
Online-Dienste und Internet: Ein Problem aus juristischer Sicht?, in: Wirtschaftswissenschaftliches Studium, Nr. 1, 1997, S. 37-40

Seitz, Jürgen/Stickel, Eberhard (1997)
Database Marketing in der Kreditwirtschaft, in: Die Bank, Nr. 2, 1997, S. 94-100

Selander, Robert W. (1998)
The Future of Worldwide Card Systems: Competing for Control of the Consumer Relationship, in: Handbuch Privatkundengeschäft, Betsch, Oskar/van Hooven, Eckart/Krupp, Georg (Hrsg.), Frankfurt am Main, 1998, S. 841-856

Sellers, Rick (1994)
Getting it together in the Electronic Marketplace, in: Bank Management, Nr. 1-2, 1994, 50-55

Seuster, Horst (1980)
Der genossenschaftliche Förderungsauftrag heute, in: Zeitschrift für das gesamte Genossenschaftswesen, Nr. 1, 1980, S. 100-106

Seuster, Horst (1982)
Zum Förderungsauftrag der Genossenschaftsbanken, in: Zeitschrift für das gesamte Genossenschaftswesen, Nr. 2, 1982, S. 91-111

Seyda, Klaus/Stöcker, Thomas (1993)
KONTOPHONE - ein neuer Vertriebsweg wird beschritten, in: Sparkasse, Nr. 3, 1993, S. 120-122

Seyfried, Manfred (1998)
Lebensphasenmodell - Kundenwertmanagement in erster Näherung, in: Handbuch Privatkundengeschäft, Betsch, Oskar/van Hooven, Eckart/Krupp, Georg (Hrsg.), Frankfurt am Main, 1998, S. 351-367

Siegers, Michael (1997)
KontoDirekt - Zahlungsverkehr, in: Bankinformation, Nr. 2, 1997, S. 22-24

Siemund, Kay (1996)
Umsetzung und Unterstützung der Dachmarke KontoDirekt, in: GRZ Diskussionsforum 96, Genossenschafts-Rechenzentrale Nordeutschland GmbH (Hrsg.), Lehrte, 1996, S. 177-191

Sietmann, Richard (1997)
Electronic Cash: der Zahlungsverkehr im Internet, Stuttgart, 1997

Sieverding, Andrés (1996)
Outsourcing von Hauptkassenfunktionen – Kriterien für die Wahl eines privaten Dienstleisters, in: Banken & Versicherungen, Nr. 3, 1996, S. 36-37

Sillescu, Daniel (1997)
Was bieten Direktbanken? Kontoführung per Telefon oder PC, München, 1997

Simon, Markus/Crameri, Mario (1998)
Online Banking als Bestandteil einer Multichannel-Strategie, in: HMD Handbuch der modernen Datenverarbeitung: Theorie und Praxis der Wirtschaftsinformatik, Nr. 200, 1998, S. 68-81

Singer, Jürgen (1993)
Non- und Nearbanks: Unbekannte Wesen?, in: Zeitschrift für das gesamte Kreditwesen, Nr. 19, 1993, S. 890-893

Singer, Jürgen (1998)
Direktbanken - Zwischenstufe oder Dauerlösung?, in: Handbuch Privatkundengeschäft, Betsch, Oskar/van Hooven, Eckart/Krupp, Georg (Hrsg.), Frankfurt am Main, 1998, S. 683-694

Skudlik, Reinhard M. (1993)
Dialogmarketing: die sinnvolle Integration des Direktmarketing in den Vertrieb eines Finanzdienstleisters, Wiesbaden, 1993

Spiegel (Hrsg.) (1996)
Soll und Haben 4, Hamburg, 1996

Statistisches Bundesamt (Hrsg.) (1998)
Haushalte am Info-Netz, in: Globus, 15.03.1999, o. S.

Stauss, Bernd/Hentschel, Bert (1991)
Dienstleistungsqualität, in: Wirtschaftswissenschaftliches Studium, Nr. 5, 1991, S. 238-244

Stauss, Bernd (1995)
Beschwerdemanagement, in: Handbuch des Marketing, Tietz, Bruno/Köhler, Richard/Zentes, Joachim (Hrsg.), 2. Auflage, Stuttgart, 1995, Sp. 226-238

Steiner, Jürgen (1994)
Der perfekte Bankservice, in: Banken & Versicherungen, Nr. 1, 1994, S. 36-41

Steinhaus, Bernhard (1996)
Telefonbanking und Homebanking, in: Bankinformation, Nr. 11, 1996, S. 26-31

Steinhaus, Bernhard (1998)
HBCI-Homebanking-Angebot der Genobanken, in: bank und markt, Nr. 3, 1998, S. 37-38

Steinig, Richard (1998)
Zielgruppenbildung im Spannungsfeld von Einzelkundenmanagement und Mengengeschäft, in: Handbuch Privatkundengeschäft, Betsch, Oskar/van Hooven, Eckart/Krupp, Georg (Hrsg.), Frankfurt am Main, 1998, S. 287-299

Stockmann, Carsten (1997)
Elektronische Bankfilialen und virtuelle banken: das Privatkundengeschäft von Universalbanken im elektronischen Markt, Regensburg, Universität, Dissertation, Heidelberg, 1997

Stockmann, Carsten (1998)
Die virtuelle Bank: Eine Begriffsklärung, in: Wirtschaftsinformatik, Nr. 4, 1998, S. 273-280

Ströbele, Erwin (1996)
Direct Banking - wirklich ein Trend?, in: geldinstitute, Nr. 10, 1996, S. 6-8

Strohmaier, Jürgen/Maier, Barbara (1997)

Das Ein-Zonen-Konzept - Geschäftsstellengestaltung für die Zukunft, in: Bankinformation, Nr. 6, 1997, S. 58-60

Strohmayr, Werner (1998)

Die Chipkarte als Basis für neue (Kundenverbindungen) Partnerschaften, in: Handbuch Privatkundengeschäft, Betsch, Oskar/van Hooven, Eckart/Krupp, Georg (Hrsg.), Frankfurt am Main, 1998, S. 797-810

Stojan, Michael (1998)

Die neuen Preismodelle - Einheitspreise oder Baukastenprinzip, in: Handbuch Privatkundengeschäft, Betsch, Oskar/van Hooven, Ekkart/Krupp, Georg (Hrsg.), Frankfurt am Main, 1998, S. 439-449

Strothmann, Helmuth (1997)

Geldautomatenpreise: eine andere Sicht, in: bank und markt, Nr. 10, 1997, S. 18-19

Süchting, Joachim (1972)

Die Bankloyalität als Grundlage zum Verständnis der Absatzbeziehungen von Kreditinstituten, in: Kredit und Kapital, 1972, S. 267-300

Süchting, Joachim (1993)

Marketing, in: Geld-, Bank- und Börsenwesen, Kloten, Norbert/von Stein, Johann Heinrich (Hrsg.), Stuttgart, 1993, S. 991-1042

Süchting, Joachim/Paul, Stephan (1998)

Bankmanagement, 4. Auflage Stuttgart, 1998

Süchting, Joachim (1998)

Die Theorie der Bankloyalität - (immer noch) eine Basis zum Verständnis der Absatzbeziehungen von Kreditinstituten?, in: Handbuch des Bankmarketing, Süchting, Joachim/Heitmüller, Hans (Hrsg.), 3. Auflage, Wiesbaden, 1998, S. 1-25

Summa, Harald A. (1997)

Elektronische Datennetze - die neuen Datensammler für Database Marketing?, in: HMD Handbuch der modernen Datenverarbeitung: Theorie und Praxis der Wirtschaftsinformatik, Nr. 193, 1997, S. 68-80

Swoboda, Uwe (1996)
Erfolgsfaktoren der Konsumentenbanken, in: Finanzierung Leasing Factoring, Nr. 3, 1996, S. 89-92

Szallies, Rüdiger (1998)
Vagabundierendes Finanzverhalten - die wachsende Herausforderung für das Marketing im Privatkundengeschäft, in: Handbuch Privatkundengeschäft, Betsch, Oskar/van Hooven, Eckart/Krupp, Georg (Hrsg.), Frankfurt am Main, 1998, S. 275-286

Tanenbaum, Andrew S. (1997)
Computernetzwerke, München et altera, 1997

Tarach, Stefan H. (1998)
HBCI: Was kann ein eigener Standard leisten?, in: bank und markt, Nr. 3, 1998, S. 32-35

Tebroke, Hermann-Josef (1993a)
Erfolgspotentiale für Bankenfusionen, in: Zeitschrift für Bankrecht und Bankwirtschaft, Nr. 4, 1993, S. 222-239

Tebroke, Hermann-Josef (1993b)
Größe und Fusionserfolg von Genossenschaftsbanken: eine theoretische und empirische Analyse der Auswirkungen von Betriebsgröße und fusionsbedingter Betriebsgrößenerweiterung auf die Ergebnisstruktur von Kreditgenossenschaften, Münster, Universität, Dissertation, 1992, Köln, 1993

Than, Jürgen (1993)
Depotgeschäft, in: Geld-, Bank- und Börsenwesen, Kloten, Norbert/von Stein, Johann Heinrich (Hrsg.), Stuttgart, 1993, S. 586-603

Theobald, Axel (1998)
Internetnutzung, Nutzerprofile, Geschäftsvolumen, in: Internetshopping Report 98/99, Symposium Publishing (Hrsg.), Düsseldorf, 1998, S. 148-155

Thiemann, Bernd (1998)
„Man sollte sich viele Optionen offenhalten.“, Interview von Margaretha Hamm und Carsten Michael, in: Bank Magazin, Nr. 9, 1998, S. 18-19

Thießen, Friedrich (1999)
Zahlungsmittel im Internet: Geld oder Karte?, in: cards Karten cartes, Nr. 1, 1999, S. 26-30

Thronicker, Helmuth (1995)
Vertriebsweg Call Center, in: Banken & Versicherungen, Nr. 2, 1995, S. 50-51

Tietz, Bruno (1993)
Der Direktvertrieb an Konsumenten: Konzepte und Systeme, Stuttgart, 1993

Töpfer, Armin/Greff, Günter (1987)
Marketing - direkt zum Zielkunden, in: Direktmarketing mit neuen Medien, Greff, Günter/Töpfer, Armin (Hrsg.), Landsberg am Lech, 1987, S. 7-27

Trappehl, Bernhard (1998)
Outsourcing aus der Sicht des Arbeitsrechts, des Datenschutzes und des KWG's, in: Wertschöpfungsorientierte Prozeßgestaltung in der Bankproduktion in Verbindung mit einem Outsourcing-Konzept, GGB Gesellschaft für genossenschaftliches Bankenmarketing (Hrsg.), Stuttgart, 1998, S. 54-65

Tresch, Markus/Rys, Michael (1997)
Data Warehousing Architektur für Online Analytical Processing, in: HMD Handbuch der modernen Datenverarbeitung: Theorie und Praxis der Wirtschaftsinformatik, Nr. 195, 1997, S. 56-75

Turner, Selena (1998)
net effect, in: banking technology, Nr. 10, S. 48-52

Ulrich, Peter/Fluri, Edgar (1995)
Management, 7. Auflage, Bern et altera, 1995

Ulrich, Peter/Hill, Wilhelm (1976)
Wissenschaftstheoretische Grundlagen der Betriebswirtschaftslehre (Teil II), in: Wirtschaftswissenschaftliches Studium, Nr. 8, 1976, S. 345-350

Umweltbank (Hrsg.) (1997)
Geschäftsbericht 1997, Nürnberg, 1997

Unrath, Reinhold (1996)
Outsourcing bei Banken, Dienstleistern und öffentlicher Hand, in: Facility Management: Outsourcing bei Banken, Dienstleistern und öffentlicher Hand, Lüthje, Bernd (Hrsg.), Bonn, 1996, S. 5-34

van Hooven, Eckart (1998)
Sternstunden des Privatkundengeschäfts, in: bank und markt, Nr. 1, 1998, S. 24-27

von Clausewitz, Carl (1832)
Vom Kriege, Pickert, Wolfgang/Ritter von Schramm, Wilhelm (Hrsg.), Hamburg, 1990, Potsdam, 1832

Veil, Michael (1997)
Direktbanken im Retail-Banking: Informationstechnologie und Strategie, Freiburg (Breisgau), Universität, Dissertation, 1997, Freiburg im Breisgau, 1998

Verbunt, Joannes M. W. (1996)
Das Phänomen Direct Banking, in: Finanzierung Leasing Factoring, Nr. 1, 1996, S. 22-24

Viehoff, Felix (1979)
Zur mittelstandsbezogenen Bankpolitik des Verbundes der Genossenschaftsbanken, Teil II, Wirtschaftlicher Mittelstand und genossenschaftliche Bankpolitik, Frankfurt am Main, 1979

von Boehm-Bezing, Carl L. (1994)
Wettbewerb um das Privatvermögen - wer wird ihn gewinnen?, in: bank und markt, Nr. 4, 1994, S. 5-13

von der Lühe, Markus (1997)
Vom Database Marketing zum Data Mining, in: HMD Handbuch der modernen Datenverarbeitung: Theorie und Praxis der Wirtschaftsinformatik, Nr. 193, 1997, S. 42-55

von Maltzan, Bernd-Albrecht (1998)
Private Banking, in: Handbuch Privatkundengeschäft, Betsch, Oskar/van Hooven, Eckart/Krupp, Georg (Hrsg.), Frankfurt am Main, 1998, S. 905-917

von Stein, Johann Heinrich (1993)
Arten und Wesensmerkmale der Bankleistung, in: Geld-, Bank- und Börsenwesen, Kloten, Norbert/von Stein, Johann Heinrich (Hrsg.), Stuttgart, 1993, S. 357-359

Wagner, Helmut (1980)
Genossenschaftliche Förderung: Lebendiges Prinzip oder Relikt?, in: Zeitschrift für das gesamte Genossenschaftswesen, Nr. 4, 1980, S. 295-306

Walter, Thomas/Kössinger, Jörg/Thomas, Andreas (1995)
Call Center unter der Lupe, in: Banken & Versicherungen, Nr. 6, 1995, S. 8-13

Weber, Felix (1998)
Optimal auf Draht - auch im eigenen Betrieb, in: Schweizer Bank, Nr. 8, 1998, S. 56-57

Weber, Manfred (1998a)
Herausforderungen im Retail Banking, in: Die Bank, Nr. 2, 1998, S. 74-77

Weber, Manfred (1998b)
Mit Karten ins nächste Jahrtausend - zur Zahlungskarten-Strategie des deutschen Kreditgewerbes, in: Handbuch Privatkundengeschäft, Betsch, Oskar/van Hooven, Eckart/Krupp, Georg (Hrsg.), Frankfurt am Main, 1998, S. 771-782

Weber, Wilhelm/Brazda, Johann (1992)
Identitätsprinzip, genossenschaftliches, in: Genossenschafts Lexikon, Mändle, Eduard/Swoboda, Walter (Hrsg.), Wiesbaden, 1992, S. 348

Wedekind, Hartmut (1997)
Datenmodell, in: Lexikon der Wirtschaftsinformatik, Mertens, Peter et altera (Hrsg.), Berlin et altera, 1997, S. 118-120

Weinkauf, Walter (1998)
Akquisitionskosten einer Kundenbeziehung - welchen Preis ist die Kundenbeziehung wert?, in: Handbuch Privatkundengeschäft, Betsch, Oskar/van Hooven, Eckart/Krupp, Georg (Hrsg.), Frankfurt am Main, 1998, S. 431-438

Weishaupt, Jürgen (1992)
Raiffeisenbanken, in: Genossenschafts Lexikon, Mändle, Eduard/Swoboda, Walter (Hrsg.), Wiesbaden, 1992, S. 532-533

Wentlandt, Albert (1995)
Direktmarketing: neue Medien - neue Chancen, in: bank und markt, Nr. 8, 1995, S. 24-27

Wiedbrauck, Heinz-Walter (1996)
Erfahrungsbericht über Akzeptanz und Wirkungen elektronischer Werkzeuge im Privat- und Firmenkundengeschäft, in: Dokumentation GRZ Diskussionsforum 1996, Genossenschafts-Rechenzentrale Nordeutschland GmbH (Hrsg.), Lehrte, 1996, S. 151-163

Wiedemann, Arnd (1992)
Verbundstrategien für Kreditgenossenschaften, Basel, Hochschule, Dissertation, 1991, Bern, Stuttgart, 1992

Wiencke, Wolfgang/Koke, Dorothee (1997)
Call Center-Praxis: den telefonischen Kundenservice erfolgreich organisieren, Stuttgart, 1997

Wieneke, Herbert/Prätsch, Joachim/Beckröge, Lutz (1996)
Outsourcing contra Geschäftsprozeßanalyse, in Betriebswirtschaftliche Blätter, Nr. 5, 1996, S. 203-207

Wolf, Herbert (1993)
Deutschland, in: Europäische Bankengeschichte, Pohl, Manfred (Hrsg.), Frankfurt am Main, 1993, S. 517-550

Wonnemann, Thomas (1997)
Der Einsatz von Database Marketing zur Kundenfindung und Kundenbindung, in: Handbuch Direct Marketing, Dallmer, Heinz (Hrsg.), 7. Auflage Wiesbaden, 1997, S. 591-601

Wülker, Hans Detlef (1992)
Kreditgenossenschaften in der DDR, in: Genossenschafts Lexikon, Mändle, Eduard/Swoboda, Walter (Hrsg.), Wiesbaden, 1992, S. 390-391

Wünderlich, Jens (1999)
Kundenberatung per Video, in: Call Center profi, Nr. 2, 1999, S. 40-42

Zaugg, Robert J. (1998)
Strategic Sourcing bei der Schweizer Bankgesellschaft, in: Zeitschrift für Führung und Organisation, Nr. 6, 1998, S. 346-350

Zeidler, Hans Christoph (1996)
Das Internet, in: Zeitschrift für Führung und Organisation, Nr. 6, 1996, S. 332-337

Zeyer, Fred (1999)
Die Solidarität der Genossenschaftsbanken steht auf dem Prüfstand, in: Frankfurter Allgemeine Zeitung, 10.03.1999, S. 32

Zimmer, Klaus/Bendt, Michael/Röpke, Klaus (1997)
Steigern Sie mit zufriedenen Kunden Ihren Ertrag, in: Bank Magazin, Nr. 10, 1997, S. 70-73

Zimmermann, Wolfgang J. (1997)
Direct Marketing für Banken: Chancen und Risiken, in: Handbuch Direct Marketing, Dallmer, Heinz (Hrsg.), 7. Auflage, Wiesbaden, 1997, S. 703-717

Gesetze und Satzungen

Genossenschaftsgesetz (GenG)

Gesetz über das Kreditwesen (KWG)

Gesetz über den unlauteren Wettbewerb (UWG)

Handelsgesetzbuch (HGB)

Hessisches Sparkassen Gesetz

Mustersatzung der Sparkassen

Persönliche Befragungen

Telefonat mit Herrn Braun, Mitarbeiter des DG-Verlag, am 21.07.1998

Telefonat mit Herrn Dr. Stefan Nabben, Mitarbeiter der DG Bank, am 20.08.1998

Telefonat mit Herrn Harry Keller, Geschäftsführer der Service Direkt Telemarketing SDT, am 11.03.1999

Persönliches Gespräch mit Frau Petra Klar, Mitarbeiterin der Volksbank Dreieich, am 27.03.1999

Telefonat mit Herrn Volker Wilkens, Mitarbeiter des Bundesverbandes der Deutschen Volksbanken und Raiffeisenbanken, am 11.05.1999

Internet-Adressen

www.bdb.de

www.berliner-volksbank.de

www.dino-online.de

www.myworld.de

www.netbank.de

www.sfnb.com

www.sparkasse.de

www.VRnet.de

www.w3b.de

Friedrich E. Schnapp (Hrsg.)

Finanzierungsfragen der Sozialversicherung

Am Beispiel des Arbeitsförderungsrechts
Tagungsband zum 31. Praktikerseminar des Instituts für Sozialrecht am 28. November 1998 in Bochum

Frankfurt/M., Berlin, Bern, Bruxelles, New York, Wien, 2000. 120 S.
Bochumer Schriften zum Sozialrecht. Herausgegeben von Friedrich E. Schnapp. Bd. 4
ISBN 3-631-35799-0 · br. DM 45.–*

Die aktuelle Situation der Systeme der sozialen Sicherheit ist seit geraumer Zeit durch erhebliche Finanzierungsprobleme gekennzeichnet, die auf die demographische und gesamtwirtschaftliche Entwicklung mit nachlassendem Wirtschaftswachstum und einer zunehmenden Anzahl von Arbeitslosen und Frührentnern zurückzuführen ist. Dem Arbeitsförderungsrecht kommt in diesem Zusammenhang insofern besondere Bedeutung zu, als die anhaltend hohe Arbeitslosigkeit sowohl Einnahmeausfälle als auch Ausgabensteigerungen zur Folge hat. Im Rahmen des 31. Praktikerseminars des Instituts für Sozialrecht haben sich ausgewiesene Fachleute mit dem Problem der Beitragsfinanzierung in der Arbeitslosenversicherung befaßt und alternative Finanzierungsformen vorgestellt.

Aus dem Inhalt: Sozialversicherungsbeitrag und Finanzverfassung · Versicherungsfremde Leistungen und Beitragsfinanzierung · Alternative und ergänzende Finanzierungsformen

Kolibri 360 GmbH
Ferdinand-Jühlke-Straße 7
99095 Erfurt, Deutschland
produktsicherheit@kolibri360.de

Druck:
CPI Druckdienstleistungen GmbH
im Auftrag der
Kolibri 360 GmbH
Ferdinand-Jühlke-Str. 7
99095 Erfurt